本书得到兰州大学“双一流”
建设资金人文社科类图书出版经费的资助。

国语语音与现代白话新诗音韵

张建民 著

中国社会科学出版社

图书在版编目（CIP）数据

国语语音与现代白话新诗音韵/张建民著．—北京：中国社会科学出版社，2018.11

ISBN 978－7－5203－2723－7

Ⅰ.①国… Ⅱ.①张… Ⅲ.①现代汉语—语音 ②新诗—音韵学—研究 Ⅳ.①H116②I207.25

中国版本图书馆 CIP 数据核字（2018）第 140675 号

出 版 人　赵剑英
责任编辑　郭晓鸿
特约编辑　席建海
责任校对　闫　萃
责任印制　戴　宽

出　　版　中国社会科学出版社
社　　址　北京鼓楼西大街甲 158 号
邮　　编　100720
网　　址　http://www.csspw.cn
发 行 部　010－84083685
门 市 部　010－84029450
经　　销　新华书店及其他书店

印　　刷　北京明恒达印务有限公司
装　　订　廊坊市广阳区广增装订厂
版　　次　2018 年 11 月第 1 版
印　　次　2018 年 11 月第 1 次印刷

开　　本　710×1000　1/16
印　　张　24.5
插　　页　2
字　　数　327 千字
定　　价　99.00 元

序

国语语音和现代白话新诗音韵之间是互动共生的关系。但是在中国现代诗歌学研究领域表现得仍然不够充分，对国音标准的近现代化过程的研究成果很少，关于国语语音对新诗形成与发展的作用的研究成果更少。长期以来，对现代白话新诗的研究主要侧重于文学方面，硕士和博士的学位论文很少选择与语言相关的论题。即使有之，其研究或侧重于从思想史探讨语言观念，或仅仅考察单个作家的文体意识和语言贡献，或只探讨现代文学某一时段的某一具体论争。对民国韵书的研究，则应用性的增注、模仿性的编纂较多；介绍和述评者居多，科学、系统的学术意义上的研究缺乏，尤其缺乏从国语语音统一的视角，综合分析民国韵书与现代白话新诗音韵的互动共生关系的研究。总之，现当代文学对这个问题的研究一直停留在笼统的或者说较为宏观把握的层面，从国语语音统一、韵书编纂入手，以科学实证的语言学方法，讨论它们和现代白话新诗音韵之间转相推毂、交互渗透和联合互补的关系，这种交叉综合的研究一直较少引起现当代文学学术界的重视，甚至有时被视为形而下的“技”而予以轻视乃至捐弃。

张建民的《国语语音与现代白话新诗音韵》这部著作是在他的博士论文的基础上增订而成的。本书能够以国语语音的统一为切入点，语言和文学结合，熟练地运用现代语言学的理论、汉语语言学史的观点和现代文学理论，结合汉语诗律学的理论，从现代白话诗的语音特点出发，审音和考古并重，新诗音韵和韵书纂制互证，史料分析与个案考察契合，深入地分析国语语音标准的确立和民国韵书、现代白话新诗音韵方面的互补共生关系，及其对现代旧体诗音韵的渗透。值得注意的是，本书的讨论虽然以国语语音的统一和民国韵书为切入点，但丝毫不否认韵文创作的音韵实践的反作用：事实上，大量的白话新诗和现代旧体诗创作的音韵实践又反过来为改造旧诗韵，推行国语语音、缩减方音韵和撰制民国韵书提供了不可多得的鲜活语料。这是双向的作用。

本书下了很大工夫，对国语语音、民国国音韵书和现代白话新诗音韵之间的种种互动和渗透关系，做了细致深入的个案分析。本书对《尝试集》《死水》和《王贵与李香香》这三部贯穿20世纪初期至40年代，跨越老国音和新国音两个阶段的白话新诗音韵特点进行了深入的语言学分析，对它们的韵式、押韵标准及其与国语语音间的种种复杂关系做了综合考辨。例如第四章为了探讨白话新诗的节奏与国语语音的关系，作者穷尽式地统计了《尝试集》和其中十四首胡适所认为的真正白话新诗的轻声字的使用情况，论述了胡适的自然音节与旧诗的平仄节奏之间的关系，以及胡适新诗节奏理论与国音轻声研究的密切关系。胡适改诗是对白话新诗重轻节奏的自觉强化，以重轻节奏代替平仄节奏，是胡适白话文学观的必然逻辑。胡适以北方口语里的声调变体——轻声来突破旧体诗平仄的节奏模式，从而使白话新诗的节奏类型自别于旧体诗，客观上拓展了白话新诗的节奏类型。但他过分夸大轻声的作用，欲以流行于欧美的重轻律代替汉语旧诗的平仄律，忽视了汉语诗律的古典传统，这是不妥当的。在第五章和第六章，作者具体讨论了白话新诗的用韵与民国韵书的通别。分别以胡适《尝试集》、闻一多《死水》和李季《王贵与李香香》为例，穷尽式地考察了这三部新诗的用韵实际，并为之做了赅备的韵谱。探讨了其变调相押与国语语音的轻声之间的关系，全面比较了其用韵标准与民国韵书的通别，分析了初期白话诗《尝试集》的押韵对现代白话新诗用韵的深远影响。比如认为《尝试集》时代，白话新诗的用韵标准处于一个过渡状态：旧诗韵已经破坏，而白话新诗的语音标准尚未确立。胡适的押韵标准基本上是按照当时的国音标准，并且符合国音韵书的通别规定，少数诗作以方音或古韵押韵。到了新格律诗的《死水》，28 首诗，首首押韵，押韵的语音标准也是根据国语国音。其少量诗里的个别韵段以湖北浠水方音相叶，这是受《尝试集》以方音入韵的影响，但是其数量比《死水》之前的《尝试集》《红烛》等明显要少得多，《死水》押旧诗韵的韵段也比《尝试集》少得多。《死水》继承《尝试集》轻声字入韵的良法，自觉利用现代白话里特有的轻声字，构成韵脚，合辙押韵，成功地表现了新格律诗的音乐美。20 世纪 40 年代延安诗歌《王贵与李香香》，其押韵的语音标准仍是根据国语国音。虽然间以陕北方音相叶，但是数量比《尝试集》和《死水》明显要少得多。之前押旧诗韵或词韵的韵段，在这部民族化大众化的长诗里基本退出了。可见，国音的推广和国语韵书的纂制等国语语音统一运动对现代白话新诗音韵深入、持久和广泛的影响。但《王贵与李香香》受诗人押韵思想和陕北方言等影响，忽视了《尝试集》《死水》等白话新诗轻声变调相押的优良传统，应引起新诗作者的注意。

余论部分，以胡适《去国集》、鲁迅和毛泽东旧体诗词用韵为个案，考察了国语语音、民国韵书对现代旧体诗音韵的渗透作用。认为统一的国语语音和编纂精善的民国韵书也渗透到现代旧体诗的音韵实践；而大量的统一了语音标准的白话新诗，以及渗透了国语国音的现代旧体诗音韵的实践，会在南北各方言区普遍流传，广为阅读，这又反过来大大有利于改造旧诗韵，推行国语语音、缩减方音韵和撰制科学的民国韵书。

建民同志长期从事汉语音韵学和汉语诗律学的研究，本书对上述现代白话诗韵做了穷尽式的实证考察，论据确凿，新见昭然，达到了一个新的研究水平，是可信的创作。

此外，本书第一章认为国音统一是语言研究音本位转向的历史必然，国语统一实则国音统一问题；第二章认为民国韵书是国语语音和白话新诗音韵联合的津梁，官韵《中华新韵》是对民国国音韵书的精进和集大成者；第三章对民国学人重造新韵的不同主张的客观分析，对白话新诗的各种韵式的详尽分类，为准确考察三个时期现代白话新诗音韵提供了可操作的规则，也是言之凿凿，可以凭信，在全书的结构安排上也是很合理的。

希望作者将来能在此研究的基础上，对现代白话诗歌音韵的价值做进一步的分析。

兰州大学历来重视人文社会科学学术的继承与创新，学校在“双一流”建设经费中专门安排资金用于资助出版人文社科类学术图书。建民的著作选入出版之列，得到兰州大学“双一流”建设资金人文社科类图书出版经费的资助。作者于是将论文做了一些充实、润色，要我写一篇序。这里就写下我对论文的看法。借此机会，我更希望建民继续如同写学位论文那样，一丝不苟，不断努力，坚持和发扬求实和创新的精神，取得更多更好的研究成果。

赵小刚

2017 年 11 月 20 日

目　录

绪　论………………………………………………………………………… 1

第一章　国语语音的统一与白话文运动 ……………………………… 32

第一节　国语语音的统一 ……………………………………………… 33

第二节　国音统一是汉语言研究音本位转向的历史必然 ……………… 50

第三节　国语统一与白话文运动的联合 ……………………………… 76

第二章　民国韵书：国语语音和白话新诗音韵联合的津梁……………… 119

第一节　“赏知音”与“广文路”：汉语韵书编纂的旨归……………… 119

第二节　官韵《中华新韵》对民国韵书的精进 ……………………… 130

第三章　民国学人重造新韵的主张和白话新诗的韵式………………… 160

第一节　民国学人白话新诗的押韵思想………………………………… 160

第二节　白话新诗的韵式………………………………………………… 175

第四章　白话新诗的节奏与国语语音

——以胡适为例………………………………………………… 184

第一节　胡适的新诗理论………………………………………………… 184

第二节　胡适新诗节奏理论与国音轻声的研究…………………………… 199

第五章　白话新诗的用韵与民国韵书的通别（上）

——以《尝试集》为例 ……………………………………… 244

第一节　胡适的白话诗韵观………………………………………………… 244

第二节　《尝试集》白话诗用韵考察 ……………………………………… 248

第三节　《尝试集》用韵标准与国音韵书的通别 ………………………… 266

第四节　《尝试集》的变调相押与国语语音的轻声 ……………………… 276

第五节　《尝试集》的押韵对现代白话诗用韵的影响 …………………… 291

第六章　白话新诗的用韵与民国韵书的通别（下） …………………… 299

第一节　新格律诗用韵标准与民国韵书的通别

——以《死水》为例 ……………………………………… 299

第二节　延安诗歌用韵标准与民国韵书的通别

——以《王贵与李香香》为例 ……………………………… 311

余论　国语语音、民国韵书与现代旧体诗音韵…………………………… 327

参考文献…………………………………………………………………… 354

后　记……………………………………………………………………… 383

绪　论

一个民族在一定时期的文学创作，与该民族在该时期语言研究的成果、语言在该民族人民中的普及度息息相关，比如《诗经》之于周秦汉语，唐诗之于中古汉语，明清小说之于近代白话。韵文的创制则与该民族在该时期的语音面貌也息息相关，比如四六文之于汉语四声，唐宋诗词之于《广韵》《礼部韵略》，元代剧曲之于《中原音韵》，白话新诗之于国语语音和民国韵书。语言、语音跟文学、韵文的创制始终是“音声相和，前后相随”的。

国语运动是从切音字运动中引发出来的。从清末切音运动到国语统一运动，人们关注的焦点始终是以怎样的语音标准统一国语，以怎样的方式来记录国音。中古以来，尤其是明清以降，汉语言研究的重心转移到语音的研究，晚清至民国的现代语文运动继续以语音为主，艰难地探寻着国语统一的语音标准；标准语问题实际上只是标准音问题，故而国音标准的统一问题被历史地推到了现代语文运动的最前台。历史上汉语韵书编纂“赏知音”和“广文路”的两大终极目的，使民国时期的语音研究必然和白话文学里的韵文创作联姻。

民国韵书是联系国语语音和现代白话新诗音韵的津梁。赵元任的《国音新诗韵》是“五四”运动后的第一部国音诗韵，《中华新韵》是民国时期的第一部也是汉语韵书史上最后一部官方颁行的新国音韵书。胡适的《尝试集》是现代新诗的鼻祖，闻一多的《死水》是新格律诗的经典，李季的《王贵与李香香》是延安诗歌民族化大众化的代表。这些经典韵书和代表新诗之间的音韵关系，必将为汉语韵书、国语语音和现代白话新诗音韵的“三聚头”穿针引线、搭桥设路，必将为后来汉语语音、韵书纂制自觉服务于汉语白话韵文创作的音韵诉求遗典垂范。

为了使国语语音、民国韵书和现代白话新诗音韵的研究建立在科学有效的研究基础上，首先必须回顾和探询、继承和总结前贤时哲的相关研究成果，并以此作为本论题的研究起点和文献背景。下面从相关概念界定、相关研究文献综述和论题的研究思路方法及论文的结构几个方面加以讨论。

一　相关概念界定

国语语音：指国语的语音、词汇和语法三大组成要素里面的语音要素。这个语音要素，在明清时期叫作官话音，在民国时期叫作国音，中华人民共和国成立后叫作普通话语音。本论题着重要讨论的是民国时期的国音，国语语音包括节奏问题。民国时期的国音根据语音标准有老国音（或旧国音）和新国音之分。老国音指的是民国初年制定的国语标准音，虽说是“标准音”，但实际上是多数票决之读音，实际上还是属于明清以来的官话音系，它的语音基础仍然是传统的读书音，而不是当时的北京音，被后人讥为南北杂糅的人工语音。新国音是指民国二十一年（1932）由国民政府教育部颁行的以《国音常用字汇》为标志的国音，新国音与老国音最大的不同在于语音标准不同：前者以北京音为标准音，后者以传统的读书音为标准（传统的读书音虽然与北京音相近，但又有差异，是同源异流，因而是不同的语音系统）。普通话语音与新国音除了个别字的字音稍有不同外，语音系统基本一致。

现代白话新诗：“五四”运动以后至中华人民共和国成立前以白话创作的新诗，有不押韵、不讲音步、行数参差不齐的纯粹自由诗，也有模仿西洋诗格律的欧化诗。本论题研究的现代白话新诗指后者。对于前者，我们没有什么好说的，只能说是它对节奏、押韵等一切格律形式的否定，故不在本论题的研究范围之内。

白话新诗音韵：指白话新诗创作的用韵、节奏和声调等因素。国语语音和白话新诗的音韵关系，就是国语语音与白话新诗创作的用韵、节奏和声调等声律因素的关系。

国语运动时限：在时间的界定上，目前学术界对国语运动一般采取广义与狭义两种划分方法。前者是把国语运动的上限界定为清末切音字运动开始时期，即1897年前后，把国语运动的下限界定为中华人民共和国前后。中华人民共和国后大陆进入了汉语规范期，而台湾光复后，也立即开展了国语运动。本文取广义的划分法。

民国时期：史学界一般的提法，在中国大陆是指公元1912年到1949年，但在中国台湾指从公元1912年到现在。本论题所说的民国时期，特指中国大陆公元1912年到1949年。

官韵《中华新韵》：指1941年10月10日由国民政府颁布的韵书。该书由魏建功编纂，黎锦熙和萧家霖参订。这是中国现代语言学史和中国现代文学史上唯一的官定韵书。近年来，出自个人之手且以《中华新韵》为名的书不少。为免混淆，除特殊说明外，本论文特意于我们研究的对象之上冠以“官韵”二字以示区别。

通别：“通”指韵文中不同韵的字在一起押韵的现象；“别”指韵文中不同韵的字不能互相押韵的现象。

二 相关研究文献综述

（一）与论题相关的综合性研究

从理论上说，文学和语言关系的研究有静态和动态两种。过去人们对文学语言的研究主要侧重于静态的研究，研究文学语言自身的审美特点，文学语言与自然语言、应用语言的同异关系。即便是西方的人文社会科学研究所经历的语言学转向，很多理论问题也属于静态研究，他们注重语言学研究方法对文学研究的影响。这些研究侧重点不同，但共同的一点，就是他们的研究对象都是文学作品或语言理论本身。其实，语言和文学始终是共生互动的，文学的产生没有语言的鼎力支撑是不可想象的，它们都是历史发展的产物，这种动态的关系在文学史上屡见不鲜，这是人所皆知的道理。当然静态研究也有它独特的价值，因为它研究历史较长，取得的认识和结论较多，所以它可以为动态研究提供借鉴和比较的资料。

从20世纪30年代至今，有关文学与语言关系问题的研究，主要有4类。

1. 政治意识形态的批评

这以20世纪30年代和50年代的两次讨论为代表，具有较明显的意识形态色彩和时代特征。30年代大众语讨论的代表人物是瞿秋白。大众语的论者隐约看到了北方方言这个基础方言的地位。瞿秋白在《鬼门关以外的战争》里说："普通话不一定是完全的北京官话。本来官话这个名词是官僚主义的。当然，更不是北京土话。""不一定完全是"即有"基本上是"的意思。关于普通话或者大众语吸取方言，认识也比过去有了进步，对于口语跟书面语的区别有了进一步的认识。瞿秋白批评了新文学运动的不彻底性，认为文学革命必须进行"文腔革命"（即语言革命），而要彻底完成"文腔革命"，则必须进行"文字革命"，即废除汉字，改用拼音文字。瞿秋白认为，"五四"文学革命里的"文腔革命"所取得的白话文成果，仅仅限于"新文学"之内，在其他领域文言仍占统治地位。因此，瞿秋白提出再来一次文学革命，建立"中国各地方共同使用的、现代'人话'的、多音节的、有语尾的、用罗马字母写的一种文字"的真正的现代国语[1]。但是，瞿秋白等都有这样一个问题没有搞清楚：汉语是个大概念，其中有民族共同语，它是在一个基础方言的基础上吸取别的方言的营养逐渐形成的，别的方言相对于民族共同语来说都是汉语的支流。汉语的民族共同语在春秋战国时期就形成了，那时候是以北方方言为基础的。文言起初是汉民族共同语的书面形式，后来它越来越同口语脱节，终于被汉民族共同语的另外一种进步的书面形式白话取代。白话取代的是书面形式，而不是另找汉民族共同语。“五四”白话有严重的偏向，是要改进的问题，但是不像有的人估计的那么严重，而要另找一种来取代。

20世纪50年代，北京大学中文系汉语教研室对胡适的白话主张进行了批判，主要代表是著名语言学家周祖谟和魏建功。周祖谟认为，胡适将文言称作“死文字”是“彻头彻尾的主观唯心论”，因为胡适否定了语言的稳定性和继承性。魏建功则认为文字是可以改革的，而语言是不能改革的，他批判胡适将语言和文字混为一谈，错误地主张改革语言的做法。周、魏两人的观点是有道理的。胡适所谓的“语言革命”，其真正的内涵是当时的用文字记录的汉语书面形式（即文言文或古文），并不是汉语这种自然语言本身。将胡适的这些不太妥当的观点上升为“资产阶级知识分子”的文学语言观并加以批判，这可能与当时的政治等意识形态有关。两次讨论的意见较为分歧，但是，综合地看，却给人们一些启发：文学革命主张废弃文言文，使用白话文，但在国语的实际建设中，国语运动诸君则并不是这样绝情的：以白话为主，兼取方言和外国语，甚或是古语。这一阶段的讨论也使人们隐约感觉到国语和国语文学之间的某种联系，即大众化提倡者所谓的以“文腔革命”为中介的“文学革命”“文腔革命”和“文字革命”的前后相随的依赖关系。

---

① 瞿秋白：《鬼门关以外的战争》，倪海曙编《中国语文的新生》，时代书报出版社1949年版，第29页。

2. 文化语言学的研究和重估现代性及汉语书面语的论争

20世纪80年代中期的文化语言学研究和90年代开始的重估现代性及汉语书面语的论争，是在寻根文化和人文思潮影响下出现的对传统文化的重估和继承。申小龙在《中国句型文化》里对马建忠的《马氏文通》以来中国现代语言学的以洋律中的发展提出了质疑，主张汉语研究的现代化应回到中国传统文化中寻找理据，而不是直接移植西方现成的理论。他认为在西学东渐过程中，“我们一直没有一个对我们民族文化传统进行全面深刻反思的机会。既无力把握中国文化传统的特殊规律，又无力认识西方文化的精髓”①，因此由语言的变迁造成了文化的断层。这种反思强调了汉语的特性，提示人们要重视传统文化（包括传统语言），以此为基础实现文化的现代化。90年代，九叶派诗人和学者郑敏先生重新评估“五四”文学革命，引起了重估“现代性”及汉语书面语的论争。郑敏就此发表了一系列文章，如《世纪末的回顾：汉语语言变革与中国新诗创作》②《关于〈如何评价“五四”白话文运动〉商榷之商榷》③《20世纪围绕语言之争：结构与解构》④《语言观念必须革新——重新认识汉语的审美与诗意价值》⑤。论争集中在对文言和汉字的价值评估上。郑敏批判了“五四”时期的语言改革，认为这种语言改革把文言和白话视为非此即彼的对立关系，取消了两者之间的继承和互补的内在联系。她还认为“五四”白话文运动盲目照搬西方的语音中心理论，确立了以白话口语为基础的国语，而这套白话文系统并不能有效地表达20世纪人们复杂的思想感情以及几千年中华文化丰富的质

① 申小龙：《文化断层与中国现代语言学之变迁》，《中国语言的结构与人文精神》，光明日报出版社1988年版，第27页。

② 郑敏：《世纪末的回顾：汉语语言变革与中国新诗创作》，《文学评论》1993年第3期。

③ 郑敏：《关于〈如何评价“五四”白话文运动〉商榷之商榷》，《文学评论》1994年第2期。

④ 郑敏：《20世纪围绕语言之争：结构与解构》，《汉字文化》1997年第2期。

⑤ 郑敏：《语言观念必须革新——重新认识汉语的审美与诗意价值》，《汉字文化》1997年第4期。

地，导致“五四”后的中国文学面临困境。郑敏还从新诗创作的经验出发，指出古代汉语审美和诗意的价值。

国学大师、诗人启功对传统语言文字的价值也进行了重估。他论证了古代汉语对中国文学的重要意义：汉语不单单在诗歌的节奏、辙调里发挥着重要作用，而且也为其他体裁提供了模型，体现了传统文化的强大凝聚力。启功先生重申了中体西用的原则，主张应该“从汉语的现实出发，首先承认汉语自有规律，然后以英为鉴，鉴其某些适用于汉的精神、方法，乃至局部零件”①。

20 世纪 90 年代对汉语书面语价值进行重估，表面上似乎对文言文给予过高的肯定，但其旨归并不在于否定白话，正好相反，是为白话的进一步丰富和完善提供方法选择和语料资源。这是今天研究必须重视的一个视角。但是，这两次讨论主要在于评价文学革命的消极影响，而没有以历史主义的立场，将事件置于历史的语境中去观照，看看这种运动在传统语言之外，究竟给那个时代的汉语语言增加了什么传统所未具有的东西。因此，新的研究必须兼顾历史和现实。

3. 文学和语言的互动研究

世纪之交，人们在现代西方语言理论的观照下，对现代文学和语言的变革及其相互关系进行了研究。参加这次讨论的有学者，有作家。研究重点上，或偏重于文学的思考，或侧重于语言的考察；研究方法上，或做具体的实证研究，或做宏观的理论构架；研究结果上，或具体而微、小中见大，或整体把握，视野恢宏。可以概括为以下几点：

首先，关于现代作家的语言观念探索。高玉的《现代汉语与中国现代文学》②，从语言哲学的角度论述了现代文学发生的原因，运用“道器”论

① 启功：《汉语现象论丛》，中华书局 1997 年版，第 2—3 页。
② 高玉：《现代汉语与中国现代文学》，中国社会出版社 2003 年版。

的语言观念重审晚清和“五四”白话文运动，以胡适的白话新诗和鲁迅的白话小说为个案，重点分析了“五四”文学革命对晚清白话运动的超越和中国文学的现代转型。在《音本位与字本位——在汉语中理解汉语》①《为什么粗糙——中国现代知识分子语言观念与现当代文学》② 等文里，郜元宝重点讨论了现代知识分子工具论与本体论的语言观念。曹而云的《白话文体与现代性》③ 绕开面的论述而选择胡适这个文学革命和国语运动联合的枢纽人物作为个案，研究现代白话文体的形成。

其次，从语言学视角反思与批判“五四”时期的文学变革。张颐武的《二十世纪汉语文学的语言问题》④、郑敏的《世纪末回顾：汉语语言变革与中国新诗创作》⑤，以及黎湘萍的《语言革命与现代性——关于 20 世纪初中国文学革命的反思》⑥、高旭东的《对“五四”语言革命的再认识》⑦ 是这方面的代表性文章。这些研究从不同侧面批判地反思“五四”时期语言变革的历史局限性。

最后，语言学角度的作家个案研究。语言学家高名凯等早已于 1957 年出版《鲁迅与现代汉语文学语言》⑧ 一书，从现代汉语文学语言发展的角度，论述了鲁迅在我国现代语文改革运动中所起的巨大作用。郜元宝在《作为方法的语言——“胡适之体”和“鲁迅风”》⑨ 里对胡适、鲁迅的文体进行了比较，指出胡适和鲁迅对汉语文学语言的贡献。李陀的《汪曾祺

---

① 郜元宝：《音本位与字本位——在汉语中理解汉语》，《当代作家评论》2002 年第 2 期。

② 郜元宝：《为什么粗糙——中国现代知识分子语言观念与现当代文学》，《文艺争鸣》2004 年第 2 期。

③ 曹而云：《白话文体与现代性》，上海三联书店 2006 年版。

④ 张颐武：《二十世纪汉语文学的语言问题》，《文艺争鸣》1990 年第 4—6 期。

⑤ 郑敏：《世纪末回顾：汉语语言变革与中国新诗创作》，《文学评论》1993 年第 3 期。

⑥ 黎湘萍：《语言革命与现代性——关于 20 世纪初中国文学革命的反思》，《广西右江民族师范高等专科学校学报》1999 年第 3 期。

⑦ 高旭东：《对“五四”语言革命的再认识》，《齐鲁学刊》2002 年第 4 期。

⑧ 高名凯等：《鲁迅与现代汉语文学语言》，文字改革出版社 1957 年版。

⑨ 郜元宝：《作为方法的语言——“胡适之体”和“鲁迅风”》，《文学评论》1998 年第 1 期。

与现代汉语写作——兼谈毛文体》[①] 讨论了作家写作和现代汉语形成、发展之间的互动关系。在《周作人研究二十一讲》[②] 里，钱理群深入探讨了周作人对“五四”语言变革的独特贡献。韩立群的《中国语文革命——现代语文观及其实践》[③] 重点考察了胡适、鲁迅和毛泽东的现代语文观及其文体实践。

4. 语言变革的断代史研究

早在1959年，北京师范学院中文系汉语教研组编著了《“五四”以来汉语书面语的变迁和发展》[④] 一书，着重探讨了“五四”以后汉语语法和词汇的发展，也是唯一一部较为全面地考察汉语书面语变迁的著作。但是，该书对问题的关注不够。由于时代的限制，对胡适在现代语言变革里的贡献评价不足。袁进的《试论中国近代文学语言的变革》[⑤] 分析了近代“言文一致”和“由俗趋雅”相互交融的语言变革历程。王一川的《近五十年文学语言研究札记》[⑥]、陈平原的《当代中国的文言与白话》[⑦]、吴秀明的《论当代中国文学语言意识与语言革命》[⑧] 等都对当代文学的语言问题进行了较深入的思考。王风的《文学革命与国语运动之关系》[⑨]，以《新青年》杂志为中心，重点讨论了“五四”新文学的发生与国语运动的内在联系。王风的博士论文《新文学的建立与现代书面语的产生》[⑩] 主要以晚清至“五四”时期的汉语书面语变革为背景，讨论新文学的建立，阐述了文学变革促进

---

① 李陀：《汪曾祺与现代汉语写作——兼谈毛文体》，《花城》1998年第5期。

② 钱理群：《周作人研究二十一讲》，中华书局2004年版。

③ 韩立群：《中国语文革命——现代语文观及其实践》，中央编译出版社2003年版。

④ 北京师范学院中文系汉语教研组编：《“五四”以来汉语书面语的变迁和发展》，商务印书馆1959年版。

⑤ 袁进：《试论中国近代文学语言的变革》，《上海社会科学院学术季刊》1997年第4期。

⑥ 王一川：《近五十年文学语言研究札记》，《文学评论》1999年第4期。

⑦ 陈平原：《当代中国的文言与白话》，《中山大学学报》2001年第3期。

⑧ 吴秀明：《论当代中国文学语言意识与语言革命》，《浙江学刊》2005年第2期。

⑨ 王风：《文学革命与国语运动之关系》，《中国现代文学研究丛刊》2001年第3期。

⑩ 王风：《新文学的建立与现代书面语的产生》，博士学位论文，北京大学，2000年。

了白话文地位的提升作用，历史勾勒与实证分析相结合。吴晓峰的《国语运动与文学革命》[①] 也是从这一角度入手，从国语运动与文学革命互动的历史研究、个案研究、理论研究三个方面，对二者的关系做了深层次的分析与探讨。

（二）与论题构成要素相关的专题性研究

1. 对国语语音（包括民国韵书）的研究

对国语语音和民国韵书的研究，主要集中于国语统一运动的大论题之下，也就是作为国语统一运动里语音标准的统一而进行讨论的。其表现形式多为政府的令文、组织团会的决议及其个人所辑录的有关国语运动的相关资料汇编等。从学理上研究国语语音和民国韵书的专著和论文并不多。

中华人民共和国成立前，胡以鲁在 1923 年 5 月初出版了《国语学草创》[②]，是我国第一部普通语言学著作。书中论述了语言的起源、发展、方言、共同语以及汉语的地位等问题，对当时语言学界的研究工作起到了积极的推动作用。他以现代语音学的方法解释发音原理，用罗马字母描写汉语的辅音和元音，解释了有关概念。乐嗣炳的《国语概论》[③]，介绍了国语的成分、组织及国语的标准以及为什么要提倡国语、怎样练习国语等内容。1935 年乐嗣炳的《国语学大纲》[④] 出版。这两部著作，主要是结合国语的应用教学，细致深入地讲述了国语的结构、语音、词汇、字体等。1923 年沈兼士在《国语问题之历史的研究》[⑤] 里，以世界文字发展的次序和思想进化的历程，研究中国文字和语言的关系和变迁。马国英于 1928 年出版了

① 吴晓峰：《国语运动与文学革命》，中央编译出版社 2008 年版。
② 胡以鲁：《国语学草创》，商务印书馆 1923 年版。
③ 乐嗣炳：《国语概论》，上海中华书局 1923 年版。
④ 乐嗣炳：《国语学大纲》，大众书局 1935 年版。
⑤ 沈兼士：《国语问题之历史的研究》，《沈兼士学术论文集》，中华书局 1986 年版，第 21—41 页。

《新国语概论》[1]。作为国语模范学校使用的教本，此书分别从标准语音、标准语词、标准语法等几个方面对国语进行了详细的论述。

这一时期，在国语问题的研究上取得突出成就的当推黎锦熙先生。早在1919年5月，他所著的《国语学讲义》[2] 就已由上海商务印书馆出版；1934年，他的《国语运动史纲》[3] 出版。该书从清末切音字开始，一直到国语运动结束，分切音运动时期、简字运动时期、注音字母与新文学联合运动时期、国语罗马字与注音符号推进时期四个阶段，叙述了国语运动的发展情况，尤其是细致地介绍了国语语音怎样由无标准的旧国音到以北京音为标准的新国音的整个过程，可以看作是同时期研究国语运动的巅峰之作，为后人研究国语运动留下了宝贵的原始资料。稍后艾伟的《国语问题》[4] 在1948年出版，论述角度比较新颖，作者从阅读心理的视角研究国语的教授问题。倪海曙的《中国拼音文字运动史简编》[5]（1948），从明末耶稣会士的罗马字注音讲到抗战胜利后的中国拼音文字运动，用力甚勤。

中华人民共和国成立后，大陆进入了汉语规范化的时期。这一时期对国语运动的研究主要集中于探究国语运动发生的原因。比如赵慧峰的《简析民国时期的国语运动》[6] 从反帝反封建的角度阐释了国语运动发生的原因。于锦恩的《清末民初国语运动的国际动力——兼与赵慧峰先生商榷》[7]，着重从外在环境方面分析了国语运动发生的原因，而他的《民国注音字母政策史论》[8]，则重点从语言规划、公共政策、学校与平民教育、社会心理、

---

① 马国英：《新国语概论》，东方编译社1928年版。

② 黎锦熙：《国语学讲义》，商务印书馆1919年版。

③ 黎锦熙：《国语运动史纲》，商务印书馆1934年版。

④ 艾伟：《国语问题》，中华书局1948年版。

⑤ 倪海曙：《中国拼音文字运动史简编》，时代出版社1948年版。

⑥ 赵慧峰：《简析民国时期的国语运动》，《民国档案》2001年第4期。

⑦ 于锦恩：《清末民初国语运动的国际动力——兼与赵慧峰先生商榷》，《中州学刊》2004年第2期。

⑧ 于锦恩：《民国注音字母政策史论》，中华书局2007年版。

文化历史等角度，以史论结合的方式多侧面系统地讨论了民国注音字母制定和推行的过程。其中谈到了推行、统一国语语音的一些措施。

韵书是语音运用于韵文写作的工具，民国韵书是联系国语语音和白话新诗音韵的津梁，也是对国语语音统一成果的集中反映。民国时期，传统诗韵不再为创作白话诗的人们所看好。随着国语统一运动的发展，前后出现了两部比较好的韵书。第一部是赵元任的《国音新诗韵》[①]。该书以老国音为语音标准，分韵较细，通别较严，体例精善，是“五四”后我国第一部国音韵书，给后来的韵书以很大影响，当时的白话新诗的押韵基本上符合它的通别规定。第二部是魏建功著的《中华新韵》[②]，1941 年由当时的国民政府颁行。这是完全以北京音为分韵标准的新国音官韵，通别规定比《国音新诗韵》合理得多，它是对我国现代白话新诗押韵实践的科学总结，对当时和中华人民共和国成立后的韵书编纂起了持久的垂范作用，把汉语韵书的编纂推向了巅峰[③]。可惜对这两部韵书的研究非常薄弱。中华人民共和国成立前对官韵《中华新韵》的研究主要是个人述评、政府奉行的文件和诗人创作的取韵。对官韵《中华新韵》做出比较全面研究的是孙伏园。孙伏园 1943 年在《文风杂志》第 1 卷第 1 期上发表《中华新韵》[④] 一文。孙氏分析了汉语韵书发展的历程，指出韵书音系逐渐与字音脱节和平水诗韵对中国知识分子的持久影响的原因，并与十三道辙儿对比，肯定了官韵《中华新韵》的价值。“这混乱与黑暗的时代直到清朝政治的推翻而结束，它的余孽直到《中华新韵》的颁布而铲除。……至少我们知道这部书在学术方面和应用方面的价值是无比珍贵的。……《中华新韵》虽是韵书，却把声母整理清除，它事实上是一部统制韵音的法典。”[⑤] 官韵《中华新韵》

---

① 赵元任：《国音新诗韵》，商务印书馆 1923 年版。
② 魏建功：《中华新韵》，台湾正中书局 1963 年版。
③ 宁忌浮：《汉语韵书史 · 明代卷》，上海人民出版社 2009 年版，第 9 页。
④ 孙伏园：《中华新韵》，《文风杂志》1943 年第 1 卷第 1 期。
⑤ 同上。

比民间约定的十三道辙儿分韵“更细密，更近于北平标准音的实际罢了”[①]。孙氏惋惜地指出官韵《中华新韵》不能普及的现状和原因。1943 年重愚发表《诗·诗魂·中华新韵》[②]，批评了传统韵书平水韵自产生以来就与实际语音违乖的弊端，认为民间的十三道辙儿“究竟没有经过好好整理，不是各地方言不统一的情况下的能完全应用的”[③]，“值得向你推荐的，便是教育部在卅年公布的《中华新韵》。这新韵和十三道辙儿相近，是根据标准国语同时也是随着韵类发展的轨道来成立的。似乎不是全新，却是新的，又是最适合现实的。……一句话，完全适合标准口国语应用的”[④]。官韵《中华新韵》颁布以来，各省奉行其令。如 1942 年第 3364 期《浙江省政府公报》刊登一令文：“教育部国语推行委员会编订中华新韵，业经审核明令公布，应即通行饬知，并转饬所属一体知照。主席黄绍竑。”1942 年第 1234—1246 期总目录的《福建省政府公报》刊登《国语推行委员会编订〈中华新韵〉经审订公布》一令。在当时的诗歌创作中，有些诗人标明取韵官韵《中华新韵》。如老向在《时代精神》1943 年第七卷第 5—6 期创作通俗小调，取韵官韵《中华新韵》；段天炯在同期的诗歌《平等颂》也取韵官韵《中华新韵》。但是这种情况很少见。

中华人民共和国成立后专门研究官韵《中华新韵》的著述也很少。这个时期对官韵《中华新韵》的研究往往包含在一个更大的论题之下，其中比较有代表性的论著有周有光的《汉字改革概论》[⑤]（1961），王均主编的《当代中国的文字改革》[⑥]（1995）等。这个时期的研究主要集中在应用方面。其方式为增订注解官韵《中华新韵》，或者守其宗旨编制新诗韵，而个

① 孙伏园：《中华新韵》，《文风杂志》1943 年第 1 卷第 1 期。
② 重愚：《诗·诗魂·中华新韵》，《国讯》1943 年第 338 期。
③ 同上。
④ 同上。
⑤ 周有光：《汉字改革概论》，文字改革出版社 1961 年版。
⑥ 王均主编：《当代中国的文字改革》，当代中国出版社 1995 年版。

人的述评往往包含在其各种序文之中。其中具代表性的有黎锦熙主编的《增订注解中华新韵》[①]（1950）。该书前面有黎锦熙的两篇序文，一篇是1948年10月写的，长达数万字。黎锦熙在这篇长序里主要论述了官韵《中华新韵》所“祖述”、所“宪章”的内容，决议、修订、核商、刻板、颁行的经过，流通、反映的情况等。另一篇是1950年4月写的新序。黎锦熙鉴于当时的背景，对官韵《中华新韵》颇具策略地扬弃，指出新社会不需要“仿前朝成例”颁布韵书，所谓“审音定韵，代有官书”不必行于中华人民共和国。但黎锦熙仍主张作诗要合辙押韵，评述了官韵《中华新韵》的科学性，将其推迁到新民主主义新文化建设的大道上，称官韵《中华新韵》是“完成了现代化的一部民族形式的新韵典”[②]，给予很高的评价。中华人民共和国成立后对官韵《中华新韵》的研究和述评也体现在那时宗其法而编制的几部现代诗韵中。比较有代表性的有1957年王惠三的《汉语诗韵》，1959年张允和的《诗歌新韵》，1965年中华书局出版的《诗韵新编》，1975年秦似的《现代诗韵》，1978年鲁允中的《韵辙常识》，2006年赵京战的《诗词韵律合编》。上述韵书虽各有倚重，但有一个共同特点，就是均从普通话音系出发，依着官韵《中华新韵》十八部或十三辙儿因革损益。中华人民共和国成立后研究述评的单篇论文数量不多，也往往包括在诗韵改革的大论题之下。例如鲍明炜的《论现代诗韵》[③]，毛元晶的《论汉语诗韵的历史和现状及其发展方向》[④]，此不赘述。

综上所述，可以看到对民国韵书的研究，应用性的增注、模仿性的编纂较多；介绍和述评者居多，科学、系统的学术意义上的研究缺乏，尤其缺乏民国韵书与现代白话新诗音韵的互动共生研究。

---

① 黎锦熙主编：《增订注解中华新韵》，商务印书馆1950年版。

② 同上书，第3页。

③ 鲍明炜：《论现代诗韵》，《南京大学学报》（哲学社会科学版）1978年第4期。

④ 毛元晶：《论汉语诗韵的历史和现状及其发展方向》，《南昌大学学报》（人文社会科学版）2006年第6期。

2. 对胡适诗作、诗论的研究

对胡适的押韵思想的研究也不成系统，主要的研究成果散见于对胡适诗作、诗论的研究及其他的研究之中。本节综述多参用了易竹贤[①]和李丹[②]的相关论述。

1916 年 10 月，陈独秀评论胡适的文学革命主张“为今日中国文界之雷音”，可以视为对胡氏评论研究的滥觞。1918 年 1 月，钱玄同所作《〈尝试集〉序》，是第一篇正式评论文字。他从言文一致的角度，肯定《尝试集》“用现代的白话达适之自己的思想和情感，不用古语，不抄袭前人诗里说过的话，我以为的确当得起‘新文学’这个名词”[③]；同时也如实指出其中仍有旧诗词“句调”“字数”的限制，和“未能脱尽文言窠臼”的缺点[④]。文学方面，1935 年 8 月朱自清为《中国新文学大系 · 诗集》写的“导言”中，对胡适做了真正比较深入的学术研究与批评。朱自清在中国清末的诗界革命和外国文学影响的背景下，论述胡适提倡的白话新诗运动，梳理其进程，分析其得失，肯定“胡适之氏是第一个‘尝试’新诗的人”，《尝试集》是“我们第一部新诗集”[⑤]；并论及胡适关于新诗的创作主张，指出他的《谈新诗》一文在那时“差不多成为诗的创造和批评的金科玉律了”[⑥]。

抗日战争胜利后至50 年代初，随着国共两党斗争日趋激化，经三年内战国民党政府败走台湾，胡适因拥蒋反共而逃亡美国，对胡适的研究也便停顿，而代之以政治的论争与批判。由批判胡适的拥蒋反共，逐步发展到50 年代中期“胡适思想批判”的全国性政治运动，各地报刊发表的批判文

① 易竹贤：《胡适其人及胡适研究述评》，《江汉论坛》2005 年第 3 期。

② 李丹：《“新时期”胡适诗作诗论研究》，《上海师范大学学报》（哲学社会科学版）2005 年第 6 期。

③ 钱玄同：《〈尝试集〉序》，胡适《尝试集》，人民文学出版社 2000 年版，第 131 页。

④ 同上书，第 132 页。

⑤ 朱自清：《中国新闻学大系 · 诗集》导言，朱自清选编《中国新闻学大系 · 诗集》，上海良友图书公司 1935 年版，第 1—2 页。

⑥ 同上。

章数以千计，仅收集在生活·读书·新知三联书店出版的《胡适思想批判》“论文汇编”的便有八大册，计二百余万字；批判的内容也由政治批判扩展到哲学、史学、文学、教育、语言文字学等方面，几乎都是政治上彻底批判，学术上一概否定，并给胡适加上“卖国”“反革命”“敌人”等许多帽子。从此，胡适的著作在中国大陆被禁毁，胡适也成为一个“反动人物”而被挞伐，并逐渐被人们遗忘。

重新展开对胡适的研究，在台湾地区是胡适去世以后的20世纪60年代，在大陆则是70年代末。

进入20世纪80年代，胡适诗作诗论研究一步步接近新诗的核心问题，成为新诗研究中不论视野还是方法都具典型性的代表。下面从三个方面对其进行综述：胡适诗作研究、诗论研究及其他相关研究。

新时期刚开始，想改变20世纪后半期以来胡诗的文学史边缘位置的动机是显著的。当时涌现了一批评论《尝试集》的文章，如文振庭的《胡适〈尝试集〉重议》①、龚济民的《评胡适的〈尝试集〉》②、秦家琪的《重评胡适〈尝试集〉》③、蓝棣之的《中国新诗的开步——重评胡适》④、刘元树的《论〈尝试集〉的思想倾向和历史地位》⑤、刘扬烈的《重评胡适的〈尝试集〉》⑥、吴欢章的《论胡适的〈尝试集〉》⑦ 等。这些文章从不同角度，清算此前对《尝试集》非客观的评价，提出了应该如何运用公正的评判尺度的问题：或肯定其内容、诗体形式诸方面成绩，认定《尝试集》作为第一部白话诗集的地位及其影响；或探寻胡诗取得积极成果的根源，讨论胡

① 文振庭：《胡适〈尝试集〉重议》，《江汉论坛》1979年第3期。
② 龚济民：《评胡适的〈尝试集〉》，《辽宁大学学报》1979年第3期。
③ 秦家琪：《重评胡适〈尝试集〉》，《南京师范学院学报》1979年第3期。
④ 蓝棣之：《中国新诗的开步——重评胡适》，《四川师范学院学报》1979年第3期。
⑤ 刘元树：《论〈尝试集〉的思想倾向和历史地位》，《安徽大学学报》1980年第3期。
⑥ 刘扬烈：《重评胡适的〈尝试集〉》，《广西民族学院学报》1980年第4期。
⑦ 吴欢章：《论胡适的〈尝试集〉》，《艺谭》1981年第1期。

诗的思想和诗体解放的历史作用。如吴文详细、深入地考察了《尝试集》的思想内容、艺术特征（包括诗体、语言、形式、风格）及其成因，并与前后的诗界革命、南社和郭沫若的诗作进行比较，为该阶段研究画上句号。概括地说，这一时期的研究主要运用社会学批评的方法，从主题思想方面认识《尝试集》反封建的积极意义，指出胡适的诗体革命是使新诗地位在诗歌史得以肯定的关键。但是思路徘徊于诗歌的外部，没有揭示新诗的独立性质。

进入20世纪80年代后，胡诗研究逐渐分划为三个方向。一是关于《尝试集》能否作为中国新诗开山之作的论争。相关文章有林植汉的《应当怎样评价〈尝试集〉》①、文万荃的《中国现代文学史上第一部新诗集辩白》②、阎焕东的《新诗的基石与丰碑——〈尝试集〉与〈女神〉比较研究》③、陈孝全的《“五四”诗苑第一枝花——论胡适的〈尝试集〉》④、孙宝成的《〈尝试集〉在中国新诗史上的地位》、王吉鹏的《胡适的〈你莫忘记〉是一首坏诗——兼谈〈尝试集〉的评价问题》⑤、张全之的《平行与互补：中国新诗的两大源头——重评〈女神〉与〈尝试集〉在文学史上的地位》⑥等。这场争论促使研究者重新思考什么是新诗的问题：新诗是白话文的应用，还是以白话表现的新思想？这已接近语言工具论与本体论问题。二是继续挖掘胡诗作为初期新诗代表所具有的质素。此时研究方法日趋多样化，分析理路渐渐深入胡诗内部，结论也异彩纷呈。这方面的研究文章有吴奔

① 林植汉：《应当怎样评价〈尝试集〉》，《广西民族学院学报》1983年第3期。

② 文万荃：《中国现代文学史上第一部新诗集辩白》，《四川师院学报》1984年第1期。

③ 阎焕东：《新诗的基石与丰碑——〈尝试集〉与〈女神〉比较研究》，《北京社会科学》1987年第2期。

④ 陈孝全：《“五四”诗苑第一枝花——论胡适的〈尝试集〉》，《华东师范大学学报》1989年第1期。

⑤ 王吉鹏：《胡适的〈你莫忘记〉是一首坏诗——兼谈〈尝试集〉的评价问题》，《北方论丛》1989年第4期。

⑥ 张全之：《平行与互补：中国新诗的两大源头——重评〈女神〉与〈尝试集〉在文学史上的地位》，《郭沫若学刊》1997年第1期。

星的《〈尝试集〉新论》[①]、康林的《〈尝试集〉的艺术史价值》[②]、姚丽的《自古成功在尝试——从胡适〈尝试集〉说开去》[③]、马银翔的《评胡适的〈尝试集〉》[④]、孙宝成的《对胡适情诗的再审视》[⑤]、黄钢的《胡适与中国新诗艺术》[⑥]、谢昭新的《胡适〈尝试集〉对新诗的贡献》[⑦]、步大唐的《评胡适的〈尝试后集〉》[⑧]、李丹的《试论胡适白话诗的散文化倾向》[⑨]、夏爵蓉的《论胡适诗歌主张与诗作》[⑩] 等。康文采用语言学的方法，从艺术形式演化史的角度探讨《尝试集》的整体价值，探寻汉语抒情诗的文本结构是如何从古典形态过渡到现代形态的。该文的研究方法与此前大不相同，颇使人耳目一新，运用科学主义的理性工具开掘人文学科的心灵矿藏，这种尝试有其不可替代的功用。三是把胡诗作为一个流派源头的研究。这类论文有步大唐的《论胡适诗派》[⑪]、周晓风的《早期白话诗与“胡适之体”》[⑫] 等。步文历述了胡适诗派的主要成员、诗作发表的刊物、使用的创作方法和态度及在音节、用韵等方面的相似主张。周文从白话诗的缘起入手，用胡适自己的理论分析诗作的内容特点、语言艺术，最后总结“胡适之体”的相应特征。

相对于诗创作研究而言，诗理论的研究就不那么具体。

胡适的新诗理论并不抽象，也没有宏大的体系，散见于《尝试集》自

① 吴奔星：《〈尝试集〉新论》，《社会科学战线》1985 年第 3 期。

② 康林：《〈尝试集〉的艺术史价值》，《文学评论》1990 年第 4 期。

③ 姚丽：《自古成功在尝试——从胡适〈尝试集〉说开去》，《西部学坛：昌吉师专、昌吉教育学院》1992 年第 1 期。

④ 马银翔：《评胡适的〈尝试集〉》，《西北大学学报》1993 年第 4 期。

⑤ 孙宝成：《对胡适情诗的再审视》，《海南大学学报》1993 年第 4 期。

⑥ 黄钢：《胡适与中国新诗艺术》，《新疆大学学报》1995 年第 1 期。

⑦ 谢昭新：《胡适〈尝试集〉对新诗的贡献》，《安徽师范大学学报》1996 年第 1 期。

⑧ 步大唐：《评胡适的〈尝试后集〉》，《西南师范大学学报》1998 年第 3 期。

⑨ 李丹：《试论胡适白话诗的散文化倾向》，《西安石油学院学报》2001 年第 1 期。

⑩ 夏爵蓉：《论胡适诗歌主张与诗作》，《贵州师范大学学报》2001 年第 2 期。

⑪ 步大唐：《论胡适诗派》，《四川大学学报》1996 年第 4 期。

⑫ 周晓风：《早期白话诗与“胡适之体”》，《重庆师院学报》1997 年第 4 期。

序、再版自序、四版自序、《谈新诗》、《谈谈“胡适之体”的诗》及为他人新诗集所做的序言、评论等文章中，主旨与其新文学运动思想、新诗倡导及实验的关系十分紧密，是他尝试新诗过程中，理论方面的不断总结、完善。韦学贤的《胡适早期的新诗理论和实践》①、陆弘石等的《胡适“五四”时期的新诗活动刍论》②、许霆的《闻一多、胡适诗论的艺术思维比较——新诗发展第一、二阶段的基本特征论》③、高逾的《胡适〈谈新诗〉论析——新诗的自然音节是什么》④、董炳月的《中间物：胡适新诗理论的历史特征》⑤、胡晓的《胡适早期新诗理论述评》⑥、张目的《“前空千古，下开百世”的“尝试”——胡适的诗学及其艺术实验》⑦、张明廉的《论胡适新诗理论及〈尝试集〉》⑧、许霆的《胡适“诗体解放”论的文学史意义》⑨、廖四平的《论胡适的诗论》⑩、陈本益的《谈胡适的“自然音节”论》⑪ 等文代表对胡诗理论的研究。韦、陆、张等文从各自的角度谈论对胡诗论的理解，以《谈新诗》为主，分析胡适的诗体大解放、新诗的音节、诗歌的具体性等理论。许文从后起的诗论和胡诗论的差别着眼，利用比较的方法，把胡适的新诗理论当作新诗发展第一阶段的代表，与第二阶段（以闻一多的诗论为代表）进行比较，使前者的缺陷一一暴露。许文还认为，“诗体大解放”理论的片面性在于弃绝诗式规范，否定了形式的积极功

---

① 韦学贤：《胡适早期的新诗理论和实践》，《广西民族学院学报》1983 年第 3 期。

② 陆弘石等：《胡适“五四”时期的新诗活动刍论》，《郑州大学学报》1989 年第 2 期。

③ 许霆：《闻一多、胡适诗论的艺术思维比较——新诗发展第一、二阶段的基本特征论》，《南京师范大学学报》1989 年第 3 期。

④ 高逾：《胡适〈谈新诗〉论析——新诗的自然音节是什么》，《福建论坛》1989 年第 4 期。

⑤ 董炳月：《中间物：胡适新诗理论的历史特征》，《中国现代文学研究丛刊》1990 年第 2 期。

⑥ 胡晓：《胡适早期新诗理论述评》，《徽州师专学报》1991 年第 2 期。

⑦ 张目：《“前空千古，下开百世”的“尝试”——胡适的诗学及其艺术实验》，《社会科学战线》1994 年第 6 期。

⑧ 张明廉：《论胡适新诗理论及〈尝试集〉》，《西北师大学报》1995 年第 2 期。

⑨ 许霆：《胡适“诗体解放”论的文学史意义》，《文艺理论研究》1996 年第 3 期。

⑩ 廖四平：《论胡适的诗论》，《河北学刊》2001 年第 1 期。

⑪ 陈本益：《谈胡适的“自然音节”论》，《涪陵师专学报》2001 年第 3 期。

能，其“自然音节”就是散文的“自然节奏”，为口语和诗意所决定，却不对口语和诗意加以限制和调整，其实质是主张无形式、取消音节。陈本益正面解释胡适的“自然音节”是“诗体大解放”的理论基础，认为它建立在意义和文法的自然区分上，同时指出其潜在危机：强调与旧诗格律化音节的对立时，忽视了诗歌语言的音节与散文语言、日常用语音节的区分。与陈文的温和态度相异，高文断言新诗迄今没有建立适合民族语言特点的韵律形式，从反面观照胡适的“自然音节”理论，论证胡适关于音节概念混乱的四种表现及构成原因，并推导出相反的结论：（1）新诗节奏不是顿挫段落。（2）节奏分析的依据不是意义和语法。（3）新诗的声调包含新型节奏，而不仅仅是笼统的“自然的音调”。（4）词句组织不是“音节”的重要方法。该文对胡适新诗音节理论所能关涉的内涵提出了尖锐的质疑，使该问题的研究向纵深推进了一步。

综观新时期胡适诗作诗论的研究，已取得了比较好的成绩，其意义远远超出研究本身。从对研究对象的观照角度看，研究者由最初力求对其作正面、客观的审视，发展到进入其内部阐发宗旨，再跳出其外，将其放入历史的宏大范畴中考察，这一变化过程是不断上升、扩展的；从研究方法的角度看，从初期的单一化到后期的多元化，表征着这一领域的研究理路在不断地走向纵深处；从研究成果的角度看，由开始的追求统一结论到日益走向学术个性化，研究成果越来越丰硕。

从语言层面研究胡适诗作诗论，是个较新的视角。李怡的《中国现代新诗的进程》一文认为，“胡适正是依赖于白话这种鲜活的语言形式，早期白话新诗才传达出了中国古典诗很难具备的内容”①，同时又指出“中国现代新诗从语言形式的革命起步是有道理的，但由于中国传统文化的巨大影响，早期白话诗未产生西方人那种以形式颠覆精神的自觉意识，当形式固

① 李怡：《中国现代新诗的进程》，《文学评论》1990 年第 1 期。

有的对精神特征的有限作用被开掘完毕，白话新诗就再难给人们提供新的内容了”[①]。朱晓进的《从语言角度谈新诗的评价问题》一文，进一步探索为什么新诗语言产生这样的结果以及怎么看待这一历史文化现象的问题。文章分析了包括胡诗在内的新诗语言加工所面临的困难：一是“形象加工”之难，即“趋向于精确化、理性化的白话，在诗的内涵上的确逊于古典诗词的语言方式，在一定意义上可以说，白话便于精确地传达思想，分析和论证问题，但许多文言能表达的诗境，白话却是无法表达的，用白话写诗，很难保证新诗能像古典诗词那样蕴藉深厚”[②]。二是“声音加工”之难，“白话诗初起之时，倡导者和尝试者们尽管力图打破格律，寻求诗体的彻底解放，但他们事实上却避不开诗歌的节律、音韵等形式问题”[③]，进而论证要解决这两个难题所需要的时间和条件。老诗人和学者郑敏也从语言层面反思了汉语语言变革与中国新诗创作的问题（详参前述）。范钦林的《如何评价“五四”白话文运动》[④]、许明的《文化激进主义历史维度》[⑤] 相继申述各自的观点，虽然他们的意见尖锐冲突，但仍属于严肃的学术探讨。

由上可见，对胡适白话新诗和诗论的研究多从诗体解放、自然音节的阐释、《尝试集》的贡献以及对白话新诗语言的历史反思等角度展开。

下面讨论闻一多《死水》的研究情况。本节综述多参用了商金林[⑥]、江锡铨[⑦]和葛南楠[⑧]的相关论述，为行文简约，不一一注出。

中华人民共和国成立前关于闻一多诗歌的美学特色，郭沫若、朱自

---

① 李怡：《中国现代新诗的进程》，《文学评论》1990 年第 1 期。
② 朱晓进：《从语言角度谈新诗的评价问题》，《文学评论》1992 年第 3 期。
③ 同上。
④ 范钦林：《如何评价“五四”白话文运动》，《文学评论》1994 年第 2 期。
⑤ 许明：《文化激进主义历史维度》，《文学评论》1994 年第 4 期。
⑥ 商金林：《闻一多研究述评》，天津教育出版社 1990 年版。
⑦ 江锡铨：《建国前闻一多研究述评》，《中国现代文学研究丛刊》1983 年第 4 期。
⑧ 葛南楠：《八十年代以来闻一多诗歌创作研究述评》，《文教资料》2008 年第 28 期。

清、臧克家和田间等老艺术家都有过较为准确的评价，可以说 20 世纪 80 年代之后的评价基本无出其右。《死水》出版前，朱湘在《评闻君一多的诗》里，批评了闻诗前期的《红烛》在用字、用韵和音节等方面的不足，指出作者“用韵不讲究”[①]，由于土音协韵和盲从古韵造成诗句用韵“不对、不妥、不顺”[②]，没有音节，缺乏音乐性[③]。这种批评近乎严苛，在某种程度上忽视了闻诗用白话创作的艺术尝试和追求（比如用白话里的轻声字“了”“的”入韵，本身是一种创新）。1930 年沈从文发表了《论闻一多的〈死水〉》[④]，这是新中国成立前闻一多研究中有奠基意义的一篇论文，标志着前期闻一多研究的最高水平[⑤]。沈从文第一次对闻一多的作品进行了细致入微的美学分析，“特别注意到闻一多驾驭情感和想象的能力，以及内容的提炼、形式的配合默契”[⑥]，指出了押韵的审美价值：“作者所长是想象驰骋于一切事物上，由各种不相关的事物，由韵作为联结的绳索，使诗成为发光的锦绮。”[⑦] 然而，沈从文还是侧重于闻一多诗歌研究的现代文学一般规律的意义[⑧]。1934 年，苏雪林的《论闻一多的诗》[⑨]，涉及闻一多的整个创作活动，更多地兼顾了文学史的评价。同时期邵冠华的《论闻一多的〈死水〉》[⑩] 则比较集中地论述了闻一多的作品与外国诗歌的联系。

1935 年，朱自清在《中国新文学大系·诗集》导言中，对于闻一

---

① 朱湘：《评闻君一多的诗》，转引自姜德铭主编《中书集》，中国戏剧出版社 2001 年版，第 329 页。

② 同上。

③ 同上书，第 353 页。

④ 沈从文：《论闻一多的〈死水〉》，《新月》1930 年 4 月第 3 卷第 2 期。

⑤ 江锡铨：《建国前闻一多研究述评》，《中国现代文学研究丛刊》1983 年第 4 期。

⑥ 同上。

⑦ 同上。

⑧ 同上。

⑨ 苏雪林：《论闻一多的诗》，《现代》1934 年 1 月第 4 卷第 3 期。

⑩ 邵冠华：《论闻一多的〈死水〉》，《现代文学评论》1931 年 5 月 10 日第 1 卷第 2 期。

多新诗创作的评价，可以看作对前期闻一多研究的总结，朱自清高度评价了《死水》《红烛》等艺术上的严谨，同时指出朱自清“是唯一的爱国诗人”①。1948年8月，《闻一多全集》由开明书店出版，写于1947年8月的《郭沫若先生序》和《朱自清先生序》，是中华人民共和国成立前后闻一多研究的两篇力作。郭序是从闻一多古典文学学术研究的巨大成就入手，深刻地评述他的思想发展过程。朱序则从具体分析《死水》中的作品开始，高度评价了这些作品的思想意义和社会作用②。探讨作为民主战士的闻一多的爱国思想是该时期《死水》研究的共同倾向。

20世纪80年代以来人们对闻一多诗歌的研究，主要集中在四个方面：闻诗的艺术特色、意象、形式等的分析；中国传统文学和西方现代文学对闻一多创作的影响以及他对中西文化的态度；闻一多的爱国诗和爱情诗的思想内涵；闻一多与郭沫若、徐志摩等重要诗人的比较等③。这也促使研究者们将研究的视角从宏观转向微观。对闻一多诗歌艺术的“三美”研究无疑是关注的焦点，其研究视野开阔，有许多新的发现④。

新时期学术界对《死水》艺术的研究，大抵集中在探讨它的审美价

---

① 朱自清：《中国新文学大系·诗集》导言，赵家璧主编《中国新闻学大系·诗集》，上海良友图书公司1935年版，第63页。

② 江锡铨：《建国前闻一多研究述评》，《中国现代文学研究丛刊》1983年第4期。

③ 葛南楠：《八十年代以来闻一多诗歌创作研究述评》，《文教资料》2008年第28期。

④ 这些文献主要有：郑守江：《论闻一多新诗的绘画美》，《闻一多研究四十年》，清华大学出版社1988年版，第264—266页。江锡铨：《闻一多：诗画歌吟——闻一多与新诗绘画美关系述略》，《江苏教育学院学报》（社会科学版）2006年第5期。许霆：《形神音——对闻一多新诗建筑美的分析》，《江苏社会科学》1991年第3期。张德明：《一项难以实现的诗学规划——闻一多“三美”主张新论》，《湛江师范学院学报》2006年第4期。林植汉：《论闻一多诗歌的动态美》，《孝感师专学报》1986年第1期。王文金：《闻一多诗歌的含蓄美》，《闻一多研究四十年》，清华大学出版社1988年版，第270页。孙玉石：《论闻一多对新诗神秘美的构建》，《荆州师范学院学报》（社会科学版）1999年第6期。王富仁：《矛盾中蕴含的一种情绪——闻一多与二十年代新诗》，《闻一多作品鉴赏辞典》，和平出版社1993年版。李怡：《传统心理结构的自我拆解——论闻一多与中国传统诗歌文化》，《贵州社会科学》1995年第2期。

值[①]，或分析其艺术精神结构[②]，或揭示其象征意义[③]，或细说《死水》的批评接受史[④]，对《死水》的音韵特点也有了一些研究。陈本益的《〈死水〉的格律句式试析》[⑤] 着重分析《死水》的各种格律句式，即所谓“建行”，主要是“顿”（节奏或音步）。李丹的《感性形式与理性形式的交融——论闻一多〈死水〉的形式美》[⑥]，探索了《死水》的节奏、韵脚、语调、重复、对偶等诗体建构。李乐平的《闻一多与中国新诗同人诗家比较研究》，探讨了《死水》的节奏特点所产生的音乐性，认为“音尺的一致形成字数的一致，虽然字数一致并不必然节奏一致，但音尺一致所形成的节奏一致，必然会让诗歌具有音乐性”[⑦]。但是整体上看，这些研究缺乏对《死水》音韵特点的较精准的语言学分析，缺乏对《死水》的韵式、押韵标准及其与国语语音的种种复杂关系较深入的综合性考辨。

李季的民歌体长篇叙事诗《王贵与李香香》[⑧] 作为延安文艺的代表作品，新时期之前的学术界对它的研究主要集中在它作为延安文艺代表作品的经典化历程，及其对当代诗歌创作产生的深远影响等方面。陆定一、郭沫若、茅盾、周扬、邵荃麟、钟敬文、小全、刘守华、余之、冯牧、马铁、孙克恒、俞元桂、贾芝等都从不同角度肯定了《王贵与李香香》的艺术特

① 王文娟：《论闻一多〈死水〉的审美价值》，《西安建筑科技大学学报》（社会科学版）2001 年第 1 期。

② 刘殿祥：《〈女神〉与〈死水〉两诗集艺术精神结构比较论》，《中国现代文学研究丛刊》2010 年第 5 期。

③ 庄善忠：《〈死水〉的三重象征意义》，《名作欣赏》1985 年第 1 期。

④ 陈澜、方长安：《闻一多〈红烛〉〈死水〉批评接受史综论》，《贵州社会科学》2014 年第 2 期。

⑤ 陈本益：《〈死水〉的格律句式试析》，《昆明师范学院学报》（哲学社会科学版）1983 年第 3 期。

⑥ 李丹：《感性形式与理性形式的交融——论闻一多〈死水〉的形式美》，《陕西师范大学学报》（哲学社会科学版）2002 年第 2 期。

⑦ 李乐平：《闻一多与中国新诗同人诗家比较研究》，《社会科学辑刊》2013 年第 4 期。

⑧ 李季：《王贵与李香香》，人民文学出版社 2001 年版。

色和创作成就[1]。这一时期对其音韵特点关注较多的要数静闻。1948年5月静闻写成《从民谣角度看〈王贵与李香香〉》一文。该文深入地分析了《王贵与李香香》的比兴手法，词汇语法运用艺术，尤其是《王贵与李香香》的节奏，认为“它是音乐性的文学”[2]。“它的作者灵巧地应用许多能构成悦耳的音响元素创造出来的。叠音、半谐音，句尾韵、句中韵以及相当合理的传统腔调……一切造成了这篇划时期叙事诗的音乐效果。”[3] 后来学术界对《王贵与李香香》节奏韵律的研究也基本上停留在这个观点上。

新时期以来，对李季及《王贵与李香香》的研究进入了一个新的阶段。这一时期对《王贵与李香香》及李季的批评逐渐摆脱了政治化、模式化的社会历史批评格局和研究思路，除了对李季创作多角度、系统化的研究以外，研究方法的创新和视野的扩展，特别是对“新民歌派”、李季与其他作家比较研究、李季生平研究以及《王贵与李香香》的版本挖掘及其对比兴、叠字、两句一节等传统“信天游”格式与手法等的研究，取得了新的成果，显示了对李季及《王贵与李香香》的研究从意识形态化走向多学科化研究的趋势。有些研究似乎触及了该诗的音韵特点。小全的《长诗〈王贵与李香香〉的艺术特色》从“高明的艺术造型”“严谨生动的艺术结构”和“富有民族色彩的语言形式和手法”等方面分析了其艺术特色，认为《王贵与李香香》的“语言韵律优美，节奏和谐，富有音乐美。韵是造成音乐美感的重要因素，在长诗里诗人绝不是为押韵而押韵的，他是借助韵来加强节奏，创造气氛联系内容，唤起联想的；同时又吸取了信天游的特点，加以革新创造，使韵律显得灵活多变，十分动人”[4]。该文对《王贵与李香香》多样化韵式（如句中韵）和押韵的美学价值做了举例式的分析，是新时期

---

① 张永东、汪洁：《论延安文艺代表作品的经典化历程——以〈王贵与李香香〉为例》，《延安大学学报》（社会科学版）2012年第6期。

② 王文金、李小为编：《李季研究资料》，陕西人民出版社1986年版，第268页。

③ 同上书，第270页。

④ 小全：《长诗〈王贵与李香香〉的艺术特色》，《广西师范学院学报》1982年第1期。

对《王贵与李香香》的音韵分析较为深入的研究。张器友的《〈王贵与李香香〉与三边民歌》[①]，侧重讨论《王贵与李香香》直接对当地其他民歌的影响。

较为集中论述其语言艺术的是颜同林。他认为“从陕北方言角度进行静态语言分析，全诗有押方言韵现象，也有一些不经解释也能意会到的习惯土语说法，更有富有地域文化韵味的大量方言词汇。全诗除了北方方言构词中一般加词头‘老、阿、第’，或加词尾‘子、儿、头’，还有加‘格、圪’等无意义的字，构成词义有些微变化的新词之外，最突出的是丰富的叠字迭词”[②]。“单音节词可以化成双音节词，双音节词的，其中两个音节则可以任意各自重叠。”[③]“土语词汇与方言语法，诗里也有一些，典型案例如陕北方言中几个特殊的语气词‘价’、‘哩’等。”[④] 此后他的《〈王贵与李香香〉版本校释与普通话写作》[⑤]，其音韵分析的观点基本上与此相同。

从目前能看到的研究文献发现，学术界对《王贵与李香香》音韵特点的研究还是不多见；有之，则大抵为简单的举例性质或描写方式，缺少对其音韵问题做精准的语言学分析。

总之，从民国初期至中华人民共和国成立前期，由于国语还处于创制时期，所以这一时期对国语运动的研究大多集中于国语各个组成部分的规范与完善，如对国音标准的制定，对国语的提倡与尝试，对国语文法的创制与改进等。此外，还有一些学者对国语的教育问题进行了初步的研究。中华人民共和国成立以后，国语的各项标准已经基本确定，在民众中的影响也日渐扩大。学者研究国语运动的视野也日益开阔，对国语运动的研究也从对其内部的构成要素的研究扩大到对国语运动与相关领域的综合研究。

---

① 张器友：《〈王贵与李香香〉与三边民歌》，《中国现代文学研究丛刊》1997 年第 4 期。

② 颜同林：《陕北方言和〈王贵与李香香〉》，《文艺理论与批评》2008 年第 3 期。

③ 同上。

④ 同上。

⑤ 颜同林：《〈王贵与李香香〉版本校释与普通话写作》，《晋阳学刊》2014 年第 5 期。

前人的研究给我们一种启示：新的研究必须自觉地采用一种综合的手段，才能揭示出国语运动与文学革命之间的互动共生关系。同时，以上研究还从不同角度拓宽了现代文学的研究视野，其研究方法和问题意识都为该领域的研究提供了较为牢靠的基础。这是研究我们的论题——国语语音与现代白话新诗音韵关系的大语境。

但是，从上面的研究文献也可以发现，这些研究或侧重于从思想史探讨语言观念，或仅仅考察单个作家的文体意识和语言贡献，或只探讨现代文学某一时段的某一具体论争，大部分缺乏综合的视野。即使有综合，但缺乏从清末切音字到国语运动史料的深入发掘，尤其是缺乏从国语语音统一的视角，对国语运动和现代文学内在联系做具体而微的实证性爬梳。有些学者即便是从国语运动与文学革命关系互动视野去进行研究，仍然仅仅是集中于其中某些或某一个方面。至于以国语统一的金标准——国语语音及国音韵书为利器，来考察国语语音和现代白话新诗音韵之间的种种具体实证的互动、渗透关系，国语语音对白话新诗摆脱传统旧诗音韵的羁绊而向现代转型所起的催生作用，以及国语语音的统一对现代旧体诗音韵的影响，等等，从笔者目前所接触到的相关文献看，尚属阙如，这也为本文的研究留下了较大的空间。

三　研究思路、意义与逻辑结构

对我们的论题——国语语音与现代白话新诗音韵关系的研究，在以上研究文献里至今是阙如的。因为这个论题既不是从哲学上探讨语言观念的，也不是仅仅考察单个作家的文体意识和语言贡献的，也非仅仅探讨现代文学某一时段或某一具体论争的，而是力图以国语语音的统一这个国语统一运动中最麻烦的“硬壳果”为切入点，运用现代语言学的理论和汉语语言学史的观点，结合汉语诗律学的理论，从现代白话的语音特点出发，审音和考古并重，语音研究和韵书纂制结合，史料分析与个案考察互证，深入地分析国语语音标准的确立和民国国音、民国韵书与现代白话新诗音韵方面的互补共生关系，及其对现代旧体诗音韵的渗透。

这样一个论题，从理论上讲，它应该兼顾到国语语音、国音韵书和现代白话新诗音韵的双方面立场，做一种较全面的双向考察。但是在实际研究中，由于研究目标的差异，研究者势必在两种立场中有所倚重。在这里我们是以国语语音和民国韵书为视角，主要论述其对现代白话新诗音韵的变革、规范等影响，以及对现代旧体诗的音韵实践的逐渐渗透。但事实上，大量的白话新诗和现代旧体诗创作的音韵实践又反过来为改造旧诗韵、推行国语语音、缩减方音韵和撰制民国韵书提供了不可多得的鲜活语料。这是双向的作用，本文的讨论以国语语音的统一和民国韵书为切入点，但丝毫不否认韵文创作的音韵实践的反作用，这是必须首先说明的。1923 年，赵元任的《国音新诗韵》早已付梓，但因编纂时间上过早，白话诗创作的音韵实践仍处在早期阶段，百废待兴，白话新诗的音韵规则尚未建立，可资赵先生新诗韵编制的新诗资源并不多，等等，所以《国音新诗韵》里的一些通别规则，跟当时和后来的白话新诗音韵并不完全符合。1941 年，现代白话新诗已经发展二十多年了，创作实践大大丰富，新诗理论的探索也较为成熟。面对这样一个较有利的语境，魏建功等人较全面深入地总结了 20 多年来汉语白话新诗创作的音韵实践，以及国语语音研究所取得的成果，故而《中华新韵》的通别和押韵规则就比赵元任的《国音新诗韵》更符合新诗的音韵实际。这些互补的关系，我们在具体的研究里做了实证性的分析，我们之所以不明码单列，处于以下考虑：与其面面俱到照顾周全而失之于空泛无据，不如集中一面深入挖掘而得之于实证有理。不用我们喋喋不休的“宣讲”，明眼的读者自会明白二者之间的互存相补关系。

为了繁荣新时期诗歌创作，我们对国语语音、民国韵书和现代白话新诗音韵之间互相依存的关系做一个较为细致的讨论，对现当代韵文创作或有积极意义。现当代文学对这个问题的研究一直停留在笼统的或者说较为宏观把握的层面，从国语语音统一、韵书编纂入手，讨论它们和现代白话新诗音韵之间转相推毂、交互渗透和联合互补的关系，以科学实证的语言学方法，钩隐索沉，论从史出，这种交叉综合的研究一直较少引起现当代文学界的重视，甚至被视为形而下的“技”而予以轻视乃至捐弃。

本书将对国语语音、民国韵书和现代白话新诗音韵之间的密切关系做一较详尽的探讨。论文分为五章，最后为余论和结论。

引言部分对与本论题相关的一些关键概念和核心术语做了梳理和界定，以免在讨论时引起歧义。然后重点评述了中华人民共和国成立前后学术界对本论题的研究状况，对相关研究文献做了分类述评，分析了国语语音、民国韵书和现代白话新诗音韵关系研究上的一些问题，探寻可能拓展国语语音和现代白话新诗音韵关系研究的一些向度；说明了本论题的一些研究思路、方法、逻辑结构和研究意义。

第一章讨论了国语语音的统一与白话文运动的关系。首先考察了从清末切音字运动到国语运动的发展，认为清末切音字运动是注音字母的先河，注音字母为国语语音的统一准备了物质条件，国语运动最终确立了国语语音的金标准；国语统一问题本质上仅仅是国语语音的统一问题。其次，认为民国国语语音的统一是汉语言研究从义本位向音本位转向的历史必然。最后详尽地分析了国语统一与白话文运动的联姻历程和联合理据。

第二章重点讨论了民国时期出现的两大韵书，认为民国韵书是国语语音和白话新诗音韵联合的津梁。分析了汉语韵书编纂的两大目的，重点从科学实证的角度讨论了民国韵书编制的语音标准和民国官韵《中华新韵》对民国国音韵书的精进，比如民国韵书韵部的分合及其通别的比较，其韵部名称及其次第的比较，其小韵数目及其排列次序的比较，以及民国韵书对旧入声的妥善处理。最后诠释了《中华新韵》新旧各体韵文写作的押韵例。认为统一的国语语音和精善的民国韵书尽可能变革、规范现代白话新诗的音韵实践，而大量的白话新诗创作的押韵实践又对国语语音的推行和民国韵书的撰制提供不可多得的语料，二者在这一点上表现出互存相补的密切关系。

第三章对民国学人白话新诗的押韵思想做了较详尽的述评。重点探讨了现代白话新诗该不该押韵，如果押韵，该押什么语音标准的韵，以及押韵的审美价值等问题，并对押韵派和废韵派的观点做了适当的分析。最后结合民国韵书，对现代白话新诗的韵式做了全面的梳理。

第四章探讨了白话新诗的节奏与国语语音的关系。本章重点以现代白话新诗为例，论述了胡适的新诗理论，穷尽式地统计了《尝试集》和其中十四首胡适所认为的真正白话新诗的轻声字的使用情况，论述了胡适的自然音节与旧诗的平仄节奏之间的关系，以及胡适新诗节奏理论与国音轻声研究的密切关系。胡适改诗是对白话新诗重轻节奏的自觉强化，以重轻节奏代替平仄节奏，是胡适白话文学观的必然逻辑。胡适以北方口语里的声调变体——轻声来突破旧体诗平仄的节奏模式，从而使白话新诗的节奏类型自别于旧体诗，客观上拓展了白话新诗的节奏类型。但他过分夸大轻声的作用，欲以流行于欧美的重轻律代替汉语旧诗的平仄律，忽视了汉语诗律的古典传统，这是不妥当的。

第五章和第六章具体讨论了白话新诗的用韵与民国韵书的通别。分别以胡适的《尝试集》、闻一多的《死水》和李季的《王贵与李香香》为例，重点考察了这三部新诗的用韵实际，并为之做了赅备的韵谱。探讨了其变调相押与国语语音的轻声之间的关系，全面比较了其用韵标准与民国韵书的通别，分析了初期白话诗《尝试集》的押韵对现代白话新诗用韵的深远影响。认为《尝试集》时代，白话新诗的用韵标准处于一个过渡状态：旧诗韵已经破坏，而白话新诗的语音标准尚未确立。胡适的押韵标准基本上是按照当时的国音标准，并且符合国音韵书的通别规定，少数诗作以方音或古韵押韵。到了新格律诗的《死水》，28 首诗，首首押韵，押韵的语音标准也是根据国语国音。其少量诗里的个别韵段以湖北浠水方音相叶，这是受《尝试集》以方音入韵的影响，但是其数量比《死水》之前的《尝试集》《红烛》等明显要少得多，《死水》押旧诗韵的韵段也比《尝试集》少得多。《死水》继承《尝试集》轻声字入韵的良法，自觉利用现代白话里特有的轻声字，构成韵脚，合辙押韵，成功地表现新格律诗的音乐美。20 世纪 40 年代延安诗歌《王贵与李香香》，其押韵的语音标准仍是根据国语国音。虽然间以陕北方音相叶，但是数量比《尝试集》和《死水》明显要少得多。之前押旧诗韵或词韵的韵段，在这部民族化大众化的长诗里基本退出了。可见，国音的推广和国语韵书的纂制等国语语音统一运动对现代白话新诗音韵深入、持久和广泛的影响。但《王贵与李香香》受诗人押韵思想和陕北方言等影响，忽视了《尝试集》《死水》等白话新诗轻声变调相押的优良传统，应引起新诗作者的注意。

余论部分是论题的进一步延伸和总括。以胡适《去国集》、鲁迅和毛泽东旧体诗词用韵为个案，考察了国语语音、民国韵书对现代旧体诗音韵的渗透作用。认为民国统一的国语语音标准不但模铸了现代白话新诗的音韵，使《尝试集》为代表的白话新诗基本上摆脱了旧诗韵一统天下的局面，转向以国音为主，适量参以方音韵或少量古韵，七百多年来，首次实现了汉语诗歌创作用韵与实际语音的统一；更重要的是，如同白话语言一样，国语语音的“金标准”日益深入人心，成为人们说话和为文押韵的自觉追求，即使是以押旧诗韵为职志的旧体诗，其用韵也部分地摆脱了平水韵的羁绊，有意识地参用了国音的标准。统一的国语语音和编纂精善的民国韵书尽可能地变革、规范了《尝试集》以来现代白话新诗的音韵，也渗透到现代旧体诗的音韵实践；而大量的统一了语音标准的白话新诗，以及渗透了国语国音的现代旧体诗音韵的实践，会在南北各方言区普遍流传，广为阅读，这又反过来大大有利于改造旧诗韵、推行国语语音、缩减方音韵和撰制科学的民国韵书。

第一章　国语语音的统一与白话文运动

现代语文运动指始于清末长达半个世纪的有关语言文字和文学创作的三场运动，即白话文运动、汉语拼音运动和国语运动。

客观地说，三大语文运动各有侧重，但又互有交叉。切音字运动（汉语拼音运动）侧重切音字母的创制与使用问题，强调“言文一致”；国语运动侧重民族标准语的确立与推广，强调“国语统一”，涉及语音、词汇、语法等诸多方面；白话文运动则侧重于标准语的书面语体的改革。三大语文运动的交叉体现为：切音字运动已经提出了国语统一问题，而且从渊源上说也是一脉相承，因此不少学者都把切音字运动看成国语运动的一个部分。国语运动的首要问题是国语的标准音即“国音”的确定问题，自然也涉及拼音字母的推广、使用；标准语的书面语也涉及语音问题。因此，切音字运动与国语运动均涉及国语标准音问题，但又各有侧重，可以说是相辅相成，关系密切。这三大运动都关系到语言统一和文学创作，同时也和我们讨论的命题即国语国音与现代白话新诗音韵有密切的关系。

清末和民国时期，虽然制定了一些改革的语文政策，但在旧中国，这些目标是不可能完全实现的。所以至中华人民共和国成立前，这三大运动中，白话文运动在书面语上基本战胜了文言文，完成了革命性的变革。拼音运动有一定的成效，颁布了注音字母；国语统一运动主要的成绩在于废除了人工的无标准的老国音，确立了北平音系为国语语音标准。但要完全实现现代汉语的规范化，只能在中华人民共和国成立后的20世纪50年代。下面分别加以论述。

第一节　国语语音的统一

鸦片战争以来，中国社会渐渐沦为半殖民地半封建的境地，尤其是甲午海战后，更出现了瓜分豆剖、国将不国的民族危机。志士仁人，无不人尽所能，各施其才，挽救这个危亡的国家。在语言文学领域就先后掀起了三大运动。这里首先谈谈为了开发民智、教育强国而进行的语言文字领域的改革。

一　清末切音字运动是注音字母的先河

汉字几千年来，忠实地为汉语服务，即便是魏晋以后，在书面语和口语渐行渐远的情况下，汉字还是一如既往地记录着僵死的古文和鲜活的古白话。只是到了清末，由于中国社会的巨大变革，民族存亡问题压倒一切，人人都在寻找原因，追究责任。知识分子找到个中原因，那就是教育落后。教育落后的主要原因便在于中国人接受学校教育的时间太长，没有时间学习西方的科学技术。为什么中国人接受学校教育的时间比西方长？因为汉字太繁难，文章太难写，卢戆章在《一目了然初阶》里说："中国字或者是当今普天之下之字之至难者。"[①] 田廷俊在《数目代字诀·序》里云："文

① 卢戆章：《一目了然初阶·原序》，《一目了然初阶》，文字改革出版社1956年版，第2页。

字之繁难，中国冠天下矣。”[①] 做了十几年的古文犹且不通，更无暇学习西方的科技了，汉字的繁难导致国家的弱贫。陈虬云：“吾们中国在地球上面呢……原算是头等富强的国度呢！只因吃了文字守旧的亏，遂不觉走到贫弱一路上来。”[②] 鲁迅先生也讲过：“比较，是最好的事情。当没有知道拼音字之前，就不会想到象形字的难。”[③] 所以，知识分子认为，要救国，就要开发民智，要开发民智，首先要兴办教育，改革教育，而改革教育则先要改革汉字，所以第一炮便轰向了汉字这种表意文字。

清末切音字运动的兴起，也是西学东渐的结果。

19 世纪日本明治维新后开展了“言文一致运动”以及文字改革运动，提倡废止汉字。留学德国归来的国语改变主义者上田万年在日本做了《国语与国家》的演讲，提出了“一个国家、一个国民、一个国语”的三位一体国语观，鼓吹“国语是国家的藩屏，国语是国民的慈母”。他指导明治政府设立的文部大臣直属机关“国语调查委员会”，主持编写《大日本国语辞典》，通过国民教育在日本推行标准日本语。

清末的宋恕于 1891 年首先提出造“切音文字”。他说：“白种之国，男女识字者，多乃过十分之九，少亦几十之二。黄种之民，识字者日本最多。……（中国）计今之识字者，男约百分之一，女约四万得一。”[④] 宋恕主张像日本的小学教育那样，“先授和文，后授汉文：若师其意，江淮以南，须造切音文字多种，以便幼学”[⑤]。宋恕之后，谭嗣同进一步提出“尽

① 田廷俊：《数目代字诀·序》，《数目代字诀》，文字改革出版社 1957 年版，第 1 页。

② 陈虬：《新字瓯文七音铎·新字瓯文学堂开学演说》，胡珠生辑《陈虬集》，浙江人民出版社 1992 年版，第 325 页。

③ 鲁迅：《关于新文字》，《鲁迅全集》卷六，人民文学出版社 1981 年版，第 162 页。

④ 宋恕：《六斋卑议·变通篇·开化章第四》，朱有瓛主编《中国近代学制史料》第一辑下册，华东师范大学出版社 1986 年版，第 865 页。

⑤ 宋恕：《六斋卑议·变通篇·开化章》，转引自倪海曙《宋恕的六斋卑议》，《语文建设》1956 年第 4 期。

改象形为谐声”[1]，改革汉字以用拼音文字。这大概成了“五四”文学革命时期钱玄同等激进派废除汉字的始作俑者。真正从实践上从事拼音化改革的是卢戆章。1892年，他著《一目了然初阶》这部拼写方言的方案。据倪海曙统计，清末的1891—1911年，这种拼音方案多达28种，但有一个共同倾向，大抵以拼写南方方言语音为主。比如吴敬恒的《豆芽字母》拼写无锡音，王炳耀的《拼音字谱》拼写广东音，刘孟扬的《天籁痕》拼写官话音，朱文熊的《江苏新字母》拼写吴音，等等。早先的拼音字母主要拼写方言，后来渐渐拼写官话，到国语统一运动时期，拼写地方方言的方案便让位于拼写国语，这一点后面还要详细讨论。这些切音方案的字母形体主要是汉字笔画式，它照顾到传统文化和国人的心理，易于接受，所以说清末这一时期的切音字运动还带有传统语言文字注重汉字本位的特点，而不像国语运动时期人们普遍追求语音本位，利用拉丁字母设计拼音方案。清末切音字运动基本上没有挂靠政府，大都以个人的力量出书、讲学、宣传，多数方案没什么大的社会反响。卢戆章想借变法维新之机，依靠中央王朝的力量，在全国推行他的切音字，但几经周折，终难成功。他推行切音事业达半个世纪之久，他的首创精神是值得肯定的，清末汉语拼音运动也以卢戆章的“中国切音新字”的方案称之为“切音字运动”。

清末10年的切音字运动以王照和劳乃宣为代表。百日维新失败后，礼部主事王照流亡日本，1900年，王照模仿日本“片假名”的形式，以一如国书（满文）十二字头之法，创制官话合音字母为北京话注音，出版了《官话合声字母》一书。王照的京师拼音官话书报社，定官话字母，以五十母十二韵四声，辗转相拼，得二千余音。包括京师语言，其取音用和声之法，与国书字头相表里；而字体则取汉字笔画，相合而成。王照《官话合声字母》有字母62个，也属于汉字笔画（偏旁）式。但王照的方案比卢戆

① 谭嗣同:《仁学》，中华书局1958年版，第62页。

章的幸运得多。因为王照方案的内容比卢戆章优越。前期的卢戆章的切音字只拼写闽粤等方言，而王照的《官话合声字母》“尽是京城声口”，有利于“使天下语言一律”①。总之，官话字母对言文一致和国语统一都有好处，反映了那个时代的语言、文学及教育的要求。黎锦熙说：

> 官话字母和现在的注音符号，其用处是一样的，不过它的用途和目的，比较更明了些：用途——绝对言文一致（拼白话，不管“读音”）；绝对国语统一（一依北平音，反对地方音）；可代汉字，也可对汉字。目的——专为大多数无力读书的贫人，妇女，愚民，“下等人”而设（“上等人”仍用汉文），只求简易迅速地达到教育普及的目的。故官话字母是一种直标北平语音的新文字，是普及教育而带有维持原来阶级意味的新工具。②

王照的官话字母在用途上主张“绝对言文一致”“绝对国语统一”“一依北平音，反对地方音”“直标北平语音”等，为后来国语统一运动确立北京音为国语标准音，为“五四”文学革命倡导言文一致打了头站；同时，可看出王照的改革方案是不彻底的，比如拼白话，不管“读音”“上等人”仍用汉文等，这些问题在后来的国语运动阶段得到解决。

其次，王照跟卢戆章等前期的切音字倡导者相比，有个重大的变化，就是他们不再单打独斗，而是极力得到当时朝廷大员的支持。1902 年京师大学堂总教习吴汝纶从日本考察学政回国，为日本推行国语（东京话）的成就所感动，向京师大学堂管学大臣张百熙上书，主张以京城声口统一天下，以一统国民。吴汝纶称道王照的注音字母“尽是京城声口，尤可使天

① 吴汝纶：《东游丛录》，转引自倪海曙《清末汉语拼音运动编年史》，上海人民出版社 1959 年版，第 91—92 页。

② 黎锦熙：《国语运动史纲》，商务印书馆 1934 年版，第 259 页。

下语言一律”[①]，而得到当时管学大臣张百熙、北洋大臣袁世凯的支持。光绪二十八年（1902），张百熙奏陈所拟学堂章程，奉准颁行，史称《钦定学堂章程》，确立了汉语的国语地位。张之洞、张百熙等为清朝制定的《新定学务纲要》指出：“中国民间各操土音，致一省之人彼此不能通语，办事动多扞格，兹拟官音统一天下语言，故自师范以及高等小学堂，均于中国文一科内附于官话一门。其练习官话，各学堂皆以用《圣谕广训直解》一书为准。”[②]《圣谕广训》的宣讲使北京官话在全国通行。通行本《圣谕广训直解》在官办新学课堂“中国文学”学科中，已被指定为“习官话”的教材，因“其文皆系京师语”，每星期应学习一次。这是北京官话和白话文得以推广的前提。光绪三十二年四月（1906 年 5 月），学部制定的《学部奏定各省劝学所章程》，已明确将“宣讲所”纳入各厅、州、县必须设立的劝学所建制中。有关规定也强调了与宣讲《圣谕广训》的衔接，内容要求与天津成例亦相近：“各属地方一律设立宣讲所，遵照从前宣讲《圣谕广训》章程，延聘专员，随时宣讲。……宣讲应首重《圣谕广训》，凡遇宣讲圣谕之时，应肃立起敬，不得懈怠。……其学部颁行宣讲各书，及国民教育、修身、历史、地理、格致等浅近事理，以迄白话新闻，概在应行宣讲之列。”[③]由此可见，《圣谕广训》的白话解读本是晚清白话文运动和国语运动的一条线索。1910 年 10 月，学部基于尚书荣庆的指示，命令各省小、中学堂在国语教科之外，增设官话教科。正因为政府要员为了各种目的而出面，故可以为王照的官话字母的推行、传播和普及保驾护航。这个经验当然被后来的国语运动的先驱者牢牢记取了。

---

① 吴汝纶：《东游丛录》，转引自倪海曙《清末汉语拼音运动编年史》，上海人民出版社 1959 年版，第 91—92 页。

② 《新定学务纲要》，转引自王东杰《“声入心通”：清末切音字运动和“国语统一”思潮的纠结》，《近代史研究》2010 年第 5 期。

③ 《学部奏定各省劝学所章程》，转引自苏全有、张超《清末宣讲所探析》，《河南理工大学学报》（社会科学版）2014 年第 2 期。

劳乃宣对王照在北方普及官话字母很看重，所以他着手促进南方各省实现拼音化。在王照的官话字母基础上，略加增改，做成很多字谱，较有名的是1907年编制的《简字全谱》，它用简字代替官话，把京音、宁音、吴音和闽广音等汇编于一书。简字和官话实则一物，换名不换实。简字是简易汉字，也是笔画式拼音文字。但官话字母仅适于北京音，而简字则可以适用于任何一种方音。《简字全谱》有116个声母，20个韵母。劳氏设计了多种方音拼音字母，但他主张语言统一。他的办法是先做到方言区的言文一致，然后谋求全国语言的统一。他用清代古音大家顾炎武离析俗韵回到唐韵，离析唐韵回到古韵的办法实现国语的统一，在当时还是有意义的。劳乃宣在1908年被慈禧召见，呈《简字谱录》，后成立“简字研究会”，这是20世纪民间最早的研究汉语拼音的组织。这都为后来的国语运动提供了成功的经验和教训。

清末切音字运动基本上没有挂靠政府，大都以个人的力量出书、讲学、宣传，多数方案没什么大的社会反响。它们大抵以拼写南方方言语音为主，后来渐渐拼写官话。这些切音方案的字母形体主要是汉字笔画式，这一点与后来的注音字母“皆取古文篆籀径省之形”基本一致，它照顾了传统文化和国人的心理，易于接受，事实上成了注音字母的先驱。

二　注音字母是国语语音统一运动的物质准备

1910年，资政院议员满人庆福等《陈请资政院颁行官话简字说帖》：“窃维官话简字，旧名官声字母，本国书和声之制，取首善京音为准，发现于天津，实验于各处。拼音不过两母，故较东西各国拼法为易学易记；四等不分于韵母，故较中国韵学旧法为直截了当。”①

① （清）庆福等：《陈请资政院颁行官话简字说帖》，转引自李宇明《切音字的内涵与外延》，《福建师范大学学报》（哲学社会科学版）2005年第3期。

1912年，中华民国成立后，为了团结各民族，提倡国语运动，政府公报出现《教育部征求各处方音广告》，准备编定国语音韵标准，广告多次发布。教育总长蔡元培主持通过“采用注音字母案”，并计划成立读音统一委员会。12月，教育部公布“读音统一会章程”及任务：“一、审定一切字音为法定国音；二、将所有国音均析为至单至纯之音素，核定所有音素总数；三、采定字母，每音素均以一字母表之。”① 次年2月在北平召开了中国读音统一会，制定了史称“老国音”的国音系统，确定了以“北京音为主，兼顾南北”的国音，具有入声。读音统一会筹备处由蔡元培任总长的教育部成立，吴稚晖任议长，王照任副议长，网罗全国文字学、音韵学、语言学之权威专家一共80人，其中由教育部任命的有50人左右，其余为各省推举。来自江苏的会员有17人，浙江9人，直隶7人，福建、广东、湖南各4人。最终参与表决的共44人。1913年读音统一会上的争吵打架，是明清南北两派正音传统的最后一次冲突。王照为了入声存废问题，曾和吴稚晖大战。会议开了三个月，争论很激烈，结果是制定了39个字母，称为“注音字母”。

1913年读音统一会通过的39个注音字母，至1918年正式公布时增加一个“儿”韵，1922年教育部公布“注音字母书法体式”时再从“ㄛ”里分出一个“ㄜ”，是为40个。1932年钱玄同又增加一个舌尖元音“帀”，取之于“师”之古体“帀”，专拼汉语的翘舌音和平舌音。1913年设计的注音字母其实仍然是清末切音字运动在新时代的延续，清末以汉字笔画式为主流的切音形式在读音统一会里占据主流。民国二年（1913）去清帝逊位仅仅2年，读音统一会会员卢戆章、王照、吴稚晖等都曾在清末搞过汉字笔画式切音方案。注音字母是由章太炎的弟子马裕藻、许寿裳及周树人等提案的，章太炎云：“余谓切音之字，只在笺识字端，令本音画然可晓……故

① 黎锦熙：《国语运动史纲》，商务印书馆1934年版，第51页。

尝定纽文为三十六，韵文为二十，皆取古文篆籀径省之形，以代旧谱。”①注音字母基本上遵循了章炳麟的原则，39 个字母里就有 15 个采用章太炎的。章炳麟的原则代表了传统的语言文字观，维护了汉语汉字的尊严，有典有则，比向壁虚构强多了。而且，注音字母在“旧派的人看来，很适合双声叠韵的原理，可以用来改良反切的弊病。……注音符号的应用，只在声母和韵母上的分析，没有把元音和辅音的音素一一显示出来，所以我们认定注音符号只是从反切中演化出来的东西”②。

现在看来，虽然注音字母给汉字标音，不如后来的汉语拼音方案等一步到位，但在有几千年汉字应用传统、字本位的语境下，在以双声叠韵为原理，汉字给汉字注音的反切注音时代，这只能是一个较为妥当的折中办法，否则很难有较好的结果，读音统一会上的激烈争论以至于恶语相向、大打出手是一个明证，所以它是符合汉语言文字发展规律的，也符合中国的文化和传统。周恩来总理对注音字母的历史地位有一段极公正的评价：

> 辛亥革命之后，产生了注音字母，这是中国第一套由国家正式公布并且在中小学校普遍推行过的拼音字母。注音字母对于识字教育和读音统一有过一定的贡献。尽管今天看来，注音字母还有不少缺点（例如，作为各少数民族文字的共同基础和促进国际文化交流的工具，注音字母显然远不如拉丁字母），但是注音字母在历史上的功绩，我们应该加以肯定。对于近四十年来的拼音字母运动，注音字母也起了开创的作用。现在这个汉语拼音方案，它的主要功用之一是为汉字注音，在这个意义上，汉语拼音方案正是继承了直音、反切和注音字母的传统，在它们的基础上发展起来的。③

① 章太炎：《驳中国用万国新语说》，文字改革出版社 1957 年版，第 14 页。
② 张世禄：《张世禄语言学论文集》，学林出版社 1984 年版，第 73—74 页。
③ 周恩来：《当前文字改革的任务》，《人民日报》1958 年 1 月 10 日。

我们在这里较为详尽地梳理评介民国以来注音字母的文化特征，是因为注音字母与我们的论题息息相关。一是注音字母较为科学地记录着国语语音所取得的每一步成绩，成为国语统一运动的重要一支。注音字母40年来服务于汉语汉字，特别是对“五四”文学书面语言的形成奠定了物质基础，一直到中华人民共和国成立后50年代的汉语拼音方案实行。二是注音字母与民国韵书的编制有关。赵元任的《国音新诗韵》和官韵《中华新韵》就是以国语统一运动的标志性成果——国音的北平语音为语音标准的，而标示这种国音标准的工具就是读音统一会通过、由政府颁布的注音字母。国音的统一是国语统一的基础，国音的统一就包括注音工具的统一，这是一体两面的不可分割的事情。

注音字母后，1923年国语统一筹备会召开第五次大会，会员钱玄同提议“请组织国语罗马字委员会”，事后成立钱玄同、黎锦熙、赵元任、林语堂和汪怡组成的“数人会”。1926年制定《国语罗马字拼音法式》，1928年由国民政府大学院正式公布，作为国音字母第二式，以便注音之用，简称“国罗”。“国罗”没有认真推广，影响远非注音字母可比，但意义重大，它说明汉语也可以用罗马字来拼写，为中华人民共和国成立后汉语拼音方案的制订准备了条件。

拉丁化新文字是瞿秋白、吴玉章、林伯渠等在苏联汉学家协助下制定的。这个方案拼写以山东话为标准的北方方言，简称“北拉”。1929年瞿秋白在苏联出版《中国拉丁化字母》。1931年，瞿秋白回国后，吴玉章、林伯渠、肖三、龙果夫等继续以瞿秋白的方案为基础，拟制了一个新文字方案《中国汉字拉丁化的原则》。由于拉丁化新文字具有不标声调、拼写方言、分词连写等特点，简单易学，适于在广大劳动群众中进行扫盲和普及教育，因此拉丁化新文字运动的发展便更具有广泛性和群众性。“北拉”要根本废除象形文字，以纯粹的拼音文字来代替它，并反对用象形文字的笔画来拼音或注音。同时反对资产阶级的所谓国语统一运动，认为不能以某个地方的口音作为全国标准音。鲁迅先生也主张拼读方言化：“现在正在给中国实验的新文字，给南方人读起来，是不能全懂得。现在的中国，本来还不是一种语言所能统一，所以必须另照各地方的言语来拼，待将来再图沟通。反对拉丁化文字的人，往往将这当作一个大缺点，以为反而使中国的文字不统一了，但他却抹杀了方块汉字本为大多数中国人所不识，有些知识阶级也并不真识的事实。”① 关键是中国的方言太复杂，九州共一字，十里不同音，方言文字是行不通的。另外，语言是没有阶级性的，国语运动无所谓资产阶级还是无产阶级。20 世纪 30 年代，新国音的标准已经确立，北拉仍然主张“不能以某个地方的口音作为全国标准音”，是很不妥当的。因为标准音的确立，是汉语言研究重心向语音本位转向所致，是北京 700 年来的历史文化传统所决定的，不是人为的认定。今天来看，北拉的主张有些过激，废除汉字是不客观的，是违背汉语内部规律的。但是，“国罗”和“北拉”都设计了较好文字改革方案，都为汉语拼音化作了积极的探索。

三　国语运动最终确立了国语语音的“金标准”

现代汉民族共同语从前叫“官话”“国语”。国语有老国音和新国音之分。

国语运动对于汉民族共同语语音标准的确立并不是一帆风顺的，经过了辩证否定的发展过程。大致说来，清末以京音（北京话语音）为标准，20 世纪 30 年代以前是南北杂糅的双重标准，30 年代以后又规定以漂亮的北京话为标准。标准话基础方言的争论，反映了复杂的历史文化语境。

国语语音标准的提出、论争和确立是国语运动诸君的最大贡献。国语运动要比白话文运动晚几年，其正式提出是在 20 世纪初。赵元任先生说：

① 鲁迅：《关于新文字》，《鲁迅全集》卷六，人民文学出版社 1981 年版，第 163 页。

"上个世纪我在中国上学的时候，还没有标准国语这个东西。"① 如前所说，1902 年吴汝纶从日本考察学政，日本人伊泽修二对他说："欲养成国民爱国心，必须有以统一之，统一维何？语言是也……查贵国今日之时势，统一语言尤为急急者。"② 强调了宣传国语的重大意义。当时日本很多学校设有"普通语研究会"，研究普通语（即国都东京语）。吴汝纶为日本推行国语（东京话）的成就所感动，向京师大学堂管学大臣张百熙上书："此音尽是京城声口，尤可使天下语音一律。"③ 要以北京音为标准实现国语统一，并想以王照的《官话字母》作为统一国语的工具。吴汝纶得到当时管学大臣张百熙、北洋大臣袁世凯的支持。光绪二十八年（1902），张百熙奏陈所拟学堂章程，奉准颁行，确立了汉语的国语地位："各国语言，全国皆归一致……中国民间各操土音，致一省之人彼此不能通语，办事多扞格，兹以官音统一天下之语言，故自师范以及高等小学堂，均于国文一科内，附入官话一门。其练习官话，各学堂皆以用《圣谕广训直解》一书为准。"④《圣谕广训》的宣讲使北京官话在全国通行。通行本《圣谕广训直解》在官办新学课堂"中国文学"学科中，已被指定为"习官话"的教材，因"其文皆系京师语"，每星期应学习一次。这是北京官话和白话文得以推广的前提。光绪三十二年四月（1906 年 5 月）学部制定的《奏定各省劝学所章程》，已明确将"宣讲所"纳入各厅、州、县必须设立的劝学所建制中。如前所说，《圣谕广训》的白话解读本是晚清白话文运动和国语运动的一条线索。1910 年 10 月，学部基于尚书荣庆的指示，命令各省小、中学堂在国语教科之外，增设官话教科。从此以后，拼音运动和国语运动互为表里，步调一致，互相促进。北方王照云："语言必归画一，宜取京话……京话推广

---

① 赵元任：《什么是正确的汉语?》，《赵元任语言学论文集》，商务印书馆 2002 年版，第 49 页。

② 吴汝纶：《东游丛录》。引自倪海曙《清末汉语切音运动编年史》，第 91—92 页。

③ 同上。

④《新定学务纲要》，转引自王东杰《"声入心通"：清末切音字运动和"国语统一"思潮的纠结》，《近代史研究》2010 年第 5 期。

最便，故曰官话。余谓官者公也，官话者公用之话，自宜择其占幅员人数多者。”① 南方卢戆章本主张以宁音（南京话）为标准，此时也赞同“颁定京音官话，以一统天下之语言也”。② 1909年，清政府设立了国语编审委员会，将当时通用的官话正式命名为“国语”。这是汉语首次得到官方命名。1910年因《拼音官话报》触犯摄政王，官话合音字母被清政府禁止传习。从1900年王照创制官话字母到1910年清朝摄政王查禁官话字母，推行了10年，遍及13省，编印书籍6万余部。

1910年，资政院议员满人庆福等《陈请资政院颁行官话简字说帖》：“窃维官话简字，旧名官声字母，本国书和声之制，取首善京音为准，发现于天津，实验于各处。”③ 资政院议员江谦在《质问学部分年筹办国语教育说帖》中提出了“用和声字拼合国语，以收统一之效”的主张④。此案通过提交学部。1911年清政府灭亡前，清朝学部召开中央教育会议，会上通过了王邵廉等人提出的《统一国语办法案》，主张语音以京音为主，而调整四声，不废入声；词汇以官话为主，而择其正当雅训者⑤。决议在京城成立“国语调查总会”，各省设分会，进行语词、语法、音韵调查。

1912年中华民国成立，标准语的基础方言争议最大。

为了团结各民族，提倡国语运动，中华民国政府公报出现《教育部征求各处方音广告》，提到“本部现拟编定国语音韵标准”，多次发布广告。教育总长蔡元培主持通过“采用注音字母案”，并计划成立读音统一委员会。12月，教育部公布“读音统一会章程”及任务，即“一、审定一切字

① 王照：《官话合声字母·新增例言》，文字改革出版社1957年版，第9页。

② 卢戆章：《北京切音教科书》，文字改革出版社1957年版，第3页。

③ （清）庆福等：《陈请资政院颁行官话简字说帖》，转引自李宇明《切音字的内涵与外延》，《福建师范大学学报》（哲学社会科学版）2005年第3期。

④ 江谦：《质问学部分年筹办国语教育说帖》，转引自郭熙《论“华语”》，《暨南大学华文学院学报》2004年第2期。

⑤ 倪海曙：《推广普通话的历史发展》，《倪海曙语文论集》，上海教育出版社1991年版，第171页。

音为法定国音，将所有国音均析为至单至纯之音素，审定所有音素总数；二、采定字母，每音素均以一字母表之。”① 1913 年 2 月，在北平召开了中国读音统一会，制定了史称“老国音”的国音系统，确定了以北京音为主，兼顾南北的国音。南方会员坚持在注音字母里保存浊音和入声，江苏代表汪荣宝说：“南人若无浊音及入声，便过不得日子。”② 北方会员坚决反对浊音字母。后来王照建议，每个省会员不论到会多少，只有一票表决权，于是浊音无法通过，但是入声还是作为第五声进入国音里。这个会开了三个月，争论很激烈。读音统一会决定以每省区为一表决权，以最多数为会中审定之读音；从清人李光地、王兰生的官韵《音韵阐微》中选出 6500 多个常用字，编成《国音汇编草》，并拟定了三十九个注音字母，审定每一个字的标准读音，称为“国音”。赵元任先生曾为这个人工的普通音灌制唱片，“不管有没有唱片，教一种没有人说的语言，总是难事。在 13 年的时间里，这种给四亿、五亿或六亿人定出的国语，竟只有我一个人在说”③。尽管如此，用北京话来统一全国语言的主张是当时的主流④。庆福等的《陈请资政院颁行官话简字说帖》：“凡京师所在，人皆趋之。千百年荟萃磨炼，而成此一种京话，斯即中央而非偏隅也。且原与京语大略相同者，已有直隶奉天吉林黑龙江山东河南甘肃云南贵州四川陕西十一省，及江苏安徽之两半省矣。此外各语，无两省相同者。为高因陵，为下因泽，岂有舍京语而别事矫揉之理哉！京语非北京人私有之语，乃全国人共有之语。”⑤

1913 年通过的老国音及注音字母，受到了各种不同标准的人的批评，教育部怵于众议，直到民国七年（1918）11 月才公布，此时距离注音字母

① 黎锦熙：《国语运动史纲》，商务印书馆 1934 年版，第 51 页。

② 同上书，58 页。

③ 赵元任：《什么是真正的汉语?》，《赵元任语言学论文选》，商务印书馆 2002 年版，第 57 页。

④ 李宇明：《清末文字改革家论语言统一》，《语言教学与研究》2003 年第 2 期。

⑤ （清）庆福等：《陈请资政院颁行官话简字说帖》，转引自李宇明《清末文字改革家论语言统一》，《语言教学与研究》2003 年第 2 期。

制定之日已经5年。1919年，老国音的《国音字典》出版，1920年旋即发生了“京国”之争，南京高师的张士一首先向老国音发难，要求以至少受过中等教育的北京本地人的话为国语的标准，重新制定字母。他的要求得到全国教育联合会的赞同。1920年12月，教育部发布训令：

> 查读音统一会审定字典，本以普通音为根据。普通音即旧日所谓官音，此种官音，即数百年来全国共同遵用之读书正音，亦即官话所用之音，实具有该案所称通行全国之资格，取作标准，允为合宜。北京音中所含官音比较最多，故北京音在国音中适占极重要之地位；《国音字典》中所注之音，什九以上与北京音不期而暗合者，即以此故。惟北京亦有若干土音，不特与普通音不合，且与北京人读书之正音不合，此类土音，当然舍弃，自不待言。本会此次修订《国音字典》，凡遇原来注音有生僻不习者，已各照普通音改注的北京音之合于普通音者，当然在采取之列。至北京一隅之土音，无论行于何地，均为不便者，则断难曲从。该会所欲定为国音之北京音，当即指北京之官音而言，决非强全国人人共奉北京之土音为国音也。《国音字典》中对于北京官音，既已尽量采用，是该会所请求者，实际上业已办到，似可毋庸赘议。至于声调问题，公布注音字母之部分中，仅列阴阳平上去入五声，并未指定应以何地之五声为标准。诚以五声读法，因各地风土之异，与语词语气之别，而千差万殊，绝难强令一致。入声为全国多数区域所具有，未便因北京等处偶然缺乏，遂尔取消，正犹阳平亦为全国多数区域所具有，未便因浙江等处偶然缺乏，遂尔取消也。盖语音统一，要在使人人咸能发此公共之国音，但求其能通词达意，彼此共喻而已；至于绝对无殊，则非惟在事势上有所不能，抑亦在实用上为非必要也。

这个训令看似有理，实际上行不通。汉语里并不存在折中南北的普通音，声调更是没有确定，南方的入声掺入进去。

1921年，黎锦熙“主张径把很爽快干脆的北京声调为标准”。1923年黎锦熙在《北京入声字谱》“序言”里提出了国音废除入声的宣言：

> 自从提倡国语以来，国音算是确定了，对于四声，却只有纸面上的“圆点儿”，没有口头上的“准调子”，大家各用乡调读国音，闹成许多不南不北、亦南亦北的蓝青官话。现在大家都感着事实上的困难，自然而然地要认定一处地方的方言中的声调为国语的标准，于是北京话中的“四声”当然取得这种资格。

1926年，教育部国语统一筹备会推举王璞、钱玄同、赵元任、黎锦熙、白涤洲等人修订旧国音，凡字音，概以北京的普通读法为标准，取消了尖音和入声等。1932年教育部公布《国音常用字汇》，才真正体现了新国音的语音系统。1934年，黎锦熙和白涤洲编《佩文新韵》，即依此新国音标准。1941年10月10日，魏建功先生著《中华新韵》由国民政府颁布，这是汉语韵书史上的高峰，完全依照北京音为语音标准分韵。从清末的官话到民初的老国音，再到20年代的新国音，现代汉语标准音的确立经历了三个阶段，“可见，标准语的确立也不是发一道命令、开几次会议就能成功的。而且，在新国音确立之后，并不是大家都赞成以北京话作为标准话了，持反对意见的人大有人在。真是‘诸家取舍，亦复不同’”①。

为什么北京话作为语音标准就有人反对呢？胡以鲁在《国语学草创》里说：“吾国向所称为北京官话者官吏用语，非公共语也。……且地处北偏，交通机关向未发达……实际说所谓京片子者，殆惟直隶南满之一部，直隶方言间杂以满语者耳。”② 胡氏作为读音统一会会员，对京片子很反感，

① 何九盈：《中国现代语言学史》，广东教育出版社2000年版，第34页。

② 胡以鲁：《国语学草创》，商务印书馆1923年版，第97页。

认为湖北话可做理想的语音标准。后来的王古鲁和马宗霍还十分赞成胡以鲁的主张。章炳麟也是反对北京话为语音标准的。他在《驳中国用万国新语说》里说："今虏虽建宅宛平，宛平之语，未可为万方准则。"[①]"中国正音……既以江汉间为正音，复取四方典则之声，用相合会，则声韵其无谬矣。"[②] 由于他的复古主义立场，他的"中国正音"注定是实现不了的。

清末民初的学者，受孙中山"驱除鞑虏，恢复中华"影响很深，所以不同意"北杂夷狄"的京片子为标准音。赵元任先生不反对北京话为标准，他在《什么是真正的汉语?》里对北京话评价不高做了精到的分析：首先是北京话没有入声，"但至今爱做古诗的北方人还必须掌握古代的声调，南方人在这方面就很占便宜"[③]。其次是北京话没有分尖团的优越性。现代皮黄戏里保持着尖团的区分。再次是传统的音类区分在北京话里消失了，文人们对此不满。很显然，赵先生是从继承文化传统、保存文化遗产的角度来谈的，但都无法动摇北京话作为标准语的地位。

从上面的讨论可以看到，北京话语音标准虽然在20世纪20年代已经提出，但一直存在着很多争议。胡适在1921年著的《国语文法概论》里说："严格说来，现在所谓'国语'，还是一种尽先补用的候补国语，并不是现任的国语。这句话的意思是说，这一种方言已有了做中国国语的资格，但此时还不曾完全成为正式的国语。"一直到20世纪40年代末，这种候补的现状没有根本性的改变。我们在这里较为详尽地讨论国语运动对国语语音标准的最终确立，是因为只有语音标准统一了，国语才有可能实现统一。

从上面的讨论还可以发现这样一个问题，就是国语统一问题仅仅是国语语音的统一问题。对这一点，国语运动诸君是深谙其道的。如上所述，民国初年章太炎和胡以鲁师徒都主张以湖北话作为国音标准，胡以鲁只说

① 章太炎：《驳中国用万国新语说》，文字改革出版社1957年版，第22页。

② 同上书，第5页。

③ 赵元任：《什么是真正的汉语?》，《赵元任语言学论文选》，商务印书馆2002年版，第838页。

在语音上应有所损益，没有谈到要在词汇和语法上也要有所损益。傅斯年认识到国音的统一是国语统一的前提条件，他在《文言合一草议》中说："制定国语之先，制定音读，尤为重要。音读一经统一，自有统一之国语发生，初不劳大费精神。"他意识到词汇和语法的差异最小，语音差异最大，"殊方言语之殊，殊在质料者极少，殊在音读者转多。又音读划一，稍事取舍，便成统一之国语"①。傅斯年认为较易统一的是"国语之质料"（词汇、语法等），而由语音所反映的"声气"则是很难统一的，这是很有见地的。

老国音曾在会议室里举手表决的是六千多个汉字的读音，没有人举手表决语法和词汇。北方王照和江苏王荣宝的武斗，其实焦点还在于国音对浊音和入声的存废。国语语音有新旧之分，国语语法和词汇却无此分别。可见，国语运动诸君都认为各方言的主要差别在于语音方面，而不在语法和词汇方面。当然，并不是说汉语各方言之间没有一些词汇和语法上的差异，只是这些差异相对于语音来说是微小的。王力先生说："各地的语法，基本上是一致的；各地的基本词汇，差别也不大；各地的语音，差别较大，但是有语音对应规律。"②

明清以来的很多优秀文学作品都是以北方话或以北京话写成的，很多非北方话地区的人们通过这些文学作品学会了写白话文，看白话文，但是说不出口（这种情况现在还很普遍）。胡适说自己是通过阅读《西游记》《水浒传》《儒林外史》《红楼梦》等近代北方的白话小说而做起白话文的，但是，为什么他还认为国语统一万年也实现不了呢？还是因为语音不统一，人们还是各操土音来"说"用汉字所表示的由国语词汇和语法所组成的句章篇。有一个事实需要注意：任何一个方言区的儿童，一到小学毕业，"顶

---

① 傅斯年：《文言合一草议》，赵家璧主编《中国新文学大系·建设理论集》，上海良友图书印刷公司 1935 年版，第 126 页。

② 王力：《推广普通话的三个问题》，《龙虫并雕斋文集》第三册，中华书局 1982 年版，第 475 页。

多是进入初中，语法、词汇上的细微差异在他的日常说话中就少得多了，至于在严肃说话如演说时，这些细微的差异几乎不存在”①。所以，国语统一问题，实际上只是国音标准的问题。如果国音标准确立并且国音完全统一了，国语统一基本上也就实现了。

民国时期的国音标准是确立了，但是由于各种原因，国音的统一并没有完全实现（这个任务历史地落在了新政府的肩上）。其实，一直到40年代末，这种候补的现状没有根本性的改变。我国地广人稠，南北方言差异巨大，加上当时的民族战争和国内战争，政局动荡；解放区鼓励方言文艺创作，以鼓舞军民抗敌救国，等等。所以，推行已经统一的国语困难很大。这个艰巨的任务直到中华人民共和国成立后，经过50年代的现代汉语规范化，特别是1958年国家制订《汉语拼音方案》，宪法规定推广普通话后才有所改观。迄今为止，这个工作尚未彻底完成，看来还需要很长的时间。但是，国语语音标准的确立为“五四”文学书面语言的形成奠定了物质基础，民国韵书就是以国音统一运动所确立的北京话为语音标准，巩固、推广了国语统一运动所取得的新国音标准之成果，为汉语白话诗的创作提供了丰赡的音韵营养。

第二节　国音统一是汉语言研究音本位转向的历史必然

国语运动为什么要把语音标准的统一作为第一任务呢？因为“语音一天不统一，民族共同语就不能说是走完了它的形成的最后阶段”②。当时的

① 鲍明炜：《略论汉族共同语的形成和发展》，《中国语文》1955年6月号。

② 王力：《汉语史稿》，中华书局1980年版，第37页。

情况看来是“国音生国语”[①]。“国音确定，则语言可同而情感互通，畛域斯灭而精神易结；文字注音，则识字自易而施教能广，文盲悉除而智力日增。[②]”这是教育救国的外在因素。从语言发展和研究的内部规律看，国语语音的统一，实际上与汉语语言的特征和人们对汉语研究重心的转变有着极为密切的关系。

下面我们将重点讨论这一转变的过程及其对国语语音统一的影响。

中华人民共和国成立后至新时期，学术界关于国语统一问题的讨论，如前所论，其兴趣主要集中在社会政治的语境和文化教育的诉求等外部因素的讨论上：一是国语统一的社会政治语境，诸如富国强民的渴望、文化教育的诉求等，反复论证我们的国语应该统一[③]。二是现代文学和语言的变革之间的关系。诸如关于现代作家的语言观念的探索，以及从语言学视角反思与批判“五四”时期的文学变革等。

国语统一为什么要以国音标准的统一作为第一要著？虽然与汉语内部构成要素发展的不平衡性有关，但本质上是汉语言文字发展及其研究重点向读音转向的必然结果。

一　汉语内部构成要素发展的不平衡性

汉语同所有的语言一样，也是由语音、词汇和语法三者构成。也同所有的语言一样，其发展演变是不平衡的，语音最快，词汇和语法则较缓慢。国语统一，实质是国语语音的统一。对于这一点，国语运动诸君是深谙其道的。

国语运动的干将汪怡称“国音生国语”[④]。民国初年章太炎和胡以鲁师

① 汪怡：《新著国音发音学》，商务印书馆1924年版，第5页。

② 同上。

③ 赵慧峰：《简析民国时期的国语运动》，《民国档案》2001年第4期。于锦恩：《清末民初国语运动的国际动力——兼与赵慧峰先生商榷》，《中州学刊》2004年第2期。

④ 汪怡：《新著国音发音学》，商务印书馆1924年版，第5页。

徒都主张以湖北话作为国音标准，他们只说在语音上应有所损益，没有谈到要在词汇和语法上也要有所损益。傅斯年也认识到国音的统一是国语统一的语音前提，他在《文言合一草议》中说："制定国语之先，制定音读，尤为重要。音读一经统一，自有统一之国语发生，初不劳大费精神。"他意识到词汇和语法的差异最小，语音差异最大，"殊方言语之殊，殊在质料者极少，殊在音读者转多，又音读划一，稍事取舍，便成统一之国语"[①]。傅斯年认为较易统一的是"国语之质料"（词汇、语法等），而由语音所反映的"声气"则是很难统一的，这是很有见地的。1917 年，黎锦熙在《国语研究会会员黎锦熙拟国语研究调查之进行计划书》中曾颇为自信地写道："依调查总表。就各词类及成语中。选其流行较广。及接近文言者。定为标准语。我国语句之构成。即所谓语法者。全国颇称一致。故只需词类成语定为标准。复于标准语。注以标准音。则全国语言。自趋统一。"[②] 黎锦熙也认为语法"全国颇称一致"，用标准音标注标准音，则国语自趋统一。

旧国音曾在会议室里举手表决的是六千多个汉字的读音，没有人举手表决语法和词汇。北方王照和江苏汪荣宝的武斗，其实焦点还在于国音对浊音和入声的存废。"当时，人们最关心的是发音问题，这在今天（笔者按，即赵元任做演说的 20 世纪 60 年代初，亦即 1961 年）仍然如此。"[③] 国语语音有新旧之分，国语语法和词汇却无是分别。"至于遣词造句、文法、体裁，唯一可以接受的办法就是照着古代作家去做。那时候（我指的是胡适以前的年头儿），没有人想到可以抛开文言去写东西……语法的正确问题

---

① 傅斯年：《文言合一草议》，赵家璧主编《中国新文学大系 · 建设理论集》，上海良友图书印刷公司 1935 年版，第 126 页。

② 黎锦熙：《国语研究会会员黎锦熙拟国语研究调查之进行计划书》，黎锦熙编《国语学讲义 · 关于国语运动全部进行之法令文件》，商务印书馆 1918 年版，第 42 页。

③ 赵元任：《什么是真正的汉语?》，《赵元任语言学论文集》，商务印书馆 2002 年版，第 836 页。

不及发音或词汇那么重要。”[①] 当然，并不是说汉语各方言之间没有一些词汇和语法上的差异，只是这些差异相对于语音来说是微小的。王力先生说：“各地的语法，基本上是一致的；各地的基本词汇，差别也不大；各地的语音，差别较大，但是有语音对应规律。”[②] 可见，国语运动诸君都认为国语构成要素的主要差别在于语音方面，而不在语法和词汇方面。

明清以来的很多优秀文学作品都是以北方话或以北京话写成的，很多非北方话地区的人们通过这些文学作品学会了看白话文、写白话文，但是说不出口（这种情况现在还很普遍）。胡适说自己是通过阅读《西游记》《水浒传》《儒林外史》《红楼梦》等近代北方的白话小说而做起白话文的，但是，为什么他还认为国语统一一万年也实现不了呢？还是因为语音不统一，人们还是各操土音来“说”用超方言的汉字所表示的由国语词汇和语法所组成的句章篇。有一个事实需要注意：任何一个方言区的儿童，一到小学毕业，“顶多是进入初中，语法、词汇上的细微差异在他的日常说话中就少得多了，至于在严肃说话如演说时，这些细微的差异几乎不存在”[③]。所以，国语统一问题，实际上只是国音标准的问题。如果国音标准确立并且国音完全统一了，国语统一基本上也就实现了。

二　国语语音的统一并未乞灵于西方语音中心主义理论

自柏拉图开始直到21世纪，西方学者对语言的思考都没有脱离一个共同的樊篱，即所谓的语音中心主义[④]。国语运动期间，汉字和汉语的关系是否如有些学者所说的那样，受到西方逻各斯中心主义或语音中心主义的影响，从而造成国语统一对国音的首选呢？西学东渐对中国的思想界影响很

---

① 赵元任：《什么是真正的汉语?》，《赵元任语言学论文集》，商务印书馆2002年版，第836页。

② 王力：《推广普通话的三个问题》，《龙虫并雕斋文集》第三册，中华书局1982年版，第475页。

③ 鲍明炜：《略论汉族共同语的形成和发展》，《中国语文》1955年6月号。

④ 白艳霞：《在中国人的语言观念中有语音中心主义吗?》，《外国文学评论》1996年第3期。

大，这是众所周知的事实。但对汉语和汉字的关系究竟有哪些影响？有些研究者对此缺乏具体的分析。他们笼统地认为，晚清以降，中国现代知识分子“一开始就借助西方分裂的语言和文字概念”[①]。我们如若进一步追问：中国现代知识分子究竟借鉴了西方哪位学者的观念？是何时何地以何种方式“借助”的？谁能证明中国现代知识分子认为“所谓语言的本质，一直就是声音”[②]（笔者按，语言是音义结合体，意义和概念是其内容，音读是其形式）？“西方文明”又是指西方的哪些影响我国语言和文字关系的论著？这些论著又是何时“以无可置疑的压倒性的先进品质进入人们的视野”，使“古代汉语自然只能甘拜下风”[③] 的？这些问题都要做深入的实证考察，不能简单地下结论。

在西方，一般认为柏拉图、卢梭、黑格尔和索绪尔较集中地讨论过语言和文字的关系问题。下面对在国语运动期间国内传播译介其论著的历史做一具体考察。

柏拉图的影响早已深入欧洲文化。其《斐德若篇》集中表达了柏拉图对文字和言语的看法，迄今统治着西方思想界的“逻各斯中心主义”（logocentrism），便是滥觞于此。但是，中国人知道柏拉图，是在他死后两千多年的20世纪初。国语运动期间，国内柏拉图最早的译本是吴献书的《理想国》，1921年在商务印书馆出版。1933年商务印书馆又相继出版了张师竹等译的《柏拉图对话集六种》、郭文武和景昌极译的《柏拉图五大对话》[④]。国语运动时期柏拉图的译本，只有1933年郭文武和景昌极译的《柏拉图五大对话》中的《斐德若篇》！而在1932年，教育部已经公布了《国音常用字汇》，确立了北京音为国音标准，国音标准的论争远在10年之前就开始

① 郜元宝：《字本位与音本位——在汉语中理解汉语》，《当代作家评论》2002年第2期。

② 同上。

③ 朱恒、何锡章：《“五四”白话文运动的语言学考辨》，《文学评论》2008年第2期。

④ 李衍柱：《说不尽争不休的柏拉图——柏拉图诗学与美学思想研究述评》，《江西社会科学》2005年第2期。

了（详参前）。可见，国语语音标准的论争和最终确立不可能受到柏拉图《斐德若篇》贬斥文字而崇尚言语的逻各斯中心主义（语音中心主义）的影响。

国内学术界对卢梭的译介和研究大体可分为三个阶段。第一个阶段是清末至辛亥革命时期。这个阶段主要集中于社会哲学思想方面。第二阶段是辛亥革命之后到改革开放之前这段时间。这个阶段人们着重译介其文学作品。受其影响最大的当属郁达夫、梁实秋和巴金等。中华人民共和国成立以后，对于卢梭的研究逐渐降温，尤其是“文化大革命”的十年浩劫期间，卢梭的作品几乎无人问津。第三个阶段是改革开放以后。在这个阶段，我国研究卢梭以及研究卢梭和马克思关系的题目逐渐增多。

卢梭在《论语言的起源——兼论旋律与音乐的模仿》[①] 一书中讨论了语言文字问题，表现出他对声音的推崇和对文字等书写符号的排斥。进入 20 世纪以来，这本曾被冷落的小册子在国外已经引起越来越多的研究兴趣，相关论著层出不穷，《卢梭研究》曾辟专号研究卢梭的语言学思想，有关的法语博士论文已达十余篇。然而，作为卢梭“最用心的一篇著作”，该书在我国却几乎无人问津。晚清（1882—1911）中国有关卢梭的出版物凡 200 多篇[②]，无一篇论及该书。21 世纪虽有人讨论卢梭的语言观[③]，但与我们的论题无涉。正如该书的译者吴克峰、胡涛在《译者序》里所说的那样（着重号为笔者所加）：

---

① 褚孝泉认为，专家们对这部著作的实际写作年份一直有争议，无论怎样，直到 1781 年他去世三年后，卢梭的遗嘱执行人才将这部未定稿在日内瓦出版。本文根据吴克峰、胡涛译本，北京出版社 2010 年版。

② 王瑶：《卢梭与晚清中国思想世界（1882—1911）》，博士学位论文，华东师范大学，2014 年，第 473—513 页。

③ 褚孝泉：《卢梭的语言理论及其当代解读》，《复旦学报》（社会科学版）2012 年第 6 期。徐悦虹：《起源・增补・衰败——试论卢梭的语言观》，《法国研究》2013 年第 1 期。麻莉：《对卢梭语言观的哲学反思》，硕士学位论文，黑龙江大学，2004 年。

> 在汉语世界里，卢梭这本题目叫做《论语言的起源兼论旋律与音乐的模仿》的小书，长期以来没有引起卢梭研究者的足够重视。甚至直到2003年，才有了上海人民出版社出版的洪涛先生的第一个完整的中译本。这其中的原因，也许在于语言学学者们并没有看到该书的内容和语言学有多大关系，而大多数政治学、社会学学者们也许根本就想不到这本书会和他们的研究有关系。

“甚至直到2003年，才有了上海人民出版社出版的洪涛先生的第一个完整的中译本”，可见，在国语运动诸君讨论、确立国语统一的语音标准的20世纪前30年里，就目前可看到的文献，不可能有译介和研究卢梭语言观的，国语语音标准的最终确立，不大可能受到卢梭这种语言观的影响。

那么，国语运动期间，中国的语言和文字的关系是否深受黑格尔《历史哲学》关于语言和文字关系所表现的语音中心主义的影响呢？

国内对何时译介黑格尔哲学有不同的看法。

焦树安认为“鸦片战争唤起一些先进人物的强烈愿望，即为了挽救国家和民族的危亡必须向西方学习……这个阶段大约从戊戌变法前后至‘五四’新文化运动前后。当时向西方学习已成为时尚，而真正于评价西方哲学者，却寥若晨星。……这个时期研究西方哲学是稗贩与片断介绍为其主要特征，只能说是对西方哲学的一种批评与观察，尚难称得上研究”①。焦氏还认为，1916年严复在《寰球学生报》发表《述黑格尔唯心论》一文，介绍黑格尔《精神哲学》，这也是中国人最早介绍黑格尔哲学的论文。1934年世界书局版的郭本道的《黑格尔》“是全面系统论述黑格尔哲学的最早的、也是最好的本子，至今仍不失为评价黑格尔哲学有价值的参考书”。

① 焦树安：《关于西方哲学传入与出版的历史回顾》，《中国出版》1991年第4期。

对黑格尔哲学的研究主要是在20世纪30年代，和马克思主义在中国的传播有着密切关系[①]。

张仲民认为，“在国内，大陆学者当中，最早写出黑格尔历史哲学专论的是朱谦之先生”。朱先生的著作成书极早（1936年），但从研究水平上讲，并不比同时代国外的相关二手著作差[②]。尽管清末中国译介黑格尔哲学的论述已经非常多[③]，但对黑格尔《历史研究》并没有专门的译介[④]。

熊月之认为，1903年，马君武在《新民丛报》发表《唯心派巨子黑智儿学说》[⑤]，介绍了黑格尔的生平及其主要学术见解。从时间上看，这是国内译介黑格尔哲学最早的。

20世纪前30年，据我们所掌握的资料，看不到对黑格尔《历史哲学》及其对语言和文字关系的论述。其实在中国研究《历史哲学》起步较晚，大部分文章出现在20世纪80年代。

由以上可见，国音标准讨论至最终确立（民国二十一年）之前，要说黑格尔哲学研究，特别是《历史哲学》的广泛译介和研究，最终被民国时期的中国现代知识分子尤其是为国语运动诸君所接受，成为他们确立国语语音标准、改革汉语言文字的西方语言理论资源，这种可能性是比较小的。

那么，是否受到索绪尔的影响呢？

索绪尔《普通语言学教程》初版于1916年。索绪尔思想在中国的引进始于30年代初，到中华人民共和国成立前陆续被传播。陈望道和方光焘为这一时期的主要代表。何九盈先生说：“上半世纪（笔者按，即20世纪上半世纪）对索绪尔的语言理论也有些介绍。从我们现在所知道的材料来看，索绪尔的理论是经日本传入中国的。1928年日本人小林英夫将《普通语言

---

① 焦树安：《关于西方哲学传入与出版的历史回顾》，《中国出版》1991年第4期。
② 庄振华：《黑格尔的历史观》，博士学位论文，复旦大学，2010年，第16页。
③ 张仲民：《黑格尔哲学在清末中国的译介》，《学术月刊》2013年第5期。
④ 庄振华：《黑格尔的历史观》，博士学位论文，复旦大学，2010年，第16—19页。
⑤ 熊月之：《清末哲学译介热述论》，《国际汉学》2013年第1期。

学教程》译成日文……王古鲁的《言语学通论》将此书列为参考文献……1938年陈望道在《说语言》这篇小文章中介绍了Language、Langue、Parole这三个概念。……30年代上海的文法革新讨论，也对索绪尔的理论进行过片断介绍。”① 直到20世纪70年代末到80年代末，我国的索绪尔研究才步入全面解释和评价时期。申小龙说：“《普通语言学教程》中的思想，我国在20世纪三四十年代就有陈望道、方光焘等学者的研究和介绍。1963年高名凯将《普通语言学教程》法文第三版翻译了出来，后经岑麒祥等学者的校订和补充，于1980年出版。这一版本首次提供了索绪尔一系列术语的较为成熟的汉语译名，并且为索绪尔的观点做了二百条注解，或做难点的疏通，或做不同观点的比较，形成译本的一个特色。”② 20世纪上半期，受西方语言学理论影响产生了几部普通语言学著作，都未涉及索绪尔关于语言和文字的关系。胡以鲁的《国语学草创》（1923）③ 一书，只论及抱浦氏（今译葆朴）、耶斯彼善（今译叶斯泊森）、亨抱儿（今译洪堡特）、麦斯牟勒氏（今译缪勒），独独没有索绪尔。乐嗣炳的《语言学大意》④（1923）也不涉及索绪尔。王古鲁的《言语学通论》⑤（1930），“纯以简明得当之日本安藤正次氏著《言语学概论》为根据”，将索绪尔的《语言学教程》列为参考书。此外还有沈步洲的《言语学概论》⑥（1931），但是王、沈两人的书是30年代出版的，20世纪20年代，国语语音标准经过“京国之争”，早已确定，国语统一语音先行，不大可能是直接受到索绪尔等西方语言学语音中心主义理论的影响。

---

① 何九盈：《中国现代语言学史》，广东教育出版社2000年版，第70—71页。

② 申小龙：《评20世纪的索绪尔研究》，《汉字文化》2007年第2期。

③ 胡以鲁：《国语学草创》，商务印书馆1923年版。

④ 乐嗣炳：《语言学大意》，中华书局1923年版。

⑤ 王古鲁：《言语学通论》，世界书局1930年版。

⑥ 沈步洲：《言语学概论》，商务印书馆1931年版。

三　汉语言文字发展及其研究重点的音本位转向

国语统一，国音先行，本质上是汉语言文字发展及其研究重点向音读转向的必然结果。

汉语语言的研究早在先秦时期已经开始了。那时人们研究语言的重点是调查方言，辨析词义，运用修辞、训诂名物和一些语言理论的研究，比如语言的社会本质、语言和思维的关系，等等。那个时候还没有专门的语言学家，语言学没有成为独立的学科，但是，从上面研究的内容可以想见，当时的哲学家、思想家、教育家乃至于中央王朝已经自觉地关心起语言文字了。这是一个良好的传统，一直延至今日。这一时期是语言研究的萌芽期。汉武帝独尊儒术，东汉时，经学发展到鼎盛。通经是文人们跻身仕途的重要途径，而通经则首先要通文字，通过文字，求得圣人的微言大义。许慎在当时就被誉为“五经无双许叔重”。两汉以研究文字和词汇为主。这一时期的语言学跟经学里今文经学派和古文经学派的斗争有密切的关系。通过斗争，直接推动了汉代文字学的发展，培养了像班固、贾逵、许慎、马融和郑玄等古文经学的著名学者。他们实事求是，治学严谨，后世称之为“汉学”和“朴学”。《说文解字》就是汉学的代表。许慎在《说文解字叙》里强调了文字的社会和艺术的价值：“盖文字者，经艺之本，王政之始，前人所以垂后，后人所以识古。故曰：‘本立而道生’，知天下之至啧而不可乱也。”① 因为文字是“经艺之本，王政之始”，和儒家的经典有关，也与六艺等文艺有关，所以非重视不可。许慎著《说文解字》的目的之一是“达神恉”，即探求圣人所造之字的旨意（本义）。汉代官吏入仕，对识字量有严格的考核标准，“学童十七已上始试，讽籀书九千字，乃得为吏。

① （汉）许慎撰，（宋）徐铉校定：《说文解字叙》，《说文解字》，中华书局 1998 年影印本，第 316 页。

又以八体试之”[1]。这个识字量是很大的，又加上考核八种字体，汉代的公务员考试不比现在简单。当时的国家教育也对学生们掌握汉字的形义提出了很高的要求，据《说文解字叙》：“周礼：八岁入小学，保氏教国子先以六书。”[2] 学校教育对汉字结构的学习和考试内容对汉字的数量及各种字体的硬性规定，促进了人们对汉字形体结构和意义的研究。

汉代的方言学研究，继承周秦传统，后出转精。扬雄积 27 年完成的《方言》成为代表。扬雄调查汉代方言，侧重方言词汇。从方言词汇的调查要求看，在没有音标的，只能以汉字记录的不利情况下，调查者必须要掌握大量的汉字，扬雄认识不少古文奇字（六国异体字），编写过《仓颉训纂》，文字训诂根底很好。扬雄编写《方言》的目的之一与政治有关。周秦王朝专门设立专管方言调查的官员的目的，据东晋常璩《华阳国志》卷十记载，是“此使考八方之风雅，通九州之异同，主海内之音韵，使人主居高堂知天下风俗也”[3]。扬雄给刘歆的回信说：“其不劳戎马高车，令人君坐帷幕之中，知绝遐异俗之语，典流于昆嗣，言列于汉籍。”[4] 皇帝直接关心调查方言，目的是了解社会状况。扬雄的《方言》在词汇研究方面价值很高，是沟通先秦古词和现代词汇的桥梁。汉代还有一部训诂汇编的《尔雅》，以当代常用词的常用意义来做解释，王国维说它是“释雅以俗，释古以今”[5]。《尔雅》影响很大，以致后来还有它的《广雅》，清代著名学者王念孙还要作《广雅疏证》，形成“雅学”这门专学。这一时期，王力先生称为“训诂为主的时期”。王力先生在《中国语言学史》中说：“在中国语言

---

① 同上书，第 315 页。

② （汉）许慎撰，（宋）徐铉校定：《说文解字叙》，《说文解字》，中华书局 1998 年影印本，第 314 页。

③ （晋）常璩：《华阳国志》卷十，中华书局 1985 年版，第 129 页。

④ （汉）扬雄：《答刘歆书》，戴震疏证《輶轩使者绝代语释别国方言》卷十三，商务印书馆 1937 年版，第 324 页。

⑤ 王国维：《尔雅草木虫鱼鸟兽释例》，《观堂集林》卷五，中华书局 1959 年版，第 219 页。

学史上，训诂学出现最早，这是合乎发展规律的。……训诂学之所以到汉代才产生，跟汉族的文化发展是有密切关系的。”① 汉代经学发达，文字简化，距离先秦时代已经够远，语言发生了变化，社会就要求小学把训诂传给人们。汉字隶变后，象形的意味减弱，本义看不出来，所以专讲字义的《尔雅》《说文》等便应时而作。

魏晋南北朝是汉语语音研究的开始阶段，词义的研究进一步发展。

首先谈谈词义的进一步发展。魏国张揖是许慎以后最大的词义学家，著有《广雅》《埤苍》《古今字诂》《杂字》等字书。晋代吕忱著《字林》，葛洪著《要用字苑》，南朝宋代何承著《纂文》，南朝梁代阮孝绪著《文字集略》，顾野王著《玉篇》，陆德明著《经典释文》。《广雅》就是“广”《尔雅》之“未能悉备”。从《尔雅》成书的战国末至三国的曹魏时期，已有400多年的历史，社会在变化，语言在发展，新词新义不断产生，张揖的《广雅》正好适应时代的要求，反映了汉魏时期的词汇面貌。吕忱的《字林》是《说文》之后最重要的字书，是对许慎《说文》的进一步补充，同样以训释字义为重点。顾野王在《玉篇序》中说：“但微言既绝，大旨亦乖，故五典三坟，竞开异义；六书八体，今古殊形。或字各而训同，或文均而释异，百家所谈，差互不少；字书卷轴，舛错尤多；难用寻求，易生疑惑。猥承明命，预缵过庭；总会众篇，校雠群籍，以成一家之制，文字之训备矣。”② 由于经书训诂产生了异议，文字字形篆隶楷的变化，文字的解释也“差互不少”，字书在流传中错讹极多，检字不易，等等，要求编撰一部“总会众篇，校雠群籍，以成一家之制，文字之训备”的字典。《玉篇》虽然祖述《说文》，但《说文》以说明字形为主，而《玉篇》以说明字义为主，开了后代字典的先河。陆德明的《经典释文》有感于当时“微

① 王力：《中国语言学史》，山西人民出版社1981年版，第53页。

② （梁）顾野王：《玉篇序》，《宋本玉篇》，北京市中国书店影印本1983年版，第3页。

言久绝，大义愈乖，攻乎异端，竞生穿凿”①，对于经典的义训，也“搜访异同，校之苍雅……经注毕详，训义兼辩”②。陆德明的主要目的在于考证字音，但也兼及字义辨析。他不但收集正文的音义资料，而且对旧注也进行训释，即给注再作注。从这里我们约略可见中古开始了汉语研究从上古的形义为主向音读为主的转向。

其实，汉语语言学研究向语音本位的转向历史很早。六书中形声字的大量出现，表现了词的语音在造字中的优先地位。形声字紧紧抓住了汉语音义之间的理据性，彰显了声符的记音中心功能，从古至今，沿用不替，成为最有效的汉语记录符号系统。徐通锵对此有一段很好的论述：

> 形声字给语言研究提供的最好的线索就是“转化”：“义”可转化为“声”，而“声”也可转化为“义”，相互处于一种对立统一的关系中。充当声符的符形原来大都是表意字，有音有义，是语言中的一个“码”，随着语言文字的发展，汉语社团用它来再编码，使其转化为“码”的一个附件，表示字音。这样“义”在结构体系中就转化为“声”，成为语言再编码的基础；“形”就是在这个“声”的基础上加上去的，以摹写与这个“声”的意义有联系的现实现象。这真是“声由义转，形（义）由声生”。③

汉语的形声字以“声音”为核心，再进行编码造字，可以产生大量的新字。甲骨文中形声字已占20%，到了东汉许慎的《说文解字》中就上升到80%强。现代汉字里，新字几乎全部是以声符语音为核心而产生的。这反映了人们渐渐把声音声符看作是语言文字的核心的转向，值得重视。

---

① （唐）陆德明：《经典释文·序录》，《经典释文》，中华书局1983年版，第1页。

② 同上。

③ 徐通锵：《语言论——语义性语言的结构原理和研究方法》，东北师范大学出版社1998年版，第271页。

我们经常讲的假借字，也是完全本乎词的声音（语音）的，跟意义没有多大关系。假借字在汉语书写系统的发展中占有重要地位，刘又辛认为假借字是汉字三个演化过程（表形、假借和形声）的中间阶段①。在先秦的有些文献里，假借字的实用频率甚至超过了本字②，比如《孟子》中的本字“彊”仅用了 1 次，而假借字“强”用了 11 次；《荀子》里本字“修”用了 39 次，而借字“脩”却用了 67 次，这说明当时表形的方法难以满足语言记录的需要。

假借字以字音济字形之穷，亦转“目治”为“耳治”，用文字写语音。没有假借，汉字就无法承担起记录日益复杂的汉语的使命。对此，清人孙诒让在《与王子壮论假借书》里有一段很好的说明：

> 天下之事无穷，造字之初，苟无假借一例，则逐事而为之字，而字有不可胜造之数，此必穷之数也，故依声而托以事焉。视之不必是其字，而言之则其声；闻之足以相喻，用之可以不尽，是假借可以救造字之穷而通其便。③

但因为假借字纯然是一种表音工具，其音义之间没有任何联系，离开了传统上音义结合的理据性，言语社团是不会允许的，就像现代汉语用意译代替音译借词一样。

联绵字也表现了古人构词时对语音的重视。联绵字两个字合表一词，临摹事物的状态，每个字相当于一个记音符号，所以联绵字在文献里写法歧异。但是联绵字包括重言、双声和叠韵三类。王念孙在《广雅疏证》里讲：“双声叠韵之字，其义即存乎音，求诸其声则得，求诸其文则惑矣。”比如“喈喈逐黄鸟之声，喓喓学草虫之韵”，就是以声音（重言）表达意义

---

① 刘又辛：《从汉字演变的历史看文字改革》，《文字训诂论集》，中华书局 1993 年版，第 25 页。
② 洪成玉：《汉字在发展中形符起着主导作用》，《语文建设》1992 年第 8 期。
③ （清）孙诒让：《与王子壮论假借书》，《籀庼述林》，巴蜀书社 2002 年版，第 118 页。

的;“参差荇菜,左右流之。窈窕淑女,寤寐求之”里的“参差”是以双声模拟水草不齐的状貌,“窈窕”则以叠韵表现女子美好的形态。联绵字大多数产生在上古时代,说明古人构词时非常重视词的语音特点。

声训是一种至今毁誉不一的训诂方法,它在汉代成为一种风尚。刘熙的《释名》,则成为声训的专著。《释名》是系统研究音义结合理据的一本著作。它采用的方法是直音注释法,选择一个同音同义的字去注释,传统称为声训。如:“宿,宿也,星可以止宿其处也。”“山夹水为涧。涧,间也,言在两山之间也。”“冬,终也。物终成也。”声音和意义没有必然的联系,但是,事物的名称一旦约定俗成后,如果词与词之间音同或音近,就可能存在意义上的联系。这是词源学研究的内容。《释名》一书没有对此展开相关研究,缺乏科学性,瑕瑜互见,人们早已有了认识。但即便是这样,书中可信或基本可信的材料仍旧有近30%[①],在语言又发生巨大变化的情况下,这个比例已经不在少数。《释名》“名之于实,各有义类”[②],义类由声承担。“语有义类,实为声训成立之主要原因,刘氏特为拈出,可谓卓识。”[③]《释名》对后代学者提倡右文说和王念孙等清儒“就古音以求古义,引申触类,不限形体”有直接的影响。

到了六朝以后,汉语语言研究语音本位的转向非常明显。“南北朝(420—589)以后,语言研究的重点转移到语音方面。这不是偶然的。当时诗律学逐渐发达,为了研究韵律和节奏,需要明确地分析语音的构造,发现声调的特性。由于佛经的翻译,中国的语文学者认识了印度的语音学。”[④]西汉末年,佛教东渐,中西文化出现了交流,佛典的翻译启发和促进了人们对汉语语音的科学分析。东汉末年,产生了反切这种注音方式,从此,

① 刘又辛、李茂康:《训诂学新论》,巴蜀书社1989年版,第172页。
② 刘熙:《释名·叙》,《释名》,中华书局1985年影印本,第1页。
③ 沈兼士:《声训论》,《沈兼士学术论文集》,中华书局1986年版,第257页。
④ 王力:《汉语史稿》,中华书局1980年版,第7—8页。

汉字注音告别了上古的直音、譬况、长言、短言等含混朦胧的方式，有了在当时看来最先进最科学的注音工具，一千多年来较好地给汉字注音，一直沿用到清末民初的注音字母。反切的产生是韵书出现的基础，加上六朝以后汉语韵文创作的发达，文学批评对声律的偏倚，特别是隋唐科举对诗赋用韵的硬性规定，等等，出现了颜之推所谓“音韵锋出”的繁荣局面。隋代陆法言的《切韵》是中古韵书的杰出代表，唐代对它不断增修，谓之唐韵。宋王朝颁布《广韵》和《礼部韵略》，科举功令，悬科取士，一旦出韵，一票否决。从《礼部韵略》到平水韵，韵部由206个并为106个，宋元以后将此奉为圭臬，一直到1905年科举结束，都用这个早已脱离实际读音的纸上韵书。元代周德清总结了关、郑、白、马等北方剧曲作家创作用韵的实际，“欲做乐府，必正言语；欲正言语，必宗中原之音”①，撰著了一部代表元大都实际语音系统的《中原音韵》，对《切韵》系韵书进行大胆的改革，影响极大，“作北曲者守之，兢兢无敢出入”②，开启了近代北音韵书的先河，为戏曲文学的创作提供了严格的“正语”标准。近年来对汉民族共同语的来源虽有各种看法，但一般认为元代的《中原音韵》是现代汉语普通话语音系统的直接来源。

国语运动诸人一直想寻找一个活着的国语统一的语音标准，其实这个活标准在七百年前已经开始孕育，至清末民初已经生成。1941年的《中华新韵》例说第二条云：“本书之前，旧有韵书所用音系相同者，有元周德清《中原音韵》。”③ 第一条云：“北平建制已过千年，这音系的养成也有了六百多年。教育部谋划国语的统一，才正式采定为国音标准，用注音符号表现其声韵。”④ 唯其如此，对《中原音韵》的研究意义很大，近代以来，音

---

① （元）周德清：《中原音韵·自序》，《中原音韵》，中华书局1978年影印本，第12页。
② （明）王骥德：《曲律·论韵》，陈多、叶长海注，湖南人民出版社1983年版，第90页。
③ 魏建功：《中华新韵例说》，台湾正中书局1963年版，第1页。
④ 同上。

韵学的研究在传统的今音、古音和等韵三科外，又增加了北音学，以示对元代实际语音的重视。

宋元以后，语音学家又结合梵文语音的特点，创制了专门分析字音音节的等韵图，谓之等韵学。等韵学是中国古代的语音学理论，把隋唐韵书以语音为核心的思想发挥到了极点，显示出了汉语学者高超的语音分析能力。等韵学专门分析汉语字音声、韵、调的组合规律，运用的方法是印度梵文语音分析的七音、清浊、等列、转摄、送气与不送气等方法，显示了浓烈的外来色彩。等韵学分为三派：第一派表现的是隋唐时代的《切韵》系韵书，以《韵镜》和《七音略》为代表。第二派表现了宋元时代的实际语音，以《切韵指掌图》《四声等子》和《切韵指南》为代表。第三派表现了明清时代的实际语音，以《重订司马温公等韵图经》和《字母切韵要法》为代表。明清时代的等韵图，包括等韵化的韵书，共有 167 种[①]，远远超过了以前。等韵学家的队伍扩大，上至明代兵部尚书吕维祺、清代大学士李光地、学部大臣劳乃宣，中至县州府官员桑绍良、袁子让、乔中和等，下至布衣徐孝、樊腾凤等，身份地位各不相同，但致力于等韵学理的研究与应用却是共同的。此外，还有一些僧徒、妇女和外国人也对等韵学做了研究和传播。在这些数不胜数的等韵学家中，文人学士是等韵学的中坚。等韵学的研究范围比以往宽广，既有官话区的等韵音系，也有南方方言区的等韵音系，还有考订古音和混合型的等韵音系。但总的看来，明清等韵学的研究重心是从“面向韵书”转到“面向现实”，尤其是前期和中期，多数等韵图取材于口语，把不同的方言音系作为表现对象，它们是明清等韵学的主力[②]。

等韵学可谓无孔不入。等韵学（包括字母、韵图等）打进了韵书，从金人韩道昭的《五音集韵》开始韵书等韵化，一直到清代李光地等奉敕编

① 唐作藩：《明清等韵学通论·序》，耿振生《明清等韵学通论》，语文出版社 1992 年版，第 1 页。
② 耿振生：《明清等韵学通论》，语文出版社 1992 年版，第 19 页。

纂的《音韵阐微》，等韵与韵书联手，一直占据着汉语语言研究的中心；等韵学也打进了字书，《龙龛手鉴》后面就附有《五音图式》，明代的《字汇》后附列《韵法直图》和《韵法横图》，《韵会》和《篇海类编》按等韵字母排列。等韵的这种影响一直延及民国注音字母和现代汉语声韵母的排序。以审定字音为旨归的等韵学把明清汉语的研究进一步推向了语音本位，语音研究无疑成为明清时代汉语研究的显学。

清代是文字、音韵和训诂全面发展的时期。这一时期，汉语语言的研究主要以古音古义为主。因为“由文字以通乎语言，由语言以通其古圣贤之心”①，“夫穷经者，必通训诂，训诂明而后知义理之趣”②。文字、音韵和训诂三科是相互联系的。《说文》以形训为主，是因为许慎的时代去古未远，汉字的本义靠许慎发明的地方不少。但是，汉字经过1700多年的演变，形体发生了很大变化，坚持从字形寻讨字义，往往不能如其所愿。清代语言学家总结了汉唐以来语言学的所有成果，找到了符合语言学原理的突破口，那就是从语音入手，寻求语义。我们先看看他们的论述：

> 圣人之制字，有义而后有音，有音而后有形。学者之考字，因形以得其音，因音以得其义。治经莫重于得义，得义莫切于得音。③
>
> 音韵明而六书明，六书明而古经传无不可通。④
>
> 窃以训诂之旨，本于声音。故有声同字异，声近义同；虽或类聚群分，实亦同条共贯。……今则就古音以求古义，引申触类，不限形体。⑤
>
> 训诂声音明而小学明，小学明而经学明。⑥

---

① （清）戴震：《戴东原集》（下），商务印书馆1939年版，第36页。

② （清）钱大昕：《潜研堂文集》卷24，台湾商务印书馆1978年版，第7页。

③ （清）段玉裁：《广雅疏证序》，王念孙《广雅疏证》，中华书局1983年版，第1页。

④ （清）段玉裁：《寄戴东原先生书》，段玉裁《说文解字注》，中华书局1981年版，第805页。

⑤ （清）王念孙：《广雅疏证自序》，《广雅疏证》，中华书局1983年影印本，第2页。

⑥ （清）王念孙：《说文解字注序》，段玉裁《说文解字注》，中华书局1981年版，第1页。

段玉裁的“治经莫重于得义，得义莫切于得音”是清代训诂学的宣言。但怎样才能“得音”呢？清代学者选择了建立上古音系。可以说，清代的语言学研究之所以超过前人，关键是他们抓住了上古音这个中心。

上古音的研究，明代的陈第是开路先锋，而清初的顾炎武则是奠基人。陈第的旗帜很明显，他在《毛诗古音考》里鲜明地提出：“时有古今，地有南北，字有更革，音有转移，亦势所必至。”① 结束了韵无定类的通转说和字无定音的叶音说，为清代古音学建立了科学的历史发展观。顾炎武接受陈第的影响，撰制《音学五书》，离析俗韵回到唐韵，离析唐韵，回到古韵，确立了科学的研究方法。其后的古音大家有江永、段玉裁、戴震、孔广森、王念孙和江有诰等，他们都建立了完整的上古音系统，都对前贤的分部有所突破。因为他们杰出的古音研究成就，不但使音韵学本身的研究大放光彩，更重要的是古音成果运用于文字和训诂的研究，使文字和训诂的研究脱出字形的翳蔽，直接和语言里的声音联系起来。这是一个革命性的变革。王力先生总结清代语言研究兴盛的原因时说：“第一是建立了历史发展的观点。……第二是弄清了文字的性质及其物质基础。文字不是直接代表概念的，而是通过有声语言来代表概念；有声语言是文字的基础。”② 乾嘉学派的段玉裁、王念孙父子等“就古音以求古义，引申触类，不限形体”，正是认识到汉字作为语言的记录符号的这一性质。

段玉裁曾讲过：“于十七部不熟者，其小学必不到家，求诸形者难为功也。”③ 清代语言学研究的重点和标志性成果在于语音，尤其是先秦古音；这在魏晋以来汉语语言研究向韵书、韵图、字母等音本位转向的语境下，进一步强固了汉语语言研究的音本位地位。

黑格尔《历史哲学》错误地分析了中国的语言和文字的关系。他说：

---

① （明）陈第：《毛诗古音考自序》，《毛诗古音考》，中华书局1988年版，第7页。

② 王力：《中国语言学史》，山西人民出版社1981年版，第170页。

③ （清）段玉裁：《与刘端临书》，《经韵楼集》，上海古籍出版社2008年版，第398页。

> 大家知道，中国除了一种"口说的文字"以外，还有一种"笔写的文字"。后者和我们的文字不同，它并不表示个别的声音——并不把口说的字眼记录下来，却用符号来表示那些观念的本身。……我们第一只要考究这种文字方式对于语言的影响，我们便可以看出，中国因为语言和文字分了家，所以文字很不完善。……中国人在文字中缺少了这一种正字拼音的方法，不能使声音的订正成熟到可以用字母和音节来代表清晰的发音。他们的"口说的文字"是由琐屑无数的单音字所组成，这些字每每包含不止一种意义。……中国就不同了；他们并没有二十五个这类的符号，而必须学习几千种的符号。[①]

这里面问题很多，别的暂且不论，单看汉字和汉语音读的关系。黑格尔的"口说的文字"即指记录口语的汉字，"笔写的文字"当指记录文言书面语的汉字。

其实这两种文字是同一种汉字，只是它们所记录的语言有文白之分。无论是"口说的文字"还是"笔写的文字"，都是语言社会以汉字通过声音表达意义和概念的，绝不可能像黑格尔所说的那样只"用符号来表示那些观念的本身"[②]！对此，现代语言学大师王力先生有一段精辟论述：

> 由于汉字不是拼音文字，令人有这样的印象，以为文字可以直接表示概念；文字的研究，与通经直接发生关系。古人错误地认为：音读和训诂都是从文字出来的；研究了文字，音读和训诂也跟着解决了。[③]

---

① ［德］黑格尔：《历史哲学》，王造时译，上海书店出版社2001年版，第134—135页。

② 黑格尔这一点后来被索绪尔所继承。索绪尔在《普通语言学教程》里也说："我们知晓两大文字系统。(1) 表意系统，欲表达词语，却对用以构成的声音毫不在意，因而使用独一的符号，此符号只能与所包含的概念相关。汉字便是典型。"

③ 王力：《中国语言学史》，山西人民出版社1981年版，第211页。

王力先生高度评价了清代学者的语言研究成就，揭示了取得成功的内部原因：

> 清代时中国语言学的隆盛时期。……（清儒）弄清楚了文字的性质及其物质基础。文字不是直接代表概念的，而是通过有声语言来代表观念；有声语言是文字的物质基础。①

王力先生的分析是十分正确的。徐通锵对此有更详细的解说：

> 但是汉字和其他的拼音的文字一样，同样和语言里的词相联系，它必须能读，通过读音确定自己所表示的是语言里的哪个词，这样才能谈得上是字义的问题。……至于写的时候或者看的时候读不读出音来，那是另外一个问题，与文字的本质无关：即使不读出音来，它也与心里的语音映象联系着，不是说与语音没有任何联系。……汉字不仅是“看”的，而且也是“读”的，只不过它可以用不同时代、不同地域的音来读罢了。这是汉字和汉语的关系不同于拼音文字和其所拼写的语言的关系的一个重要特点。②

乾嘉学派的段玉裁、王念孙父子不可能知晓黑格尔在柏林大学对中国的语言和文字关系的并不妥当的演讲，他们和自己的同仁们已经在黑格尔所蔑视的这个东方古国，通过对汉语自身的独特把握和研究，把汉字和汉语的关系这个难题圆满地科学地解决了③。段、王等“就古音以

---

① 王力：《中国语言学史》，山西人民出版社 1981 年版，第 170 页。

② 叶蜚声、徐通锵：《语言学纲要》，北京大学出版社 1997 年版，第 156—157 页。

③ 《历史哲学》的内容原为黑格尔 1822—1831 年在柏林大学的多次演讲。黑格尔的学生爱德华·干斯（Edward Gans）博士 1837 年 6 月 8 日为原书第一版所作的序言说：“直到一八三〇年至一八三一年那个学期，黑格尔方才用更多的工夫，来讲述中国古代和现代，而本书中关于这两个时期的两节文字，大部分便是取自这最后一次的演讲的。”1857 年，英国人约翰·西布利（J. Sibree）才将《历史哲学》译成英文出版。黑格尔演讲时，清代乾嘉学派的代表人物戴震、钱大昕和段玉裁已辞世，王念孙一年后去世，王引之三年后去世。

求古义，引申触类，不限形体”，正是认识到汉字通过语音来记录汉语的这一性质。

进入民国后，作为“清代古音学的殿军”的章炳麟、黄侃等人变本加厉，踵事增华，继承、总结了清儒的语言研究。黄侃说：

> 三者（民按，即指形、音、义）之中，又以声为最先，义次之，形为最后。凡声之起，非以表感情，即以写物音，由是而义傅焉。声、义具而造型以表之，然后文字萌生。昔结绳之世，无字而有声与义；书契之兴，依声义而构字形。如日、月之字，未造时，已有日、月之语。更分析之，声则日、月，义表实、阙；至造字时，乃特制日月二文以当之。因此以谈，小学徒识字形，不足以究言语文字之根本，明已。[①]
>
> 古人制字，义本于声，即声是义，声音训诂，同出一源，文字孳生，声从其类，故今曰文字声音训诂，古曰字读，读即兼孕声音、训诂二事，盖声音即训诂也。详考我国文字，多以声相训，其不以声音相训者，百分之中不及五六。故凡以声音相训者为真正之训诂，反是即非真正之训诂。[②]

从这些偏激但具特识的论述里我们可以看出，与清儒相似，章、黄的语言研究，也以声音为先。

如果说对中国传统语言学里究竟有没有与西方一致的“逻各斯中心主义”或声音中心主义，当代学者各持己见[③]；那么，对于国语运动诸人普遍

① 黄侃：《声韵略说》，《黄侃论学杂著》，中华书局1964年版，第93页。

② 黄侃：《训诂述略》，《文字声韵训诂笔记》，上海古籍出版社1983年版，第200页。

③ 张隆溪：《道与逻各斯：东西方文学阐释学比较·对书写文字的贬谪》，江苏教育出版社2006年版。白艳霞：《在中国人的语言观念中有语音中心主义吗?》，《外国文学评论》1996年第3期。王岳川：《后现代主义文化研究》，北京大学出版社1992年版。郜元宝：《字本位与音本位——在汉语中理解汉语》，《当代作家评论》2002年第2期。袁先欣：《语音、国语与民族主义：从“五四”时期的国语统一论争谈起》，《文学评论》2009年第4期。朱恒、何锡章：《“五四”白话文运动的语言学考辨》，《文学评论》2008年第2期。

重视语言里的语音要素，诸家却几无异说。

章太炎的弟子、国语运动的主将钱玄同几乎参与了他那个时代的世界语、注音字母、罗马拼音字母和简体字等重要的文字改革方案，在他的文字改革理论中更是强调语音的重要性。1917—1927 年，钱玄同发表了一系列文章，强调文字改革的音本位思想：

> 文字是语言的符号，语言是用声音来表达思想感情的，文字就是这种声音的符号，只要有若干简易的形式，大家公认为某音某音的符号，就行了。①
>
> 文字是记录语言的符号，语言是用声音组成的，所以文字应该就是表示声音的符号——所谓“音标”……文字只是任意造成形式来表示声音的符号。②
>
> 语言是用声音来表示的，拼音文字便是那声音的符号。③
>
> 文字是语言的符号，听了语言的音能够了解说的是什么意思。④

钱氏所谓的“语言是用声音组成的，所以文字应该就是表示声音的符号——所谓‘音标’……文字只是任意造成形式来表示声音的符号”，“语言是用声音来表示的”（着重号是笔者所加）等说法，今天看来未必准确。文字是记录语言的，语言是音义统一体，不可分离；文字是用“形”通过“音”表达“义”的，是形音义三者的统一体；语言符号里没有无义之音，也没有无音之义，“声音和意义，这是语言的两面，是缺一不可的”⑤。“实际上，只有有意义的声音才是语言学的研究资料。”⑥ 在这一点上，钱玄同

---

① 钱玄同：《简省现行汉字的笔画案》，《国语月刊》1923 年第 1 卷。
② 钱玄同：《国语罗马字》，《语丝》1925 年 12 月 28 日第 59 期。
③ 钱玄同：《为什么要倡导“国语罗马字”》，《新生》1926 年 12 月 24 日第 1 卷第 2 期。
④ 钱玄同：《历史的汉字改革论》，《新生》1927 年 2 月 21 日第 1 卷。
⑤ 吕叔湘：《语言和语言学》，《语文学习》1958 年 2 月号、3 月号。
⑥ 陆志韦：《汉语的构词法》，科学出版社 1957 年版，第 2 页。

远不及他的同门学长黄侃，也不及清儒那么精深邃密，因为钱玄同并不以学术见长，而是以政治鸣世的。但从钱玄同的这些谈语言和文字关系的话里，可以看到他文字改革的音本位原则。

章太炎另一弟子沈兼士以世界文字发展规律为背景，探讨了汉字和汉语之间的关系，认为“照上面所说的中国文字之创造和变迁来看，最初是用形象来表示，进而用意义来表示，更进而用声音来表示，其由意符的区域渡到音符的区域的轨迹，是很明显的了”①。沈兼士和同时代的杨树达都以研究语言文字著名，杨树达的声训论和沈兼士的右文说，都以声符为线索，探索字中音义之间的理据性联系，从研究汉语语源的视角凸显了字音的重要功能。

胡适是新文化运动的领袖之一，1917 年年底，他远在美国，申请加入国语研究会，大大鼓舞了国语运动诸君的士气。他在给胡近仁的信中说：“文字学须从字音入手，此乃清儒的一大贡献；从前那些从‘形’入手的人大半都是荒谬。自从清代学者注重音声假借、声类通转以后，始有‘科学的文字学’可言。”② 去形就音是汉语言文字发展和研究的内部规律，是胡适、钱玄同等国语运动的学者研究汉字改革的重心所在。

明清时代，音韵学家对所谓“官话”③ 和“正音”的语音标准和基础方言做了广泛的探索，今天看来，他们的看法不一定合理，但为国语统一运动寻找语音标准做了思想准备。明末西洋传教士利玛窦对官话的流行情况是这样分析的：“除了不同省份的各种方言，也就是乡音外，还有一种整

① 沈兼士：《国语问题之历史研究》（1922），葛信益、启功整理《沈兼士学术论文集》，中华书局 1986 年版，第 30 页。

② 胡适：《致胡近仁》（1920.11.6），《胡适学术文集》，中华书局 1993 年版，第 226 页。

③ “官话”就是近代汉语的民族共同语，这一术语最早见于明代。明清学者还称为“官音”“官语”。现代学者对官话及其基础方言的看法意见存在很多分歧，多数学者认为是北京音，有的认为是南京音，还有的说是河南话，有的还认为官话是一种变化了的传统读书音，与《切韵》系韵书一致，既非北音，也非南音。

个帝国通用的口语，被称为官话（Quon－hoa），是民用和法庭用的官方语言。这种国语的产生可能是由于这一事实，即所有的行政长官都不是他们所管辖的那个省份的人，为了使他们不必须学会那个省份的方言，就使用了这种通用的语言来处理政府的事务。官话现在在受过教育的阶级当中很流行，并且在外省人和他们所要访问的那个省份的居民之间使用。懂得这种通用的语言，我们耶稣会的会友就的确没有必要再去学他们工作所在的那个省份的方言了。各省的方言在上流社会是不说的，虽然有教养的人在他的本乡可能说方言以示亲热，或者在外省也因乡土观念而说乡音。这种官方的国语用得很普遍，就连妇孺也都听得懂。"① 清代阮元《与郝兰皋户部论〈尔雅〉书》里说："尔雅者，近正也；正者，虞夏商周建都之地之正言也；近正者，各国近于王都之正言也。……正言者，犹今官话也；近正者，各省土音近于官话者也。"② 阮元的官话犹如夏商周时代的王都之言，清代当然是北京话了。

明清两朝统治阶级都未曾给官话做过明确的规定，但是官方的确为推广官话做过一些工作。明太祖朱元璋敕编的《洪武正韵》，其编纂原则是"壹以中原雅音为定"，这是明太祖鉴于"旧韵出江左，多失正，明与廷臣参考中原雅音正之"③。朝鲜《成宗实录》卷一百五十八页二十五，成宗十四年（1483）九月条："我国至诚事大，但语音不通。必学得字音正，然后语音亦正。"④ 清朝雍正八年（1730），王植《韵学》云："天子移风易俗，无微弗届，无微弗及，无远弗届，以闽粤乡音鴃曲，特谕守土官多方教导，

① ［意］利玛窦、［比］金尼阁：《利玛窦中国札记》，何高济等译，中华书局1983年版，第30页。

② （清）阮元著、郑经元点校：《与郝兰皋户部论〈尔雅〉书》，《研经室集》1集卷5，中华书局1993年版，第124页。

③ （清）张廷玉等：《明史·乐韶凤传》，《明史》卷一百三十六，中华书局1974年点校本，第3939页。

④ 转引自平田昌司《清代鸿胪寺正音考》，《中国语文》2000年第6期。

限年报命，然则审音韵以一方言，固司牧责也。”① 前此，雍正六年（1728）8月6日，雍正上谕内阁曰：“凡官员有莅民之责，其言语必使人人共晓，然后可以通达民情，熟悉地方事宜，办理无误。……朕每引见大小臣工，凡陈奏履历之时，惟有闽、广两省之人，仍系乡音，不可通晓。夫伊等以现登仕籍之人，经赴部演礼之后，敷奏对扬，仍有不可通晓之语，则赴任他省，又安能宣读训谕，审断词讼，皆历历清楚，使小民共晓乎？官民上下，言语不通，必使胥吏从中代为传递，于是添设假借，百病丛生，而事理之贻误者多矣。且此两省之人，其言语既不可通晓，不但伊等历任他省，不能深悉下民之情，即身为编氓，亦不能明悉官长之言，是上下之情，扞格不通，其为不便实甚。但语言自幼习成，骤难更改，故必徐加训道，庶几历久可通。应令福建、广东两省督抚，转饬所属府州县有司教官，遍为传示，多方训导，务使语言明白，使人易通，不得仍前习为乡音，则伊等将来履历奏对，可得详明，而出仕地方，民情亦易达矣。”② 上谕颁布后，闽、粤两省的各个郡县普遍建立了正音书院、书馆，教授官话。但明清时代的这些官方正音措施都未曾涉及官话的语音基础，给现代学者留下了更多的遐想空间。

我们较为详细地梳理、分析国语语音的统一和汉语言文字发展和研究的音本位转向，旨在为国语统一以语音标准的统一为先决条件寻挹汉语言文字发展和研究的内部动力，而不是乞灵于西方语音中心主义理论。国语统一中对语音要素的空前重视，并不是国语运动诸君受到西方柏拉图、卢梭、黑格尔和索绪尔等所谓的语音中心主义语言哲学的影响，因为国语语音标准的遴选与确立远在其传播之前，这是一个基本的传播事实。“中国语言学的发展路线，是由两个因素决定的：第一个因素是社会发展的历史；

① （清）王植：《韵学五卷》，齐鲁书社1995年版。

② （清）徐珂编撰：《清稗类钞》第二册，中华书局1986年版，第566页。

第二个因素是汉语言文字本身的特点。”① 从语言学史看，任何一种语言变革都是有所前承的，共时的突变实际是历时上量的渐变之积累。国语运动由人工的无标准的旧国音变为以漂亮的北京话为标准的新国音，在语言内部看，实际是一千多年来汉语言文字研究音本位转向的必然结果。同时，从上面的材料也可以发现国语统一国音为先，表面上似乎是受到那时游历欧、美、日等地的学者自身的直观的经验启悟，实则是继承和发展了母语传统里自中古以来越来越浓郁的去形就音的观念，与汉语的特征和人们对其研究重心的转变有着深层而密切的逻辑关系，同时也与汉语内部构成要素发展的不平衡性有关，而明清以来朝廷的官话正音实践则从意识形态领域推动了国音统一的步伐。

第三节　国语统一与白话文运动的联合

《诗经》《尚书》《史记》等先秦两汉时期的书面语言基本上与那时的口语一致。大约从魏晋开始，汉语书面语与口语渐行渐远，到了唐宋以来，纸上书写的语言和人们口里说的话语完全不同了。纸上写的一套书面语，人们叫作文言文或古文，文言文成了文化发展和社会变革的一大阻力。这个问题在历史上出现得较早，唐代韩愈和柳宗元等倡导的古文运动，是想进行文体变革，以便配合他们在思想领域宣传孔孟道统，在意识形态领域挽救唐王朝国运的式微。韩、柳首先从语言入手，惟陈言之务去，主张单字奇句的先秦古文。古文运动的语言革新取资于更古老的秦汉书面语言，不可能吸取当下的活语言，这是时代使然。但是，

① 王力：《中国语言学史》，山西人民出版社1981年版，第209页。

它给后人的启示是，文学一旦不能有效地表现社会变革和文化运动，必须首先进行变革，而文学变革的方方面面，首先要从文学的第一要素语言变革做突破口。晚清以来，中国社会的性质发生了巨大的变化，民族存亡成了所有有识之士考虑的中心话题。人们纷纷建言立说，兴办刊物，普及教育，开发民智。但是延续几千年的汉语书面语却比唐朝韩愈那个时代更严重地妨碍了上述目标的实现。传统上讲，语言应作为一种工具，书面语应作为一种表现思想和情感的符号系统，当一种语言或书面语系统不能有效甚至于妨碍表现思想和情感时，这种书面语应该结束自己的历史命运了。文言文的语境正是这样。文言文退出阵地，以现代汉语书面语取代，跟晚清至民国时期的拼音化运动一样，经历了几十年的曲折发展的过程。

下面我们从晚清白话文运动、“五四”白话文运动和20世纪30年代的大众语运动三个方面简要论述现代汉语书面语的形成，探讨三大运动之间的密切关系，重点分析国语运动和白话文运动联合的各种理据，为后面进一步讨论国语语音和现代白话新诗音韵的依存关系张目。

一　从白话文运动到大众语

（一）晚清白话文运动：“五四”白话文运动的舆论准备

晚清随着变法维新运动的兴起，出现了书面语改革的浪潮，其代表人物是黄遵宪、裘廷梁和陈荣衮等维新人物。

黄遵宪1887年就注意到汉语语言文字之不合的弊端：“语言与文字离，则通文者少；语言与文字合，则通文者多，其势然也。”[①] 黄氏的语言与文字就是口语和书面语，即后来人们所说的言和文的关系。黄遵宪是著名的

① 黄遵宪：《日本国志·学术志二·文字》，陈铮编《黄遵宪全集》（下），中华书局2005年版，第1420页。

诗人，他的言文一致的语言主张和他的诗歌革新观点互为表里，他的《杂感》诗云：“我手写我口，古岂能拘牵！即今流俗语，我若登简编。五千年后人，惊为古斑斓。”① 这一思想是近代书面语变革的先声。1898 年，裘廷梁在《苏报》上发表《论白话为维新之本》的著名论文，指责中国两千年来的文言文窒息了民族的发展，正式树起“崇白话而废文言”的大旗。他开篇发问：“国将亡，可奈何？”② 他开出的良方是普及教育和开发民智。他认为是文言阻碍了普及教育和开发民智。他说：“有文字为智国，无文字为愚国；识字为智民，不认字为愚民；地球万国之所同也。独吾中国有文字而不得为智国，民识字而不得为智民，何哉？裘廷梁曰：此文言之为害矣。……文与言判然为二，一人之身，而手口异国，实为两千年来文字一大厄。”③ 文言危害了人们：“文言之害，靡独商受之，农受之，工受之，童子受之，今之服方领习矩步者皆受之矣；不宁惟是，愈工于文言者，其受困愈甚。两千年来，海内重望，耗精敝神，穷岁月为之不知止，自今视之，廑足自娱，益天下盖寡。呜呼！使古之君天下者，崇白话而废文言，则吾黄人聪明才力无他途以夺之，必且务为有用之学，何至暗没如斯矣。”④ 接着指出来用白话的好处：“请言白话之益。一曰省日力……二曰除娇气……三曰免枉读……四曰保圣教：《学》、《庸》、《论》、《孟》，皆两千年前古书，语简理丰，非卓识高才，未易领悟。译以白话，间附今义，发明精奥，庶人人知圣教之大略。五曰便幼学：一切学堂功课书，皆用白话编辑，逐日讲解，积三四年之力，必能通知中外古今及环球各种学问之崖略，

① （清）黄遵宪：《杂感五首》，钟贤培等选注《黄遵宪诗选》，广东人民出版社 1994 年版，第 357 页。

② （清）裘廷梁：《论白话为维新之本》，张枬、王忍之编《辛亥革命前十年间时论选集》第 1 卷上册，生活·读书·新知三联书店 1960 年版，第 38—42 页。

③ 同上。

④ 同上。

视今日魁儒耆宿，殆将过之。六曰炼心力……七曰少弃才……八曰便贫民……”[①]这八条益处，大抵是从社会改造和普及教育角度谈语言变革的，他关注的焦点是白话的普及和实用层面，在晚清的历史文化语境下，文言不可能废除，只能二者并行兼存。裘廷梁自己的这篇文章也不是当时人们口上说的白话，还是比较纯正的文言文。可见，理论倡导和实际应用还有很大的距离。最后裘氏指出了兴白话的社会功效：“由斯言之，愚天下之具，莫文言若；智天下之具，莫白话若。……吾今为一言以蔽之曰：文言兴而后实学废，白话行而后实学兴；实学不兴是谓无民。”[②] 裘廷梁的“四曰保圣教”和后来“五四”学人“只手打倒孔家店”相较作风软媚得多，但“保圣教”的内容是保存文化遗产问题，就是十分有理由的了，在这一点上，“五四”学人的做法其实有些过激。

1899年，陈荣衮发表《论报章宜改用浅说》，要求报刊行文词汇尽量与日常生活相联系。上述倡导“言文一致”的主张旨在推行“民主”，让更多的平民受教育，因与形势非常契合，很快就得到了响应，大量白话报刊和作品开始纷纷涌现。维新派的王照不仅创立官话字母，而且也主张“言文合一”。他认为孔圣人的著作也是用当时的俗语写成的：“凡也、已、焉、乎等助词，为夏殷之书所无者，实不啻今之白话文增入呀、么哪、咧等字。”[③] 裘廷梁也是这样认为的：“文字之始，白话而已矣。……凡精通制造之圣人必著书，著书必白话。”[④] 王照的官话字母就是为“专拼北人俗话”而创制的，这已显示出清末切音字运动与白话文运动的联合。

---

① （清）裘廷梁：《论白话为维新之本》，张枬、王忍之编《辛亥革命前十年间时论选集》第1卷上册，生活·读书·新知三联书店1960年版，第38—42页。

② 同上。

③ 王照：《官话合声字母·原序》，《官话合声字母》，文字改革出版社1957年版，第3页。

④ （清）裘廷梁：《论白话为维新之本》，张枬、王忍之编《辛亥革命前十年间时论选集》第1卷上册，生活·读书·新知三联书店1960年版，第38—39页。

然而，尽管社会上掀起了一股白话文热潮，启蒙者对在文学层次上引入白话应用，却还有一个渐次的认识过程。梁启超曾于1896年反思过“中国文学，能达于上不能逮于下”的原因，指出：“抑今之文字，沿自数千年以前，未尝一变；而今之语言，则自数千年以来，不啻万百千变而不可数计。以多变者与不变者相遇，此文、言相离之所由起也。”[①] 这时，他看到了言文分离问题的存在，却还没有完全意识到文学语言变革的必要性。但是，梁启超以笔端常带感情的文风，文言、俚语和外国语三合一的语言，创作了《少年中国说》《呵旁观者文》等著名的新文体，学者竞相仿效，直接为“五四”新文学用白话文创作做了充分的准备。

晚清白话文运动，成绩显著，主要表现在创办了大量的白话报纸，创作了1500种以上的白话小说。连林琴南这样的“五四”时期极力反对白话的古文家，1900年也为杭州白话日报写过“白话道情”，且风行一时。

晚清白话文运动动摇了文言文的正宗地位，为后来白话文的出现做了较为充分的理论和实践准备。但是，它没有把废文言和反对封建结合起来。舆论多实践成果少，特别是像后来“五四”时期产生的白话文学作品更是几乎没有。实际上，晚清文坛主导潮流的依然是文言、白话并存不废的现象，用白话翻译与创作都谈不上成功，即使是倡导白话的文章也是用文言写成的，并非真正的白话文。同时，白话的浅白又反过来限制了近现代思想的传播和现代意识的表达，表现出较为浓烈的传统遗留或过渡旧痕。要想使新的语言系统与新的现代思想并行不悖地融合到一处，自觉达成契合，必须等到再一轮思想文化启蒙高潮席卷而来，才能彻底完成。

---

① 梁启超：《沈氏音书序》，转引自《清末文字改革文集》，文字改革出版社1958年版，第7页。

（二）“五四”白话文运动：奠定了现代文学语言的基础

“五四”白话文运动，现代汉语书面语正式登台，合法的现代文学书面语言得到了当时官方的认可。与晚清白话文运动相比，“五四”时期的白话文运动已经超出了开发民智、兴办教育等实业救国的范围，上升到思想文化领域的革命性变革，那就是与反帝反封建的新文化运动联合起来。所以，“五四”时期的白话文运动及对文学语言等形式要素的革命，也是与批判文言文所表现的封建文化内容密切关联的，这是完全不同于晚清白话文运动的根本所在。

“五四”白话文运动发轫于1917年，急先锋有胡适、陈独秀、鲁迅、钱玄同、刘半农等。从专业身份看，胡适是文学家、诗人，陈独秀是政治家和学者，鲁迅是文学家，而钱玄同则是国学大师章炳麟的弟子，刘半农是诗人和研究汉语语音（声调）的语言学家。鲁迅在民国初期和章太炎的其他门人马裕藻、许寿裳等提案，通过了注音字母，事实上为后来国语运动的语音统一找到了符合汉语言文字传统的较为科学的注音工具。钱玄同是古文家和音韵学家，北大校长蔡元培是其组织者。这个组合给了我们一个暗示：“五四”白话文一开始就蕴含着语言和文学的联姻，而且可能是在确立国音标准为先决条件的“音本位”基础上的联合。这个问题后面再详细论述。

下面先讨论“五四”白话文运动的理论与实践。

1917年《新青年》杂志第二卷第五号发布了胡适的《文学改良刍议》，揭起了“五四”白话文运动的大旗。这篇文章主要是改良文学语言形式，明确提出以白话文为正宗：“以今世历史进化的眼光观之，则白话文学之为中国文学之正宗，又为将来文学必用之利器，可断言也。”① 他提出了八条

① 胡适：《文学改良刍议》，赵家璧主编《中国新文学大系·建设理论集》，上海良友图书印刷公司1935年版，第43页。

改良原则："一曰，须言之有物。二曰，不模仿古人。三曰，须讲求文法。四曰，不作无病之呻吟。五曰，务去滥调套语。六曰，不用典。七曰，不讲对仗。八曰，不避俗字俗语。……然此八事皆文学上根本问题，一一有研究之价值。"① 可见，胡适的文学改良从进化论立场出发，重在语言形式，特别是第三条"需讲求文法"要引起注意："今之作文作诗者，每不讲求文法之结构。其例至繁，不便举之，尤以作骈文律诗者为尤甚。夫不讲文法，是谓'不通'。此理至明，无待详论。"② 他主张废骈废律，但仍强调作骈文律诗者尤其要讲求文法结构。这些都为后来他加入国语统一会埋下了伏笔。

1917 年《新青年》发表了陈独秀的《文学革命论》。新文学运动、白话文运动由胡适的形式改良发展到陈独秀的革命，这是一种深化。陈独秀高举文学革命的大旗，提出三大主义："曰推倒雕琢的阿谀的贵族文学，建设平易的抒情的国民文学；曰推倒陈腐的铺张的古典文学，建设新鲜的立诚的写实文学；曰推倒迂晦的艰涩的山林文学，建设明了的通俗的社会文学。"③ "平易的抒情的国民文学""新鲜的立诚的写实文学""明了的通俗的社会文学"，三大主义的每一个主义都包含着文学书面语的改革问题，而且与口语白话紧密联系在一起，"以白话为正宗"，没有商量的余地。

钱玄同作为一位杰出的古文大家和音韵训诂学者，也挺身而出，积极支持白话文运动。他写信给陈独秀说："弟于胡先生采用白话之论，固绝对地赞同也。"④ "然对于迂谬不化之选学妖孽与桐城谬种，实不能不以如此严

① 胡适：《文学改良刍议》，赵家璧主编《中国新文学大系·建设理论集》，上海良友图书印刷公司 1935 年版，第 34—43 页。

② 同上书，第 37 页。

③ 陈独秀：《文学革命论》，赵家璧主编《中国新文学大系·建设理论集》，上海良友图书印刷公司 1935 年版，第 44 页。

④ 钱玄同：《寄陈独秀》，赵家璧主编《中国新文学大系·建设理论集》，上海良友图书印刷公司 1935 年版，第 49 页。

厉面目加之。”[①] 钱玄同作为国学大师章太炎的高足，对“五四”白话文运动如此支持，使首倡白话文运动和文学革命的胡适大为鼓励，胡适后来回忆说，钱玄同对他的《文学改良刍议》“大为赏识，倒使我受宠若惊”[②]。钱玄同以语言学家的身份加入白话文运动，极大地推进了国语运动和“五四”文学革命联合的进程。

1917 年，诗人和实验语音学家刘半农在《新青年》上发表《我之文学改良观》，完全赞同“胡陈二君之重视‘白话文为文学之正宗’，钱君之称‘白话为文章之进化’”[③]。认为废除根深蒂固的文言，不可能一蹴而就，首先要破除对白话的轻视，推翻古人做文言文的死格式，用以前研究文言的工夫研究白话。“于白话一方面，除竭力发达其固有之优点外，更当使其吸收文言所具之优点，至文言之优点，尽为白话所具，则文言必归于淘汰，而文学之名词，遂为白话所独据，固不仅正宗而已也。”[④] 究竟要建设一种怎样的白话文即书面语，白话文运动刚开始时，胡适、陈独秀、钱玄同等都思考过，刘半农理性地思考了建立白话文的具体步骤，值得重视。直到 1918 年，胡适在《建设的文学革命论》里发表了怎样建设白话文的意见：

> 我们可尽量采用《水浒传》、《西游记》、《儒林外史》、《红楼梦》的白话。有不合今日的用的，便不用它；有不够用的，便用今日的白话来补助；有不得不用文言的，便用文言来补助。这样做去，决不愁语言文字不够用，也决不用愁没有标准白话。[⑤]

---

① 钱玄同：《寄陈独秀》，赵家璧主编《中国新文学大系 · 建设理论集》，上海良友图书印刷公司 1935 年版，第 82 页。

② 胡适：《胡适口述自传 · 文学革命的结胎时期》，唐德刚译，《胡适口述自传》，华文出版社 1992 年版，第 169 页。

③ 刘半农：《我之文学改良观》，赵家璧主编《中国新文学大系 · 建设理论集》，上海良友图书印刷公司 1935 年版，第 67 页。

④ 同上。

⑤ 胡适：《建设的文学革命论》，赵家璧主编《中国新文学大系 · 建设理论集》，上海良友图书印刷公司 1935 年版，第 131 页。

胡适理想中的白话仍是近代古白话小说的白话，“今日的白话”还不能够成为“五四”白话的主题，处于候补地位。难怪30年代大众语讨论时，瞿秋白批评这种白话为“半人话半鬼话”“不成话的文腔”① 和“非驴非马”的白话文②，原因就在于白话的标准是什么，白话的基础方言是什么，这些根本性的问题没有确定。这与胡适对国语运动和白话文运动孰先孰后的关系的看法密切相关。这个问题后面再进行详细论述。

“五四”白话文运动的业绩远远超过了晚清白话文运动，首先是时代使然，但更重要的是“五四”白话文运动出现了大批的白话文作家，他们身体力行，忠实地践行了白话文运动倡导者的理论主张。蔡元培评价晚清白话文运动的不足时指出：“那时候作白话文的缘故，是专为通俗易解，可以普及常识，并非取文言而代之。主张以白话代文言，而高揭文学革命的旗帜，这是从《新青年》时代开始的。”③ 胡适在1934年《所谓〈中小学文言运动〉》里批评了晚清白话文运动的失败：

> 清朝的末年，民国的初年，也有提倡白话报的，也有提倡白话书的，也有提倡官话字母的，也有提倡简字字母的。他们的失败在于他们自己就根本瞧不起他们提倡的白话，他们自己做八股策论，却想提倡一种简易文字给老百姓和小孩子用。殊不知道他们自己不屑用的文字老百姓和小孩子如何肯学呢？所以我们在十七八年前提倡“白话文学”的运动时，决心先把白话认作我们自己爱敬的工具；决心先认定白话不光是“开通民智”的利器，乃是创造中国文学的唯一工具。我曾说：白话不是只配抛给狗吃的一块骨头，乃是我们全国人都该赏识

① 瞿秋白：《鬼门关以外的战争》，《瞿秋白文集》第3卷，人民文学出版社1989年版，第138页。

② 瞿秋白：《学阀万岁》，《瞿秋白文集》第3卷，人民文学出版社1989年版，第177页。

③ 蔡元培：《中国新文学大系·总序》，赵家璧主编《中国新文学大系·建设理论集》，上海良友图书印刷公司1935年版，第10页。

> 的一件好宝贝。这就是说：若要使白话运动成功，我们必须根本改变社会上轻视白话的态度。怎样下手呢？我们主张从试作白话文学下手。单靠几部《水浒》《西游》《红楼梦》是不够的。……这就是说：我们下手的方法，只有用全力用白话创造文学。白话文学的真美被社会公认之时，标准化的国语自然成立了。①

国语运动的主将黎锦熙在《国语运动史纲》里也谈到了白话文从理论到实践的转变过程。他说，1917 年的国语研究会虽主张改国文为国语，但是“自己做的这些文章，都还脱不了绅士架子，总觉得‘之乎者也’不能不用，而‘的么哪呢’究竟不是我们用的”②。后来，在胡适从美国寄回来的白话明信片的暗示下，“才觉得提倡言文一致，非‘以身作则’不可；于是在京会员中，五六十岁的老头儿和二三十岁的青年，才立志用功练习作白话文”③。1917 年钱玄同给陈独秀写信说：“我们既然绝对主张用白话体做文章，则自己在《新青年》里面做的，便应该渐渐地改用白话。我从这次通信起，以后或撰文，或通信，一概用白话，就和适之先生做《尝试集》一样意思。并且还要请先生，胡适之先生和刘半农先生都来尝试尝试。”④

1918 年 5 月，《新青年》全用白话。1919 年以后，各种白话小报和各种文学刊物都改用白话。1920 年，北洋政府教育部命令国民学校的国文科改为国语科，并废止了文言教科书。

在理论倡导的同时，《新青年》还大力扶持新文学的创作。1917 年 2 月和 6 月，该刊先后发表了由胡适创作的中国最早的白话诗词，次年又连续刊登了胡适、沈尹默、刘半农等人的白话诗。从 1918 年 5 月起，《新青年》

---

① 胡适：《所谓〈中小学文言运动〉》，朱正编选《胡适文集》，花城出版社 2013 年版，第 343 页。

② 黎锦熙：《国语运动史纲》，商务印书馆 1934 年版，第 68 页。

③ 同上。

④ 陈独秀：《独秀文存》，安徽人民出版社 1987 年版，第 734 页。

全部改用白话文，并陆续发表了鲁迅的白话小说《狂人日记》《孔乙己》《药》等。从此，文学革命突破了初期理论主张的局限，开始了文学创作实践上真正的大革新，这正是晚清白话文运动所做不到的地方。鲁迅在这一时期所发表的一系列作品都以严峻的现实主义笔法，迥异于传统文言文的崭新白话语言，深刻地暴露出“旧社会的病根”，从革命民主主义思想的高度提出了农民、妇女、知识分子的出路等一系列重大问题，表现了中国历史上前所未有的新主题。刘半农、叶绍钧等人的作品也都从现实人生取材，体现了新时期崭新的思想特色。“五四”运动爆发之后，当时流行的社会改造、妇女解放、劳工神圣等思想，更成为新文学作品所表现的重要内容。许多新的作品都充满了彻底的民主主义思想和朦胧的社会主义倾向，如郭沫若在《学灯》上发表的《凤凰涅槃》《匪徒颂》等。这些优秀作家的白话文创作，巩固和拓展了国语运动所取得的语言成果，同时也为国语统一增加了规范和典型的语言资料。反映现代思想文化、科学技术的词语大量涌现，如“逻辑”“话剧”“托拉斯”“前列腺”等外来语成分，方言词成分也不断增长。可以说，中国当代科学技术及思想文化的基本词汇体系，都是在此时奠定的基础。这些用语和词汇早已和我们今天的生活密不可分。从此，白话文的地位大大提高，阵地基本上巩固了下来，最终跃居于汉语书面语形式的领导地位，文言文的使用率则愈来愈低。

（三）三十年代的大众语：白话文运动的深化

三十年代的大众语是“五四”白语文运动的继续和深入。“五四”文学革命和白话文运动实际上是文艺大众化的一个起点，它已经包含着后来文艺大众化运动最初的种子。这一场讨论有三个背景。“一个是文学革命的深入，文学语言需要更加接近大众。二是白话文这时候出现了半文半白和欧化两种比较明显的偏向，需要纠正。三是那时候白话文明显的偏向，给了复兴文言的人以可乘之机，他们提出了复兴文言，反对白话文，需要击退这股逆流。这三个背景或先或后交织着，引发、推动这一场讨论。”[①]

“大众语”一词，最初是陈子展先生提出。1934 年 6 月 18 日他在《申报·自由谈》发表了《文言·白话·大众语》一文。认为“文言白话的论战早已分过胜负了……现在我以为要提出的是比白话更进一步，提倡大众语文学……目前的白话文学只是知识分子一个阶层的东西，还不是普通的大众所需要的……只因这种白话还不是大众的语言”。对于大众语，陈子展是这样解释的：“所谓大众语，包括大众说得出，听得懂，看得明白的语言文字。标准的大众语，似乎还得靠将来大众语文学家的作品来规定。”次日，陈望道发表《关于大众语文学的建设》，对陈子展的“大众语”的性质做了补充说明：“子展先生只提出说、听、看三样来做标准，我想是不够的，写一定要顾到。……大众说得出，听得懂，写得顺手，看得明白的条件，才能说是大众语。”[②] 1934 年 7 月，陈望道发表《这一次文言和白话的论战》一文，对论战的情况做了总结。他说，总体看来，“阵营共有三个，就是大众语，文言文，（旧）白话文。大众语派主张纯白，文言文派主张纯文，旧白话文派，尤其是现在流行的语录体派，主张不文不白。主张不文不白的这一派现在是左右受攻，大众语派攻它‘文’的一部分，文言文派攻它的‘白’部分”[③]。陈先生认为此次论战“场面的广阔，论战的热烈，发展的快速，参加论战的人数的众多，都是‘五四’时代那次论战以后的第一次”[④]。

陈望道除了对大众语做了很好的定义外，又对大众语的普及工作提出

① 于根元：《30 年代大众语讨论再认识》，《绍兴师专学报》（哲学社会科学版）1996 年第 1 期。

② 陈望道：《关于大众语文学的建设》，《陈望道语言学论文集》，商务印书馆 2009 年版，第 473—474 页。

③ 陈望道：《这一次文言和白话的论战》，《陈望道语言学论文集》，商务印书馆 2009 年版，第 478 页。

④ 同上。

了三种统一："有三种统一必须都做到。（1）是语言和文字统一，这样笔头写的便是口头说的，不另学一种不必说的语言，自然省事省力，容易普遍。（2）是统一各地的土话，这里写的别的地方的人也看得下，这也是容易普遍的一个条件。（3）是统一形式和内容，不止语言形式接近大众，就是意识内容也接近大众，说的不是违反大众需要的话，也是容易普遍的一个条件。"① 陈望道的这种观点，代表了这次大众语讨论的最高水平。同时，他还指出普通话和方言的辩证关系，提出汉民族共同语存在着基础方言的理论见解，并论述了北平话与普通话的关系。这些理论识见对于当时大众语建设和普通话发展具有指导意义。大众语运动的开展，是白话文运动的发展和深化，对建设真正的国语起到了推动作用。

现在看来，这次大众语运动在以下几个方面做了深化：

首先，大众语的论者隐约看到了北方方言这个基础方言的地位。例如瞿秋白在《鬼门关以外的战争》里说："普通话不一定是完全的北京官话。本来官话这个名词是官僚主义的。当然，更不是北京土话。"②"不完全是"，即有"基本上是"的意思。

其次，关于普通话或者大众语吸取方言，认识也比过去有了进步。左联执委会决议说"在必要时容许使用方言"，陈望道在《大众语论》关于"必要"做了进一步的阐述："……再假定有一个时候简直非利用土话的不普遍性不能活现一个地方的特殊色彩、特别情境，那在文学上面更不该挂起禁牌。"③

最后，对口语跟书面语的区别有了进一步的认识。瞿秋白在《鬼门关以外的战争》里说："当然，书本上写的言语和嘴里讲的言语，多少总有点

① 陈望道：《这一次文言和白话的论战》，《陈望道语言学论文集》，商务印书馆 2009 年版，第 230—231 页。

② 瞿秋白：《鬼门关以外的战争》，《瞿秋白文集》第 3 卷，人民文学出版社 1989 年版，第 164 页。

③ 陈望道：《大众语论》，《陈望道语言学论文集》，商务印书馆 2009 年版，第 496 页。

区别。这是很自然的。但是，书本上写的言语应当就是整理好的嘴里讲的言语，因此，他可以比较复杂些，句子比较的长些，字眼比较的细腻些。然而他不应当比较嘴里讲的言语起来是另外一种的言语。”① 鲁迅在《答曹聚仁先生信》里说：“语文和口语不能完全相同：讲话的时候，可以夹许多‘这个这个’‘那个那个’之类，其实并无意义，到写作时，为了时间、纸张的经济，意思的分明，就是要分别删去的，所以文章一定应该比口语简洁，然而明了，有些不同，并非文章的坏处。”② 这实际上是对晚清黄遵宪等人“我手写我口”一说里简单化成分的批评。

但是，瞿秋白等都有这样一个问题没有搞清楚，汉语民族共同语，在方言之中，又在方言之上，它是在一个基础方言的基础上吸取别的方言等营养逐渐形成的（当然它还吸收了古白话、外来语甚至文言文成分，是一个异质系统）。文言起初是与口语一致的书面形式，后来与口语脱节，终于被另外一种书面形式——白话取代。白话取代的是书面形式，而不是另找汉民族共同语。‘五四’白话有严重的偏向，是要改进的问题，但是不像有的人估计的那么严重而要另找一种来取代。……民族共同语要在一个基础方言的基础上形成的理论，是20世纪50年代初斯大林才明确提出来的，但是汉民族共同语的历史和现实是存在的，那时候对历史和现状研究得都不够。”③ 何九盈先生也指出：“在中国这样一个文言文占统治地位长达两千年的国度里，在半殖民地半封建的20世纪30年代，要建设一种新的、现代的书面汉语形式，是一件非常困难的事情。书面汉语的现代化不仅只推倒文言便算成功，还要统一各地的土话，确立标准语，推广普通话，还要在意识内容方面做进一步的工作。现代书面汉语的形成，之所以要经历三项大

---

① 瞿秋白：《鬼门关以外的战争》，《瞿秋白文集》第3卷，人民文学出版社1989年版，第164页。

② 鲁迅：《且介亭杂文·答曹聚仁先生信》，《且介亭杂文》，译林出版社2013年版，第64页。

③ 于根元：《30年代大众语讨论再认识》，《绍兴师专学报》（哲学社会科学版）1996年第1期。

的运动确是因为这项工程太艰巨、太复杂了。”① 这是很有道理的。晚清以来既已开展的现代语言运动目标的真正实现，汉民族共同语言的完全确立，这种复杂的工程，只有在新的政权建立起来后，新的政治文化统一后的时代才能实现，20 世纪 50 年代的汉语规范化是这场现代语文运动的理论和实践的最后成果。迄今为止，虽然已经确立了汉民族共同语的标准，但是随着改革开放的深入，普通话里出现了很多不规范的语言现象，比如语法系统的欧化又有所抬升，词汇系统里字母词和网络语言的侵入，文言的干扰等。总之，巩固现代语文运动所取得的成果，促进现代书面汉语的健康成长，还要不断地进行调整和规范。

二 国语统一与白话文运动联合的理据

1913 年，作为新政权建设的一部分，召开了“读音统一会”，开始构拟民族共同语的框架。这一会议也可看作持续整整二十年的晚清拼音化运动的大检阅，最后选定了章太炎所拟的“纽文”“韵文”，略做改动后成了注音字母。同时，会议取清代李光地、王兰生奉敕编纂的《音韵阐微》中的6500 个汉字，以投票表决的方式决定了其标准读音，“国音”算是有了，但十年之间，全国四万万人，除了赵元任先生以外没人会说这种标准读音，因为它是一个南北杂糅的语音体系，后来人们称作“老国音”。后来人们越来越不满意这种人为的“标准国音”，便经过一系列的争论、实践，最终确立了以漂亮的北京话为语音标准的新国音。除了一些字音的不同外，80 多年前的这种新国音与我们的普通话语音系统基本相同。

国语运动有广义和狭义两种解释，广义的国语运动可以从晚清拼音化运动算起，一直延续到 20 年代国语罗马字、30 年代大众语和拉丁化甚至更晚，最著名的用例是黎锦熙的《国语运动史纲》。虽然一个运动似乎不应搞

① 何九盈:《中国现代语言学史》，广东教育出版社 2000 年版，第 28 页。

二三十年长，但考虑到本论题国语语音与现代白话新诗音韵的方方面面，不妨把时限拉长些，把下限定于中华人民共和国成立前。国语运动和国语文学之关系比较复杂，因为我们所谓的“国语”，它是一种语言，包括了语音、词汇和语法三个系统。这三者里面，在“五四”之前，词汇和语法近乎古汉语，语音则近乎老国音：有入声，存浊音，分尖团。一句话，存古。“五四”之后，词汇向近代以来的古白话和现代汉语方言取资，语法除了部分保存文言文法外，“旋其面目”，转向欧化语法，马建忠的《马氏文通》就是第一部这方面的语法专著。语音仍然跟不上时代的步子，仍然在近十年的时间里以毫无实际价值的老国音做标准，进展不大。但是，语言是一个符号系统，是音义结合体。国语的词汇要表达国语的文学，没有统一的国语语音是不可想象的事。这方面中国的古人已有丰富的经验和成就，尤其是清代乾嘉学派关于语音和词义的精辟论述，更是让“五四”前后的那些国语运动的主将们惊羡不已。所以，他们选择了首先从国语的语音入手统一国语，进而以统一的国语去规范当时新的文学创作。这与胡适统一国语的步骤显然不同，因为胡适欲以“国语的文学”造就“文学的国语”。

关于国语运动和国语文学联合，黎锦熙在《国语运动史纲》中是这样描述的：

> 民国八年（一九一九）（国语统一筹备会）会员增加至九千八百余人。于是本会底“国语统一”“言文一致”运动和《新青年》底“文学革命”运动，完全合作了：这是要大书特书的一件事。那时“国语统一”和“文学革命”两大潮流，在主张上，既有“言文一致”的“白话文学”作了一个有力的媒介，而联合运动的大纛“国语的文学，文学的国语”已打出来了，在人的关系上，则北京大学校长蔡元培（民七八两年的新青年，就是北京大学教授陈仲甫、胡适、钱玄同、刘复、沈尹默、李守常六人轮流编辑的）就是该会的会长，其间自然发

生声气应求的作用：于是这两大潮流合而为一，于是轰腾澎湃之势愈不可遏。①

黎锦熙认为两者合流的原因是两个媒介作用的结果：一是主张上“言文一致”的“白话文学”做的媒介；二是人事上蔡元培校长的居间绍介。这是很有道理的，但还不全面。

关于国语统一和白话文运动的联合，一般认为经历了萌芽期、确立期和深入期三个阶段②。

第一阶段是萌芽期。胡适在《逼上梁山》里对文学革命追溯到1915年的美国。20世纪初才走出国门的胡适等人，深受晚清以来国语运动对汉语汉字的反省和批判、改造的影响。1915年东美中国学生年会文学组讨论“中国文字的问题”，赵元任主讲“吾国文字能否采用字母制，及其进行方法”，胡适主讲“如何使吾国文言易于教授”。这两个不同的论题已经隐含了国语统一运动和后来的白话文运动在语言文字改革上所表现的不同取向。可见，起初，两者还是为了共同目的而分头并进的，后来胡适经历了从“文言的易于教授”而“白话文言优劣比较”而“白话作为中国文学的唯一工具”的转变。这种转向伴随着胡适从中国文字问题向文学问题的转变，但也表现出语言文字的变革具有文学革命的意义，显示出二者初步的联合。

第二个阶段是确立期。1917年，陈独秀在《新青年》3卷3号上提出：“鄙意欲创造新文学，‘国语研究’当与‘文学研究’并重。”1916年国语研究会成立。胡适远在美国，得知后则于1917年年底加入之，为他后来提出“国语的文学，文学的国语”的主张做了组织上的准备，标志着二者正式合作。

① 黎锦熙：《国语运动史纲》，商务印书馆1934年版，第71页。

② 吴晓峰：《国语运动与文学革命》，中央编译出版社2008年版，第53页。

第三阶段是深入期。国语统一和白话文运动正式合作后，语言和文学的变革取得一系列成就，比如文言、欧化语和方言整合而成的新型书面语，新诗诗体的解放，短篇小说和白话散文的创作，国语教科书的使用，等等。

下面我们结合两者的合流进程，进一步讨论国语统一和白话文运动合流的理据。

（一）相近的理论主张是两者联合的主要因素

倡导文学革命，语言文字的问题不仅仅是一种工具的改革，而是文学的第一要素。胡适清楚地看到这一点。他在《逼上梁山》里说：“一部中国文学史只是一部文字形式（工具）新陈代谢的历史……文学的生命全靠能用一个时代的活的工具来表现一个时代的情感和思想。工具僵化了，必须另换新的，活的，这就是‘文学革命’。”[①] 胡适在《〈尝试集〉自序》里说：“我们认定文学革命需要先后的程序：先要做到文字体裁的大解放，方才可以用来做新思想新精神的运输品。我们认定白话实在有文学的可能，实在是新文学的利器。”[②] 这一看法他一直未变，1935 年他仍指出：“这一次文学革命的主要意义实在只是文学工具的革命。”[③] 仍然坚持“所谓改良，所谓革命，改革的是工具”[④]。正因为胡适坚持以形式作为文学变革的切入点，所以他更自觉地关注当时还在分头并进的国语统一运动的语言文字革新，并将它与文学革命联系起来。可见，与其说是文学革命一开始就比较自觉地与国语运动结合了起来，还不如说是文学对语言的内在诉求促使二者联姻。

---

① 胡适：《逼上梁山》，赵家璧主编《中国新文学大系·建设理论集》，上海良友图书印刷公司 1935 年版，第 9 页。

② 胡适：《尝试集自序》（1919. 8. 1），《胡适学术文集·新文学运动卷》，中华书局 1993 年版，第 382 页。

③ 胡适：《中国新文学大系导言·新文学的建设理论》（1935. 9. 3），《胡适学术文集·新文学运动卷》，中华书局 1993 年版，第 259 页。

④ 胡适：《新文学·新诗·新文字》，《胡适学术文集·新文学运动卷》，中华书局 1993 年版，第 282 页。

胡适在《建设的文学革命论》中说："我的'建设新文学论'的唯一宗旨只有十个大字：'国语的文学，文学的国语'。我们所提倡的文学革命，只是要替中国创造一种国语的文学。有了国语的文学，方才可有文学的国语。有了文学的国语，我们的国语才可算得真正国语。国语没有文学，便没有生命，便没有价值，便不能成立，便不能发达。"① 这是胡适文学革命和国语运动的宣言，是他的整个文学观念的支点。在《〈国语讲习所同学录〉序》中，胡适具体表示："有了国语的文学，然后有些学者起来研究这种国语文法，发音法等等；然后有字典，词典，文典，言语学等等出来：这才是国语标准的成立……若等到教育部定出了标准的时候方才敢说国语，方才敢做国语文字，不要说十年二十年，只怕等到二三百年后还没有国语成立的希望哩！"② 胡适走的是先建设文学后确立国语的程序。他的步骤是先不要求得国语语音标准的统一，应先根据近代的白话小说《水浒传》《西游记》《儒林外史》《红楼梦》等创作"国语"的作品，再从这些作品的文法、发音法中总结、提炼出国语的标准。胡适的这种做法，现在看来问题不少。《水浒传》《西游记》《儒林外史》《红楼梦》等近代白话小说固然是现代白话的直接源头，但从词汇到语法与现代白话有较大的不同，用近代白话语言创作出来的文学作品是不是就是真正的国语文学？以此恐怕只能创作出近乎文言的古白话，这正是后来30年代大众语讨论中被瞿秋白等人攻击的地方。如果说"国语"的词汇和语法可以从这些近似古白话的创作中总结提炼出来，那么国语的语音标准怎么能从这些白话作品里总结、提炼出来呢？没有了语音标准的国语是一个人造的国语，人造的国语能用来表达感情，交流思想吗？胡适等人缺乏现代语言学的基本理论，虽然他提出国语应当以一种自然语言为基础语，在此基础上补充完善，但他从来没

① 胡适：《建设的文学革命论》，赵家璧主编《中国新文学大系·建设理论集》，上海良友图书印刷公司1935年版，第128页。

② 胡适：《〈国语讲习所同学录〉序》，《胡适文存》卷一，黄山书社1996年版，第172页。

有承认京语是国语的基础语言，而只认为国语里的主要成分是京语。其实这仍然是当时老国音的语音标准，也是无语音标准的。胡适基本上不懂得民族共同语的语音标准的产生是必须完全依照一个基础方言点的声韵调系统，所以胡适对国语统一表现出一种失望：“国语统一，谈何容易。我说，一万年也做不到的！无论交通便利了，政治发展了，教育也普及了，像偌大的中国，过了一万年，终是做不到国语统一的。”① “国语统一，在我国即使能够做到，也未必一定是好。”② 胡适认为国语统一，语言就变成了静止封闭的体系，又会像文言文那样成为死文字，这更是不妥当的，他没有看到一个统一的民族共同语与它的方言及其他语言之间的辩证关系。当然，当时很多的文学革命家是不懂得这一点的，魏建功和周祖谟先生早已做过了批评。

胡适想把白话文学“国语化”，同时又想通过白话的创作确立国语的标准。文学革命则以文学手段，通过“多读模范的白话文学”和“用白话作各种文学”确立国语的标准。胡适自己说他就是通过阅读《水浒传》等古白话激发了学习白话的兴趣的。这是借鉴中国传统教育的方法，所谓“书读百遍，其义自见”“熟读唐诗不会做来也会吟”。但胡适等人没弄清楚一个问题，传统教育所读的文言文，跟当时的口语没有关系，所以可以通过阅读去模仿圣人大家的语言，包括词汇、语法，甚至连韵部也得按以前定好的。白话文写作显然不能这样做，尤其是关乎语音标准问题的白话新诗，胡适在《谈新诗》里既然主张“用现代的韵，不拘古韵”，又怎能模仿近代“模范的白话文学”呢？理论上的矛盾导致创作实践上的困惑。所以胡适在《尝试集》的韵文写作里，押韵的语音标准就有些混乱。这

① 胡适：《〈国语讲习所同学录〉序》（1920.5.17），《胡适学术文集·语言文字研究》，中华书局1993年版，第303页。

② 胡适：《国语运动与文学》（1921.12.31），《胡适学术文集·语言文字研究》，中华书局1993年版，第310—311页。

些后面还要论述。

国语研究会提倡国语，首先要统一语音，因此确立国音标准，编纂字典是国语运动的首要工作，然后推广到具体写作实践中。1920 年，老国音《国音字典》由教育部颁布，但收效甚微，关键是因语音标准未明确，并非是一直找不到国语的创作使然。白话文学“尽量采用《水浒》《西游记》《儒林外史》《红楼梦》的白话；有不合今日用的便不用他，有不够用的，便用今日的白话来补助；有不得不用文言的，便用文言来补助”①，这种主张与国语研究会的干将钱玄同（也是文学革命的主将）对国语的词汇和语法的观点相契合。钱玄同很赞同胡适白话文学创作对语言广泛的取材：

> 我现在再加几句话道：“有不得不用方言的，便用方言来补助；有中国话不够用的，便用外国话来补助。”原来这国语既然不是天生的，要靠人力来制造，那就该旁搜博取，拣适用的尽量采用。文学里用得多了，这句话便成了一句有价值有势力的国语了。有人说：国语这样制造，不是庞杂不纯吗？我说：无论何种语言文字，凡是有载思想学术的能力的，都是很庞杂的不纯的。那纯而不杂的，唯有那文化的初开，思想简单的时候，或者可以做得到。到了彼此一有交通，则语言即有混合；学问日渐发达，则字义日有引申；一义转注为数语，一语假借为数义，那就要庞杂不纯了。意义愈多，则应用之范围愈广，这种语言文字，就愈有价值了。……照此看来，国语的杂采古语和今语，普通话和方言，中国话和外国话而成，正是极好的现象，极适宜的办法。②

---

① 胡适：《建设的文学革命论》（1918. 3—4），《胡适学术文集 · 文学运动》，中华书局 1993 年版，第 44 页。

② 钱玄同：《钱玄同文集》第一卷，中国人民大学出版社 1999 年版，第 299—300 页。

钱玄同主张国语是“要靠人力来制造，那就该旁搜博取”，对国语的词汇和语法建设是适用的；“文学里用得多了，这句话便成了一句有价值有势力的国语了”，实际上是对胡适“文学的国语”以文学铸造国语的具体阐释，也成为国语运动和文学革命互动的条件。

钱玄同和胡适白话文学创作在词汇和语法上广泛的取资，后来被证明是有一定合理性的，但语音上没有标准，是错误的，所以，对语音标准要求甚严的诗歌等韵文创作，有时押韵靠方言语音，有时不得不用诗韵济穷了。语音不统一，势必影响到国语的词汇和语法，这是相互联系的。但是，如果确立了国音标准，再加上胡适和钱玄同所论述的白话文学词汇和语法，这样的白话文文学作品会在南北各方言区流传，广为阅读，定然又会大大有利于国语，尤其是对国语语音的推行、普及和规范化，也为民国国音韵书的科学编制提供白话韵文的语料。

“五四”时期的钱玄同开始并不主张京音为国语标准，他说：

> 至于声音一端，与语言似乎微有不同。因为语言是有意义的，声音是无意义的。既是无意义的，似乎不必广采方音，就用普通所谓“官音”者来统一，也没有什么不可。一九一三年读音统一会议决的注音字母，和审定的字音，我们读书可以照他读音，做韵文也可以照他押韵。唯国语既采及方言，则方言之音必当各仍其旧，不可强照字面，改为官音。①

国语语音用老国音标准，方言之音不可改为老国音标准，这怎么能统一国语的语音呢?

钱玄同在《论注音字母》里又说：

① 钱玄同：《钱玄同文集》第1卷，中国人民大学出版社1999年版，第300页。

> 现在国内南北东西语言绝异之人相见，彼此而操之“普通话”，其句调声音，略类所谓“官音”——“官音”与“京音”大同小异，——似乎以北音为主，亦非全无理由；但是既为国定的注音字母，当然不能专拿一个地方的音来做标准。所以我对于注音字母，虽极愿其早日施行；而在此未曾施行之短时期内，尚欲论其缺点，希望有人亟起讨论，加以修正。那么这注音字母的音，真可算得中华民国的国音，并不是什么“京音”“官音”“北音”了。①

“不能专拿一个地方的音来做标准”“中华民国的国音，并不是什么‘京音’‘官音’‘北音’”等，这是老国音的标准。

钱玄同20世纪20年代的看法却有了改进，认为国语应有多个来源，而且有主次之别：

> 做主干的北京话，加入的方言跟外国语，这三种都是活语，惟有古语是死语；但它的本质虽是死的，只要善于使用，自能化腐臭为神奇，变成活泼泼地。总而言之，我们尽可以把古语这死鬼捉来给今语做奴仆，听候驱遣；万不可自己撞进鬼门关，给鬼捉住，亲笔写下卖身字据，愿为鬼伥。②

由以北京话为主干，到民国二十一年（1932）完全同意以“现代的北平音为标准”③，钱玄同最终完成了老国音向新国音的转变，但是这是后来的事。“五四”时期钱玄同的这种国音的观点与胡适极为接近。胡适说：“国语统一，谈何容易。我说，一万年也做不到的!”所以他干脆不主张统一：“国语统一，在我国即使能够做到，也未必一定是好。”现在看来，胡

① 钱玄同：《论注音字母》（1918.2.18），《钱玄同文集》第1卷，中国人民大学出版社1999年版，第140页。

② 疑古玄同：《吴歌甲集序》，《国语周刊》1925年第13期。

③ 钱玄同：《本书的说明》，《国音常用字汇》，商务印书馆1932年版，第3页。

适的国音观过于悲观，事实上10多年后国音标准已经由国民政府确立了，距胡适的感叹仅仅10多年！当然，在实践中要真正做到统一需要较长的时间，中华人民共和国成立尤其是1955年后，基本上统一了。

胡适的这种国音观点在他于1921年所作的《国语文法概论》一文有更清楚的说明：

“国语”这两个字很容易误解。严格说来，现在所谓“国语”，还只是一种尽先补用的候补国语，并不是现任的国语。这句话的意思是说，这一种方言已有了做中国国语的资格，但此时还不曾完全成为正式的国语。

一切方言都是候补的国语，但必须先有两种资格，方才能够变成正式的国语。

第一，这一种方言，在各种方言之中，通行最广。

第二，这一种方言，在各种方言之中，产生的文学最多。……

我们现在提倡的国语，也具有这两种资格。第一，这种语言是中国通行最广的一种方言，从东三省到西南三省（四川、云南、贵州），从长城到长江，那一大片疆域内，虽有大同小异的区别，但大致都可算是这种方言通行的区域。东南一角虽有许多种方言，但没有一种通行这样远的。第二，这种从东三省到西南三省，从长城到长江的普通话，在这一千年之中，产生了许多有价值的文学的著作。……自此以后，白话文学遂成了中国一种绝大的势力。这种文学有两层大功用：（一）使口语成为写定的文字；不然，白话决没有代替古文的可能；（二）这种白话文学书通行东南各省，凡口语的白话及不到的地方，文学的白话都可侵入，所以这种方言的领土遂更扩大了。

这两种资格，缺了一种都不行。没有文学的方言，无论通行如何远，决不能代替已有文学的古文：这是不用说的了。但是若单有一点文学，不能行到远地，那也是不行的。例如广东话也有绝妙的“粤讴”，苏州话也有“苏白”的小说。但这两种方言通行的区域太小，故必不能成为国语。

我们现在提倡的国语是一种通行最广最远又曾有一千年的文学的方言。因为他有这两种资格，故大家久已公认他做中国国语的唯一候选人，故全国人此时都公认他为中国国语，推行出去，使他成为全国学校教科书的用语，使他成为全国报纸杂志的用语，使他成为现代和将来的文学用语。这是建立国语的惟一方法。①

胡适认为“现在所谓‘国语’，还只是一种尽先补用的候补国语：并不是现任的国语”，虽然候补国语扶正的两个条件符合北方官话区的方言，但是这个区域“从东三省到西南三省（四川、云南、贵州），从长城到长江，那一大片疆域内”显得过大，只能做基础方言而断断不能以此定为国语的语音标准，语音标准只能以“点”而不能用“面”，这是古今中外民族共同语语音标准确立的共同法则，否则一个“方言”即使符合胡适“通行最广”和“产生的文学最多”的条件，这个“方言”的“面”决不能成为国语的语音标准。

胡适的语音标准要比读音统一会的杂糅古今南北的旧国音好一些，他起码认识到北方方言作为国语的基础方言的地位，为20年代京国之争中京音战胜旧国音准备了必要的条件。但本质上，胡适还没找到国语的语音标准。钱玄同认为国音的标准“略类所谓‘官音’”：“现在国内南北东西语言绝异之人相见，彼此而操之‘普通话’，其句调声音，——‘官音’与‘京音’大同小异。”② 这是典型的旧国音，因为它是“现在国内南北东西语言

① 胡适：《国语文法概论》，上海亚东图书馆1921年版，第1—4页。

② 钱玄同：《论注音字母》（1918.2.18），《钱玄同文集》第1卷，中国人民大学出版社1999年版，第140页。

绝异之人相见”时彼此共同操用的“普通话”，同样也是没有找到国语的语音标准。这是胡适和钱玄同在国音观上的共性，“同气相求，同声相应”，这自然成为文学革命和国语运动互动相生的原因之一。

（二）和谐的人际关系和复合型的学术结构

国语运动和文学革命能够合流也得益于两者在人际关系上的联系。

1917 年，支持胡适等人进行文学革命的北大校长蔡元培就是在国语研究会第一次会议上当选为会长的。他的居间绍介作用很大，这是黎锦熙已经谈到的。蔡元培支持文学革命，笔战反对白话文的保守派林琴南，延揽文学革命的主要人物陈独秀、胡适、刘复、鲁迅、周作人等。在他的支持下，国语研究会会员数量激增：1916 年数百人，1918 年增至 1500 多人，1919 年猛增到 9800 多人，1920 年高达 12000 人①。国语研究会事实上成为培养国语运动和文学革命的学校。1919 年成立了教育部附属的“国语统一筹备会”，会员大部分是国语研究会成员。统一会召开第一次大会，审定《国语统一进行方法》的议案，要求改小学的“国文读本”为“国语读本”。提出议案的会员为刘复、周作人、胡适、朱希祖、钱玄同、马裕藻等，都是《新青年》同人，而且提案是用白话写的。更值得注意的是，国语运动的元老钱玄同，以古文大家和“五四”时期文字改革家的特殊身份同时活跃于文学革命和国语运动两个战场，在当时的学界影响极大。《新青年》主编陈独秀说：“以先生之声韵训诂大家，而提倡通俗的新文学，何忧国之不景从也。”② 胡适后来也说：“钱先生是位古文大家。他居然也对我们有如此同情的反映，实在使我们声势一振。”③ 这些人际上的关系，不但便于两者组织上的协调，更利于彼此互补联姻。

---

① 程晓峰：《国语运动与文学革命》，中央编译出版社 2008 年版，第 39 页。

② 钱玄同：《陈独秀的信》（1917），《钱玄同文集》第 1 卷，中国人民大学出版社 1999 年版，第 2 页。

③ 唐德刚：《胡适口述自传》，华东师范大学出版社 1993 年版，第 152 页。

用国语唤醒民众，挽救民族危亡，这是国语运动的切实目的。

怎样唤醒民众呢？钱玄同说：“必须用民众的活语言和文艺，才能使他们真切地了解。所以我们对于现在那种为民众的书报和文艺，认为绝对的不适用；我们要仔细搜集和考察民众的语言和文艺的真髓，用它来建设种种新的民众文艺。”① “必须用民众的活语言和文艺”已经包含国语运动和新文学之间的交互和共生。钱玄同在《国语周刊·发刊词》中指出：“现在已经答应我们担任常常撰稿的有吴稚晖，胡适之，林语堂，周启明，顾颉刚，魏建功……诸先生。在国外的赵元任和刘半农两先生不久就可回国。”②

吴稚晖走遍中国南北，到过英、德、法、日，深知汉语方言差异的巨大，汉字“无音可读”。早在1895年，他便草创了豆芽字母，与卢戆章的“第一快音新字”同开中国拼音字母之先河。1913年，他担任国语读音统一会会长，主持制定注音字母。1917年在此基础上取6000余字编定《国音字典》，1918年出版。自1919年起，他主持国语统一筹备会（后改为国语推行委员会），提出推行注音符号的任务、方案、办法；修订标准音，审定、颁行《国音常用字汇》等多种国语书籍；在各国立师范学校增设国语专修科，并出任上海国语师范学校校长，亲自在国语师资班兼课，以训练推行国语的人才；编制《汉语拼音表》《注音符号》一类的通俗教材，力图国语推行的通俗化、简易化、普及化。他以自己毕生精力从事国音统一工作，奠定了民国时期“字同音”的基础。

林语堂早年留学国外，获美国哈佛大学文学硕士学位，于德国莱比锡大学研究比较语言学，获语言学博士学位。1924年发表《古有复辅音说》一文，提出研究复辅音的四条途径，在国内首先论证复辅音问题。林语堂参加20世纪20年代至30年代古音学的两大辩论，著《汪荣宝〈歌戈鱼虞模古读

① 钱玄同：《国语周刊·发刊词》，《国语周刊》1925年6月14日第1期。
② 同上。

考〉书后》，支持汪荣宝；著《支脂之三部古读考》提出了拟测元音音值的三个条件。林语堂在散文、小说和翻译上皆有建树，这是人所尽知的。

赵元任是我国现代语言学的奠基人之一，民国时期的第一部国音韵书《国音新诗韵》是他编撰的；刘半农是我国实验语音学的创始人和新诗诗人；魏建功则是古文大家钱玄同的高足，现代韵书史的第一部官韵《中华新韵》的撰者。魏建功不仅是极负盛名的古汉语音韵专家，也是积极推行国语运动、实行汉字改革和普及汉语知识的社会实践家。早在1919年魏建功就在国语大师钱玄同的感召下，倾心国语运动。

由以上简单的介绍可见，钱玄同所列举为《国语周刊》担任常常撰稿的8人中，胡适之、林语堂、刘半农是兼文学和语言文字之长，周启明是文学家，顾颉刚是历史学家和民间歌谣专家，魏建功是语言学家和民间歌谣专家。这个组合也说明和谐的人际关系和复合型的学术结构也是国语运动和新文学互生互补的条件。

为什么钱玄同、胡适、刘复、魏建功等能够"上马写白话，下马推国语"，在两个阵营里来去自如呢？这与传统知识分子复合厚重的学术结构有关。国语运动和文学革命的成员基本上都是接受过旧式教育的人，有比较扎实的传统文化的根底，古文诗赋，大抵能通。西学东渐后，其中很多人留学欧美日本，接受了西方文化，其中有些还学习了西方的自然科学。如胡适学过农学，赵元任学过数学、物理和音乐，鲁迅学过医学等。钱玄同是章太炎的高足，长于小学，学有本源，语多行话，振臂一呼，影响很大。因此，他在《新青年》上发表的通信、文章的作用非他人可比，并明确提出"桐城谬种""选学妖孽"为文学革命对象，深得陈独秀、胡适等赏识。不久，他就成为《新青年》的轮流编辑之一。作为文学革命的声援者和呐喊者，钱玄同并不兼事创作，一生未作过一首新体诗。但是，钱玄同却有很深的文学造诣。早在清末留学时期他就跟章太炎先生合办了《教育今语杂志》，用白话文撰写论文。坊间流行的《章太炎的白话文》一书，文章多出自钱玄同手笔。归国后他又在浙江办过《通俗白话报》。第一篇近于白话的论学书，就是钱玄同与陈独秀在《新青年》3卷6号发表的通信。《新青年》杂志从4卷1号起刊登白话文章，使用标点符号，也是钱玄同宣传、鼓动、争取的结果。此后，钱玄同用白话撰写了大批杂文，对守旧文人和封建遗老进行了不妥协的斗争。他的文风慷慨豪放，有如长风穿谷，奔流击石，在思想上和艺术上均有较高建树。国语运动和文学革命的这些主将们，兼通新旧，综合中西，融会文理，小学与文学并治，经学与史学兼通。这种复合型的学术结构，使他们出得了国语运动的大门，进得了文学革命的厅堂，显得纵横捭阖，游刃有余，丝毫不感到学理上的窘迫。语言学大师王力先生指出：

> 新派也有自己的弱点。在“小学”作为经学的附庸的时候，小学家几乎都是经学家，个个博闻强记，于学无所不窥。顾江戴段和王氏父子自然不用说了，即从章炳麟、黄侃而论，其中国史料知识渊博，远非新派所能望其项背。在封建时代，并没有所谓专门家，有的只是“博学鸿词”，所以著名学者的学问都是全面的。章炳麟的《国故论衡》上卷论小学，中卷论文学，下卷论诸子学，实际上是以一身而兼语言学家、文学批评家、哲学家。黄侃写了《音略》，同时也写了很有价值的《文心雕龙札记》。王国维在学术上和章黄是不同道的，但是有一点却是相同，那就是博通小学、文学批评、史学和哲学。新派的语言学者一般总是把自己局限在狭小的范围之内。资产阶级提倡学术分工，本来也有它的进步性，但是必须先博而后能专。曾经有一个时期，似乎所谓语言学只有方言调查，或者再加上古音拟测，不但把中国传统的“小学”置之不顾，连现代语言学也研究得不全面，更谈不上渊博了。①

① 王力：《中国语言学史》，山西人民出版社1981年版，第207页。

王力先生指出了语言学研究上新旧两派学术结构的差异，但同样适合我们观照国语运动和文学革命的学人们的学术结构，因为他们的传统文化的学养与章、黄、王国维等一样，大抵积于旧时代，那是文史哲混合的时代，又能随着时代，从旧学里走出来，接受了新学。“一事之不知，儒者之耻也”，他们属于复合的或者是“博学鸿词”型的学术结构。这也是国语运动和新文学运动联手的内在因素。如今学术分工更加具体、细化，坚守自己的一方热土，“不知有汉，无论魏晋”，产生的只有“专门家”，跨学科或交叉型的研究虽受到鼓励，实则难以实现。从这个意义看，国语运动和新文学运动的联合又具有学术文化史上的价值。

（三）国语运动的音本位原则和新文学对语音审美特性的重视

国语运动把国语的统一看成是国家统一的前提，认为有统一的国语，才有统一的国家，“方言复杂，是中国统一的一大障碍，国语运动的主要目的在免除这个障碍，另外造一种统一的语言使全国的人个个便于交谈，不因语言而发生障碍”①。国语统一没有人反对，关键是如何统一；以何处活方言为标准；国语统一涉及语音、词汇和语法三个方面，以何者为先。这个过程较为复杂，意见非常歧异。因为书写系统的汉字用起来繁复，自秦汉以来早已“书同文”了。汉字只需要进一步去简化、改革，所以人们普遍认为关键问题是读音统一。

国语运动为什么要把语音标准的统一作为第一任务呢？当时表面的情况看来是因为“国音生国语”②。傅斯年也认为国音的统一是国语统一的前提条件：“制定国语之先，制定音读，尤为重要。音读一经统一，自有统一之国语发生，初不劳大费精神。”③ 国语统一运动的元老吴敬恒说：“际兹国

① 陈启天：《国家主义与国语运动》，《申报》1926年1月3日。
② 汪怡：《新著国音发音学》，商务印书馆1924年版，第5页。
③ 傅斯年：《文言合一草议》，赵家璧主编《中国新文学大系·建设理论集》，上海良友图书印刷公司1935年版，第126页。

难方殷，民族精神，亟宜统一；民众智力，尤应启发。国音确定，则语言可同而情感互通，畛域斯灭而精神易结；文字注音，则识字自易而施教能广，文盲悉除而智力日增。”① 这都是外在因素。从汉语语言发展和研究的内部规律看，国语语音的统一，实际上与汉语言的特征和人们对汉语言研究重心由中古以前的义本位向之后的音本位转向有着极为密切的关系。

如前所论，汉语语言学研究向语音本位的转向历史很早。六书中形声字、假借字的大量出现，表现了词的语音在造字中的优先地位。六朝以后，汉语语言研究语音本位的转向非常明显。反切产生是韵书出现的基础，加上六朝以后汉语韵文创作的发达，文学批评对声律的偏倚，特别是隋唐科举对诗赋用韵的硬性规定，等等，出现了“音韵锋出”的繁荣局面。宋元等韵学是中国古代的语音学理论，把隋唐韵书以语音为核心的思想发挥到了极点，显示出了汉语学者高超的语音分析能力。清代是文字、音韵和训诂全面发展的时期。这一时期，汉语语言的研究主要以古音古义为主。“治经莫重于得义，得义莫切于得音”②，“就古音以求古义，引申触类，不限形体”③。民国以后，章炳麟、黄侃等人继承清儒的传统。黄侃说：“小学徒识字形，不足以究语言文字之根本。”④ 继续强化语音研究的地位。特别是章炳麟用汉字去描写古音二十三部的音值，“章氏是知道注重音值的第一人”⑤。1934 年，钱玄同发表《古韵廿八部音读之假定》，是中国学者中最先用国际音标构拟上古韵部音值的人，探讨上古韵部的实际读法，这与他在国语运动中主张语音为先的精神一致。

1912 年以后，作为国语运动的另一翼的文字改革运动，先后出现了注

① 吴敬恒：《附本会请公布〈国音常用字汇〉函》，《国音常用字汇》，商务印书馆 1932 年版，第 4 页。

② （清）段玉裁：《广雅疏证序》，王念孙《广雅疏证》，中华书局 1983 年版，第 1 页。

③ （清）王念孙：《广雅疏证自序》，《广雅疏证》，中华书局 1983 年影印本，第 2 页。

④ （清）段玉裁：《与刘端临书》，《经韵楼集》，上海古籍出版社 2008 年版，第 398 页。

⑤ 王力：《汉语音韵学》，中华书局 1956 年版，第 397 页。

音字母方案、世界语方案、罗马字母方案、拉丁化字母方案和简体字方案等，目的只有一个，让汉字完全表音。仅就民国时期的汉字简化运动来看，主要包括简体字运动、限制和减少汉字字数、改进汉字的表音功能三个方面。在简体字运动改进汉字的表音功能方面，民国时期主要做了两种尝试：一是构想新形声字；二是尝试创造“音节汉字”。主张构想新形声字的人设想把汉字现有的形声字系统地加以整理和改造，使相同声旁的字都读相同的音，相同读音的字都使用同一个声旁，或用注音字母，或新创字母，另造新的声旁。尝试创造音节汉字的人设想选定 400 多个或 1000 多个汉字作为“音节汉字”（音节符号），其余汉字全都废弃不用。这两种尝试都失败了，但表现出人们对文字忠实记音的追求。

明清音韵学家对“官话”和“正音”的语音标准和基础方言做了广泛的探索，为国语统一运动寻找语音标准做了思想准备。明末西洋传教士利玛窦分析了官话的流行情况，阮元认为北京话之为官话犹如夏商周时代的王都之言。明清两代官方也为推广官话做过很多工作。清末民初，民族危亡，很多关心国家命运的知识分子联合政府要员纷纷进行文字改革，谋求国语的统一，也做了很多准备工作。

汉语语言史上语言研究重心由语义本位到语音本位的转向，清末至民国时期众多汉语拼音方案的纷纷制定，以及这一时期的汉字简化改革运动等，以上这些事实使我们有充分的理由相信，国语的统一应从语音统一作为突破口，这是现实诉求和汉语历史演变的必然结果。

要以什么方言的语音作为国语的语音标准？这个问题经历了近 50 年的讨论，从王照的“京话”到亦南亦北的老国音，最终在现实和历史的考察中，人们选择了北京话为国语的语音标准。1932 年 5 月，中华民国教育部正式公布并出版《国音常用字汇》，指定北平语音为标准，最终为确立国语提供了语音标准。1923 年赵元任的《国音新诗韵》还是老国音的韵书，而 1941 年 10 月 10 日国民政府颁布的《中华新韵》，则是完全依照新国音标准的《国音常用字汇》，为新旧各体韵文创作而撰制的一部高质量韵书。唐宋以后的汉语研究重心已经发生了语音本位的转向，国语统一的核心是语音统一，这是人们的共识。

与国语统一，语音为先的主张桴鼓相应，国语文学同样也表现出对汉语语音的审美特性的高度重视。

1. 大众传媒、学校教育是国语正音和白话文传布的大本营

晚清以降，国步蹇蹙，万鬼环瞰，百虎眈眈。志士仁人，夜思效国。教育图存，语言文字首之。国语统一、文字改革和白话文是学校教育、宣传媒体改革的前提。晚清白话文运动期间，为了扩大白话文的影响，各地出现了各种白话报刊，1898 年现代报刊史上第一份白话文报纸《无锡白话报》创刊。接着，苏州、上海、宁波、杭州等地也出现了白话报。进入“五四”，陈独秀主撰的《新青年》杂志首先提倡“文学革命”，三篇文学革命的理论文章，即胡适的《文学改良刍议》、陈独秀的《文学革命论》和刘复的《我之文学改良观》，都是文言文，其他白话作品也还很少。到了民国七年（1918），《新青年》完全用白话做文章了。“五四”运动后，《每周评论》式的白话小报突然增至四百余种之多。日报的附张，大都取消了旧式滥调的诗文或优伶娼妓的消息，改登新文艺和国语的译著；有名的几种副刊，如上海《时事新报》的“学灯”、《民国日报》的“觉悟”以及北京的《晨报》副刊等，都是从那时逐渐改良、逐渐增刊的①。

如果说白话报刊宣传主要让人眼看为主，是“目治”的书面语，那么，广播、留声机、电影等民国时期的传媒手段则更要求受众的耳听为主，是“耳治”的有声语言。从事上述传媒工作的人员每日用政府所规定的有声语言，对受众宣传着政府的文化政策，他们成为国语统一运动中受众学习国语语音的老师和榜样。传声技术的进步，逐渐成为信息化时代的主要传信

① 叶宝奎：《民初国音的回顾与反思》，《厦门大学学报》（哲学社会科学版）2007 年第 5 期。

工具，使国音统一的工作效率大幅度提高。据于锦恩研究[①]，20 世纪 20 年代北洋军阀统治时期，先后有外商和中国人办的十来座广播电台，但发射功率小，收听范围只覆盖广播电台所在的城市和周围地区，该时期全国有收音机 1 万台左右，广播事业只是雏形。国民党南京政府建立后，1928 年 8 月 1 日国民政府的中央广播电台在南京开始播音。至 1949 年 10 月，国民政府先后建立广播电台约有 150 座以上。电影的传布为国语统一环境的形成及国语教育发挥了很大的作用，因为电影演员讲的是国语，是有声语言。1928 年 8 月，国民政府的中央广播电台在南京开办之时，节目包括新闻、通令通告、宣传大纲等，除使用国语外，还用粤语、藏语和英语等方言或语言。1935 年国民政府交通部发布《通饬各广播电台用国语报告令》；1945 年 8 月 11 日国民政府教育部公布《教育播音办法》，皆用国语播讲，简明通俗。在上海的全国国语教育促进会从民国十五年（1926）末召开全国国语运动大会后每年每季在上海无线广播电台举行一个宣传会，到民国二十三年（1934）已经九年了[②]。

尽管国民政府对播音人员的语言要求是笼统的“概用国语播讲”，失于具体，但毕竟是以政府的名义做了原则要求的，这就比纯粹的亦南亦北的老国音好得多，尤其是收音机总数由 1928 年全国 1 万台增加到 1937 年 20 万台，1949 年竟有 100 万台[③]！

1921 年，中华国音留声机片及国语留声机片先后发行，确定了国音声调。中华国音留声机片由王璞在上海发音，阴阳上去依北京声调，入声短而不促，仿自北京读书音。国语留声机片是赵元任在美国发音，上海商务印书馆制作发行，阴阳上去依北京声调，入声则为标准南京音。

这些现代传媒使用白话的活口语，通俗简明，易于了解，与新文学所

① 于锦恩：《民国注音字母政策史论》，中华书局 2007 年版，第 181—186 页。

② 同上书，第 184 页。

③ 赵玉明：《中国广播电视通史》上卷，北京广播学院出版社 2000 年版，第 129 页。

倡导的白话口语基本一致，可以说这些传媒所使用的有声语言，是对“五四”新文学建立的白话语言的语音功能的系统的实践和应用，自然对国民掌握统一的国语读音起了很大的引导促进作用。

语言教育传统上本来就是口耳之学，通过正音传达语义，组织词汇。国语教育亦然，也以正音教育为中心，因为汉语方言差别最大的表现是语音而非词汇和语法。小学阶段是学习语音的最佳时期，学校是国语正音、学习、传播白话文的最好阵地。

我国坊间用语体文编写教科书，是“五四”新文化运动以后，此前的教科书，基本上都是用文言编辑的。尽管每有倡导，但响应者不多。但在白话文教科书编写史上，中华书局1915年12月出版《新式国文教科书（国民学校）》，曾尝试在每册后附有四课白话文课文。教育部在审定批语中，对此给予很高的评价：

> 查该书最新颖处，在每册后各附四课，其附课系用官话演成，间有与本册各课相对者。将来学校添设国语，此可为其先导，开通风气，于教育前途殊有裨益。至各册所用文句，其次序均与口语相同。令教员易于讲授，儿童易于领悟。在最近教科书中洵推善本。①

“附课系用官话演成”，“各册所用文句，其次序均与口语相同”，保证了白话文的实行。随着文学革命的发展，国文改革的问题提到日程。1918年蔡元培说：“国文的问题，最重要的，就是白话与文言的竞争。我想将来白话派一定占优胜的。文言是用古人的话来传达今人的意思，是间接的。间接的传达，写的人与读的人都要费一番翻译功夫，这是何苦来?”② 国语统一筹备会在1919年4月17日召开了成立大会，周作人、胡适、朱希祖、

① 《中华教育界》第5卷第1期广告，1916年。

② 蔡元培：《国文之将来》（1919年11月17日），《北京大学日刊》第490号，1919年11月19日。

钱玄同、马裕藻、刘复的《国语统一进行方法的议案》主张：

> 统一国语既然要从小学校入手，就应当把小学校所用的各种课本看作传布国语的大本营，其中国文一项，尤为重要。如今打算把“国文读本”改为“国语读本”：国民学校全用国语，不杂文言；高等小学酌加文言，仍以国语为主体。“国语”一科以外，别种科目的课本也该一致改用国语编辑。①

国语运动和新文学白话文运动在学校教育中自然联手，其速度之快，连新文学的倡导者也感到意外。1920 年 1 月，教育部以突如其来之势训令全国各国民学校将初小一二年级国文改为语体文：

> 案据全国教育会联合会呈送该会议决《推行国语以期言文一致案》，请予采择施行；又据国语统一筹备会函请将小学国文科改授国语，迅予议行各等因到部。查吾国以文言分歧，影响所及，学校教育固感受进步迟滞之痛苦，即人事社会亦欠具统一精神之利器。若不急使言文一致，欲图文化之发展，其道无由。本部年来对于筹备统一国语一事，既积极进行，现在全国教育界舆论趋向，又咸以国民学校国文科宜改授国语为言；体察情形，提倡国语教育实难再缓。兹定自本年秋季起，凡国民学校一二年级，先给国文为语体文，以期收言文一致之效。合亟令行该厅局校转令所属各校，遵照办理可也。

胡适曾说：“这个命令是几十年第一件大事。他的影响和结果，我们现在很难预先估算。但我们可以说：这一道命令，把中国教育的革新，只是提早了二十年。”② 胡适等文学革命的主将通过学校国文课教育宣传、巩固

---

① 《教育公报》第 6 年第 9 期，1919 年。

② 胡适：《〈国语讲习所同学录〉序》，《胡适文存》卷一，黄山书社 1996 年版，第 325 页。

白话文的成果，而教育部则从国语统一的目的出发，发现学校的国文教育中言文一致对推行国语统一的重要作用。新文学白话文运动和国语运动不同的价值取向，却在学校的国文教育里，又一次达成了默契。

小学和中学是学习语音最好的时期，也是推广国语语音的重要阵地。尤其是小学阶段以注音字母为基础的国语语音教学更是统一国语的重中之重，《国语月刊》发刊词敏锐地看到这一点："小学校是现在宣传国语的最得力的机关；小学生又都是快要使用国语的青年。"① 国语作为教学语言，教师使用国语也是对国语的宣传和推广。1930 年 3 月 10 日，国民政府教育部 235 号训令云：

> 木部为厉行国语以期语言统一起见……师范学校注重标准国语……真不止"三令五申"了。可是以前的命令，注重在文字方面；对于教员的教授用语，并未提到。国语的教学，要是一面用语体文，一面把国语作教授的用语，使学生看的和听的趋于一致，那一定会"事倍功半"的，为此，申令各该厅局仰饬所属中小学教员，在可能范围内，一律用"和标准国语相近的语言"作教授用语。

国民政府教育部严厉批评了有些教师怯于使用国语和忽视培养学生语言能力的情况：

> 再有两点要声明的：一则幼年儿童听话的能力很强，用国语教授，不消两三个月，他们便能懂得。不要以为他们不易能懂，便阴奉阳违，仍用土语教授。一则除标准语外，所谓国语总不免南腔北调，不达纯粹。教员们不要因为自己所说的国语不纯粹，便赧着不说。要知国语是愈说愈好的，开始便赧着不说，将来哪里会说得好呢？②

---

① 国语研究会：《国语月刊》1922 年第 1 卷第 1 期。

② 国民政府教育部：《教育部公报》1930 年第 2 卷第 11 期。

1930 年的国语是北京音标准的新国音了，教师们一开始所说的国语总不免杂有自己的母语（蓝青官话），这是很正常的。学生看的是白话文，听的也应该是与之相近的白话口语，新文学的言文一致在这里又得到了重视。

1932 年 10 月，教育部公布的《小学课程标准总纲》，要求“教学时的说话读文，均应用标准语或近乎标准语的口语”①。1947 年 4 月 9 日教育部修正公布的《中学规程》第 30 条规定：“中学教员一律用国语为教授用语。”② 不但普通中小学教员要用国语，连其他类型的学校的教授用语也得用国语。1942 年 10 月 15 日，国民政府教育部公布《修正高级护士职业学校通则》，规定“……所学科目理论与实习并重，概用国语讲授”③。

大众传媒、学校教育是国语正音和白话文传播的主战场，二者在此互动共生，共同实践着“国语的文学”和“文学的国语”生动联合。

2. 废律不废韵的白话新诗创作主张

“五四”新文学倡导者主张文体解放，强调以白话文代替文言文。吕叔湘说，文言和白话是两个互相对待的名词，什么是文言，什么是白话，大家都苦于心知其意而不容易下明确的界说。一般来说，我们可以将古代汉语书面语的文言看成超语体文，而将白话看成语体文。凡是读了出来其中所含非口语成分不妨碍当代的人听懂它的意思的，就是语体文，越出这个界限的是超语体文④。吕先生是以“听得懂”和“听不懂”声音要素作为文言和白话的区分标准，这是非常有见地的，而且文言和白话也是一个相对的历史概念。“五四”新文学运动继承晚清白话文运动，主张以当时的口语为基础的白话文。“口语”即口头说的耳朵能听懂的话，是有声的自然语言而不是无声的文言文。胡适曾在与钱玄同的信中解释说，白话是“说白”

---

① 宋恩荣、章咸编：《中华民国教育法规选编（1912—1949）》，江苏教育出版社 1990 年版，第 240 页。

② 同上书，第 387 页。

③ 民国教育部：《教育部公报》1942 年第十四卷第十九、第二十期。

④ 吕叔湘：《文言和白话》，《国文杂志》1944 年第 3 卷第 1 期。

"清白""土白"。这实际上讲的就是通俗晓畅，让人听得懂，让听话的人闻音知义。20 世纪 30 年代大众语运动，强调的重点仍然是大众语要"说得出""听得懂"，它们都共同关注白话的不同于文言的声音特性。而在新文学创作中最能集中表现白话的声音特点的文体，在当时就是诗歌等韵文了。白居易在《与元九书》里说："感人心者……莫切乎声。……未有声入而不应"者。声音感动人的心灵世界，在语言文字里是最为切近直当的。

狂飙突进的"五四"新文学运动，基本上将旧文化掊击殆尽，但是对诗韵还是手下留情的，因为诗歌和散文小说等不同，它一开始就与音乐成为孪生子。胡适发动的文学革命，选择了诗歌这种韵文为突破口，因为"盖白话之可为小说之利器，已经施耐庵、曹雪芹诸人实地证明，不容更辩；今惟有韵文一类，尚待吾人之实地实验耳"①。刘半农加入《新青年》阵营时在《我之文学改良观》一文中还和钱玄同讨论"破坏旧韵，创造新韵"。后来，刘半农著《四声实验录》，提出声调是相对的音高，与音强、音质没有关系，在一定条件下与音长有关②。这个观点与赵元任先生 1922 年在《中国言语字调底实验研究法》的结论不谋而合③。钱玄同曾感慨地说："中国语音中的四声究竟是怎么一回事，以前从没有人说过一句较明白的话的。"④

刘半农在《〈四声实验录〉序缀》里表示了他研究汉语白话四声的真正动机：

> 诗的声调问题中的四声。我常常怀疑：中国韵文里面的声调，究竟是什么东西构造成功的？说是律诗里的仄仄平平仄罢，可是在古诗

① 胡适：《致独秀》，《新青年》1917 年 4 月第 3 卷第 2 号。

② 刘复：《四声实验录》，上海群益书社 1924 年版，第 19—20 页。

③ 赵元任：《中国言语字调的实验研究》，《赵元任语言学论文集》，商务印书馆 2002 年版，第 27—36 页。

④ 钱玄同：《刘复〈四声实验录〉的附记》，《晨报副刊》1922 年 4 月 27 日。

> 里并不这样，而诵读起来，却也有很好的声调。况且便就律诗说，仄仄平平仄是固定的，而甲地的仄仄平平仄，实际上又完全不同于乙地。那么，声调声调，你究竟是个什么东西？你究竟隐藏在什么地方呢？我曾把这个问题问人，人家说：这是自然的声调！……我为着这问题，已经费过许多的工夫，希望能将所得的结果，做起一部《汉诗声调实验录》。不过我总痴心妄想，以为能有一天，可构成一个新说，使它能于配合一切体裁的韵文，一切地方人的声口。……为什么我对于这问题，似乎癖好甚深呢？这是因为我自己，喜欢胡诌几句诗，更喜欢的是胡诌几句白话诗。目下白话诗已有四五年的寿命了，作品也已有了不少了。但是一班老辈先生，总是皱着眉头说：白话诗是没有声调的。便是赞成白话诗的，同是评论一首诗，也往往这一个说是声调好，那一个说是声调坏。我们对于老辈先生的愁眉苦脸，能自己造起一个壁垒来么？对于白话诗的评论者，能造起一个批评的标准来么？同时对于白话诗的作者，能有一个正确忠实的声调向导，引着他们走么？亦许不能；但如其是能的，那就惟有求之于原有的诗的声调。惟有求之于自然语言中的声调，最要紧的是求之于科学的实验，而不求之于一二人的臆测。我相信这东西在将来的白话诗国中，多少总有点用处，所以虽然很难，也要努力去做一做。①

从这一段文字可以看出，刘半农用科学的实验研究汉语白话的声调，目的在于维护白话新诗所取得的成果，更重要的是想给“白话诗的作者，能有一个正确忠实的声调向导，引着他们走”，同时也想给“白话诗的评论者，能造起一个批评的标准来”。“在当时白话自由诗四面受敌的责难声中，刘半农《四声实验录》的出版，既是从音韵方面为国语统一运动开山辟路，

---

① 刘复：《四声实验录》序缀（1922 年夏，巴黎），《半农杂文》，河北教育出版社 1995 年版，第 157—158 页。

也是从音节方面为新诗的健康发展谋求规则。”① 正如汪铭竹所说：“刘半农之治韵，不是为音韵而治韵，而是以之为手段，目的还在为效忠于新诗之万世事业。自然他的苦心孤诣近于痴绝处很少人知道的。别人谓半农为方言专家音韵学专家科学家，其实皆不是确切的。半农研探方言研探音韵研探文法皆是为这新文学独生子。”② 刘半农用国音声调的矻矻研究，为现代白话新诗节奏模式的探索做出了巨大贡献，显示了国语语音与白话新诗音韵的自觉互动关系。

新文学主将主张“废典”“废律”“废偶”（即不讲对仗）、文体彻底解放，但是没有涉及“废韵”。

胡适在《谈新诗》中说：“新文学的语言是白话的，新文学的文体是自由的，是不拘格律的。”③ 胡适反对的不是诗歌的音韵，而是宋元以来近七百年不变的“纸上的死语”——旧诗韵。胡适主张新诗创作使用最自然和谐的音韵。胡适曾和刘半农、钱玄同在《新青年》四卷一号就新文学语言和音韵的问题交换意见，并在《尝试集》中对新格律诗进行了探索和实验。他认为这种最和谐的音韵固然可以存在于语音学和人体发生学，但最直观地表现在人们的口语当中。他说：

> 新诗的声调有两个要件：一是平仄要自然，二是用韵要自然。白话里的平仄，与诗韵里的平仄有许多大不相同的地方。……至于用韵一层，新诗为三种自由：第一，用现代的韵，不拘古韵，更不拘平仄韵。第二，平仄可以互相押韵，这是词曲通用的例，不单是新诗如此。

---

① 刘进才：《语言运动与中国现代文学》，中华书局2007年版，第238页。

② 汪铭竹：《刘半农论》，鲍晶编《刘半农研究资料》，天津人民出版社1985年版，第338页。

③ 胡适：《谈新诗》，《中国新文学大系·建设理论集》，上海良友图书印刷公司1935年版，第295页。

第三，有韵固然好，没有韵也不妨。[①]

可见，胡适主张用白话作诗在本意上绝不是对新诗音韵的弃捐，而是以另一种方式表达了对语音的重视，尤其是强调了旧诗韵与白话诗押韵的语音不同。新诗“有韵固然好”，要“用现代的韵，不拘古韵”，可以“平仄可以互相押韵，这是词曲通用的例，不单是新诗如此”，等等，与20多年后官韵《中华新韵》所规定的“写作的押韵例”基本一致：

（ㄉ）新各种韵文押韵例

（1）照新韵分类。（2）四声可通押。变调可用。（3）可通之韵可通押。（4）旧通之韵新韵通者方可通押。[②]

“照新韵分类”“四声可通押”“旧通之韵新韵通者方可通押”，都是强调新诗押韵首先要按照国语运动所确立的国音标准，其次要讲究押韵的方式，正如胡适所言，新诗像词曲一样，平仄可以互相押韵。从此也可以看到，20世纪40年代，国语运动和文学革命联手，已取得了最后的胜利，在文学领域，文言文已完全被白话文所代替；在国语改革领域，新国音也成功地取代了老国音。可以说现代文学创作所必需的两种元素——语言和文体已经完全具有，剩下的事情就是，如何科学合理地用国语运动和文学革命联手的产物，即新国音和白话文体去有效地创作了，来证明前期国语运动和文学革命不仅是理论周详，而且在创作实践上也是经得起考验的。

胡适等从《新青年》第二期开始用白话写作诗词等韵文，都是押韵的。新月派诗人不满新文学诗歌的漫散无纪的“非诗”倾向，提出诗歌的“三美”，其中诗歌的“音乐美”更有赖于汉语言的声音美。押韵、节奏、平仄

---

① 胡适：《谈新诗》，《中国新文学大系·建设理论集》，上海良友图书印刷公司1935年版，第305—306页。

② 魏建功：《中华新韵·例说》，《中华新韵》，正中书局1963年版，第23—24页。

等诗歌审美的因素就是依靠国语语音完成的。“五四”新文学倡导者不但在实践上创作了大量的诗歌等韵文作品，而且在理论上对新文学韵文写作的形式，尤其是对语音所表现的审美特性进行了较深入的探索，有时比前人探索得更加细致深入，这里就不多说了。

以上我们从相近的理论主张、和谐的人际关系、复合的学术结构、国语运动的音本位原则和新文学对汉语音审美特性的重视等方面，论述了国语和新文学的合流理据。此外，国语运动和文学革命都面临着共同的开启民智、教育救国的社会使命，这是他们联姻的社会条件。国语运动关系到民族复兴和国家的统一，所以常常得到政府强力的支持，而文学革命则只能是文学倡导者的单打独斗，是一种民间行为。刘进才说：“国语运动和新文学运动的合流是二者互胜双赢的壮举，国语运动借合流以扩大其声势，新文学运动则借合流奠定其合法性。”① 这是有道理的。

① 刘进才：《国语运动与中国现代文学》，中华书局2007年版，第29页。

第二章　民国韵书：国语语音和白话新诗音韵联合的津梁

国语语音的统一经历了艰难曲折的发展过程。在国语运动诸人的积极推动下，中华民国二十一年5月，终于以官书的形式颁布了《国音常用字汇》，标志着我们的国音从明清官话为标准的旧国音时期步入北京音为标准的新国音时期。语音标准的统一，推动了民国时期韵书的发展，许多语言学家，继承了汉语韵书编写的良法，编纂出很多反映民国国音特点的韵书。大量的白话新诗和现代旧体诗创作的音韵实践又反过来为改造旧诗韵、推行国语语音、缩减方音韵和撰制民国韵书提供了不可多得的鲜活语料。二者在这一点上表现出某种程度上的互存相补关系。

第一节　"赏知音"与"广文路"：汉语韵书编纂的旨归

一　汉语韵书产生的语境

前面讲到，我国最早出现的韵书是在魏晋，到了南北朝达到了繁荣鼎盛阶段。为什么在中古时代出现编纂韵书的鼎盛阶段呢？这与中古前后文学创作注重语音形式的音乐美有关。

（一）诗文创作的发展催生韵书

文学创作对语言音乐美的重视表现在三个方面，即语言的整齐美、语言的抑扬美和语言的回环美。这三种语言形式的美，在魏晋南北朝时期的文学创作和文论中得到最充分的实践与发展。

语言的整齐美，最集中地表现于文学创作对对偶和排比的运用上。在音乐上，两个乐句构成一个乐段。最整齐匀称的乐段是由长短相等的两个乐句配合而成的，当乐段成为平行结构时，两个乐句的旋律基本相同，只是以不同的终止来结束，这样就形成了整齐的美。同样的道理应用在语言形式上，就形成了语言形式的对偶和排比①。排比作为修辞格是人类共有的，但对偶则是由汉语的特点决定的，方块形体、单音节词、一字一音节一概念是古代汉语字、词存在的主要形态，这样就很容易构成音节数量相等的对偶。对偶远在上古时期就产生了。《周易》《左传》《诗经》等先秦文献里有很多例子。汉魏时期的散文中常常有很多对偶的句子，如贾谊、司马迁等的散文，但这仍是作为一种辞格在使用，目的在于增强文章整齐有序的音乐美。当对这种整齐的声律运用成了自觉的艺术实践，当对这种整齐美的声律运用由辞格实践变成文体自觉时，南北朝独领风骚的四六骈体文便成熟了。南北朝骈体文的产生有诸多条件，但有一条，确乎由于作家对文学语言形式中音乐美的自觉追求与实践所致。典型的骈体文在语言上有三个突出特点，即平仄相对、骈偶和四六、用典和藻饰。其中前两个特点就关乎语言形式的音乐美。平仄相对形成抑扬顿挫的美，后面再论；骈偶和四六实际就是语言上的整齐美。例如：

---

① 王力：《略论语言形式美》，《龙虫并雕斋文集》第一册，中华书局1980年版，第457页。

潘岳之文采，始述家风；陆机之辞赋，先陈世德。（庾信·哀江南赋序）

一简之内，音韵尽殊；两句之中，轻重悉异。（沈约·谢灵运传论）

中古的诗歌向五言和七言发展，实质上仍是骈偶的续承。五律和七律要求中间两联对仗，而且对仗的要求比骈体文更为严格。中古的五、七言律绝，是对四言句、六言句音节骈偶的扩展，它仍然是建立在汉语音节结构整齐美的特性上面的。

节奏不但音乐中有，语言里也有。对于可以衡量的语音单位，我们也可以有意识地让它们在一定时隙中成为有规律的重复，这样就构成了语言中的节奏。诗人常常运用语言中的节奏来造成诗中的抑扬的美。汉语和印欧语不同。印欧语复音词很多，每一个复音词都是长短音相间或者轻重音相间的，便于构成长短律或轻重律。在汉语中，音长和音强不像印欧语那样普遍地具有辨义作用。从传统的汉语诗律学上看，平仄的格式就是汉语诗的节奏。这种节奏，在诗和后期骈体文上都有广泛应用，甚至某些散文作品中也灵活地应用了①。一般的看法，平仄格式是一种长短律。汉语诗歌的节奏的基本形式是平平仄仄，仄仄平平。这是四言诗的两句，前者是两扬两抑格，后者是两抑两扬格。平声长，仄声短，所以称之为扬抑。上下两句抑扬相反，才能形成“辘轳交往，逆鳞相比”的音响效果。《诗·周南·关雎》里已有这样的节奏：“参差荇菜，左右流之。”就是“平平仄仄，仄仄平平”。每两个音节（两个汉字）构成一个音步，以下字为节奏点，所以第一字和第三字平仄可以灵活，如《诗·卫风·伯兮》：“岂无膏沐？谁适为容！”就是“平平仄仄，仄仄平平”，同样是合乎这种节奏的。这种抑扬格的节奏在《诗经》时代可能是不自觉的，但后来就逐渐成为一种自觉

① 王力：《略论语言形式美》，《龙虫并雕斋文集》第一册，中华书局1980年版，第466页。

的形式追求了。三国曹植《赠白马王彪》里的“孤魂翔故域，灵柩寄京师”是“平平平仄仄，仄仄仄平平”，为律句。范文澜先生在《文心雕龙·声律》中说它“皆音节和谐，岂尽出暗合哉？……《世说新语·排调》载陆云‘云间陆士龙’，荀隐‘日下荀鸣鹤’二语，以为美谈，今观二语无奇意，盖徒以声律相尚也”①。这两句是“平平仄仄平，仄仄平平仄”，也是律句。范文澜虽不能肯定这种情况是否全部出于暗合，但它从一个侧面反映了魏晋时代诗人们对声律的自觉研习。

有了平仄的节奏，格律诗就有了萌芽的基础。五律是四言的扩展，七律是五律的扩展，由此类推，六、八、九、十一字句，没有不是以四字句的节奏为基础的，所以形成“平平平仄仄”和“仄仄仄平平”两式。七律是在五律平仄格式前加平仄相反的两个字。从此以后，由唐诗到宋词再到元曲，万变不离其宗，总不外是平仄交互这种节奏。三字句是七减四，六字句是二加四，八字句是三加五，九字句是四加五或二加七，等等。

最后谈谈语言形式的回环美。回环，就是重复或再现。在音乐中，再现是很重要的作曲手段。再现可以是重复，也可以是模进。重复是把一个音群原封不动地重复一次，模进则是把一个音群移高或移低若干度然后再现。这两种方式生成的效果都是回环的美②。诗歌之韵和音乐中的再现略有相似。同一个音（一般是元音，或者是元音加辅音）在同一位置上（一般是句末）的重复，叫作韵。韵在诗歌中也产生一种回环往复的美学效果。我国先秦时期诗歌有韵脚，其押韵方式据清代学者孔广森的《诗声分例》记载，共达二十多种。当然那时大多数诗歌是随口唱来，随口用韵，转韵自由，没有产生严格的格律要求。先秦时期除了诗歌，散文也押韵，如《易经》和《老子》大部分是韵语，《尚书》《庄子》等书也有一些韵语，

---

① 范文澜：《文心雕龙注》，《范文澜全集》第5卷，河北教育出版社2002年版，第488—489页。

② 王力：《略论语言形式美》，《龙虫并雕斋文集》第一册，中华书局1980年版，第471页。

《黄帝内经》里的《素问》《灵枢》也是韵语。但是先秦时代散文中的韵语可能是为了方便记忆，而不是为了艺术的目的，因为那个时代文史哲尚未完全独立，文学尚无自觉。到了汉代以后，散文中使用韵语就显然是艺术手段。王力先生在《略论语言形式美》中详细地分析了枚乘的《上书谏吴王》一文中的韵脚①。汉赋是汉代最有代表性的文体，有人说它是押韵的散文。例如江淹的《别赋》：

风萧萧而异响，云漫漫而奇色。

仄平平平仄仄　平仄仄仄平仄

櫂容与而讵前，马寒鸣而不息。

平仄仄仄平平　仄平平平仄仄

节奏点（第三、第六两字）很讲究，“色”“息”押韵。与骈体文的平仄格式完全相同②。

双声和叠韵也是一种回环美，这种美一般要在对仗中体现出来。如屈原《涉江》中的“带长铗之陆离兮，冠切云之崔巍”。“陆离”双声，“崔巍”叠韵。清代学者洪亮吉的《北江诗话》说：“三百篇无一篇非双声叠韵，降及《楚辞》与渊、云、枚、马之作，以迄《三都》《两京》诸赋，无不尽然。唐诗人以杜子美为宗，其五七言近体，无一非双声叠韵也。”③这说明古人在进行文学创作时，特别关注声音的相错相同来构成词语，形成和谐的韵律。押韵的构成与双声叠韵词在原理上一致。同一语音在同一位置上的有规则的重复产生了押韵的回环往复的音乐美，音素在两个相连的音节中的重复则产生了节奏上的回环美。大量的结构形式相同的音节的存在，给诗人们选择押韵的音节提供了便利。王力先生曾经讲过：“不善于

① 王力：《略论语言形式美》，《龙虫并雕斋文集》第一册，中华书局1980年版，第471页。
② 同上书，第472—473页。
③ （清）洪亮吉：《北江诗话》，中华书局1985年版，第2页。

押韵的人，往往为韵所困，有时不免凑（趁韵）。善于押韵的人正相反，他能出奇制胜，不但用韵用得很自然，而且因利乘便，就借这个韵脚来显示立意的清新。……韵脚不是一种障碍，而是一种帮助。对于语言修养很高的诗人来说，这种说法是完全合理的。”①

不论是整齐的美，抑扬的美还是回环的美，都表明我国的文学传统从一开始就很重视声音的调配，注重对声韵调等字音的分析，因为除了音乐性的美之外，语言形式差不多没有什么其他能引起人们美感的东西了。这种情形，为魏晋以后的文学创作自觉地讲究声律打下了基础，也为韵书的制作准备了充分的物质条件。

（二）审音能力的提高是韵书撰制的内因

自汉以后，人们对汉语语音的分析能力有了相当大的提高。这主要表现在创造了反切这种注音方法，以及对汉语声调的分析。韵书是反切的总汇，反切的产生为韵书的出现创造了物质条件。反切在前，韵谱在后，清人张祥晋的《七音谱·反切原始篇》说：“盖有反语，则类聚之即成韵书。”② 这些看法是合理的。

根据赵诚先生的意见，反切的产生是我国固有之急读、合读的内因和外语拼音法之外因相结合的产物③，这大概是不错的。反切的确是在第一次东西方文化交流中产生的。反切一经产生，就要求切上字和被切字双声，切下字和被切字叠韵。用反切这种注音方式标注一个字的读音，就必须对这个字的声韵调做一番仔细分析。因为汉字不表音，所以古人分析一个字音的反切构成并不那么容易，文人学士，论及反切，便瞪目无语，以为绝学。尽管如此，人们仍然在艰难竭蹶中日益精进，因为反切注音在当时

① 王力：《龙虫并雕斋文集》第一册，中华书局1980年版，第482—483页。
② （清）张祥晋：《七音谱·反切原始篇》，《七音谱》，松石堂1936年版。
③ 赵诚：《中国古代韵书》，中华书局1980年版，第7页。

（其实反切注音一直延续到民国七年注音字母颁布才结束）是最先进、最科学的一种注音方法。声母、韵母和声调是反切注音所必须分析的三个基本因素，同时也是韵书组成的三大基础。所以，反切的创造和大量制作是韵书得以产生的主要条件。

四声的发现与归纳为韵书的出炉添置了最后一把火。四声的发现与归纳，与当时文人们应用声律创作有关。《南齐书・陆厥传》："永明末，盛为文章，吴兴沈约、陈郡谢眺、琅琊王融，以气类相推毂。汝南周颙，善识声韵。约等文皆用宫商，以平、上、去、入为四声，以此制韵，不可增减，世呼为永明体。"①《梁书・庾肩吾传》："齐永明中，文士王融、谢眺、沈约文章始用四声，以为新变，至是转拘声韵，弥尚丽靡，复逾于往时。"②在当时，有的文人还有讲究诗歌音律的专著，周颙作《四声切韵》。唐人封演的《封氏闻见记》记载："永明中，沈约文词精拔，盛解音律，遂撰《四声谱》。……时王融、刘绘、范云之徒，皆称才子，慕而扇之。由是远近文学，转相祖述，而声韵之道大行。"③ 他们讲求音律，主要表现在追求文学语言的音乐美上；他们所讲求的声律的具体内容，则是对声调的自觉应用。在沈约诸人之前，汉语的声调早已存在，只是古人对汉语声调还缺乏比较明晰的认识。到了沈约诸人手中，由于讲求声律的调配，才发现汉语有平上去入四声，定其调名，并且把声调上的区别应用到诗歌韵文的创作上，这是唐人近体诗对平仄运用的先声。唐人近体诗十分讲究声调的配合运用，把声音的高低升降长短作为构成诗律的主要手段，形成了如上文所说的"抑扬美"。齐梁时代出现的"四声八病"说及唐宋时代产生的诗律，实际上都是避同求异，所以刘勰说"异音相从谓之和"，即"指句内双声叠韵及

① （梁）萧子显撰，陈苏镇等标点：《南齐书・陆厥传》，吉林人民出版社1995年版，第486页。
② （唐）姚思廉撰，陈苏镇等标点：《梁书・庾肩吾传》，吉林人民出版社1995年版，第408页。
③ （唐）封演：《封氏闻见记》卷二，中华书局1985年版，第15页。

平仄之和调”[1]。

汉代以来人们审音能力的提高，反切的大量创制，声调的从自发到自觉，诗文创作上作家对语言形式整齐、抑扬和回环的音乐美的自觉追求，这些因素综合起来，转相推毂，彼此促进，为韵文格律的发展和韵书的制作提供了充分的条件。韵书是在韵文创作的客观需求和人们审音能力逐渐提高的前提下产生的，因此韵书天生地具有服务于这两方面的责任。

二　韵书纂制的目的

一般说来，韵书是将汉字按韵类而排的工具书。最初的目的，并非单纯为审音定切而设，除了训释文字之外（这个任务当然主要由字书之类承担），还包含着撰作诗赋取韵的作用。“韵书实际上是反切的总汇：以韵部为纲，以便诗人们依韵吟诗；然后在每一系列的同音字下面注明反切，以便矫正人们的方音。”[2] 我国的韵书起源很早，三国时魏国李登已撰《声类》，晋代吕静撰《韵集》，成为最早的韵书，其后南北朝出现了“音韵锋出”的繁荣局面，韵书不下几十种，但后来都澌灭无存。隋代陆法言编纂的《切韵》只有残卷留世，而宋大中符祥元年的《广韵》则有完帙存焉。由《广韵》而《礼部韵略》而平水韵，这是中国古代诗韵的传统。《切韵》系韵书一开始就有两个主要目的，这可从《切韵》的编者陆法言所作的《切韵序》明显看出。陆法言面对古今声调不同、诸家取舍有别以及分韵混淆的一些情况，提出了区别对待的两种办法：一是“欲广文路，自可清浊皆通”[3]；二是“若赏知音，即须轻重有异”[4]。这实际上等于宣布了《切韵》一书撰作的两大目的，即“广文路”和“赏知音”。“广文路”与诗赋

① 范文澜：《文心雕龙注》，人民文学出版社 1958 年版，第 559 页。

② 王力：《汉语音韵》，中华书局 1998 年版，第 42 页。

③ （隋）陆法言：《切韵序》，《洪诚文集·中国历代语言文字学文选》，江苏古籍出版社 2000 年版，第 135 页。

④ 同上。

创作相关，“赏知音”则与审音定韵有关。同时陆法言还指出了“广文路”和“赏知音”的具体做法。对“广文路”要打通“清浊轻重”的区别（依洪诚先生，此所云清浊、轻重，指四声或开合洪细俱可），用韵从宽一些。对“赏知音”，则严辨“清浊轻重”的区别，审音从严一些。因为《切韵》系韵书的打鼎之作，使历史上的汉语韵书，总是像《切韵》一样兼具审音和作文的两种目的。

由于《切韵》已定下了押韵从宽，审音要严的原则，后世的人们才敢在临文取韵时从宽处理，音近通押，这种要求还得到了皇帝的批准。唐人封演的《封氏闻见记》说：

> 隋朝陆法言与颜魏诸公定南北音撰为《切韵》……以为文楷式，而先仙，删山之类分为别韵，属文之士共苦其苛细。国初许敬宗等详议，以其韵窄，奏合而用之。法言所谓“欲广文路，自可清浊皆通”者也。①

到了宋初，语音又有了发展，韵书为了符合实际语音系统，也做了修改，当然这种修改只是为了“悬科取士，考核程准”的科举需要。《玉海》卷四十五载：

> 景祐四年六月丙申，以丁度所修《韵略》五卷颁行。初，说书贾昌朝言：《韵略》多无训释，疑混声、重叠字，举人误用。诏度等刊定窄韵十三，许附近通用，混声、重字，具为解注。②

所谓刊定窄韵十三、许附近通用，就是把《广韵》或《韵略》所注明的独用之韵十三改为同用。既然有了独用、同用的规定，自然有人会依

① （唐）封演：《封氏闻见记》卷二，中华书局1985年版，第15—16页。
② （宋）王应麟：《玉海》，广陵书社2003年版，第848页。

《集韵》的通用例，把206韵合并为108韵，王文郁的《新刊韵略》和张天锡的草书《韵会》又并为106韵。现在一般所谓诗韵又叫平水韵，指的就是这106韵，它也成为宋元至清代七百年间的官韵，势力之大，莫能逾之。

隋唐以来科举取士用的《广韵》《礼部韵略》《平水韵》《佩文韵府》具有如此清晰的两大目的，即使是那些为勾栏瓦肆等舞台艺术而设的韵书，如《中原音韵》，也兼具审音正切和创作取韵两大目标。周德清在《自序》中说：

欲作乐府，必正言语；欲正言语，必宗中原之音。……乐府之盛、之备、之难，莫如今时。其盛，则自搢绅及闾阎，歌咏者众。其备，则自关、郑、白、马一新创作，韵共守自然之音，字能通天下之语，字畅语俊，韵促音调。……其难，则有六字三韵，忽听一声猛惊是也。诸公已矣，后学莫及！何也？盖其不悟声分平仄，字别阴阳。①

周德清讲到了创作和审音的关系，审音是创作的基础。欧阳玄的序也指出了这一点：

高安周德清，通声音之学，工乐章之词，尝自制声韵若干部，乐府若干篇，皆审音以达词，成章以协律，所谓词律兼优者。②

周德清一方面自制乐府若干篇，定作词十法，有北曲创作上的经验，另一方面根据当时北方大都话的语音实际，总结关、郑、白、马等优秀作家戏曲创作的用韵实践，写成了《中原音韵》这部革命性的韵书。平分阴阳，浊上归去，入派三声，这些近代语音的重大变化都准确地反映在这部韵书里。在《正语作词起例》中，他谈到了正音和创作用韵的关系，指出

① （元）周德清辑：《中原音韵·自序》，《中原音韵》上，中华书局1978年版。
② （元）周德清辑：《中原音韵·欧阳玄序》，《中原音韵》上，中华书局1978年版。

了二者相辅相成的促进关系。周德清说：

> 《广韵》入声缉至乏，《中原音韵》无合口，派入三声亦然。切不可开合同押。《阳春白雪集·水仙子》：寿阳宫额得魁名，南浦西湖分外清，横斜疏影窗前印，惹诗人说到今。万花中先绽琼英，自古诗人爱，骑驴踏雪寻，冻在前村。开合同押，用了三韵，大可笑哉！词之法度全不知，妄乱编集板行。其不耻者如是。作者紧戒！①

《中原音韵》收－m尾的侵寻、监成、廉纤三韵，周氏称之为合口、收－n，－.·˙尾的真文、寒山、先天、庚青等韵为开口。周氏强调开合不可同押，即－m尾韵和－n，－.·˙尾韵不同押。据廖珣英先生研究，关汉卿戏曲用韵，只有个别合口字押入开口②。在周氏看来，押好韵要正音、审音，为此，周德清专门设有241组“正音练习”（即“呼吸之法”），例如“宗≠踪”“网≠往”“丝≠师”“知≠之”“闭≠避”“祖≠阻”“凯≠楷”“珊≠山”“官≠关”“碾≠辇”“饱≠保”“和≠何”“爷≠衙”和“嗽≠瘦”等。

从《韵略易通》《五方元音》到十三辙一系的韵书，大部分是为一般“据音识字”的人而作，但“也颇能适合民间上头文学的天籁。它们大胆打破了文人的因袭思想，极力求着切合于当时当地的活语言……《十三辙》就是应着这种需要而产生的一部民间剧韵”③。《韵略易通》之后的《韵略汇通》，就把《中原音韵》和《韵略易通》仍存的－m尾韵并入相应的－n尾韵中。把《中原音韵》的寒山、桓欢、先天合并成真寻和山寒。《五方元音》更进一步把寒山、桓欢、先天三部合成一个天韵，专为韵文创作押韵

① （元）周德清辑：《中原音韵·正语作词起例》，《中原音韵》中，中华书局1978年版。
② 廖珣英：《关汉卿戏曲的用韵》，《中国语文》1963年第4期。
③ 罗常培：《京剧中的几个音韵问题》，《罗常培语言学论文集》，商务印书馆2004年版，第428页。

设想，这是很合理的。东钟和庚青两部也有混并，从《中原音韵》起，两部合口字已有重出互现，可见东钟和庚青两韵早就有混淆的趋势了，至《五方元音》并为龙韵，十三辙成为中东部。这些音变都为文艺创作尤其是北方曲艺创作取韵提供了便利，不单单满足了“童蒙识字定音”的“便俗”目的。

综上所述，中国古代韵书的编纂，不论何种形式，大约都为审音正切和韵文创作，只是有的表现得直接些，有的则间接些，这往往统一于同一韵书中，而且这两个目的是互为表里、相辅相成的。精细审音自然有利于在诗赋创作时选韵协律，诗赋创作用韵的杰出成就反过来可以矫正人们的方音。所以莫友芝说“因隋唐旧书严于辨声，不徒为属文取韵”①，这是有道理的。

第二节　官韵《中华新韵》对民国韵书的精进

官韵《中华新韵》对其他民国韵书的精进超越，我们将从以下五个方面加以讨论：

一、民国韵书编制的语音标准；

二、《中华新韵》与民国韵书的韵部分合及通别；

三、《中华新韵》与民国韵书的韵部、小韵排列次序比较；

四、《中华新韵》对旧入声的处理；

五、释《中华新韵》新旧各体韵文写作押韵例。

① （清）莫友芝著，罗常培校点：《韵学源流》，中华书局1962年版，第29—30页。

一　民国韵书编制的语音标准

“五四”以后，我国学者在白话文运动和国语运动的推动下，逐渐发现以《平水韵》为代表的旧韵书远远脱离了语音实际，着手新旧各体韵文创作用韵的调查研究，以当时的国音为语音标准，以现代语音学理论为指导，开始破坏旧韵、创制各种新韵书。

民国时期的韵书，根据编制所依的语音标准，以 1934 年出版的新国音标准的《国音常用字表》（一名《佩文新韵》，以下称《佩文新韵》）为界，大致可以分为两个时期。此前为老国音时期，此后为新国音时期。下面分别加以讨论这两个时期主要韵书编制的语音标准。

（一）老国音时期韵书的语音标准

老国音时期出版的现代韵书我们以赵元任编的《国音新诗韵》为代表。《国音新诗韵》由 1923 年商务印书馆出版，是“五四”以后出版的第一部现代韵书，起了破旧立新的带头作用。但是在分韵的语音标准上，它采用当时教育部公布的老国音，并用注音字母给韵字注音，比起历代旧韵书用反切或直音注音明确多了。这个优点多为晚出的现代韵书所吸收，产生了比较好的影响。但是，《国音新诗韵》毕竟带有草创的性质，主要缺点是它所依据的老国音不是一时一地的语音系统，而是南北杂糅的混合物。《校改国音字典》公布于民国十年（1921）二月。《国音字典》公布的令文中云：

> 查读音统一会审定字典，本以普通音为根据。普通音即旧日所谓官音。此种官音，即数百年来全国共同遵用之读书正音，亦即官话所用之音，实具有该案所称通行全国之资格，取作标准，允为合宜。北京音中所含官音比较最多，故北京音在国音中适占极重要之地位。《国音字典》中所注之音，什九以上与北京音不期而暗合者即以此故。……北京音之合于普通音者，当然在采取之列。至北京一隅之土

音，无论行于何地均为不便者，则断难曲从。该会所欲定为国音之北京音，即指北京之官音而言，决非强全国人人共奉北京之土音为国音也。……入声为全国多数区域所具有，未便因北京等处偶然缺乏，遂尔取消。……盖语音统一，要在使人人咸能发此公共之国音，但求其能通词达意，彼此共喻而已。[①]

“数百年来全国共同遵用之读书正音”“所欲定为国音之北京音”，实际上是以明清以来的官话音为标准，只是这种官话音在北京话里取资较其他方言多一些而已，而不是完全以北京话音系做标准。这种旧国音，绵延十年，至民国二十一年《国音常用字汇》公布后才废止。因此，采用这种旧国音作为语音标准，跟当时的语言政策、国音研究的水平有关，也跟现代韵书处于草创时期有关，我们不能苛求于作者。

（二）新国音时期韵书的语音标准

新国音时期的韵书大致分为两类：一类是官方的韵书或受其影响的韵书，以《佩文新韵》和官韵《中华新韵》为代表；另一类是民间的韵书，以《北平音系十三辙》为代表。

《佩文新韵》，1934 年由白涤洲和黎锦熙合编。它所依的语音系统不再是旧国音了，而是 1932 年当时教育部公布的官书《国音常用字汇》所采用的新国音。正如黎锦熙在《佩文新韵·序》里说：

但他（民按，即指赵元任《国音新诗韵》）这部书既是作于民国十一年，当然是遵照民国十年教育部公布之《国音字典》；而《佩文新韵》既是作于现在，又当然是遵照民国二十一年教育部公布之《国音

① 教育部公布：《校改国音字典附录·教育部训令》，《校改国音字典》，商务印书馆 1921 年版，第 13—14 页。

常用字汇》的：十年功令既改，两书新旧攸分。①

新国音摈弃了旧国音里的一些方言成分，完全以久具统一资格的北平语音为准，这是一个很大的进步。在注音上，它跟《国音新诗韵》一样，继续使用注音字母和国语罗马字母注音。这种注音方法，延续了相当长的一个时期。

《中华新韵》是魏建功在《佩文新韵》的基础上修订而成的官书，1941年10月10日由当时国民政府公布。由于《中华新韵》是官书，更由于其精审卓越的编纂质量，对后出的现当代韵书有相当大的影响。《中华新韵·例说》第一条即开宗明义，强调了这部官韵编制的语音标准：

本书分韵所用的读音标准依据民国二十一年教育部公布国音常用字汇。此标准本为北平音系，是普通所谓“官音”。北平建置已过千年，这音系的养成也有了六百多年。教育部谋国语的统一，才正式采定为国音标准，用注音符号表现其声韵。②

民国二十一年（1932）公布的《国音常用字汇》是在重修《国音字典》的基础上，选定普通常用字改编而成，对于这部官书的语音标准，国语统一筹备委员会主席吴敬恒说：

其于第一原则，则指定北平地方为国音之标准；所谓标准，乃取其现代之音系，而非字字必遵其土音；南北习惯，宜有通融，仍加斟酌，俾无窒碍。……“要在使人人咸能发此公共之国音，但求其能通词达意，彼此共喻。”③

① 黎锦熙等编：《佩文新韵·序》，《佩文新韵》，北平人文书店1934年版，第2页。

② 魏建功：《中华新韵·例说》，《中华新韵》，台湾正中书局1963年版，第1页。

③ 吴敬恒：《附本会请公布〈国音常用字汇〉函》，《国音常用字汇》，商务印书馆1932年版，第4页。

钱玄同在其《本书的说明》中也对《国音常用字汇》的语音标准做了较详尽说明：

> 国音就是普通所谓“官音”。这种官音，本是北平音……它靠着文学与政治的力量，向各地推行，六百年来早已成为全国的标准音。民国二年读音统一会制注音字母及编《国音字典》，九年本会修正《国音字典》，即根据此音。惟因那时是取决于多数，对于现代的北平活音不免忽略，所注之音稍有龙杂之处，如ㄪㄟ、ㄫㄛ、ㄬㄧ、ㄗㄧ、ㄗㄩ、ㄉㄛ、ㄓㄝ、ㄅㄨㄥ、ㄐㄧㄞ、ㄐㄧㄛ、ㄐㄩㄛ等拼音，都是现代的北平音系中所没有的。这是旧《国音字典》的缺点。本会对于《国音字典》，现方着手重修……先将较常用的字编成本书，以应急需。本书所定的音，是以现代的北平音为标准的。……但是，所谓以现代的北平音为标准者，系指“现代的北平音系”而言，并非把北平的一切读法整个儿搬了过来，就算国音。……凡较为高深的词类，或出于旧籍，或属于专门，北平的读音往往有彼此相歧义的；又有一部分字与其他官话区域之读音不相合的，诸如此类，既非口语所习用，其读法又不一致，自当斟酌取舍，参校方俗，考覈古今，为之折中，庶易通行于全国。①

吴敬恒强调了《国音常用字汇》的语音标准，钱玄同则详述了新老国音的不同及对现代北平音系的科学取舍。可见，官韵《中华新韵》的语音标准是20世纪三四十年代的北平音系，它吸取当时最新的字书和韵书（如《佩文新韵》等）的研究成果，成为那个时代最能代表现代北平音系的一部优秀的官韵。这个音系修正了此前老国音的种种不足，废弃了入声，取消了尖团分立和［v］、［.·˙］、［ȵ］等一些不符合北平音系的声母，使十年间

① 钱玄同：《本书的说明》，《国音常用字汇》，商务印书馆1932年版，第2—4页。

只有赵元任先生一人会说的老国音变为几万万人能讲的新国音。这也是国语运动诸先生联系语音变化的实际，长期不懈努力的结果。现在看来，这个音系和现代汉语普通话基本相同，只有少数一些字音存在差异，但那是内部的差别，声韵调及其组合规律是一致的。

二　《中华新韵》与民国国音韵书的韵部分合及通别

韵部分合历来是诗韵研究的基本内容，它反映出研究者审音定韵的水平。民国韵书韵部的分合与转移，由于研究者对诗文创作用韵实践的调查不同、研究者的审音能力不同，以及制韵目的不同等，分部也有较大的差异。下面列出三部影响较大的民国韵书，从中可以看出分韵和通别的特点。

官韵《中华新韵》与民国韵书分部对照表

魏建功	韵　母	赵元任	白涤洲
1 麻	ɑ、iɑ、uɑ	6 阿	2 鲨
2 波	o、uo	7 哦	3 驼
3 歌	e	8 呃	4 蛇
4 皆	ê、ie、üe	9 せ	5 蝶
5 支	-i	1 日 2 思	1 狮
6 儿	er	24 而	15 儿
7 齐	i	3 衣	16 鸡
8 微	ei、uei	11 ㄟ	7 龟

续 表

魏建功	韵 母	赵元任	白涤洲
9 开	ai、uai	10 嗳	6 豺
10 模	u	4 乌	17 乌
11 鱼	ü	5 迂	18 鱼
12 侯	ou、iou	13 欧	9 猴
13 豪	ao、iao	12 凹	8 猫
14 寒	an、uan	14 安	10 蝉
	ian、üan	15 烟	
15 痕	en	16 恩	11 人
	uen	18 温	
	in	17 音	
	ün	19 氲	
16 唐	ang、iang、uang	20 肮	12 狼
17 庚	eng、ueng	21 鞥	13 僧
	ing	22 鹰	
18 东	ong、iong	23 翁	14 龙

从上表可以看到，肇始于 20 世纪 20 年代的民国韵书，其韵部分合总的趋势是大同小异。其异主要集中于十三辙儿的一七、梭坡、中东三个大辙

儿。这三个辙儿的分并到现在仍然没有统一的意见，看来还会长期争论下去。此外，还涉及言前辙儿和壬辰辙儿。上述三部民国韵书，除了赵元任先生的《国音新诗韵》以老国音为语音标准外，其他两部韵书都以“漂亮的北京话”为审音定韵的标准，只是分韵的宽严各自有别。

赵元任先生在《国音新诗韵》第一章《国音字母》里，详尽说明了老国音字母的“结合韵母”，这成为他寒、痕、庚分韵的音理基础[①]。赵先生在第四章《韵的分类》里又重申了分韵的理由：

> 现在咱们先看这二十四种无调韵里是些什么韵音……
>
> 「ㄢ」的四种呼法，如第一章（民按，指所说是第一章国音字母）所说
>
> ㄢ＝ㄚㄝㄋ　ㄧㄢ＝ㄧㄝㄚㄋ　ㄨㄢ＝ㄨㄚㄝㄋ　ㄩㄢ＝ㄩㄝㄚㄋ
>
> 所以细辨起来，「ㄢ，ㄨㄢ」是同韵，但是「ㄧㄢ，ㄩㄢ」另成一韵。[②]
>
> 「ㄣ」母的四种呼法，如第一章所说，是
>
> ＝ㄧㄋ　ㄨㄣ[③]＝ㄨㄜㄋ或ㄨㄋ　ㄩㄣ＝ㄩㄋ
>
> 所以成四种不同的韵。
>
> 「ㄥ」的四种呼法是
>
> ㄥ＝ㄜㄫ　ㄧㄥ＝ㄧㄫ　ㄨㄥ＝ㄨㄜㄫ　ㄩㄥ＝ㄧㄨㄜㄫ
>
> 所以「ㄥ」，「ㄧㄥ」各成一韵，「ㄨㄥ」和「ㄩㄥ」共成一韵。

他又说：

> 「ㄨㄣ」也可以一律照样念作「ㄨㄜㄋ」。但是在「ㄉ，ㄊ，ㄋ，

① 赵元任：《国音新诗韵》，商务印书馆 1923 年版，第 2—4 页。

② 同上书，第 9—10 页。

③ ㄧㄣ原著误为ㄧㄥ，今更正。

ㄌ；ㄗ，ㄘ，ㄙ」七个声母后头可以省去「ㄜ」音念「ㄨㄋ」。①

表面看，赵元任先生精细的审音为后世学者树立了良好的榜样，但他的这种语音分析式的韵部划分，同样给后世学者留下了效颦的根据。卢甲文批评说：“它规定的押韵原则太严，所分韵类过细，都不符合现代韵文用韵的实际情况，上述缺点，跟当时对国音的认识有关，也跟现代韵书处于草创时期有关，我们不能苛求于作者。”② “都不符合现代韵文用韵的实际情况”显然不对，《国音新诗韵》的通别与现代白话新诗押韵大抵一致。

乍看来，赵元任先生的分韵有些苛细，但他在《第六章通韵；叶韵；通调韵》里又对这种细严的分韵做了一些“广文路”的调整和松绑。他说：

> 「安ㄢ」，「烟ㄧㄢ」相通。「ㄣ」和「ㄨㄢ」里的「ㄚㄝ」音比「ㄧㄢ」和「ㄩㄢ」里「ㄝㄚ」音读得开些，所以在第四章里把它分做「安」，「烟」两韵。但是「ㄚㄝㄋ」和「ㄝㄚㄋ」的分别究竟不是很显的，所以可以把「ㄢ」母的「开，齐，合，撮」四种呼法都归作一韵。因此可以使「干」通「轩」，「寒」通「咸」，「喊」通「险」，「汉」通「险」（民按，依“分韵字汇”，后一“险”当为“献”）。「恩ㄣ」，「温ㄨㄣ」相通。依第四章已经说「ㄣ」，「ㄨㄣ」分做两韵的理由是因为「ㄨㄣ」韵在「ㄉ，ㄊ，ㄋ，ㄌ」和「ㄗ，ㄘ，ㄙ」后头可以读作「ㄨㄋ」。但是这种读法不是必须的标准。假如把「ㄨㄣ」一律念成「ㄨㄜㄋ」，里头的主要元音「ㄣ」就和「ㄜ」的主要元音「ㄜ」一样（民按，指「ㄣ」的主要元音和「ㄜㄋ」的主要元音一样），所以就好使「真」通「尊」，「辰」通「存」，「枕」通「笋」，「镇」通「逊」。「音ㄧㄣ」，「氲ㄩㄣ」相通。「ㄧㄣ」和「ㄩㄣ」的元音一个是「ㄧ」，一个

---

① 赵元任：《国音新诗韵》，商务印书馆 1923 年版，第 3 页。

② 卢甲文：《现代韵书评论》，《语文研究》1980 年第 1 期。

> 是「ㄩ」。但是中国的「ㄩ」音比德法文里相当的元音清亮些，里头「ㄨ」的成分少些，「ㄧ」的成分多些，所以「ㄧㄣ」和「ㄩㄣ」差得不甚远，可以使「斤」通「君」，「琴」和「群」，「锦」通「窘」，「禁」和「郡」。「鹰ㄧㄥ」，「鞥ㄥ」相通。「ㄧㄥ」的普通读法是「ㄧㄫ」。但是北方读「ㄧㄥ」似乎有点「ㄧㄛㄫ」的声音，所以和「ㄥ」相押，因此可以使「声」通「京」，「绳」通「鲸」，「省」通「景」，「胜」通「敬」。[1]

赵元任先生《国音新诗韵》24部，严格区分了通韵和叶韵的使用条件。赵先生说："通韵就是韵音近似的程度可以通融互相押韵的关系。""叶韵是本来韵音不大相近，把一个韵音改读成完全和别字押韵的关系。通韵是互相的关系，这韵通那韵，那韵就通这韵。叶韵是有完向的关系，这韵叶读那韵，那韵未必总可以叶读这韵。"[2] 除了旧入声的通韵不计外，赵先生的通韵有日通私，安通烟，恩通温，音通氲，鹰通鞥，官韵《中华新韵》则据音位观点，把这十韵合为支、寒、痕、庚四韵，就用韵实际来说这是合理的。值得注意的是赵先生的叶韵。今天看来，赵先生的叶韵很多是可以互通的，不仅仅是单向度的改读。譬如日叶衣、思叶衣在官韵已成"支通儿及齐"；恩叶音、温叶氲、鞥叶鹰在官韵《中华新韵》已分别合并为痕韵和庚韵；ㄟ叶衣已成变例；乌叶迂在官韵旧通，新韵则不通。迂叶衣，在十三辙同属一七辙。至于呃叶ㄝ，赵先生是从呃［ɤ］来源于明清乜斜部［ɛ］的知照系这个历史渊源上讲的，所以，他认为"无所谓叶韵不叶韵"[3]。厓［iai］叶爷［ie］，因为厓［iai］是老国音的读音，如"鞋"老国音仍读为ㄒㄧㄞˊ，"街"仍读为ㄐㄧㄞ，"械"仍读为ㄒㄧㄞˋ。北方音大

---

① 赵元任：《国音新诗韵》，商务印书馆1923年版，第18页。
② 同上。
③ 同上书，第19页。

约在18世纪以后［iai］变读［ie］，赵先生厓［iai］叶爷［ie］，反映了《切韵》佳、皆开口喉牙音字从老国音［iai］向新国音［ie］的演变。后来的韵书的通韵，看不到赵先生这种筚路蓝缕以启山林之功，妄并波歌皆，实在是对赵先生的一种误解。

《国音新诗韵》出版十年后，1934年，黎锦熙和白涤洲，编纂了《佩文新韵》。以新国音为分韵标准，重新规定了韵部的通别，这是进步，但在韵部的通别上，《佩文新韵》把“通”“可通”“旧可通”定得过于宽泛。官韵《中华新韵》问世后，刊谬补缺，剖析毫厘，后出转精。

第一，《中华新韵》的“通”“别”术语表述准确、具体。

《中华新韵》依韵字的历史来源不同，分为甲乙丙三类，十分详确。例如《中华新韵》一麻用“歌乙及皆甲”代替了《佩文新韵》“蛇及蝶各一部分”，就很准确具体。“一部分”“半”具体是哪些韵字？《佩文新韵》正文韵表中也看不出来。这些韵字和蛇及蝶另一部分韵字有何区别？为什么另一部分韵字不能与鲨韵相通呢？这些问题在《佩文新韵》“通”“别”表述和韵表中也找不到答案，但在《中华新韵》的韵表和通别关系中历历在目。《佩文新韵》缺乏像后来《中华新韵》那样博大精严的体例，粗糙之处就难以幸免了。其他《中华新韵》以甲乙丙类代替《佩文新韵》“一部分”“半”的情况还有很多，如二波以“歌甲”替“蛇一部分”；三歌以“甲通波”替“半通驼”，“乙通皆甲”替“半通牒一部分”；四皆以“甲通歌乙”替“半通蛇一部分”，以“甲”替“半”，以“乙”替“一部分”；九开以“皆乙”替“蝶一部分”，等等，都是非常精审的做法。

《中华新韵·例说》中“通”“别”“可通”“旧通”“旧别”等术语分别森严，正例变例，很成系统。

正例“通”“别”的原则。“通”是表明这韵的字可与他韵通押。“通”分两种：1. 新旧皆通。凡新韵规定通押的字，旧韵书也能通押，仅注明“通”。2. 旧通。新韵规定不能通押的字而旧韵书中可通押，注明“旧通”。

“别”是表明旧为两韵而今并为一韵，标明“旧别”。其实“旧别”即属于新韵规定的“新通”。“通”“别”的情形可表示如下：

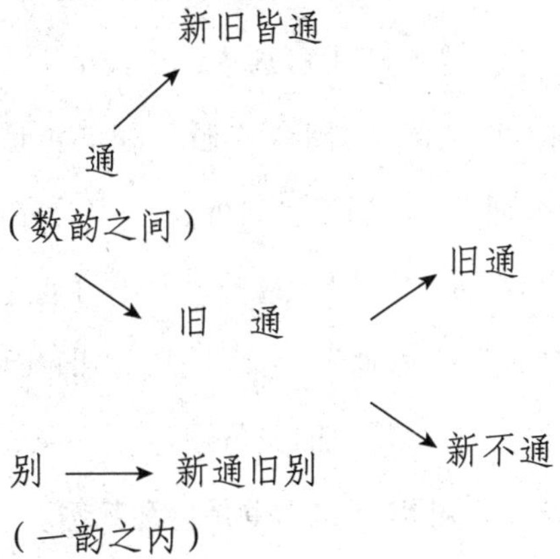

变例“可通”，这属于新韵规定斟酌估量可通者，凡有两处。一处是齐（依例包括丙入声字）与微开口可通。为什么北京话的齐韵与微韵开口可偶通呢？因为除了齐韵丙类字外，齐韵甲类“鸡罢鲤弟”等字与微韵开口字“胚雷美妹”在旧韵书上和现代汉语方言中或有通押现象，新韵为了照顾旧诗人和方言作者，姑许“可通”。官韵痕与庚甲齐齿、开口，虽然不似“正例”那样有共同的历史来源，但是它们之间的“变例可通”，验之近代南北方言区的韵书韵图，证之现代南北方言区之活着的口语，或能有限地打通前后鼻音对立的鸿沟，表现为官韵变例中所说的痕与庚甲、齐齿开口酌量可通的特点。后来的现当代韵改韵书，不明于正变经权，盲目地把官韵的［ən］与［əŋ］［iəŋ］混并，这是应引起注意的。

第二，《中华新韵》变例“可通”与《佩文新韵》的“可通”内涵不同。

《中华新韵》变例只有“齐与微开口可通”（即 i 与 ei 可通）和“痕与庚甲齐齿可通；与庚甲开口亦可酌通”（即［𝕝 n］与［i.·］可通，［𝕝 n］与［𝕝.·］间或可通）。这些“可通”都是有等呼和频数限制的，不可与正例的“通”等量齐观。《佩文新韵》扩大了可通的范围，计注“可通”或“又可通”者有：一狮“旧可通龟”；四蛇“旧又可通鲨”；五蝶“旧半可通鲨半可通豺”；六豺“旧可通蝶一部分”；七龟“可通鸡旧又可通狮”；十一人“广用可通僧，但不可通龙”；十三僧“广用可通人”；十五儿“旧又可通龟”；十六鸡“又可通龟”九韵。从《佩文新韵》“通”和“可通”的实际表述看，“通”“半通”主要在今通，“可通”“又可通”主要在旧通。但十六鸡“通狮及儿，又可通龟”，十一人“广用可通僧，但不可通龙”分明皆为今通。所以《佩文新韵》的“通”“可通”“又可通”“旧又可通”所指随意混杂，自乱其例。《佩文新韵》十五儿“旧又可通龟”一条，按其条例，七龟应有“旧又可通儿”来照应，可惜阙如，也是自乱其例。

第三，《佩文新韵》“通”“别”有些不符合语音史和诗人用韵实际。

四蛇“旧又可通鲨”一条就有些问题。《佩文新韵》四蛇相当于《中华新韵》的二歌。这个韵部由不同来源的三类韵字组成，《中华新韵》以甲乙丙别之。第一类（甲类）来自《中原音韵》歌戈部，第二类（乙类）来自《中原音韵》车遮部，第三类（丙类）来自古入声。甲类属中古歌、戈韵喉音字，乙类属中古麻韵三等照系字，丙类属中古铎、曷、合、盍的开口喉音字和薛、葉、陌、麦、德、职韵字。因为歌乙类和麻韵在《广韵》中共居一韵，故而《中华新韵》才“旧（歌）乙又通麻”。歌甲则不可能与麻韵旧通。

《佩文新韵》十五儿“旧又可通龟”一条，也不大符合诗词曲韵文用韵实际。《佩文新韵》“十七乌通鱼”“十八鱼通乌”，是“旧通”还是“新通”，还是新旧皆通，没有交代清楚。观察《佩文新韵》其他韵类“通”“别”表，如果是新旧皆通，理应像一狮、四蛇、五蝶等一样，以“通×，旧可通×”“通×及×，旧又可通×”标记，但乌韵与鱼韵仅标注“通×”，这表明鱼乌两韵新通旧不通了。鱼乌两韵旧韵通叶，已成共识；新韵多不通押，也成共识。《佩文新韵》中的几个阳声韵的“通”“别”条例，问题也不少。这里就不多谈了。

三　民国韵书的韵部和小韵之次第比较

《佩文新韵》韵部名称不同于官韵《中华新韵》。《佩文新韵》所定十八韵目用字都是动物名，这是清初樊腾凤《五方元音》那部华北通俗音典所定韵母的旧型，至《中华新韵》才改用“曾见于旧有韵书而为现代常用”的韵目字眼。《中华新韵》韵目用字与《佩文新韵》不同，但韵次大同小异，兹列两书韵目于此。上两行为《佩文新韵》韵目，下两行为《中华新韵》韵目。

一狮　二鲨　三驼　四蛇　五蝶　六豺　七龟　八猫　九猴　十蝉　十一人

十二狼　十三僧　十四龙　十五儿　十六鸡　十七乌　十八鱼

一麻　二波　三歌　四皆　五支　六儿　七齐　八微　九开　十模　十一鱼

十二侯　十三豪　十四寒　十五痕　十六唐　十七庚　十八东

韵序的对应情况如下：

1	2	3	4	5	6	7	8	9	10	11	12	13	14	15	16	17	18
5	1	2	3	4	9	8	13	12	14	15	16	17	18	6	7	10	11

《中华新韵》与《佩文新韵》韵次相同的占七成多。至于有些韵次两书不同，是因为其列韵的根据不同。《佩文新韵》十八韵排列的次序是依照注音符号韵母的次序，但也有所变易。其变易主要根据民国八年（1919）4月16日的附令。

经过附令调整的注音字母韵次是：

介音三丨ㄨㄩ　韵母十二ㄚㄛㄝㄞㄟㄠㄡㄢㄣㄤㄥㄦ

该附令把民国七年（1918）注音字母的两组复韵母ㄟㄞㄠㄡ和ㄢㄤㄣㄥ的韵次调整为ㄞㄟㄠㄡ和ㄢㄣㄤㄥ。这个调整从语音系统看更合理。因为若ㄟ在ㄞ前，则无法与ㄚㄛ相次的顺序对应；若ㄤ在ㄣ前，则无法与ㄚ丨、ㄛ丨、ㄚㄨ、ㄛㄨ相次的顺序对应：阴入韵尾殊失其伦。很明显，调整后的韵次不仅主元音前后对应，韵尾丨、ㄨ和ㄋ、ㄫ也前后对应，很有系统性。《佩文新韵》根据这一调整，六豺七龟八猫九猴和十蝉十一人十二狼十三僧十四龙牵连相属，前后对应，非常整齐：

ai　ei　au　ou

an　en　a.·˙　u.·˙/𝕃.·˙

民国二十四年（1935）八月，教育部公布了第一批简体字表，简体字表附带公布了《佩文新韵》的新韵序，这成了后来《中华新韵》韵次的雏形。兹列教育部公布的第一批简体字表所用的韵序：

［ㄚ韵］［ㄛ韵］［ㄜ韵］［ㄝ韵］［帀韵］［ㄦ韵］［丨韵］［ㄞ韵］［ㄟ韵］［ㄨ韵］［ㄩ韵］［ㄠ韵］［ㄡ韵］［ㄢ韵］［ㄣ韵］［ㄤ韵］［ㄥ韵］

这个韵序基本上符合语音演变的规律和注音字母韵母的系统性。ㄨ（乌）在ㄩ（鱼）前，则照顾了当时注音字母三介音的顺序。让丨领头也是对的；先ㄞ后ㄟ，先ㄠ后ㄡ，都是合理的。

此前的《佩文新韵》把韵头丨ㄨㄩ排到十六鸡十七乌十八鱼位置，是受民国二十一年（1932）教育部公布的《国音常用字汇》之《检音表》零声母音节排列次序的影响。把丨、ㄨ、ㄩ排在最后，这在字典辞书检索上是感到方便，因为字书索引要标明声韵配合的音节。又因为韵头丨ㄨㄩ后面要接其他韵母，形成开齐合撮四呼的复韵母。这些复韵母都是以丨ㄨㄩ引头的，靠近一些，系统明了，教学方便，有一定的合理性。若按经过附令调整的注音字母韵次，则全部韵次，ㄅ丨是第一音，而ㄅ丨ㄝ、ㄅ丨ㄠ、ㄅ丨ㄢ等继之，每一声母下所能拼的韵母都是齐合撮在前，而开口呼如ㄅㄚ等反而在后了，这与十二韵母次序是不侔的。但是，作为韵书的《佩文诗韵》，其主旨在于押韵和正音，“音近为邻，以类相从”是纂韵者安排韵次的根据，其“音”和“类”指韵而非声母和介音。所以《佩文新韵》置丨、ㄨ、ㄩ于末，殊失其伦，不足为法。另外，《佩文新韵》把一狮和二鲨等比邻，也看不出它们音位和音韵上的联系。

官韵《中华新韵》调整了《佩文新韵》丨、ㄨ、ㄩ的韵次，韵尾相从，这是符合音韵学和音位学观点的。它注重韵类的历时和共时特点，取“曾见于旧有韵书而为现代常用者”的韵目，因为这个韵目和韵次能较好地反映出《中华新韵》“斟酌古今，权衡文质”的纂韵宗旨。

至于官韵《中华新韵》在ㄞ与ㄟ、ㄠ与ㄡ韵排列上不取附令调整的注音字母韵次和《佩文新韵》的新韵序，是照顾到传统韵书的韵次。从来源看，八微主要来自《广韵》上平声五支六脂八微十二齐和去声十三祭十四泰二十废；九开主要来自《广韵》上平声第十三佳第十四皆第十六咍和去声十四泰十七夬。官韵十二侯来源于《广韵》下平声十八尤十九侯二十幽，十三豪来自《广韵》下平声三萧四宵五肴六豪：《广韵》是微前开后、豪前侯后韵次。《中原音韵》韵次同《广韵》：三齐微四皆来，十一萧豪十六尤侯。这四个韵的次第与同时代前后的韵书和字书也有出入：《佩文新韵》是六豺七龟，八猫九猴；《国音新诗韵》是十嗳十一ㄟ，十二凹十三欧；《十三辙》是六怀来七灰堆，八遥条九油求；《国音常用字汇检音表》这四个韵母的排列也是ㄞㄟㄠㄡ。

官韵《中华新韵》韵排列成现在这个样子，跟黎锦熙有关。黎锦熙说：“原来十八韵排列次序的是依着注音符号韵母的次序；民廿四年

（1935）八月，教育部公布第一批简体字表，我曾与钱玄同先生商讨，想借此一并公布新韵，遂将韵序略改（民按，指把《佩文新韵》的韵序略改）。”① 黎锦熙为什么不完全遵循简体字表的音序却改用微前开后、侯前豪后这样的韵序呢？这与他所参用的“清初毛奇龄《古今通韵》的旨趣”有关。黎氏“参用了清初毛奇龄《古今通韵》之旨趣，把‘ㄧ’韵（鸡）领着‘ㄟ’（龟）‘ㄞ’（豺）两韵，因为这两个复韵都是收音于‘ㄧ’的；把‘ㄨ’韵（乌）领着‘ㄡ’（猴）‘ㄠ’（猫）两韵，因为这两个复韵都是收音于‘ㄨ’的”②。毛奇龄此书分韵五部，以韵尾类从分部，所列举的韵目次第与《广韵》和平水韵基本一致。黎锦熙微前开后即毛氏第二部“支微齐佳灰”的次第，侯前豪后理应参照毛氏第三部“鱼虞歌麻萧肴豪尤”的次第改为豪前侯后，但黎锦熙却没有参用，仍用他的侯前豪后，这又是自乱其例。

总之，微前开后、豪前侯后的韵次，是照顾到旧韵系统；开前后微、侯前豪后，是部分地符合新韵系统。黎锦熙妄改的侯前豪后韵次，于古于今两无着落，这就造成了官韵《中华新韵》韵次排列上的一点缺憾。

魏建功先生的官韵《中华新韵》ㄟ与ㄞ、ㄡ与ㄠ韵次排列如上，但他排列国音韵母的次第与民国八年、民国九年教育部的令文却完全一致③，这更能说明官韵《中华新韵》中ㄟ与ㄞ、ㄡ与ㄠ韵次是经过黎锦熙改动的。

官韵其他韵次则与民国国音韵书基本一致，表现了其“斟酌古今”的特点。民国政府教育部对注音字母次序的修正是符合语音系统性的，普通话韵母次第至今沿用不替。今列一表，以资比较：

---

① 黎锦熙：《增注中华新韵·序》，《增注中华新韵》，商务印书馆 1950 年版，第 23 页。
② 同上。
③ 魏建功：《中华新韵·国音简说》，《中华新韵》，台湾正中书局 1963 年版，第 139 页。

官韵《中华新韵》与其他民国韵书韵次对照表

组别	麻组				齐组			开组		模组		豪组		寒组					
魏建功	麻 1	波 2	歌 3	皆 4	支 5	儿 6	齐 7	微 8	开 9	模 10	鱼 11	侯 12	豪 13	寒 14	痕 15	唐 16	庚 17	东 18	相同率
赵元任	5	6	7	8	1	19	2	11	10	3	4	13	12	14	15	16	17	18	61%
张洵如	1	2	2	3	12	12	12	5	4	13	12	7	6	8	9	10	11	11	67%
白涤洲	2	3	4	5	1	15	16	7	6	17	18	9	8	10	11	12	13	14	72%

比较的结果显示，官韵《中华新韵》之前国音韵书的韵次大多数与官韵接近，尤其接近于《佩文新韵》的韵次。可见，官韵《中华新韵》韵序是对前代韵书的合理继承。

官韵《中华新韵》五支六儿七齐十模十一鱼五韵各家的分合较为歧异，韵次也就难于统一。先列表如下。

官韵支儿齐模鱼与其他韵书韵次对照表

魏建功	支 5	儿 6	齐 7	模 10	鱼 11
赵元任	1 日 2 思	24 而	3 衣	4 模	5 鱼
张洵如	12 一七	12 一七	12 一七	13 姑苏	12 一七
白涤洲	1 狮	15 儿	16 鸡	17 乌	18 鱼

支儿齐通叶的有白涤洲、魏建功；模鱼通叶的有赵元任、白涤洲、魏建功。这个统计大致能说明，支儿齐鱼四韵，要么从宽，按十三辙四韵通叶，要么按官韵《中华新韵》支儿齐三韵通叶。

韵书里小韵的排列次序也能表现出纂韵者的编制技巧。

《中华新韵》的小韵数目与《佩文新韵》相同，因为两书都以1932年教育部公布的《国音常用字汇》的音系做标准，这个音系是新国音。官韵《中华新韵》和《佩文新韵》小韵的排列次第完全一致。《佩文新韵》和《中华新韵》各呼之下小韵的排列则是零声母居首，再依注音符号声母，始ㄅ终ㄥ。《国音常用字汇》也采用注音符号声母的顺序，但稍有改变，加上了民国七年教育部公布的韵母顺序，零声母垫后，音节排列是始ㄅ终ㄩ。《五音集韵》之前的韵书尚未等韵化，其小韵的排列凌杂无序；至《五音集韵》，始以等韵三十六字母顺序列字。以后明清韵书小韵的排列大抵仿《五音集韵》的成法，以三十六字母或反映时音的声母为次排列小韵。民国七年教育部公布、民国八年调整次序的24个注音符号声母及其次序，自然代替了《音韵阐微》之类以等韵三十六字母次序列字的方式。注音符号声母始ㄅ终ㄥ，犹如宋元以后等韵三十六字母的始“帮”终“日”一样，成为现当代韵书排列小韵所共同遵守的成例。

《佩文新韵》完全袭用了《国音常用字汇》的小韵、韵字及其次第。对于《佩文新韵》袭用、“剪贴”《国音常用字汇》时弄错了的地方，《中华新韵》一一重订改正。这就使我们可以断定《佩文新韵》肯定是参用了《国音常用字汇》的小韵韵字排列方式，虽然《佩文新韵》和《国音常用字汇》一为韵书，一为字书。兹将列数例于此（1为《国音常用字汇》，2为《佩文新韵》，3为《中华新韵》。弄错及改定的字皆以黑体表示，《佩文新韵》《中华新韵》与《国音常用字汇》相同的字以√代替，不再列出）：

1 摊滩瘫	蟠磻	衍演俨魇	宴晏鷃堰	偏篇翩
2√醓√	√醓	√√魇魇	√√鳝√	偭√√
3√滩√	√磻	√√俨魇	√√鷃√	偏√√

1 缣鳒毽	岍毽千	俭检捡睑	婉畹琓	团团博
2√√鹣	鬋√	俭√俭√	√腕√	√鹤√
3√√鹣	√鬋√	√√捡√	√畹√	√团√

1 栾滦圞√	阛缳鬟	暖煖鹤	圆圜袁
2√鹤√√鹤	√簖轘轘	√√餪	√攥√
3√√√	√阛缳鬟	√√餪	√圜√

“醓”音 tán，《佩文新韵》误入摊小韵和蟠小韵，《国音常用字汇》和《中华新韵》是。“魇”字《佩文新韵》为“俨”字之误，《国音常用字汇》和《中华新韵》是。“鳝”音 shàn，当为“鷃”字之误，《国音常用字汇》和《中华新韵》是。“偭”字音 miǎn，当为“偏”字之误，《国音常用字汇》和《中华新韵》是。“毽”音 jiàn，在“缣鳒毽”组中当为“鹣”字之误，在“岍毽千”中当为“鬋”字之误，《国音常用字汇》和《中华新韵》是。“俭”字重出，第三个“俭”字当为“捡”字之误，《国音常用字汇》和《中华新韵》是。“腕”字音 wàn，《佩文新韵》误入上声婉小韵，《国音常用字汇》和《中华新韵》是。“鹤”字音 hè，《佩文新韵》误入团小韵、栾小韵和暖小韵，《国音常用字汇》和《中华新韵》是。“簖”字音 duàn，《佩文新韵》误入阳平阛小韵。“轘辕”字音 huàn，另有一音 huán，仅用于古山名和古关名“轘”中，断难为韵，《国音常用字汇》和《中华新韵》阳平不收，亦误入阳平阛小韵，《国音常用字汇》和《中华新韵》是。“攥”字音 zuàn，《佩文新韵》误入圆小韵。《国音常用字汇》和《中华新韵》是。

《中华新韵》的小韵韵字次第、收字范围，尤其是共见的谐声类聚组韵字排列，兼取了《佩文新韵》和《国音常用字汇》等这些当时最新的学术成果。从上面的情况也可以看出，《中华新韵》对《佩文新韵》的疏失往往依《国音常用字汇》而加以重订。特别是《中华新韵》把韵字按来源不同分为“甲”“乙”“丙”三类，小韵韵字的排列“先后略以《广韵》为据；遇有谐声字从声相同者，则牵连相属”[①]，基本实现了其“斟酌古今，权衡文质”的撰写宗旨[②]，适合新旧各体韵文创作取韵。这是《中华新韵》与《佩文新韵》及现当代韵书编纂方式上最大的不同，也是《中华新韵》独特的价值所在。因为撰写旧体诗要按旧诗韵，定然要严辨舒促，细分“巾”“金”，大别“哥”“车”。这些韵类区别《佩文新韵》等其他现当代韵书断断做不到，而只有《中华新韵》做得到，因此，其排列韵字的方式是独具一格、后无来者的，是对《佩文新韵》列字方式的创新。

四　民国韵书对旧入声的处理

入声的存废是当代韵改争议的焦点，意见很纷披，言人人殊，各持一词。从历史上看，从《中原音韵》开始，入声在韵书中的地位及其安置一直受到韵书编撰者的高度注意，入声的处理也一直困扰着韵书编纂者。元明清三代，《中原音韵》系韵书一直没有解决好入声韵的安排问题，但诗词曲作者们并不感到十分不便。因为元明清三代，《中原音韵》等近代北音韵书和旧诗韵并行，当世之士，不遵诗韵，则遵曲韵。写北曲不用入声者可用《中原音韵》，写旧诗词要用入声者，可用旧诗韵。民国韵书的语音标准已经明确，但编写民国韵书，对旧入声怎样合理科学地安排，则事关重大，因为处置不当就会使人以为新韵旧韵混杂，语音标准不一，影

① 魏建功：《中华新韵·例说》，《中华新韵》，台湾正中书局1963年版，第19页。

② 教育部布告字第三七八三四号，转引自魏建功《中华新韵》，台湾正中书局1963年版，第2页。

响韵书的质量。

赵元任先生编的《国音新诗韵》，它的分韵建立在老国音语音系统上。《国音新诗韵》在旧入声的安排上，仍沿用平水韵做法，在日韵、衣韵、乌韵、迂韵、阿韵、哦韵、呃韵、せ韵等八个阴声韵后列出相配的入声韵，即石韵、泣韵、叔韵、玉韵、法韵、曷韵，瑟韵、屑韵。赵先生将古入声按近代以后语音演化规律配入四声，归到老国音的八个阴声韵当中，这是妥当的。但是他在这八个阴声韵中又将古入声独立于新四声外，成为第五声。这八韵的五声分配，赵先生列为：

阴	23	韵
阳	24	韵
赏	24	韵
去	24	韵
入	8	韵
共计	103	韵

这就跟平水韵数目差不多了。赵先生的入声第五声，内辖已派入今四声的旧入声字，如六法零声母入声字“鸭押压”即今平去二声字；四叔ㄓ声母旧入声字“竹竺逐烛祝筑轴嘱”等即今阴、阳、上、去声字。赵先生指出：“押韵字要属同一的实际的声调……完全押韵的字必定要无调韵相同，又须声调相同。”[①] 这些做法是因为20世纪20年代老国音中还存有入声。赵元任先生对旧入声的处理方式很容易让人们想到它与周德清《中原音韵》处理入声的关系，根据时音分派入声于相应的阴声韵，这是两书相同的地方（当然分派入声的具体内容略有差别），但如上所说，《中原音韵》把古入声隶附于相应的九个阴声韵后，只做了“入声作平声”等的标示，

① 赵元任：《国音新诗韵》，商务印书馆1923年版，第10页。

并没有像《国音新诗韵》般明晃晃地标出入声韵目,《国音新诗韵》在这一点上是《切韵》系韵书和旧诗韵的做法。质言之,《国音新诗韵》在语音标准上是老国音系统，在编纂形式上是传统韵书形式，只是入声承阴声韵，而不似平水韵等旧韵书承阳声韵。《国音新诗韵》具有草创性质，留有旧韵书的痕迹，其入声处理的成功和不足对后来的现代韵书有宝贵的价值。

官韵《中华新韵》《佩文新韵》和《北平音系十三辙》都是新国音标准。对旧入声的处理技术,《佩文新韵》和《中华新韵》的编排方式是不同的。《佩文新韵》纯然参用元人周德清《中原音韵》的办法，具体来说，就是把古入声按声母的清浊，分别派入阴阳上去四声。《佩文新韵》在韵字排列上，先列舒声韵字，最后以入号为标记，排列旧入声字。《佩文新韵》的语音标准也是20世纪30年代的北平话，对旧入声的配析与今北京话基本一致。《佩文新韵》以小韵为单位，把旧入声字分派到四个声调的每一个小韵，旧入声字与同小韵的舒声字完全混为一音。例如“巴”“入八”同音，“茶”“入察”同音,“假”“入甲”同音,“化”“入划”同音。

上述情况完全合乎近代汉语音变的规律，现在看来无甚特色。但是联系20世纪三四十年代初，虽然新文学运动与国语运动双轮并进，共同推动着中国现代文学语言走向科学化，然而国音存入声，分尖团，留万［v]、兀［.·˙]、广［Q］等的老国音甚嚣尘上，“京国之争”还在持续。以北平音为标准音系尚未为南方诸省方言区的人们所心悦诚服地接受，语音统一这个国语统一运动中的首要问题还需要进一步努力解决。在此背景下,《佩文新韵》前承《国音常用字汇》，后启《中华新韵》，揭举以北平话为标准语音的义旗，草创新韵，入派四声，为时人制文撰韵、审音正字立定了一个新国音的标准，极大地推进了现代文学各体韵文的创作。

《中华新韵》对旧入声字的编排方式，与《中原音韵》不太一样。如前所述,《中华新韵》于旧入声不像《佩文新韵》那般，以入为志，直接次列于每个舒声小韵之后，而是以丙类专表旧入声字。依《中华新韵》例说，旧入声字分派到四声中的丙类字，仍将全韵丙类字单列在去声之后。其排列方式是先总注丙类，再注“入入阴平”“入入阳平”“入入上”“入入去”。很明显，这仍然是参用了《中原音韵》配析旧入声的用语。但这种于一韵之末、四声之后集中排列旧入声的方法，略似明代的《洪武正韵》。但两书的语音标准不同，因此，《中华新韵》虽将旧入声单列于全韵去声之后，但却配归阴阳上去四声，不为第五声；《洪武正韵》把十个入声韵部汇列于全书舒声韵部之后，独立成一调类，与前面的平声、上声和去声各撑一极，构成第四声，《洪武正韵》的撰者仍认为有入声存焉。《洪武正韵》集入声十部于去声之后，再分别与阳声韵的平上去三声相配，在编排形式上与《中华新韵》丙类集旧入声字于去声之后再分别配入该韵阴阳上去四声有类似之处。《洪武正韵》入声的配析是《广韵》等传统韵书式的，所以十部入声韵分别承配十部阳声韵；《中华新韵》旧入声的配析是《中原音韵》式的，所以旧入声分别配析到麻、波、歌、皆、支、齐、模、鱼八个阴声韵中。《洪武正韵》中，巴≠八，机≠拔，槎≠察，瓜≠刮，讶≠轧，假≠甲，遐≠辖，华≠滑，咱≠杂，沙≠杀，那≠纳，他≠塌；《中华新韵》这11组字都同音。即使在《中原音韵》里，也是华=滑，遐=辖，那=纳，假=甲，机=拔，咱=杂。如前所论，《中华新韵》和《中原音韵》旧和入声的演变基本上同路，它们都以当时北方的实际语音为标准，是口中的活话；而《洪武正韵》虽标榜“一以中原雅音为定”，但却在《中原音韵》51年后仍存入声，已是纸上的死语，其价值不难判断。

《佩文新韵》对旧入声的处理技巧，与1932年教育部公布的《国音常用字汇》完全相同。旧入声分别按新国音派入阴平、阳平、上声和去声中，并且紧挨着各阴声韵的小韵韵字来排列，以㊀入志之。官韵《中华新韵》在旧入声处理技巧上近师了民国十二年（1923）的《国音新诗韵》。二书都有入声与阴阳上去四声并峙，旧入声分配四声的规律也完全相同。只是官韵《中华新韵》在旧入声处理技巧上更细腻了。它虽然列出了入声，但以丙号标志，如前所论，《国音新诗韵》的入声韵里包含着旧入声派来的今阴阳上去各调的入声字，旧入声派入今四声的表现不那么一目了然。官韵《中华新韵》则依《中原音韵》对入声的处理技巧，以"入入阴平""入入阳平""入入上声""入入去声"明码标出，再加以韵表前的缜密的"例说"，使它对古入声的处理技巧大大超越了之前的《国音新诗韵》。

张洵如编著，魏建功参校的《北平音系十三辙》，出版于1937年，这也是新国音标准的韵书。《北平音系十三辙》处理旧入声的方式与同时代的民国官书《国音常用字汇》和《佩文新韵》非常相似，也是在阴阳上去四声内同音字组（即小韵）末字下注"入变阴平""入变阳平""入变上""入变去"以标记之，旧入声不再像《国音新诗韵》和官韵《中华新韵》一样单列出来。这种旧入声的处理技巧也对后来的现当代韵书产生了重要影响。

为了说明民国韵书对入声处理的不同，我们再列一表：

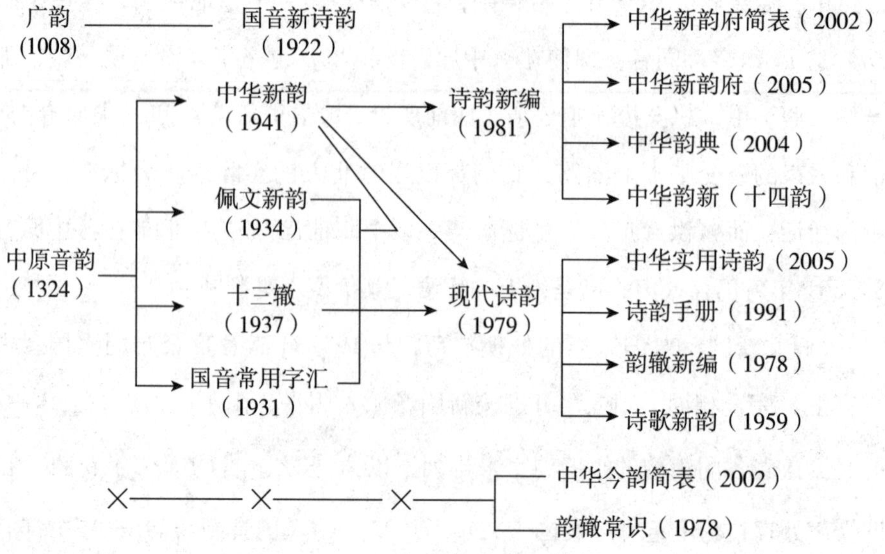

上表显示，官韵《中华新韵》对民国和当代韵书而言，处于枢纽地位；它远承《中原音韵》，近取《佩文新韵》（包括《国音常用字汇》《北平音系十三辙》），下启《诗韵新编》和《现代诗韵》。官韵《中华新韵》对民国韵书的入声处理原则和方式是比较科学的，并对后世的韵书产生了深远的影响。著名古典文学专家赵逵夫先生说："黎先生（民按，应非黎锦照，而为魏建功先生）所编《中华新韵》是对诗韵的重大改革，影响至为深远。从此，旧体诗的创作才在'平水韵'之外又有了一个切近于今日语音实际的韵部。"① 著名汉语音韵学家宁忌浮先生屡次称道官韵《中华新韵》："《中华新韵》是韵书史上最科学的一部，编纂者把它推上了韵书编纂史的巅峰。……魏建功等《中华新韵》（1941），现代汉语标准音韵书，韵书编纂史上最科学的一部。此书出，韵书史终结。"②

五　释《中华新韵》新旧各体写作的押韵例

《中华新韵·例说》第十一条云：

本书备为写作韵文押韵标准。凡写作新旧各体韵文，作家除运用方言以方音押韵者外，宜参照"押韵例"方为合格。押韵例分"新各体韵文""旧各体韵文"为二类。

（ㄅ）新各种韵文押韵例

（1）照新韵分类。

（2）四声可通押。变调可用。（本书所称声调均标"标准调类"，国音口语上所有变调概未列入）

（3）可通之韵可通押。

（4）旧通之韵新韵通者方可通押。

① 赵逵夫：《〈世纪足音〉秉承古典传统》，《兰州晨报》2002年10月16日。

② 宁忌浮：《汉语韵书史·明代卷》，上海人民出版社2009年版，第9—10页。

(5) 韵字音读须与文中用词相应。

(ㄆ) 旧各种韵文通押例

(1) 照新韵分类。

(2) 须分别四声:

四声通押者仍通押。

平声合一，不分阴阳。

上去从今（依《新韵》规定)。

入声独立：但旧体入作平上去者从今（依《新韵》规定)。

变调不用。

(3) 可通之韵通押。

(4) 旧通之韵亦通押。

(5) 韵字语音不可混用。

对于《中华新韵》韵文的押韵例，除无韵诗外，“五四”以来的白话新诗，大多数的押韵能与之吻合。

新旧各体韵文押韵例的不同主要在于以下两项:

(一) 关于四声

“四声通押，变调可用”等，是指创作新各体韵文而言。这是《中华新韵》的创作，是对《中原音韵》以来北方曲艺押韵例的继承和发展。

“须分别四声”“变调不用”等，是指创作旧各体韵文而言。

官韵《中华新韵》规定，旧体诗词虽然必须按官韵规定的韵部（包括规定的通押）押韵，但对于旧韵书的平、上、去、入四声则要严格辨析。具体地说，古体诗和词曲类古代四声通押，现代写作时仍可以四声通押，而唐代以来的近体诗，必须押平声韵，不押仄声韵，也不能平仄互押。诗律平仄区分也极严，平仄相混，则诗律大乱，黏对无着，孤平生矣。现代人写作近体诗也须严守近体诗的诗律，严格区别平仄，以平声韵相押。当然现代四声与旧四声不同，今北京话的阴平和阳平旧诗韵合为平声，创作近体诗当然可合并为一，不再根据声母的清浊分为阴平和阳平。对于上声，《中华新韵》强调旧体诗的写作要依据今北京话，即旧诗韵中的全浊上声，如“在近鼻赵妇”等字应当根据近代以后语音演变的规律，归入今北京话的去声调中。古代平声不分阴阳，上去声依从今北京音读法，可以保存旧体韵文，特别是近体诗押韵和平仄的特征。近体诗只押平声韵，阴阳平合为平声并不影响其临文选韵。上去声均为仄声，全浊上声依今韵归去声，有利于现代写近体诗者根据新国音声调确定律诗歌平仄格式。这是很好的做法。

新各体韵文押韵，则阴阳上去四声可通押，这与旧各体韵文押韵在声调上明显不同。

最大的问题是古入声的问题。

《中华新韵》主张古入声调应该独立，作旧体韵文时，古入声的配析应根据新国音，分别归入北京话阴平、阳平、上声和去声中。本来入派三声，这是《中原音韵》以来近代汉语语音声调演变的规律，现代诗人创作旧各体韵文，音类上保存旧入声使之独立，是存古；从实际音值上把旧入声分派到阴阳上去等今四声中，是从新。只有让旧入声独立，才能正确解决近体诗律句中的平仄问题以及古体诗词曲的押韵问题；只有让旧入声分派到今四声，才能便于新各体韵文创作时四声通押，并使新各体韵文押韵符合新国音，使读者入耳成辙儿，顺吻合唇。至于朗读吟诵古体诗词曲时如何对待古入声，那是另一回事，这里不打算再详谈。

至于变调，是白话口语的一个特色，这是新各体韵文押韵的最大特点。汉语是世界上最优秀的语言，每个字读起来都有声调之美，同时常因说话时所表示的意思而变其轻重的调子，即所谓“变调”。“白话文既求接近口语，那么新诗作者就应该注意这一点，多以变调押韵，以表现我国语音的特色。”[①] 这是对胡适、闻一多等“五四”以来白话新诗创作用韵经验的理论总结。变调主要表现于口语连读，涉及调值及音色、音强、音长的综合变化。旧体诗词曲时代，我们无法知道每个汉字的音高调值和长短轻重，古代人们对调值的种种描写，除入声外，都是不可信的。特别是旧体诗所使用的语言是与口语脱离的文言文，轻声变调直到近代白话口语作品里才出现[②]，传统诗人大抵是不会用白话口语去写诗的。所以，今人创作旧各体韵文，既然要遵其格律，守其四声，自然不能像创作新各体韵文那样，可以变调通押。

（二）通押问题

根据官韵《中华新韵》规定，新旧各体韵文创作对“旧通”的态度有区别。对新各体韵文创作而言，《中华新韵》主张“旧通之韵新韵通者方可通押”，这实际上是《中华新韵·例说》所规定的“通”的内涵，如“波通歌甲”等；对旧各体韵文创作而言，《中华新韵》主张“旧通之韵亦通押”。旧通的韵，现代作者创作旧各体韵文还许通押，这是为了保存旧各体韵文用韵标准，譬如“九开旧通皆乙”，对于创作新各体而言，九开不能与皆乙通押，前者今韵值为［ai］，后者今韵值为［ɛ］。一般地说，凡主元音是［a］的不与其他韵母通押。从音理上讲，以［a］为主元音的复韵母 ai、ao、an、ang，尽管它们中的［a］在具体发音时有舌位前后和高低的些微不同，但念唱起来，口腔张开，舌位降低的幅度都很大，所以声音洪亮，在露天场子里也能“挑得高，达得远”。因此这五个韵部（麻、开、豪、寒、唐）在一般诗歌戏曲唱词中用得特别多；音洪调响，不易互混或与其他韵

① 魏建功：《关于〈中华新韵〉》，《魏建功文集》第一卷，江苏教育出版社 2001 年版，第 636 页。

② 参李荣《旧小说里的轻音字例释》，《中国语文》1987 年第 6 期；黎新第《元杂剧助词“得”用“的”字及其他》，《重庆师院学报》（哲学社会科学版）1993 年第 2 期。

部相淆而导致通押[①]。但是对今人创作旧各体韵文来说，《中华新韵》开与皆自可通押。《中华新韵》开韵［ai］有阴、入两个来源（依韵例，入声不计入），阴声韵主要来自《广韵》蟹摄一二等的咍、泰、皆、佳、夬诸韵的开口字，以及来自蟹摄泰、佳、夬四韵合口和止摄支，脂二韵少数合口字（如脂韵“衰摔帅率”，支韵“揣”）；它们也同出于平水韵上平声九佳十灰，同出于《中原音韵》皆来部。由此可见，今北京话开［ai］、皆［iɛ］在历史上有共同的来源，今人创作旧各体韵文自可通押。之所以在现代北京话的分化为［ai］［iɛ］两韵，主要是声母在起作用。《广韵》皆、佳韵牙喉音字变为皆韵［iɛ］，如皆韵“皆阶秸介界芥届戒诫谐械”，佳韵“街解鞋懈蟹”等。

除了上面两项以外，新旧各体韵文的写作，其押韵规则基本上是一致的。

官韵《中华新韵》规定了写作的押韵例，这是其他民国国音韵书所不曾有的，是官韵《中华新韵》根据现代白话新诗创作的押韵实践归纳总结出来的，表现出民国国音韵书和新旧各体韵文音韵实践的互动和联合，反映出官韵《中华新韵》对其他民国国音韵书的精进与超越。

---

① 黎锦熙：《诗歌新韵辙的“通押”总说》，《徐州师范学院学报》1984 年第 4 期。

第三章　民国学人重造新韵的主张和白话新诗的韵式

第一节　民国学人白话新诗的押韵思想

“五四”学者所谓的旧诗韵，是指宋元以来的平水韵，清代又叫佩文诗韵，部分106部，适合唐以来近体诗押韵的系统。“五四”学者对新韵的界定大抵指老国音，有的可能还指各地的方音韵，这些是要具体分辨的。由于这时期学者探讨、论争诗歌语言形式，往往是语音、词汇和语法兼举并论的，其表达术语往往因人而异，不符合现代语言学的术语范畴，具有含混朦胧的特点（一直延续到当代诗歌理论语言的表述），因此，看起来专谈诗歌语音的句尾押韵问题，却大抵又与句中的节奏问题并论，谈句中声调的抑扬，又大抵与用韵混言。这样，我们虽想专论“五四”学人对新旧诗韵的态度，但难以从他们所谈的新诗语言形式中句摘、离析出来；有时虽然勉强摘离出来，但却不成论断。所以与其冒割裂断义的风险，不如因而存之，以时间为序，以类相从，尽可能对他们的新诗押韵思想加以综述（“五四”新诗评论所用的语音学方面的术语有声调、音节、节奏、平仄、音、节、字面、对仗、韵脚、形式、音乐、清浊、情调、音调、音尺、节调、音数、语调、音组等，而且内涵与普通语音学往往不同）。

下面我们将从白话新诗该不该押韵和白话新诗该押什么标准的韵两个方面讨论。

一　白话新诗该不该押韵

“五四”新文学的蓬勃发展，白话文的节节胜利，白话新诗等新各体韵文的大量创作，要求新诗作者和评论家必须回答一个问题：即取代了近七百年以来有韵的旧体诗的白话新诗，对古今中外人人看好的诗韵怎样处置？对这个问题基本上可以分为押韵派和废韵派两派意见。

（一）白话新诗的押韵及其审美价值

胡适是最早作白话新诗的人，他是主张押韵的。胡适在《〈谈新诗〉——八年来一件大事》里说：“中国字的收声不是韵母，（所谓阴声）便是鼻音，（所谓阳声）除了广州入声外，没有用他种声母收声的。因此，中国的韵最宽。句尾用韵真是极容易的事，所以古人有‘押韵便是’的挖苦话。押韵乃是音节上最不重要的一件事。”① 他似乎不承认押韵及其意义，因为他说只要“语气自然，用字和谐，就是句末无韵也不要紧”②，“新诗的声调既在骨子里，——在自然的轻重高下，在语气的自然区分——故有无韵脚都不成问题”，“有韵固然好，没有韵也不妨”③。但在谈到新诗的声调问题时，胡适却强调新诗是要有韵的：“新诗的声调有两个要件：一是平仄

① 胡适：《谈新诗》，赵家璧主编《中国新文学大系·建设理论集》，上海良友图书印刷公司1935年版，第302页。

② 同上书，第303页。

③ 同上书，第306页。

要自然，二是用韵要自然。”[①] 并且说“至于用韵一层，新诗有三种自由”[②]。从这些似乎前后矛盾的论述里我们看到，胡适作为“五四”白话文运动的主要提倡者和白话新诗的鼻祖，既想否定旧诗的押韵系统（“五四”时期学人的普遍心理就是，不彻底否定传统便不能建立新诗规范），但又不能完全废除这种自有汉语诗歌来就存在的格律因素。因为胡适要在理论上为白话新诗指点迷津，鸣锣开道，所以依违于两可之间，但隐约之间我们可以看到他是主张押韵的。到了他的《尝试集》里，押韵就是非常重要而自觉的了（详参第五章）。胡适《谈新诗》理论上所表现的这种拉打结合的押韵思想对“五四”时期人们的押韵观有很大的影响，甚至成为新诗作者写诗、论诗的“金科玉律”。

国语运动和白话文运动的主将钱玄同在与刘半农论韵时表明了自己的押韵思想。钱氏在《新文学与今韵问题》里说：“先生此文最有价值之论，为‘造新韵’及‘以今语作曲’二事。……以今韵作曲之说，通极通极。……造新韵之事，尤为当务之急。”[③] 钱氏分析了今人所用的三类韵，即旧诗韵《佩文诗韵》、曲韵《词林正韵》和汉魏古韵。刘半农在回复钱氏的信里把重造新韵的希望寄托于钱玄同这样的音韵训诂大家：“先生是音韵训诂专家，标准韵果能制成，文学革命诸同志之脑中，必一一为先生铸一无形之铜像。”[④]

康白情的看法基本上跟胡适一致。他坚信胡适的“自然音节”论，但并不否定押韵。他在《新诗底我见》里通过与旧诗的比较，阐述了他的押韵思想。康氏说：“新诗重在精神，不必拘韵，就偶然用韵以增美底价值，

① 胡适：《谈新诗》，赵家璧主编《中国新文学大系·建设理论集》，上海良友图书印刷公司1935年版，第305页。

② 同上书，306页。

③ 钱玄同：《新文学与今韵问题》，赵家璧主编《中国新文学大系·建设理论集》，上海良友图书印刷公司1935年版，第75页。

④ 刘半农：《新青年·通信》，1917年11月28日第4卷第1号，第86页。

也要不失自然。”[①]“新诗所以别于旧诗而言。旧诗大体遵格律，拘音韵，讲雕砾，尚典雅。新诗反之，自由成章而没有一定的格律，切自然的音节而不必拘音韵”[②]，虽然认为“无韵的韵比有韵的韵还要动人”[③]，但是如果“音呀，韵呀，平仄呀，清浊呀，有一端在里面，都可以使作品愈增其美”[④]，“新诗本不尚音，但整理一两个就可以增自然的美，就不妨整理整理他。新诗本不尚韵，但整理一两个韵就可以增自然的美，又不妨整理整理他。新诗本不尚平仄清浊，但整理一两个平仄清浊就可以增自然的美，也不妨整理整理他。”[⑤]。这显然是对胡适“有韵固然好，没有韵也不妨”押韵思想的师承，没有多少新的东西。

傅东华批评了那些借口用韵束缚创作而反对押韵的诗人，认为押韵有它独特的功能：“而且我相信韵（声调在内）有时候确非他不能传出诗里的一种空气。”[⑥] 他对有韵诗的前景是乐观的：“所以凡是诗的天才的人，做自由诗和韵诗必定毫无分别，已经别成一种声调，别具一种风致和美，与有韵诗各不相侵；将来大概有韵诗（指已解放的）和自由诗可以平行的进化，所以我推测将来中国的（或者是世界的）韵文在诗的范围里仍旧可以——且应该——占一部分的地位。”[⑦]

国学大师章太炎先生力主诗之有韵，并且以此分别诗与散文：“有韵的谓之诗，无韵的谓之文。”批评了白话新诗的不押韵：“凡称之为诗，都要有韵，有韵方能传达情感。现在白话诗不用韵，即使也有美感，只应归入散文，不必算诗”，“中国自古无无韵之诗”，“诗之有韵，古今无所变”，

① 康白情：《新诗底我见》，杨匡汉等编《中国现代诗论》，花城出版社 1985 年版，第 40 页。

② 同上书，第 33 页。

③ 同上书，第 36 页。

④ 同上。

⑤ 同上书，第 37 页。

⑥ 傅东华：《中国今后的韵文》，赵家璧主编《中国新文学大系·文学论争集》，上海良友图书印刷公司 1935 年版，第 314 页。

⑦ 同上书，第 314—315 页。

“诗乃人造之物，正以有韵得名”。[①]

著名语言学家赵元任先生从文体的角度强调节律和押韵对诗的重要性：“诗的所以为诗，单就形式上论，有两种特点，是与散文不同的地方：一、诗句里的用字有节律，要使得字字的轻重，快慢，和声调的高，扬，起，降，促，念得顺当；二、诗句和诗句呼应起来有‘押韵’的关系。”[②] 详参第五章。

陆志韦虽然认为“韵的价值并没有节奏的大”[③]，但是“韵可以预报顿挫之将临，一语之将了”[④]，诗行的结尾押韵负责撑起全诗的节奏因而显得特别重要，因此，陆志韦对于押韵是相当重视的，《渡河》中十之八九是有韵的诗：“节奏千万不可少，押韵不是可怕的罪恶。”[⑤] 朱自清在《中国新文学大系·诗集》导言里对陆志韦的押韵思想做了很高的评价：“第一个有意实验种种体制，想创新格律的，是陆志韦氏。他的《渡河》问世在一九二三年七月。……但也许时候不好吧，却被人忽略过去。”[⑥]

穆木天在《谭诗》里主张韵脚的位置可以多样化：“关于诗的韵(Rime)，我主张越复杂越好。我试过在句之中押韵，自以为很有趣。总之韵在句尾以外得找多少地方去押。”[⑦] 但同时他也承认“不押韵的诗也有好处”[⑧]。

郭沫若也是主张在新诗的情调（节奏）外应辅以音调（押韵等）来增加新诗的音乐性。他说：“旧体的诗歌，是在诗之外，更加了一层音乐的效

---

① 章太炎：《国学概论·答曹聚仁论白诗》，1922 年 4 月，《章太炎国学讲演录》，上海古籍出版社 1997 年版，第 16 页、第 75—76 页。

② 赵元任：《国音新诗韵》，商务印书馆 1923 年版，第 6 页。

③ 陆志韦：《渡河·我的诗的躯壳》，陆志韦：《渡河》，上海亚东图书馆 1923 年版，第 18 页。

④ 陆志韦：《白话诗用韵管见》，《燕园集》，燕京大学燕园集出版委员会 1940 年版，第 3 页。

⑤ 同上书，第 24 页。

⑥ 朱自清：《中国新文学大系·诗集》导言，赵家璧主编《中国新文学大系》，上海良友图书印刷公司 1935 年版，第 6 页。

⑦ 穆木天：《谭诗》，杨匡汉等编《中国现代诗论》，花城出版社 1985 年版，第 100 页。

⑧ 同上。

果。诗的外形，采用韵语，便是把诗歌和音乐结合了的。……诗自己的节奏，可以说是情调，外形的韵语，可以说是音调。具有音调的，不必一定是诗，但我们可以说，没有情调的，便绝不是诗。……有情调的诗，虽然可以不必再加以一定的音调，但于情调之上，加以音调时（即是有韵律的诗），我相信是可以增加诗的效果的。古代的诗，有许多到了现在，有许多也还永远值得我们雒诵的，便是因为这个缘故了。"[①] 这种看法虽然源自胡适的新诗押韵思想，但是比较公允持正，在竭力否定传统的"五四"时期，能有这样客观的押韵观是值得重视的。20 世纪 30 年代，他在《关于诗的问题》里强调诗的音乐性："诗歌还是应该让它和音乐结合起来……要有韵才能诵。"[②] "的确凡诗必有韵。……好诗大抵有韵脚，但也不必一定有韵脚。"[③] 我们仍可看到胡适"有韵固然好，没有韵也不妨"的影子。

新月派诗人大都高度重视押韵的作用。闻一多看到初期白话新诗过于散文化，提出了一系列建设性的新诗格律主张。闻一多在《诗的格律》里说："假如诗可以不要格律，做诗岂不比下棋、打球、打麻将还容易些吗?"[④] "只有不会做诗的才感觉得到格律的束缚。对于不会作诗的，格律是表现的障碍物；对于一个作家，格律便成了表现的利器。"[⑤] 承认新诗有格律的诉求，也就承认了新诗必须是押韵的。其实闻一多的押韵思想早在 1922 年 9 月 24 日写给吴景超的信里就表现得很清楚："我极善用韵。本来中国韵极宽；用韵不是难事，并不足以妨害词义。能多用韵的时候，我们何必不用呢？用韵能帮助音节，完成艺术；不用正同藏金于室而自甘冻饿，不亦愚乎？《太阳吟》自始至终皆用一韵，我并不觉吃力。这是我的经验。

---

① 郭沫若：《论节奏》，杨匡汉等编《中国现代诗论》，花城出版社 1985 年版，第 116—117 页。
② 郭沫若：《关于诗的问题》，《杂文》1935 年第 3 期。
③ 同上。
④ 闻一多：《诗的格律》，杨匡汉等编《中国现代诗论》，花城出版社 1985 年版，第 121 页。
⑤ 同上书，第 123 页。

你们可以试试。”[①] 这是很有见地的。

饶孟侃在《新诗的音节》里以声音（包括押韵）来区别诗和散文：“假如一首诗里只有意义，没有调和的声音，无论它的意义多么委婉，多么新颖，我们只能算它是篇散文。”[②] 这很容易让人想到章太炎先生的“有韵为诗，无韵为文”的主张。饶孟侃还指出了押韵在音节上的作用：“韵脚在新诗里面……表面上它在每行诗里面只占一个字。初看起来也许以为它在音节上的作用可能很小，其实完全不是那么一回事。它的工作是把每行诗里抑扬的节奏锁住，而同时又把一首诗的格调缝紧。因为一首诗的动作的快慢多半是跟着韵脚走的。”[③] 孙大雨也认为“韵脚或脚韵，只要善于运用，一方面有助于语音之间的和谐；另一方面能点醒诗行的终迄，加强三级节奏；第三方面可以和内容互相应和，发出声音上的共鸣，增加意境和情致的效果；而同时又是一种装饰，能使背诵者便于记忆”[④]。石灵也表示了同样的看法：“新月派诗在韵脚方面的意见，我觉得没有什么例外可说的。韵脚的作用和音节的一样，是在叫应、提醒、期待、重复。”[⑤]

鲁迅先生诗中主张新诗应该押大致相同的韵，详参余论部分，兹不赘。

20 世纪 30 年代后，新诗作者和评论家继续关注新诗的押韵问题。

朱光潜先生作为一代美学大家，也十分关注白话新诗的押韵问题。1936 年他在《论中国诗的韵》里从中西诗歌比较的角度深入分析了中国诗和西洋诗各自押韵的特点，认为“中国诗向来以用韵为常例。诗偶有不用韵者，大半都有特别原因”[⑥]。朱光潜分析了中国历史上两次废韵的尝试，指出白

① 闻一多：《闻一多论新诗》，武汉大学出版社 1985 年版，第 160 页。

② 饶孟侃：《新诗的音节》，饶孟侃著，王锦厚、陈丽莉编《饶孟侃诗文集》，四川大学出版社 1997 年版，第 167 页。

③ 同上书，第 169 页。

④ 孙大雨：《诗歌底格律》（续），《复旦大学学报》（人文科学版）1957 年第 1 期。

⑤ 石灵：《新月诗派》，杨匡汉等编《中国现代诗论》，花城出版社 1985 年版，第 296 页。

⑥ 朱光潜：《论中国诗的韵》，《新诗》月刊第二期，1936 年 11 月。

话诗在萌芽时期的废韵是受到西方诗的影响，“不过近来他又有回到用韵的倾向”①。朱光潜认为押韵是对平仄节奏不足的补偿：“中文诗的平仄相间不是很干脆地等于长短高低或轻重相间，一句诗全平全仄，仍然可以见出节奏，所以节奏在平仄相间上所见出的非常轻微。……节奏既不易在四声中见出，所以须在其它原素上见出。‘顿’是一种，韵也是一种。”② 他形象地分析了韵在中国诗歌里的两种美学价值。首先是点明节奏：“韵是去而复返，前后呼应。韵在一篇声音平直的文章生出节奏，又如钟声在长夜深山的寂静里生出节奏一样。中国诗的节奏有赖于韵，也犹如法文诗的节奏有赖于韵一样。”③ 其次他认为押韵能团聚涣散的声音，成为一种完整的曲调：“它好比贯珠的串子，在中国诗里，这种串子尤其不可少。”④ 他指出白话新诗更需要押韵，因为“现在新诗偏重语音的节奏，不宜拉调子读出抑扬的节奏来，所以虽分有规律的音步，它对于音节的影响仍是很微细。因为这个道理，韵对于新诗的节奏与和谐或反比对于旧诗的更重要。新诗句法较近于散文、音节最易流于直率涣散，也许韵的联络贯串的功用更不可抹煞”⑤。这是民国时期分析押韵问题的最详细和最精辟的文献。至于朱光潜对旧诗四声平仄长短高低轻重的分析则是欠妥当的，因为除入声外，我们现在根本无法知道古代汉语各个时期声调的具体读法，而汉字不表音，更增加了他悬想的比重，详参第四章。

严展主张诗歌的押韵在不损害内容的原则下可以多样化，反对为押韵而押韵：“为了要押韵而把恰当的字眼换上不恰当的，把句法和名词硬弄得颠倒，那是应该极力反对的。”⑥ 这显然是受到毛泽东《讲话》精神的影响。

---

① 朱光潜：《论中国诗的韵》，《新诗》月刊第二期，1936 年 11 月。
② 同上。
③ 同上。
④ 同上。
⑤ 同上。
⑥ 严展：《关于诗歌大众化》，1942 年 11 月 2 日《解放日报》。

李广田认为，不能因为反对旧诗就不讲格式和音韵了，新诗最需要声韵：“然而格式与声韵的用处是不能忽略的，我们绝不主张作新诗的人要回头去再用旧诗的格式与声韵，但是不能不希望诗人去创造自己的格式与声韵。”①

1944年诗人臧克家在《十年诗选》序里继续强调新诗押韵及其意义：“诗的有韵无韵，在诗坛上成了大问题。……我觉得诗之所以为诗，总有它自己的一个法则。……削去半截脚趾头去穿韵脚鞋，我绝对反对，但像……过于散漫的分行写的一些东西，我也期期以为不可。”② 而“韵，应该是感情的站口，节奏回归的强力的记号。韵，不是也不能叫它是坠脚石”③。

现代著名朗诵诗人高兰在《诗的朗读与朗诵的诗》里，从新诗朗诵的角度强调了新诗音韵的审美功能：“诗的有音韵，虽然不能说是他唯一的条件，唯一的特点，然而诗因了音韵而显示了其特殊的激动力和可朗诵性，是不可否认的事实。”④ 这是很重要的看法，因为诗歌天然地与语音相关，朗诵正是彰显新诗语音美的途径。

（二）白话新诗的废韵派

俞平伯对新诗的押韵似乎不是十分看重，但重视音律的其他因素。他强调白话诗应该“音节务求谐适，却不限定句末用韵。……中国语既系单音，音韵一道，分析更严。现在句末虽不定用韵，而句中音节，自必力求和谐。……做白话诗的人，固然不必细剖宫商，但对于声气音调顿挫之类，还当考求，万不可轻轻看过，随便动笔”⑤。但由于他对传统诗词曲的过分

---

① 李广田：《论新诗的内容和形式》，杨匡汉等编《中国现代诗论》，花城出版社1985年版，第430页。

② 臧克家：《〈十年诗选〉序》，《十年诗选》，现代出版社1949年版，第15页。

③ 同上书，第16页。

④ 高兰：《诗的朗读与朗诵的诗》，杨匡汉等编《中国现代诗论》，花城出版社1985年版，第445页。

⑤ 俞平伯：《白话诗的三大条件》，赵家璧主编《中国新文学大系·文学论争集》，上海良友图书印刷公司1935年版，第264页。

倚重，也认可白话诗的押韵："句中之和当与句末之韵并重……用韵处不可过多，押韵时不可牵强。"① 1922 年 1 月 25 日在《冬夜》自序里，他确凿地表达了对韵律的否定："我不愿顾念一切做诗底律令，我不愿受一切主义底拘牵……我只愿随随便便的，活活泼泼的，借当代的语言，去表现自我，在人类中间的我，为爱而活着的我。至于表现出的，是有韵的或无韵的诗，是因袭的或创造的诗，即至于是诗不是诗，这都和我的本意无关。"② 这种论点片面发展了胡适的诗韵观，助长了后来白话新诗的非诗化。在实际创作中，他还是较注重押韵的，所以朱自清先生对此有较高评价："用韵底自然，也是平伯底一绝。他诗里用韵底处所，多能因其天然，不露痕迹；很少有'生硬''叠响'（韵促相逗，叫作叠响）'单调'等弊病。"③ "平伯用韵，所以这样自然，因为他不以韵为音律底唯一要素，而能于韵以外求得全部词句底顺调。"④ 并认为"平伯这种音律底艺术，大概从旧诗和词曲中得来。我们现在要建立新诗底音律，固然应该参考外国诗歌，却更不能丢了旧诗、词、曲。……这层道理，我们读了平伯底诗，当更了然。"⑤ 诚为的论。

戴望舒认为新诗的韵会妨碍诗情。他在《望舒诗论》里说："韵和整齐的字句会妨碍诗情，或使诗情成为畸形的。倘把诗的情绪去适应呆滞的、表面的旧规律，就和把自己的足去穿别人的鞋子一样。"⑥ 蒲风总结了从"五四"到 20 世纪 30 年代的中国新诗的创作，指出白话新诗"冲破了韵的束缚，句法的束缚……这不能不说是第一件成功的事"⑦。但是新诗仍然

---

① 俞平伯：《诗的新律》，O. M. 编《我们的七月》，上海书店出版社 1982 年版，第 175 页。
② 俞平伯：《冬夜》自序，《俞平伯全集》第 1 卷，花山文艺出版社 1997 年版，第 13 页。
③ 朱自清：《冬夜》序，《俞平伯全集》第 1 卷，花山文艺出版社 1997 年版，第 9 页。
④ 同上。
⑤ 同上书，第 9—10 页。
⑥ 戴望舒：《望舒诗论》，《现代》1932 年 11 月第 2 卷第 1 期。
⑦ 蒲风：《"五四"到现在的中国诗坛鸟瞰》，杨匡汉等编《中国现代诗论》，花城出版社 1985 年版，第 195 页。

"脱不了韵的束缚，许多还是旧的韵本里的韵，距离现代的语言太远了"①。

诗人艾青强调诗的散文美，认为诗的韵脚不能作为诗能否永垂不朽的决定因素："称为'诗'的那文学形式，脚韵不能作为决定的因素……任何好诗都是由于它所含有的形象而永垂不朽，却绝不会由于它有好的音韵。"②

二　白话新诗该以什么语音标准押韵

白话新诗应该以什么语音标准去押韵，在这一点上，人们的意见也是比较统一的。他们既然以白话写诗，所以就主张"用现代的韵"，只是在押国音韵还是方音韵上有分歧，在国语语音标准没有最终统一前，这是完全可以理解的。

最早论述白话新诗押韵标准的是国语运动和新文学运动的主将刘半农。1917年他在《我之文学改良观》中全面阐述了对韵文的改良，主张新诗押韵的语音标准的改良，即"破坏旧韵，重造新韵"，指出了怎样押新韵的三条标准："（一）作者各就土音押韵，而注明何处土音于作物之下。此实最不妥当之法。然今之土音，尚有一着落之处，较诸古音之全无把握固已善矣。（二）以京音为标准，由长于京语为造一新谱，使不解京语者有所遵依。此较前法稍妥，然而未尽善。（三）希望于'国语研究会'诸君，以调查所得，撰一定谱，行之于世，则尽善后尽美矣。"③ 土音押韵，在白话新诗里很普遍，这被看作是国音没有统一和大力普及前的过渡状态。到了30年代，刘半农就十分肯定了"以京音为标准"："我现在的见解，以为有了三十九个注音字母，和一部《国音字典》，我们所希望的国语，已算是呱呱坠地了。此后我们要如何的抚养它，如何的培植它，总该从大处着力，不应常

① 蒲风：《"五四"到现在的中国诗坛鸟瞰》，杨匡汉等编《中国现代诗论》，花城出版社1985年版，第196页。

② 艾青：《诗的散文美》，《诗论》，人民文学出版社1980年版，第154—155页。

③ 刘半农：《我之文学改良观》，赵家璧主编《中国新文学大系·建设理论集》，上海良友图书印刷公司1935年版，第69页。

把小事来牵制。”①

两年后，胡适在他的著名诗论《谈新诗》里继刘半农“破坏旧韵，重造新韵”的主张，又一次强调了白话新诗押韵的新标准：“至于用韵一层，新诗有三种自由：第一，用现代的韵，不拘古韵，更不拘平仄韵。第二，平仄可以互相押韵，这是词曲通用的例，不单是新诗如此。……”② 胡适的平仄互押和不拘平仄韵是刘半农不曾详述的，至于“现代的韵”究竟是什么，胡适也茫然。

钱玄同主张押韵用1913年读音统一会审定的官音（民按，即指旧国音）：

> 既然用国语做诗，那就该用国语押韵。1913年，读音统一会于制定三十九个注音字母之后，又审定常用字七千多字的音，这审定的就可说是这七千多字的标准国音。……我以为今后做诗，可以照这标准国音来用韵，凡《国音字典》同母音字，在《诗韵》里虽不同韵，现在尽可拿来押韵；《国音字典》里不同母音的字，在《诗韵》里虽同韵，现在断断不可拿来押韵……总而言之，是现在的人，该用现在的国语做诗，该用现在的国音押韵③。

钱玄同在给胡适《尝试集》做的序里也表明了他的押韵观：“现在做白话韵文，一定应该全用现在的句调，现在的白话。”④

傅斯年的国语统一的观点很有价值。他在《文言合一草议》里，提出了标准国语的制定方案：“采用各地语言，制成标准之国语，亦取决于多数。如少者优于劣者，亦不妨稍加变通，要须以言语学修辞学上之原则为

---

① 刘半农：《四声实验录》序赘，《半农杂文》，河北教育出版社1994年版，第153页。

② 胡适：《谈新诗》，赵家璧主编《中国新文学大系·建设理论集》，上海良友图书印刷公司1935年版，第306页。

③ 钱玄同：《答潘公展》，《新青年》6卷6号1919年9月22日。

④ 钱玄同：《尝试集序》，赵家璧主编《中国新文学大系·建设理论集》，上海良友图书印刷公司1935年版，第109页。

断，不容稍加感情于其间。……将来制定标准国语，宜避殊方所用之习语成辞。"[①] 他指出了各地方言的四种弊端，认为北京话（不是北京土语）易学，最有资格由现今社会上同用的官话发展成将来的国语："广东人到北京，学语三四个月，便可上口。北人至广东，虽三四年不能言也。"[②] 傅斯年所认为的国语其实是一种"南北可以互喻之语"的旧国音，沿袭着1913年读音统一会的做法："此种互喻之语，不专取材于一城一市，乃杂合各地平易之语以成。虽有偏重北方之质，要其混合的性质可采。"[③] 这种通用的官话，"原本为各省人士混合以成。……故学之甚易。此为统一行远语言之特质，将来制为国语，此点不可忽也"。[④] 傅斯年的可贵见解是，认识到国音的统一是国语统一的前提条件，他说："制定国语之先，制定音读，尤为重要。音读一经统一，自有统一之国语发生，初不劳大费精神。"[⑤] 认为"统一音读，只论今世，不可与沿革上之音读混为一谈"[⑥]。他意识到词汇和语法的差异最小，语音差异最大，"殊方言语之殊，殊在质料者极少，殊在音读者转多，又音读划一，稍事取舍，便成统一之国语"[⑦]。傅斯年认为较易统一的是"国语之质料"（词汇语法等），而由语音所反映的"声气"则是很难统一的，他把这种难题交给了制作标准语的学者。

"统一音读，只论今世"，傅斯年认为国音统一的标准应以当今的语音（他所谓的"当世音读"显然是老国音）为准的。他批评了顾炎武的语音复古思想，也批评了章太炎在国语语音里对古音闭口韵的保存。这些无疑都是合理的。

---

① 傅斯年：《文言合一草议》，赵家璧主编《中国新文学大系·建设理论集》，上海良友图书印刷公司1935年版，第125页。

② 同上。

③ 同上。

④ 同上书，第126页。

⑤ 同上。

⑥ 同上。

⑦ 同上。

陆志韦先生认为“押韵不是可怕的罪恶”[①]，总结了自己的押韵方法和用韵标准：“（一）破四声？（二）无固定的地位？（三）押活韵，不押死韵。用国语或一种方言为标准，不检韵书。我是浙人，必须要时押浙江的土韵。否则尽我之能押北京韵。”[②] 这是对刘半农等人押韵主张的进一步发展，丰富了汉语白话新诗的以国音押韵的方式。

关于押韵的语音标准，饶孟侃认为应以北京话为准：“对于新诗押韵的标准。我个人主张新诗押韵不必完全依照旧的韵府，凡是同音的字，无论是平是仄，都可通用；而发音的根据则以普通的北京官话为标准。至于用土音押韵，我以为除了在用土白作诗的时候可以通融以外，在普通的新诗里则断乎不行；因为要是押韵完全没有一种标准，也是件极不方便的事。”[③] 饶孟侃主张用北京的土白来写土白诗，因为“北京话的发音准确，而且音节铿锵，这种成分尤其在诗里是需要的”[④]。

鲁迅先生主张“诗须有形式，要易记，易懂，易唱，动听，但格式不要太严。要有韵，但不必依旧诗韵，只要顺口就好”[⑤]。具体按什么标准押韵，鲁迅先生并没有论及。

1934 年青年诗人朱湘在批评了徐志摩《翡冷翠的一夜》的押韵错误后，正面提出了自己的押韵观：“不管是土白诗也好，国音诗也好，作者既然用了韵，这韵就得照规矩用。真的规矩极其简单，这规矩就是：做那种土白诗就用那种土白韵，作国语诗用国语韵。”[⑥]

---

① 陆志韦：《渡河·我的诗的壳躯》，陆志韦《渡河》，上海亚东图书馆 1923 年版，第 24 页。

② 同上书，第 20—21 页。

③ 饶孟侃：《新诗的音节》，饶孟侃著，王锦厚、陈丽莉编《饶孟侃诗文集》，四川大学出版社 1997 年版，第 169 页。

④ 同上。

⑤ 鲁迅：《致蔡斐君》（1935 年 9 月 20 日），《鲁迅书信集》，人民文学出版社 1976 年版，第 883 页。

⑥ 朱湘：《评徐君〈志摩的诗〉诗》，姜德铭主编《中书集》，中国戏剧出版社 2001 年版，第 169 页。

在白话新诗押韵标准上，朱光潜赞成胡适《谈新诗》所讲的前两层“自由”，即“用现代是韵，不拘古韵，更不拘平仄韵”和“平仄可以互押”，反对第三层自由，即新诗声调的“自然的轻重高下”和“语气的自然区分”，认为这是散文的节奏，诗在此之外还有平仄韵脚音步等“形式化的节奏”，舍此，“则作者没有理由把他的作品排列成为诗的形式”①。朱光潜于中国诗总的特征着眼，强调白话新诗节奏与散文节奏的不同，这是完全正确的。

官韵《中华新韵》押韵例云：“凡写作新旧各体韵文，作家除运用方言以方音押韵者外，适宜参照‘押韵例’方为合格。”② 可见用方音押韵在20世纪40年代还是比较多的，连官方韵书《中华新韵》似乎也有些默认。

从以上的讨论可见，民国时期，主张以押韵来增加新诗的声律美，提高白话新诗的审美价值，这是占主流的思想，正如朱自清所说的那样：“中国诗还在需要韵，而且可以说中国诗总在需要韵。”③ 在押韵标准上一般认为以现代的韵或国音为标准，连晚清诗界革命的主要人物梁启超也主张“押韵不必拘于《佩文诗韵》，且至唐韵、古音，都不必多管，唯以现在口音谐协为主，但韵却不能没有，没有只好不算诗”④。当然也有主张以方音入韵的，特别是白话新诗的作者在具体的创作实践中多有以方音土白押韵的，甚至也有押旧诗韵的，但这不是新诗押韵的主流。在押韵标准上，白话新诗的作者自觉地以国语运动的最大成果——国语语音作为他们新诗用韵的主要标准，显示出民国时期国语语音与现代白话新诗音韵的积极而自觉的互动关系，形成了现代汉语语言变革与中国现代文学的相互生成互动共存局面，这是一个非常优秀的传统，它具有文学史和语言学史的双重价值。

---

① 朱光潜：《论中国诗的韵》，《新诗》月刊第二期，1936年11月。

② 魏建功：《中华新韵·例说》，《中华新韵》，台湾正中书局1963年版，第23页。

③ 朱自清：《新诗杂话》，生活·读书·新知三联书店1984年版，第106页。

④ 梁启超：《〈晚清两大家诗钞〉题辞》，《梁启超全集》第十七卷，北京出版社1999年版，第4931页。

第二节　白话新诗的韵式

中西文化的优劣及其对国家、民族的意义是辛亥革命前后十年间广泛讨论的话题。这个时代的浪潮对中国新诗运动的兴起产生了很大的催生作用。“辛亥革命后，中国人底思想上去了一层束缚，染了一点自由，觉得一时代底工具只敷一时代底应用，旧诗要破产了。同时日本英格兰美利加底自由诗输入中国，而中国的留洋学生也不免有些受了他们底感化。”① 梁实秋很坦率地论述了中国新诗和外国诗的关系，“我一向以为新文学运动的最大成因，便是外国文学的影响；新诗，实际就是中文写的外国诗”，“现在新诗的全部趋势是渐渐地趋于艺术的讲究了，而所谓诗的艺术当然是以外国的为模仿对象”②。这些论断虽有些偏激，但它所指出的中国新诗与外来诗的关系，却是合乎事实的。朱自清也说过新诗运动“最大的影响是外国的影响”③。

“五四”以后，伴随着白话的全面兴起，白话诗也盛行。初期的白话诗深受西方诗歌的影响，特别是在韵脚上更倾向于模仿西方诗歌，如胡适、鲁迅、郭沫若、闻一多、刘半农、徐志摩、戴望舒等，他们所创制的白话新诗和西洋诗之间至少存在某种“亲缘”关系。白话新诗是白话文学领域中的先行者，它的产生可以看作“五四”新文学的标志。白话新诗从旧式诗词格律的镣铐里脱胎而出，在音韵、音步、节奏等方面力求解放，显示

① 康白情：《新诗底我见》，杨匡汉等编《中国现代诗论》，花城出版社 1985 年版，第 35 页。

② 梁实秋：《新诗的格调及其他》，《诗刊》创刊号，1931 年 1 月 20 日。

③ 朱自清：《中国新闻学大系·诗集》导言，赵家璧主编《中国新闻学大系·诗集》，上海良友图书公司印刷 1935 年版，第 61 页。

出新的特色。这些白话诗，有的是近似于西方的自由诗，不依照诗的传统格律，不用韵；有的诗则模仿西洋普通诗的格律，当然押韵，因为西洋的“普通诗是有韵的，自由诗是无韵的”①。不押韵的白话诗跟我们的论题无关，所以在后面的论述中略而不谈。讲究节奏和押韵等格律的白话诗，尤其是押韵跟我们论题关系密切，后面只分析这一类白话新诗。同一个诗人既写自由无韵诗，也写格律有韵诗，所以只以诗歌为分析对象，而不以诗人为分析对象。

国语运动的主将、语言学大师赵元任先生是民国时期第一个系统研究白话新诗用韵与国音韵书之关系的学者。赵元任在1923年所著的《国音新诗韵·理论》部分，联系胡适《尝试集》里的白话新诗，详尽地分析了白话新诗的押韵、韵的通叶、通调韵、韵的分类、韵脚的构成（多字韵和复韵）及韵式等。因为赵先生分析得近乎苛细，以致后来人们认为赵先生白话新诗押韵的理论与实际不符。现在看来，除了受旧诗格律的影响如同调相押，轻声不可单字入韵以外，《国音新诗韵》的押韵理论基本上是符合白话新诗押韵的实际的，朱自清先生在《中国新闻学大系·诗集》导言里给《国音新诗韵》很好的评价：“但分韵颇妥帖，论轻音字也好，应用起来倒很方便的。”②

著名语言学大家，后期国语运动的主将魏建功先生在《中华新韵》里全面阐述了新国音十八韵的通别情形，这是对20世纪二三十年代白话新诗创作用韵实践的理论总结，比《国音新诗韵》的通叶条件更符合汉语白话新诗押韵的实际。所以，讨论民国国音与白话新诗的押韵方式，赵元任和魏建功二位先生的通别理论是首先要重视和看取的。

语言学大师王力先生是第一个以西方诗律学为参照系，用技术定量分

① 王力：《汉语诗律学》，上海教育出版社1979年版，第823页。

② 朱自清：《中国新闻学大系·诗集》导言，赵家璧主编《中国新闻学大系·诗集》，上海良友图书印刷公司1935年版，第63页。

析手段总结汉语新诗格律的人，他的《汉语诗律学》为白话新诗的写作提供了比较宽泛的基本范式和技术总结。这是与胡适以后闻一多等格律派诗人对音步和韵脚的倡导，冯至、卞之琳、梁宗岱等人大量严谨而丰富的创作分不开的。

分析白话新诗的用韵情况要比分析汉语旧体诗词困难得多，因为旧体诗词有高度成熟的格律规范，何处用韵是早已预设好的。汉语白话新诗虽然仿照西洋诗押韵分段、分行，但韵脚、每行的音数或者音步、每段的行数并不是很整齐的，因为“在中国，白话诗既然要从旧诗的格律中求解放，如果再模仿西洋诗的格律，就难免被人嘲为脱了旧脚镣而又带上新手铐”①，所以检寻、系联这些白话诗的韵脚就要费一番工夫。另外，有的诗人以方言入诗，押方言韵，也增加了归字的难度。如果韵脚找不准，以非韵为韵，或以韵为非韵，这些都对考察白话新诗的用韵特点造成很大不便。

为了比较顺利地考察白话新诗的用韵，我们将根据赵元任、魏建功和王力三位先生的相关论述，首先简单介绍白话新诗韵脚的构成和韵脚的位置。

一　韵脚的构成

1. 谐韵。中西诗歌押韵的规矩基本相同，常见的方式都是“一行诗和别行诗的尾音相似的关系”②。王力先生讲得更具体：“甲行的最后音节里的元音（母音）和乙行的最后音节的元音（母音）完全相同。”③ 这是人所皆知的完全和谐的押韵，这里就不多讨论了。

2. 贫韵。所谓贫韵，即押韵不够和谐，不是完全依照正常的押韵规则押韵的情况。贫韵有三种形式，一种是协音，即元音相同，词的收音不同。

---

① 王力：《汉语诗律学》，上海教育出版社 1979 年版，第 822 页。
② 赵元任：《国音新诗韵》，商务印书馆 1923 年版，第 6 页。
③ 王力：《汉语诗律学》，上海教育出版社 1979 年版，第 870 页。

如汉语诗的 en 与 eng 相押，in 与 ing 相押，an 与 ang 相押，都是协韵。另一种是协字，即元音不同，只有收音相同。如汉语诗的 in 与 en 相押，in 与 ün 相押，eng 与 ong 相押，都是协字。中国的诗人大抵没有专门用协音的，有时以普通话看是协音，实际上是押方言韵，依照诗人的方音读又是颇为和谐的常韵。而协字则是诗人故意放宽韵脚，以便更自由地表现情感与思想。汉语诗里还有一种贫韵，就是开音节韵脚。如果韵脚是单韵母，只是近似。如 u 与 ü 相押，ü 与 i 相押，i 与 ï 相押，e 与 o 相押等。如果是复合元音，收尾的元音必须相同，如 ai 与 ei 相押。因为旧韵部和新诗人还没有完全脱离关系，贫韵和方言韵有时实际上是旧韵的反映。例如：

> 我们招一招手，随着别离。(li，支韵)
> 我们的世界便分成两个，
> 身边感到冷，眼前忽然辽阔，
> 像刚刚降生的两个婴儿。(er，支韵)
>
> ——冯至《别离》

“离”与“儿”相押在普通话是贫韵，但在旧韵里确是谐韵。

民国韵书里，《国音新诗韵》押韵较严，“以辅音（Consonent）ㄋ收尾的字音不能和以辅音兀收尾的字押韵”①，也就是通常所说的前后鼻音不相押。但《中华新韵》的变例则允许“痕与庚甲齐齿可通，与庚甲开口亦可酌通”。

声调不同在旧诗里一般不能同韵，近体诗尤其如此。《国音新诗韵》也规定“押韵字要属同一的实际的声调”②。但《中华新韵》则规定白话新诗“四声可通押”。因为白话新诗打破了旧体诗，模仿无声调的西洋诗，所以

---

① 赵元任：《国音新诗韵》，商务印书馆 1923 年版，第 7 页。
② 同上书，第 6 页。

阴阳上去四声（即旧平上去入）可以通押，这一点像元曲。

3. 富韵。不但甲行的最后音节里的元音（母音）和乙行的最后音节的元音（母音）完全相同，而且该元音前面的辅音也相同，即同音字相押。这是与贫韵截然不同的。《国音新诗韵》则主张“押韵字的读音不能完全相同。声母相同的字一定要介母不同（‘开齐合撮’呼法不同），介母相同的字一定要声母不同”[1]，但多字韵里末尾的轻声字则必须是同音字。

同字相押为旧诗所不允许，但白话新诗偶尔可用来押韵。同字相押这种富韵，如果两字或三字一连入韵，那么倒数第二字或第三字的声母不相同，不然成了半叠句。这就是赵元任先生所说的多字复韵：“假如最后的重音字前一字也是重音，假如也押单字韵，这就成了复韵。”[2] 押单字韵，当然不能是同音字了。例如：

你说，你最爱看这原野里
一条条充满生命的小路，（xiaolu）
是多少无名行人的步履
踏出来这些活泼的道路。（daolu）

——冯至《你看这原野里》

4. 阴阳韵。阳韵是指韵脚仅有一个字，即赵元任所说的单字韵。阴韵是指韵脚有两个或三个字，基本上就是《国音新诗韵》里所讲的多字韵：“两句句尾最后的重音字成单字韵，其后随附的字音又是要完全同音的。”[3] 白话新诗里，诗人仿照西洋诗的“外加律”（重轻音节），用白话轻声字“了”“着”“的”“吗（么）”“儿”等来构成阴韵。这是白话新诗利用“五四”白话文口语的表现，值得注意。例如鲁迅的《他》：

① 赵元任：《国音新诗韵》，商务印书馆1923年版，第7页。
② 同上书，第23页。
③ 同上书，第22页。

“知了”不要叫了，
他在房中睡着；
“知了”叫了，刻刻心头记着。
太阳去了，“知了”住了，——还是没有见他，
待打门叫他，——锈铁链子系着。

“睡”是寘韵，“记”是志韵，“系”是霁韵，鲁迅先生用《词林正韵》的第三部，不是平水韵，也不是普通话。这首诗是鲁迅署名唐俟作的新诗《他》，刊于1919年4月15日《新青年》第6卷第4号，此时为老国音语音时期。

二　韵脚的位置

韵脚的位置是指何处押韵。普通的韵都是尾韵。赵元任先生说：“在旧式的诗里，多数都是‘天天○天’，‘○天○天’，‘天天地地’，‘天天天天……’等式。”①

初期白话诗人们多数不喜欢押韵；若押韵，他们还常常沿用旧体诗的押韵方式。这包括两种情形：一是首句入韵然后是隔句押韵的句尾韵，即aaba韵法，即赵元任所说的“天天○天”（为称述方便，下文一般用a，b，c，d来记韵）。《诗经》和近体诗七绝里最常见，所以有些初期白话诗人无意识地沿用它。例如郭沫若在老国音时期写的《洪水时代》：

我坐在岸上的舟中，a
思慕着古代的英雄，a
他那刚毅的精神，b

① 赵元任：《国音新诗韵》，商务印书馆1923年版，第25页。

好像是近代的劳工。a[1]

二是初期白话诗人们有的常常沿用汉语旧体诗一韵到底的做法，并没有模仿西洋诗频繁换韵的方法，即赵元任的“天天天天……”韵式。

白话新诗模仿西洋诗，所以我们先介绍西洋诗的记韵法。这种记韵法是以 a，b，c，d 等字母表示的。王力先生总结如下：

（一）字母相同，表示韵脚相同。例如一首诗有四行，它的韵脚是 abab，表示第一行和第三行押韵，第二行和第四行押韵。

（二）如果一首诗分为几段，每段的韵脚完全相同，就可以加一个数目字来表示。例如诗共四段，每段都是 abab，就记作 4abab。

（三）如果一首诗分为几段，每段的押韵方式虽然相同，但下段的韵脚并不就和上段的韵脚一样。这种情形，我们再加星点来表示。例如 *4abab。如果连每段的押韵方式也不相同，则记作 abab *　aabb **abcb 等。

（四）大写的字母表示全行的重叠。例如 AbbaA，表示第一行和第五行全行相同。

（五）大写的 R 表示每段煞尾的叠句。例如 aabR　aabbaR。

白话新诗模仿西洋诗的韵法（押韵方法）居多，特别是 20 世纪 20 年代后期，诗人们逐渐模仿西洋诗的韵法。“隔行交韵的形式在欧化影响进来以前从没有过。现在新诗里已经不少了。”[2] 西洋诗最常见的是四行为一段，八行为一段的，常常是两个四行的结合。西洋诗四行的韵式怎样呢？王力先生分为三种[3]：

---

① 郭沫若：《洪水时代》，《学艺》第 3 卷第 8 号，1922 年 1 月。
② 赵元任：《国音新诗韵》，商务印书馆 1923 年版，第 26 页。
③ 王力：《汉语诗律学》，上海教育出版社 1979 年版，第 890 页。

1. 随韵。第一行和第二行押韵，第三行和第四行押韵（aabb）。

2. 交韵。第一行和第三行押韵，第二行和第四行押韵（abab）。

3. 抱韵。第一行和第四行押韵，第二行和第三行押韵（abba）。

其他各种韵式都是这三种韵式的变化。下面加以简要论述。

1. 四行随韵、偶体诗和三随式。白话新诗里四行随韵的不常见，有些是随韵的变式，如刘半农《教我如何不想她》，其中感叹词“啊”占一行，随韵四行。偶体诗是每两行一段一韵，而不是四行一段两韵。本来汉语的转韵古风里两句转韵的极多，如岑参《轮台歌奉送封大夫出师西征》，所以，白话诗人经常用这种中西合璧的随韵韵式。如郭沫若的《太阳礼赞》、闻一多的《发现》等。三随式就是每三行为一段，同一段的三行韵脚相同。如于赓虞的《影》。

2. 交韵。分为双交和单交。双交即偶句和偶句押韵，奇句和奇句押韵。这是交韵的正则。虽然《诗经》里已经有之，如《诗经·召南·野有死麕》：“野有死麕，白茅包之；有女怀春，吉士诱之。”但是汉语诗人不大用双交韵式。单交就是偶句押韵而奇句不押，这也是汉语近体诗和《诗经》押韵的正则。初期白化诗和后来的白话新诗采用单交韵式的很多，例如郭沫若组诗《瓶》第三十首第六段第二句“受”和第四句“酒”押韵。赵元任先生在《国音新诗韵》里以胡适的译诗《关不住了》[①] 为例：

　　我说“我把我的心收起，a
像人家把门关了，b
　　叫‘爱情’生生的饿死，a
也许不再和我为难了。”b

① 胡适：《尝试集》，人民文学出版社2000年版，第42页。

3. 抱韵。抱韵《诗经》里也有，但不多，它是西方最占有地位的“商籁体”的主要韵式。除商籁体诗人等外，初期白话诗用这种韵式的不多。1926 年以后，抱韵写诗的人就多了。前者如鲁迅的《他》（第三首），后者如蹇先艾的《雨晨游龙潭》。《国音新诗韵》以郭沫若的新诗《辍了课的第一点钟里》为例：

我在这海岸上跑去跑来，
我真快畅！　　b
工人，我的恩人！　　c
我感谢你得深深，　　c
同那海心一样。　　b[①]

除了以上几种韵式外，还有一些变式，常见的有交随相杂、交抱相杂、随抱相杂、交随抱相杂等。这些韵式其实都是随韵、交韵和抱韵的综合运用，在汉语新诗里，除交随相杂较常见外，其他几种都是诗人偶一为之，这里就不详细谈了。此外，还有叠句、半叠句，其实就是同一句诗在每段里的重复，如闻一多的《忘掉她》就是用“忘掉她，像一朵忘掉的花”在每一段的首尾两句重复再现，形成缠绵回环的韵律效果，与押韵的效果基本一致。

① 郭沫若：《时事新报·学灯》，1919 年 11 月 24 日。

第四章　白话新诗的节奏与国语语音

——以胡适为例

《尝试集》是第一部白话诗集，胡适是“五四”新诗运动的先驱，又是“五四”新文学的主要人物。他有鲜明的新诗主张，一边倡导白话文运动，一边尝试新诗，尤其对白话新诗的音节节奏多有实验。这些都对后来的汉语白话新诗创作有很大的影响，所以单列出来加以考察。

第一节　胡适的新诗理论

胡适是“五四”新文学运动的主要人物，当时很多经典的理论都出自胡适之手。前面绪论部分我们详细地讨论了胡适在国语统一运动和“五四”文学革命联姻互动中的举足轻重的地位，正是胡适的“国语的文学，文学的国语”的理论主张，促生了二者联合的最终实现。在国语运动和文学革命的共同努力下，白话文最终战胜了文言文，取得了最后的胜利。在小说和散文创作领域，鲁迅先生的《狂人日记》《孔乙己》《药》等为中国现代白话小说的创作奠定了坚实的基础；李大钊、鲁迅、周作人、钱玄同和刘半农等新文学的主将们所写的随感录影响很大。相对而言，以白话入诗，怎样把国语运动和文学革命的产儿——白话——这种语言形式应用到诗歌创作中去，从而巩固和扩大“五四”白话文的成果，完成晚清黄遵宪和梁启超等的“诗界革命”所没有的完成的诗歌革新任务，让白话在诗歌领域站住脚，这些历史任务尚未完成。因为在当时的语境下，守旧派在屡次论战后虽然承认了白话可以写非韵文的小说和散文，但不承认用白话可以创作新诗，即便是新文学内部的人对白话能否写出优秀的新诗也是怀疑的。胡适在《逼上梁山》里说：

> 白话文学的作战，十仗之中，已胜了七八仗。现在只剩一座诗的堡垒，还须用全力去抢夺。待到白话征服这个诗国时，白话文学的胜利就可说是十足的了，所以我当时打定主意，要作先锋去打这座未投降的壁垒：就是要用全力试做白话诗。①

胡适认为白话诗能否成功是文学革命取得最后胜利的标志，他决定尝试作白话新诗，为取得文学革命取得最后的胜利打头阵。

一　诗体大解放

1919 年 8 月至 1920 年 8 月的一年之间，胡适为白话诗连续撰写了《〈尝试集〉自序》《谈新诗》和《〈尝试集〉再版自序》等“五四”白话诗理论的重要论文。鉴于晚清黄遵宪、梁启超等人“以旧风格含新意境”的理论和实践的失败，胡适一开始就把“诗国革命”的突破口选在文学形式上，这与他的《文学改良刍议》中“八事”有“七事”是形式改良的主张相契。胡适主张从文学的语言形式进行改良。胡适认为，中国这两千年何以没有真有价值真有生命的“文言的文学”，“这都因为这两千年的文人

① 胡适：《逼上梁山》，赵家璧主编《中国新文学大系·建设理论集》，上海良友图书印刷公司 1935 年版，第 19 页。

所作的文学都是死的，都是用已经死了的语言文字作的。死文字决不能产出活文学”①。胡适主张创造新文学要“三步走”：工具——方法——创造。第一步是工具。他说：“古人说得好：‘工欲善其事，必先利其器’，写字的要笔好，杀猪的要刀快。我们要创造新文学，也须先预备下创造新文学的工具。我们的工具就是白话。我们有志造国语文学的人，应该赶紧筹备这个万不可少的工具。”②

在新诗创作上，胡适同样主张从诗歌的形式开始，进行语言文字的革命和诗体的大解放。胡适在《尝试集·自序》里做了详尽的解释：

> 我在美洲做的《尝试集》，实在不过是能勉强实行了《文学改良刍议》里面的八个条件；实在不过是一些刷洗过的旧诗！这些诗的大缺点就是仍旧用五言七言的句法。句法太整齐了，就不合语言的自然，不能不有截长补短的毛病，不能不时时牺牲白话的字和白话的文法，来迁就五七言的句法。音节一层，也受很大的影响：第一，整齐划一的音节没有变化，实在无味；第二，没有自然的音节，不能跟着诗料随时变化。因此，我到北京以后所做的诗，认定一个主义：若要做真正的白话诗，若要充分采用白话的字，白话的文法，和白话的自然音节，非做长短不一的白话诗不可。这种主张，可叫做“诗体的大解放”。诗体的大解放就是把从前一切束缚自由的枷锁镣铐，一切打破：有什么话，说什么话；话怎么说，就怎么说。这样方才可有真正白话诗，方才可以表现白话的文学可能性。③

很明显，胡适的诗体大解放中的“有什么话，说什么话；话怎么说，就怎么说”是他1918年4月写的《建设的文学革命论》里“有什么话，说

① 胡适：《建设的文学革命论》，《新青年》1918年4月第4卷第4号。
② 同上。
③ 胡适：《尝试集·自序》，《尝试集》，人民文学出版社2000年版，第147页。

什么话；话该怎么说，就怎么说”的承袭。到了1919年10月的《谈新诗》里，胡适进一步申说了诗体解放的内涵。他说：

> 我常说，文学革命的运动，不论古今中外，大概都是从“文的形式”一方面下手，大概都是先要求语言文字文体等方面的大解放。欧洲三百年前各国国语的文学起来代替拉丁文学时，是语言文字的大解放；十八十九世纪法国嚣俄英国华次活（Wordsworth）等人所提倡的文学改革，是诗的语言文字的解放；近几十年来西洋诗界的革命，是语言文字和文体的解放。这一次中国文学的革命运动，也是先要求语言文字和文体的解放。新文学的语言是白话的，新文学的文体是自由的，是不拘格律的。初看起来，这都是“文的形式”一方面的问题，算不得重要。却不知道形式和内容有密切的关系。形式上的束缚，使精神不能自由发展，使良好的内容不能充分表现。若想有一种新内容和新精神，不能不先打破那些束缚精神的枷锁镣铐。因此，中国今年的新诗运动可算得是一种“诗体的大解放”。因为有了这一层诗体的解放，所以丰富的材料，精密的观察，高深的理想，复杂的感情，方才能跑到诗里去。五七言八句的律诗决不能容丰富的材料，二十八字的绝句决不能写精密的观察，长短一定的七言五言决不能委婉达出高深的理想与复杂的感情。①

胡适的这些“作诗如作文”及其诗体大解放的具体做法现在看来是有问题的。它忽视了新诗发展所需要的旧诗文化传统，把新诗的发展置于一个孤立无援的断裂带。同时，它忽视了自然语言和文学语言，尤其是诗歌语言与散文语言的大限，导致了初期新诗创作的“非诗”化倾向。“有什么

---

① 胡适：《谈新诗》，赵家璧主编《中国新文学大系·建设理论集》，上海良友图书印刷公司1935年版，第295页。

话，说什么话；话该怎么说，就怎么说”在非韵文的写作里尚且不能完全行得通，更何况是对语言要求极高的诗歌这种文体呢？推翻词牌曲谱的种种束缚，不拘格律，不拘平仄，不拘长短；有什么题目，作什么诗；诗该怎么作，就怎么做。这些主张的提出具有引导新诗创作的意义，但应用于具体的创作中却是一个难题。因为，当时的知识分子在思维和表达形式上习惯了古典格律诗，要用纯粹白话方式来写诗，他们还需要一个认同和习惯的过程。但是胡适的诗体大解放在文言诗歌一统诗坛的20世纪初还是有重要的理论价值的，他完成了晚清诗界革命所未能做到的语言、诗体等形式改革，奠定和开创了中国新诗的传统。《中国新文学大系·诗集》导言中，朱自清先生说，胡适的新诗主张“大体上似乎为《新青年》诗人所共信”，而胡适《谈新诗》在那个时候“差不多成为诗的创造和批评的金科玉律了”①。所以1921年8月《新诗年选：一九一九年》的编者郑重宣告：“戊戌以来，文学革命的呼声渐起，至胡适登高一呼，四远响应，而新诗在文学上的正统以立。”②

二　胡适的自然音节与旧诗的平仄节奏

如果说诗体大解放是胡适对旧诗形式的破坏而显得笼统浮泛，缺乏新诗写作应有的可操作性，那么强调新诗的自然音节则是胡适试图对新诗形式建设的具体做法做出的示范与引导。胡适在《谈新诗》里说：

> 现在攻击新诗的人，多说新诗没有音节。不幸有一些做新诗的人也以为新诗可以不注意音节。这都是错的。攻击新诗的人，他们自己不懂得“音节”是什么，以为句脚有韵，句里有“平平仄仄”“仄仄平

---

① 朱自清：《中国新闻学大系·诗集》导言，《中国新闻学大系·诗集》，上海良友图书公司1935年版，第1—2页。

② 北社编：《一九一九年诗坛略记》，《新诗年选：一九一九年》，上海亚东书局1922年版，第2页。

平”的调子，就是有音节了。……至于句中的平仄，也不重要。古诗“相去日已远，衣带日已缓。浮云蔽白日，游子不顾返”，音节何等响亮？但是用平仄写出来便不能读了。

平仄仄仄仄，平仄仄仄仄。

平平仄仄仄，平仄仄仄仄。

新诗大多数的趋势，依我们看来，是朝着一个公共方向走的。那个方向便是“自然的音节”。①

这是胡适针对新诗没有音节（民按，胡适的音节即指节奏）的非难而做的辩护。他主要是否定了押韵和平仄对汉语新诗节奏的构成，认为“句中的平仄，也不重要”。但是，平仄是近体诗最重要的格律因素，我们谈近体诗的格律，主要就是讲平仄。《文心雕龙·声律》云：“异音相从谓之和，同声相应谓之韵。”② 刘勰强调的是前者，是讲平仄交互构成节奏上的抑扬美的，后者则是句末押韵构成声律上的回旋美的。汉语诗歌讲平仄，犹如西洋诗讲轻重律或长短律，这是由于节奏的民族特点所决定的，不是由哪一个人主观规定的。“平仄的格式就是汉语诗的节奏。这种节奏，不但应用在诗上，而且还应用在后期的骈体文上，甚至某些散文作家在他们的作品中也灵活地用上了它。”③ 况且，胡适所举的这四句古诗都很符合汉魏古诗的格律。“用平仄写出来便不能读了”也并不见得。第一，收尾三字都是仄仄仄，这是古风的常轨；第二，符合古风的“非律”原则。“古风的平仄以避免入律为原则。……如果不能句句避免入律，至少不能让出句和对句同时入律（民按，即合乎近体诗平仄格式的诗句），这是诗论家以对句救出

① 胡适：《谈新诗》，赵家璧主编《中国新文学大系·建设理论集》，上海良友图书印刷公司1935年版，第302—304页。

② 范文澜：《文心雕龙注》，《范文澜全集》第5卷，河北教育出版社2002年版，第487页。

③ 王力：《略论语言形式美》，《龙虫并雕斋文集》第一册，中华书局1980年版，第465页。

句，或以出句救对句。”① 这四句诗都是三仄调，没有律句。第三，符合古风叠平叠仄的节奏，偶字要么都是平声，要么都是仄声。这四句诗偶字除了“浮云蔽白日”一句外，其他三句都是偶字叠仄。这四句诗所表现的这三个古风特点可表示如下（三仄调加粗，韵脚加点，叠平叠仄加波浪线）：

平仄仄仄仄，平仄仄仄仄。
平平仄仄仄，平仄仄仄仄。

由此可见，胡适是以近体诗的格律来衡量汉魏古诗的格律的，当然“平仄不能读了”。

对于“自然的音节”，胡适后来在民国九年（1920）《〈尝试集〉再版自序》里是这样解释的：“诗的音节必须顺着诗意的自然曲折，自然轻重，自然高下。再换一句话说，凡能充分表现诗意的自然曲折，自然轻重，自然高下的，便是诗的最好音节。古人叫‘天籁’的，译成白话，便是‘自然的音节’。”②

那么，什么样的音节是“能读”的新诗音节呢？胡适说是“自然的音节”。怎样才能构成新诗自然的音节呢？他说：

> 诗的音节全靠两个重要分子：一是语气的自然节奏，二是每句内部所用字的自然和谐。至于句末的韵脚，句中的平仄，都是不重要的事。语气自然，用字和谐，就是句末无韵也不要紧。③

韵脚和平仄都不重要，新诗的写作主要是要有“自然的音节”。新诗里面用旧诗音节方法（双声叠韵法），“固然也是好事。但是这是新旧过渡时

① 王力：《汉语诗律学》，上海教育出版社 1979 年版，第 380 页。
② 胡适：《〈尝试集〉再版自序》，《尝试集》，人民文学出版社 2000 年版，第 185—186 页。
③ 胡适：《谈新诗》，赵家璧主编《中国新文学大系·建设理论集》，上海良友图书印刷公司 1935 年版，第 303 页。

代的一种有趣味的研究，并不是新诗音节的全部”①，所以，胡适具体分析了“音”和“节”的内涵。胡适的“音”就是声调，后文将详细讨论。他认为“节”是诗句里面的顿挫段落，即“新体诗句子的长短，是无定的；就是句里的节奏，也是依着意义的自然区分与文法的自然区分来分析的”②。胡适把旧体诗的两音步的“节”跟白话里的多音字音节做了比较，认为“白话里的多音字比文言多得多，并且不止两个字的联合，故往往有三个字为一节，或四五个字为一节的”③。他看到了汉语词汇发展双音化的趋势，看到了现代汉语与古代汉语词汇音节的不同，把新诗的“音节”奠基在现代汉语词汇的基础上，这是正确的，对后来汉语新诗创作把意义文法和语音形式结合起来分析新诗的韵律节奏有深远的影响。

胡适1920年9月15日在《〈尝试集〉再版自序》里说：“我这几十首诗，代表二三十种音节上的试验，也许可有供新诗人的参考。”④ 从胡适的《尝试集》可以看到，胡适在音节上的种种试验，经历了三个阶段。

1. 旧诗音步的残存阶段。节奏形式一般是二三式、四三式和二五式三种，其中四三还可细分为二二三式，二五式可细分为二二一二、二二二一和二四一等。比如民国五年（1916）十一月九日作的《黄克强先生哀辞》，把四言、七言和歌行杂言三种节奏汇于一诗。其中“努力杀贼”“八个大字”“呜呼将军”“何可多得”皆为二二式。“字迹娟逸似大苏”“书中之言竟何如”为四三式。“当年曾见将军之家书”“读之使人慷慨奋发而爱国”是杂言古诗的句式，接近于散文句式。

2. 词曲节奏的改良阶段。词句基本上是律句，也有些拗句，不符合平仄规范。节奏一般用五七言的律句，句式有一字句至十一字句，句式长短

---

① 胡适：《谈新诗》，赵家璧主编《中国新文学大系·建设理论集》，上海良友图书印刷公司1935年版，第304页。

② 同上书，第305页。

③ 同上。

④ 胡适：《〈尝试集〉再版自序》，《尝试集》，人民文学出版社2000年版，第183页。

不齐。胡适在尝试的后期用得多。比如民国六年（1917）十二月作的《新婚杂诗》，凡80字，此诗非根据某一具体词谱而作，是将慢词的句式转化而来。譬如前四行，就是二字句用作起句，下领四字这一词中常见句式的扩张。最后一行，是《满庭芳》煞尾句式“三字逗加四字逗加五字逗”的扩张；“便轻将爱女相许”和“待双双登堂拜母”里的“便”“待”都是去声一字豆，“只恨我十年作客，归来迟暮”，“只剩得荒草新坟，斜阳凄楚”则是词中典型的“三字下领两个四字句”的句式①，况且“只恨我”“只剩得”都是平仄仄式，完全符合词律三字句的平仄。

从这首诗的节奏看，很多是律句，两音步一节奏。四字句“初春冷雨”“中村萧鼓”“归来迟暮”“斜阳凄楚”“灯前人诉”是七言律诗的上四字，皆为二二式的平平仄仄，只有“不堪重听”不合词律平仄，但节奏仍为二二式。五字句的“阿母临终语”是五律的仄仄平平仄式，节奏为二二一式。“回首十四年前”是六字句，它是四字句的扩展，在平起的“十四”（民按，胡适用了国音声调，否则当为仄起）前加上“回首”仄仄，构成六字句，主要仍是两音步为一个节奏，“十四年前”是二一一式，整句是上二下四，很是规则合律。七字句“有个人来看女婿”是仄仄平平平仄仄，节奏是四三式。“便轻将爱女相许”里，“便”是一字豆，“轻将爱女相许”大致是平平仄仄平平，节奏是一六式，下六字还可分为四二式。至于“待双双登堂拜母”“只剩得荒草新坟”两句虽不甚符合词的平仄，但节奏还是词的，前一句节奏是一六式，下六细分为二二二式；后一句节奏是三四式，下四可细分为二二式。

除了寻找新的节奏模式以外，胡适还曾以“双声叠韵的法子来帮助音节的谐婉”，这是胡适对杜甫等古代诗人作诗技巧的借鉴。

3. 自然音节阶段。《尝试集》成熟期诗作的节奏却是自由建构的。看看

① 林康：《〈尝试集〉的艺术史价值》，《文学评论》1990年第4期。

胡适民国八年（1919）十二月写的《一颗遭劫的星》里的两句诗的节奏："那｜又轻｜又细的｜马缨花须，动｜也不动一动。"既有单音节、双音节，也有三音节、四音节甚至五音节的节奏。成熟时期的胡适白话诗，不但节奏组合自由，而且一句诗中常常含有不同性质的节奏，节奏数量自由呈现，多寡不一。例如民国八年二月的译诗《希望》就很典型：

要是｜天公｜换了｜卿和我，　2223
该｜把这糊涂世界｜一起｜来｜打破，　16212
要｜再磨｜再炼｜再调和，　1223
好｜依着｜你我的｜安排，把世界｜重新｜造过！　1232322

这首诗最少的是单音节节奏，"把这糊涂世界"竟然有六个音节，纯粹是散文的结构和节奏，为什么会出现这种情况呢？因为现代汉语"把"字句，介词"把"后面所带宾语在意念上常常是已知的、有一定的人或事物，所以宾语之前会带上"这、那"等一类的修饰语。"糊涂｜世界"是偏正短语，由两个节奏组成。这样组合起来的"把"字式，音节可以很多，为这种加长的新诗节奏提供了句法空间，如果把这句诗换成一般主动句，节奏的音节就没有这么多了："该｜一起｜来｜打破｜这｜糊涂｜世界。"《我的儿子》里"'无后主义'的｜招牌，于今｜挂不起来了"，"挂不起来了"是动补短语，还可细分为"挂｜不起来了"，古代汉语没有这种结构。《许怡荪》里"你夸奖我｜就｜同我夸奖你一样"，"一样"是助词，附在"同我夸奖你"后面，构成"同我夸奖你一样"的比况短语，做谓语。其中第一和第三节奏还可细分为"你｜夸奖｜我"和"同｜我夸奖你｜一样"。所以，是白话文的胜利创造了言文一致的口语词法和句法，这才为汉语新诗节奏及其组合模式创造了物质条件。

新诗是白话语言，现代汉语词汇以双音节为主，三音节以上的节奏其实是在双音节基础上演变而来。也就是说，胡适虽然认为"白话里的多音字比文言多得多，并且不止两个字的联合，故往往有三个字为一节，或四五个字为一节的”①，但实际上与文言的双音步有共同之处，因为现代白话文的语音、词汇和语法都是从古代汉语发展而来，尤其是词汇系统。古代汉语词汇自中古以来就大量双音化，现代汉语词汇双音化的趋势仍未停止。所以，汉语新诗两音节为基础的多种节奏模式与旧诗两音步的平仄节奏有着天然的联系，不是哪一个人想不承认就不承认的。

为了说明这个问题，有必要重新回顾一下汉语构词双音化的历史。在上古汉语是以单音词为主的，“但是，从先秦的史料看来，汉语已经不是纯粹的单音节语。……到了中古时期，双音词逐渐增加。我们很容易误会，以为双音词的大量增加只是鸦片战争以后的事，以为只是受了外语的影响。实际上，汉语由单音词过渡到双音词的发展，是汉语发展的内部规律之一。远在唐代，汉语双音词已经非常丰富了。”② 著名语言学家王力先生曾从唐代的三篇变文里考察出很多双音词③，这些双音词多数流传到现代，譬如“悲哀、非常、容许、光明、利益、计较、究竟、千万”等，被胡适等新诗的作者广泛使用着。鸦片战争以后只是有关政治、经济和科学方面的双音词多了而已。

事实证明，即使是音译外来词，往往也要加上一个类名，以满足词汇双音化的诉求。“啤”“卡”本已代表源语相应词的语音形式（beer，car），但为了满足双音化需求，于是添加了事物类名词“酒”和“车”。为了双音化，甚至不避造成语义上的羡余。比如“石碓”一词，《现代汉语词典》释义为“碓（舂米用具）”。显然，增加的定语“石”并未给中心语带来新信息，在“碓”的词义中已包含了“用石制成”的材料义素。“石磨”“石

① 胡适：《谈新诗》，赵家璧主编《中国新文学大系·建设理论集》，上海良友图书印刷公司 1935 年版，第 305 页。

② 王力：《汉语史稿》，中华书局 1980 年版，第 342—343 页。

③ 同上书，第 343 页。

磙”也是如此。其实，这种情况古汉语中也大量存在。如“趾”一义指“脚指头”，“指”一义指“手指头”。现代汉语中“趾”用双音词“脚趾（指）”来表示，“指”用双音词“手指”来表示。其实“脚”和“手”的义素已蕴含在“趾”“指”之中（《康熙字典》引《尔雅·释言》：“趾，足也。”《说文·十二上·手部》：“指，手指也。”）可见，增加羡余义素只是使原有的单音词双音化而已。古汉语中有一种足句虚词，如“亡之！命矣夫！”（《论语·雍也》）“知子之来之，杂佩以赠之。”（《诗·郑风·女曰鸡鸣》）“叔于田，巷无居人。”（《诗·郑风·叔于田》）“久之，目似瞑，意暇甚。”（柳宗元《狼》）“鸣之而不能通其意。”（韩愈《马说》）王力先生指出：“有些虚词，并没有什么实际意义，只是为了语言节奏的需要，把它放在句子里。”① 所谓“为了语言节奏的需要”，实际上也是增加羡余成分以满足汉语构词双音节之需求。汉语佛教词汇多为双音节，如果是三音节就要减缩成双音节。例如：

全译	节译	全译	节译
设利罗	舍利	阿罗汉	罗汉
罗刹娑	罗刹	毗舍多	吠舍
夜乞叉	夜叉	三摩提	三昧

佛教汉语词汇双音化程度在同期各种汉语文献中最高，步伐最快。其由三归二，影响至巨。

网络语言与正规汉语词汇和语法体系有别，其使用者在创造和使用网络语言时主要以双音节为主。据《北京晨报》2006 年 5 月 23 日的报道，教育部和国家语委首次公布了网络语言使用频率排行榜。前 20 强中，双音词占 11 个，超过了一半。值得思考的是，有的本是奇数音节但被缩略成双音

① 王力：《汉语语法史》，商务印书馆 1989 年版，第 161—164 页。

节，如“那样子”称“酿紫”，“有派头”称“有形”，“提意见”称“拍砖”，“了不起”称“弓虽”（拆单以凑双），“是不是”称“系咪”，“发帖子”称“灌水”，“超女何洁的歌迷”称“盒饭”，“喜欢相声演员郭德纲的观众”称“钢丝”，等等。创造和使用这些网络语言的人大多数不是语言学家或从事语言学研究的学者，因此，上述事实更能说明问题。

与汉语有发生学关系的藏缅语，其构词法与汉语相似，也有追求偶意的趋势。戴庆厦认为，“现代藏缅语大多数语言的名词都以双音节为主，而且通过亲属语言比较能明显看出，有许多双音节名词都是由过去的单音节演变来的”①。

为什么汉语词汇的发展会化单为双、由奇到偶呢？一般认为是上古语音简化后的补偿，也有人主张“韵律说”，还有人认为是心理“组块”。为什么人们在理解语句时偏偏要组成两个音节作为一个音步呢？可能有多种解释，但与汉语语法的偶意精神不无关系，汉语词汇的双音化，是汉语语法偶意精神的直接对象化和完美表现。松浦友久在《唐诗语汇意象论》里说，中国诗歌“从构思到韵律，重视对偶思维。一般来说，对偶的表现手法，无论在哪国的诗歌里面也不罕见。但是中国诗歌里，它植根于应该说是中国式思维的本质的对偶感觉，而且由于结合‘中国语的基础单位二音节结构’、‘古典韵律的基础单位平仄二分对立’、‘汉字一字一音节的表记’等特点，使它超出了单纯的表现手法的范围，成为生理的、体质的东西”②。偶意思维对中国人之所以是一种本质的东西，因为它已经成为中国人看待世界的方式，成为创造文化诸形式包括造字和制文的潜在理据③。

胡适没有充分地看重旧体诗平仄音步对新诗的节奏形成的作用，这是

---

① 戴庆夏：《藏缅语个体量词研究》，马学良等《藏缅语新论》，中央民族学院出版社 1984 年版，第 178—179 页。

② ［日］松浦友久：《唐诗语汇意象论》，陈植锷、王晓平译，中华书局 1992 年版，第 129 页。

③ 张建民：《论汉字构形的对称和汉语语法的偶意》，《兰州大学学报》（社会科学版）2010 年第 1 期。

他的新诗节奏理论的最大问题。

旧诗的平仄节奏是长短律和高低律体系的综合范畴。

古代汉语的四声的具体音值，除了入声的调值是短促以外（现代的一些汉语方言仍然这样读），其他三声已无从知晓，何况四声的调值会随着时间发生变化；古代方言很复杂，九州之人，言语不同，没有什么统一的语音标准，基本上不可能都具备相同的调值。但是从前人对四声调值的描写也可以看出古四声的一些调型变化。例如唐代释处忠《元和韵谱》：“平声哀而安，上声厉而举，去声清而远，入声直而促。”① 明代释真空《玉钥匙歌诀》：“平声平道莫低昂，上声高呼猛烈强，去声分明哀远道，入声短促急收藏。”② 现代学者对古四声的调值研究较少，一般认为平声是个平调。平声的“平”有描写其发音平稳的意思，“哀而安”也可能指调型平稳无曲折。梵汉对音常用平声字对译梵文的长元音字，表明平声的音长较长，可以在吟咏时曼声拖腔；调型的平稳和音长的长相关，不平的调吟咏起来是不好延长的。上声可能时长较短，梵汉对音常用上声字对译梵文的短元音字。去声的调型不好判断，“就音高而言，去声可能是比较低的”③。

语音的四个要素里，音色构成押韵，音长、音强和音高形成节奏，此外，没有别的任何东西可以构成节奏。古汉语的平仄节奏是长短律、轻重律还是高低律呢？王力先生倾向于长短律，王力先生认为“古汉语的平声大约是长音，仄声大约是短音，长短相间构成中国式的节奏”④，同时王力先生似乎又主张是长短和高低的综合，他说：“但也可能既是长短的关系，

---

① ［日］僧人弘法：《文镜秘府论》卷四“文笔十病得失”所引，转引自麦耘《音韵学概论》，江苏教育出版社2009年版，第95页。

② （明）释真空：《玉钥匙歌诀》，转引自罗常培《汉语音韵学导论》，中华书局1956年版，第77页。

③ 麦耘：《音韵学概论》，江苏教育出版社2009年版，第95页。

④ 王力：《中国格律诗的传统和现代格律诗的问题》，《文学评论》1959年第3期。

又是高低的关系。”[①] 其实在旧诗中，长短高低的音步相间互错，构成吟咏的节奏。

现代汉语的声调系统及其调值跟古代汉语虽然有很大不同，但是阴阳上去的声调仍然存在。“如果说诗的格律应该反映语言的语音体系的特点的话，声调（平仄四声）正是汉语语音体系的最大特点，似乎现代格律诗不能不有所反映”[②]。新诗的平仄必须以国语运动所确立的统一的语音标准为根据，再不能用古代的平仄，这一点胡适的主张是有道理的。王力先生谈到现代格律诗的节奏时，建议把现代汉语的声调仍然分为平仄两类，阴平和阳平是平声，上声和去声是仄声（入声在普通话里已派入四声了）。新国音与现代汉语普通话基本一致，其平声的调值也是高调和长调，仄声（上声和去声）都是低调和短调：去声可长可短，短的时候多，上声全调较长，但连读大都为短降调。如果汉语新诗的平仄节奏能以当时的国音标准为根据，那就要考虑国音平仄声调的实际音值。如果是以旧国音的平仄为根据，因为入声在老国音里仍然独立，就与阴阳上去合称“五声”；如果是新国音标准，入声分派就与现代汉语普通话一致。如此便也能如同旧诗一样，形成高低长短相间的长短律和高低律的国音新诗节奏。这个节奏主要是双音步（这一点与旧体诗两音步一节奏基本一致），当然可以是三音节等，三音节以上的节奏就比较少了。而且三音节以上的节奏可以继续划分成以双音节为主的几个，例如胡适所举的三音节以上为一个节奏的“望着我”“还想着我”“弹三弦的人”还可以分为“望着/我”“还/想着/我”“弹三弦的/人”，只要意义、语法和语音形式一致即可，不必如旧诗的两音节一音步那样太拘守了。

胡适关于新诗的音节节奏的主张，成为“五四”时期新诗作者共同奉

---

① 王力：《略论语言形式美》，王力《龙虫并雕斋文集》第一册，中华书局 1980 年版。
② 王力：《中国格律诗的传统和现代格律诗的问题》，《文学评论》1959 年第 3 期。

从的金科玉律。俞平伯讲求“音节务求谐适，却不限定句末用韵”[1]，郭沫若主张诗纯粹的内在律，反对外在的韵律和形律，比如平上去入、强弱长短、高下抑扬，双声叠韵等[2]。朱湘认为“音节之于诗，正如完美的腿之于运动家”[3]。没有腿的运动家成就就可想而知了。1926年，闻一多发表的《诗底格律》，提出新诗创作的建筑美、音乐美和绘画美原则。他提出的新诗音乐美，就是主张新诗节奏韵律的和谐统一，把新诗节奏从胡适等的自然形式上升到艺术规范之高度，实际上是对胡适自然的音节的继承。可见似乎需要从传统诗歌的平仄节奏借鉴艺术的经验，才能建立起新诗的节奏，否则空洞地谈“和谐”“韵律”“节奏”是不能建立汉语新诗的节奏的。

第二节　胡适新诗节奏理论与国音轻声的研究

如果说胡适没有充分地看重旧体诗平仄音步对新诗的节奏形成的重要作用，而就此否定他的新诗节奏理论，这不是历史主义的做法。其实，胡适节奏理论最闪光的是，他对现代汉语轻声字的发现及其在新诗节奏形成中的作用的论述。胡适以“轻重高下”的轻声构成新诗节奏的理论主张，与民国时期人们对国音，尤其是国音轻声的研究和认识息息相关。所以我们暂时绕开论题，较为详尽地探讨一下民国时期人们对国音轻声的研究。

---

① 俞平伯：《白话诗的三大条件》，赵家璧主编《中国新文学大系·文学论争集》，上海良友图书印刷公司1935年版，第264页。

② 郭沫若：《论诗三札》，参见杨匡汉等编《中国现代诗论》，花城出版社1985年版，第51页。

③ 罗念生：《朱湘书信集·致曹葆华》，上海书店1983年影印本，第29页。

一 民国时期国音轻声的研究

传统音韵学中没有轻声这个概念。民国时期研究国音轻声的，赵元任先生的成就最大，其次是魏建功先生。赵元任在1922年的《国语罗马字研究》中第一次提出“轻声”概念。以后他在《国音新诗韵》(1923)、《北平语调的研究》(1929) 和《汉语的字调和语调》(1933) 里继续讨论了轻声问题。魏建功在1941年的《中华新韵·国音简说》、1942年7月题为《关于〈中华新韵〉》的讲演和1946年的《国语常用“轻声”字》[①] 三篇文章里深入周详地讨论了轻声问题。此外，论述国音轻声的还有国语运动的其他诸人。比如汪怡的《国语发音学》[②]、后觉的《国语声调研究》[③]、钱玄同的《本书的说明》[④] 等。这些学者基本上都是国语运动的主要人物。本节将重点介绍赵元任和魏建功两位的轻声研究。

下面我们从两个方面讨论民国时期国音轻声的研究。

(一) 轻声及其音变

赵元任先生在1922年的《国语罗马字的研究》一文开头首次提出“轻声”的概念。赵先生在“国语罗马字的草稿”里，使用了“轻音的”概念：“入声也加 h，在字典和教科书里加 h'；轻音字永远轻读的也用去声符号（就是不用符号）。偶尔轻读仍照原来声调写。（这类字的音本来是中性的短音，去声的音高也是不高不低，读短些也差不多。例如‘先生’中的‘生’是轻音，所以就和‘先胜’念快了差不多）”[⑤] 1923年赵元任在《国语新诗韵·第二章声调》中仍然使用了“轻音”的说法并精辟地分析了轻声的调

① 魏建功：《国语常用“轻声”字》，《魏建功文集》第四卷，江苏教育出版社2001年版，第352—365页。

② 汪怡：《国语发音学》，商务印书馆1924年版，第251页。

③ 后觉：《国语声调研究》，中华书局1926年版，第11页。

④ 钱玄同：《本书的说明》，《国音常用字汇》，商务印书馆1932年版，第9页。

⑤ 赵元任：《国语罗马字的研究》，《赵元任语言学论文集》，商务印书馆2002年版，第58页。

值变化："此外还有两种声调，一种是叫'赏半'……另一种是轻音的声调，凡是轻读的字无论本来属于哪声，轻念的时候，就带过去成一种中性的短而轻的声调。……'轻'声的音高在中部，长短和'入'声差不多，就是没有'入'声读得那么重。"① 赵先生还分析了字与字连读产生的轻声变调："凡是字音轻读的时候，都不照原来声调读，但只用一种不高不低的'轻'声含含糊糊的带过去。"② 他举"瓜子"和"橘子"为例，前者"子"和"瓜"都读原调上声，后者的"子"是不读上声而读轻声。这是民国时期对旧国音轻声调值变化的最早分析。到了1929年在《北平语调的研究》中，赵先生对轻声在新国音阴阳上去后的调值变化做了更具体的分析，指出"单字音在词里头改变声调的最要紧的例就是轻音字。……而轻声字可就完全失去它的固有的阴阳赏去的声调，它的音高性质就完全跟着它的环境而定了"③。赵先生具体描述了轻声字的中、高，低三种读法规则，即：阴+轻=高+中、阳+轻=升+中、赏+轻=低+高、去+轻=降+低，并总结了轻声字连用的变化规则，即连用单个轻声的规则：阴轻轻=高中低、阳轻轻=升中低、赏轻轻=低高中、赏轻轻轻=低高中低。这些规则至今仍被普遍使用。同时赵先生列出四条轻声元音音变规则：ia变为ie；ua变为uo；ai变为ei；语气助词"了"的韵母iao变为e。赵元任在1932年《国语语调》的演讲中说："国语有所谓'轻声'一种声调，但这并不是阴阳上去之外又加上一个第五种字调，是不管阴阳上去哪一调的字在待会我要讲的情形之下会读得很轻，又因为轻读的缘故把原来高低的变化全失落掉了。……轻声不论本来是什么调的字都是读得短一点，并且是平的没有多少高低的变化。它的高低要看前头一个字是什么调。前头是阴

① 赵元任：《国语新诗韵》第二章"声调"，《国语新诗韵》，商务印书馆1923年版，第4—5页。

② 同上书，第5页。

③ 赵元任：《北平语调的研究》（1932），《赵元任语言学论文集》，商务印书馆2002年版，第256页。

平或阳平读半低，比方：青的，黄的。在上声后读高音，但没有阴平那么高，当然也没有那么重那么长，比方：紫的。在去声后是低音，比方：绿的。”① 这个说法与1929年在《北平语调的研究》中的论点基本相同，只是后者更加量化详尽。赵元任于1933年4月20日在第145届美国东方协会会议上宣读了《汉语的字调跟语调》一文，肯定汉语有声调重音，并以之解释轻声的发生：“力重（stress - accent）在多数汉语方言中不起任何重要作用。但有少数几种方言，包括北京话，声调重音起的作用如此之大，使得非重读音节不但元音趋于模糊，而且失掉了原有的声调，通常剩下一个短平调，其高低由前面的音节来决定。”②

纵观赵元任先生20世纪二三十年代的这几篇有关汉语轻声的文章，可以发现，他对汉语轻声主要是从音的高低（“不高不低”“把原来高低的变化全失落掉了”“高低由前面的音节来决定”）、音的轻重（比如用“轻读”“轻念”“读得很轻”）和音的长短（比如“短音”“读得短一点”“短平调”）的综合角度（比如“短而轻”“‘轻’声的音高在中部，长短和‘入’声差不多，就是没有‘入’声读得那么重”“读得短一点，并且是平的没有多少高低的变化”“但没有阴平那么高，当然也没有那么重那么长”）分析的，这都是很有见地的，基本上符合后来实验语音学对轻声声学性质的研究。

民国时期的汪怡是读音统一会会员，国语统一筹备会会员，国语统一会常务委员。在国语统一筹备会连续举办的国语讲习所讲习班上，他担任国音课教员。汪怡在1924年著《国语发音学》，这是国语统一运动中产生的第一部适用的国音课本，具有开创性意义。汪怡认为轻声是“关于声调的音变”，“轻音字因即已失去原来本字五声的声调，所以也不必再加五声

① 赵元任：《国语语调》（1932），《赵元任语言学论文集》，商务印书馆2002年版，第429页。

② 赵元任：《汉语的字调跟语调》（1933），《赵元任语言学论文集》，商务印书馆2002年版，第743页。

符号了”。轻声“只要轻轻一带，不必再分五声，因为他们本字的声调早已失去的了。……即此，可见轻音字是自成一种声调，不必读他们原来的声调的”[①]。可见，汪怡在将轻声看作特殊变调的前提下，论述轻声是失去本调的不同于“五声”（阴阳上去入）的声调。同时，在《国语发音学》中，汪怡发现轻声不但失去了本调，而且也变及韵母和声母：“再轻音国语用的很多，除不必拘泥他们原有的声调以外，还有变及韵母或声母的发音的。”[②]汪怡在“关于声母的音变”和“关于韵母的音变”里做了简单的论述。并在讨论“重音”时附带地讨论了“轻音”。汪怡的上声音变是根据赵元任先生的“上声音变表”。1926 年，后觉在《国语声调研究》中认为轻音是弱读现象，与音的长短有关：“不过词调除了音高关系之外，还有强弱之别。所谓强弱，就是发一种语音时用力的轻重之关系。轻音（平、上、去、入）以外的一种特殊的腔调，其实就是最弱的弱音，其长短是和短音——如入声——相类似，而没有那么强，而强音则无关于长短。”[③] 后觉分析了轻声造成的韵母变化，如变韵，“它们底变韵，都是由开口的程度高的变到低的”和失韵[④]。后觉的这些论述具有一定的系统性，与赵元任先生的结论基本上一致。

钱玄同是“五四”新文学革命和国语运动的主要干将。1932 年，他为教育部颁布的官书《国音常用字汇》撰写了长篇序言《本书的说明》，其第 5 条明确了轻声的变调属性：“北平音系的声调，为阴平，阳平，上，去之四声，而没有入声。（此外尚有‘半上’与‘轻声’，是因词类与语调的关系而变成的声调，不是独立的声调。）”[⑤] 魏建功先生在 1941 年《中华新韵·国音简说》里，认为轻声是一种变调：“通常声调属于单字，口语词类

---

① 汪怡：《国语发音学》，商务印书馆 1924 年版，第 251—252 页。

② 同上书，第 252 页。

③ 后觉：《国语声调研究》，中华书局 1926 年版，第 11 页。

④ 同上书，第 7 页。

⑤ 钱玄同：《本书的说明》，《国音常用字汇》，商务印书馆 1932 年版，第 9 页。

也有调；因有词调，常把字调发生变化。国语变调有二：‘半上’，‘轻声’。”[①] 并论述了轻声的语法功能。

钱玄同对官书《国音常用字汇》里轻声的分类是举例性的，到了他的学生魏建功先生，就详尽得多了。魏建功是国语运动后期的主要人物。他根据民国官书《国音常用字汇》的新国音标准和收字材料，“斟酌古今，权衡文质”，编纂了《中华新韵》这部汉语韵书史上最好的官韵。1942 年 7 月魏建功先生在题为《关于〈中华新韵〉》的讲演里，对《中华新韵·例说》关于写作的押韵例“四声通押，变调可用”做了补充说明。魏先生指出了变调及其在白话文里的辨义的作用：“至于变调，可说是口头说话的一个特色。……中国语言可说是世界上最优美的语言，不但每个字读起来有声调之美，而且还有一种变化的调子，就是说话时声音有轻重之别。……常因说话时所表示的意思而变更其轻重的调子，叫作变调。”[②] 发表于 1946 年的《国语常用“轻声”字》中，魏建功指出方言轻声与国语的不同：“全中国的语言都有轻声，但各地习惯不同，有些差别；也许国语是轻声，方言不是轻声；而国语非轻声，方言反是轻声。”他从国语轻声在国外推广的比较角度分析了轻声的性质。他批评了日本人将轻声与四声混淆的观点：“日本人讲语言，硬派这轻声归到了 Accent 范围内里，并且连四声也一齐拉在里面。”区分了四声和 Accent 的不同：“四声属于 Pitch，轻音是 Stress。Accent 和 Stress 相对，却不包括，更不能含有 Pitch。”他认为轻声是 Stress（音强）而不是 Accent（重音）。魏先生不认为汉语单字有重音音节，他指出：“一个字（语）音有他的 Pitch 上的四声，但没有轻重的 Accent 和 Stress。”只有在音节组合里才产生轻重音：“一个语词由几个音的部分组成，每一音有四声，几个音相连的关系上有 Stress 关系的变轻，

---

① 魏建功：《中华新韵·国音简说》，《中华新韵》，台湾正中书局 1963 年版，第 143—144 页。

② 魏建功：《关于〈中华新韵〉》，《魏建功文集》第 1 卷，江苏教育出版社 2001 年版，第 635—636 页。

但没有变重的 Accent。”这一点与句子中的逻辑重音不同：“一句话由几个语词组成，每一音有四声，几个音相连的词有变轻的，在整句里有些音或词有加重的 Emphasis，但不是 Accent。”魏建功的结论是：“我们要注意真正的 Stress 性质的轻声才对。混轻声与 Accent，是日本语言学者的通病。”① 魏建功还开列了“国音常用‘轻声’字例表”，在民国官书《国音常用字汇》里 20 个轻声字的基础上，以《中华新韵》分韵次第排列字例，增补了大量的民国时期的轻声字，以供人们辨析和使用轻声字。

在 20 世纪 80 年代的实验语音学对轻声声学性质做出定量研究之前，民国时期的魏建功强调轻声以语音的音强变弱为标记，指出它与句子里逻辑重音的不同，这是难能可贵的。

此外，魏建功在 1946 年的《国语常用“轻声”字》中分析了轻声的变韵。

ㄚ→ㄜ　ㄧㄚ→ㄧㄝ　ㄨㄚ→ㄨㄛ

ㄞ→ㄝ　ㄧㄤ→ㄧㄥ　ㄨㄛ→ㄨㄜ

ㄟ→ㄝ　　　　　　ㄨㄞ→ㄨㄝ

ㄠ→ㄡ

ㄡ→ㄛ

ㄥ→ㄤ

除了“ㄧㄤ→ㄧㄥ，ㄥ→ㄤ”等几个外，轻声使主元音的音色变得含混、单化或央化，基本上符合轻声变韵的语言事实，这比赵元任先生的轻声元音音变更为周详。魏建功先生的轻声研究，尤其是对于轻声和汉语白话文的关系的见解，今天看来仍然熠熠生辉。

① 以上所引均见于魏建功《国语常用“轻声”字》，《魏建功文集》第 4 卷，江苏教育出版社 2001 年版，第 358—365 页。

（二）轻声类别和轻声词范围

关于轻声类别和轻声词范围，也颇受民国时期学者们的关注。赵元任在1929年发表的《北平语调的研究》里将轻声分作两类：有规则的和没有规则的。前者有六类：即语助词（阿、罢、的、得、地、着、了、吗等），虚词词尾（这·个，但·是，什·末，后·头，我·们），趋向动词（回·来，弄·掉，走·出·去），表方位的后置词（不特指的时候），作宾语的代词（不特指的时候）和“要不要”式里“不”字跟后面的动词。对于没有规则的轻声，赵元任先生也做了合理的分析。他说：

> 没有规则而又不可以念错的，就是有好些两三个音节的词，往往它们的第二个音节，或第二第三个音节得要念轻音，否则就不成话（或成南方官话）。这个固然也不是全无道理的，大致说来可以说资格老一点的词常常含有轻音字，资格浅的词（新名词之类）就差不多总是照单字匀着念的。但是这个原则例外很多，实际上的办法只有留心听或是查注轻重音的词典。①

赵元任在1935年的演讲《国语语调》里也表达了同样的看法，但把《北平语调的研究》里有规则的和没有规则的轻声分类换成文法上的轻声和词类上的轻声，提法更准确了。同时他更强调了助词读轻声规则的重要性：“一切助词都是轻声，并且因为助词是轻声中的最轻的。这是几条当中最紧要的一条，凡是‘的’‘了’‘着’‘呢’不读轻声的de，le，je，ne，而读‘地’‘瞭’‘酌’‘泥’，那这是认国字，不是读国语。……因为助词在文法上的结构上是一个极重要的关键，助词弄不好是根本不能体

① 赵元任：《北平语调的研究》（1932），《赵元任语言学论文集》，商务印书馆2002年版，第258页。

会国语的神气的。”[①] 赵先生的这个看法是十分精辟的，他发现了助词所形成的轻重节奏对表现国语神气的韵律作用。此外，汪怡也谈到了轻声音变的范围，但都是混入其他音变里的举例而已，明显缺乏系统性。

1926 年，后觉在《国语声调研究》中也分析了轻声字的类别和范围。后觉分析了两类轻声字，他说：“不过有些词儿底轻音是一定的；有些是很活动的，如‘现在’、‘将来’底‘在’跟‘来’，或说成轻音，或说成和‘现’、‘将’一样重。”[②] 后觉称之为“活轻音”。这实际上是赵元任先生所说的有规则（文法上）的和没有规则（词类上）的轻音，“现在”“将来”是没有规则（词类上）的轻声。后觉还分析了活轻音的两种情况。对于有规则的（后觉称为“一定的”）轻音，他认为，“凡各个句助词、介词跟联系词‘的’（分化则为‘的’、‘底’、‘得’），都念轻音，这是一定的”[③]。后觉进一步探讨轻音的规则：1. 名词、动词重叠后的后一读轻声：“凡叠音词属于副词、形容词的，一概没有轻音；属于名词、动词的，后一音节一定是轻音。”2. 做宾语的代词（非强调）。后觉指出“您”字不读轻音。“们”字读轻音[④]。

钱玄同在官书《国音常用字汇》中对轻声的分类和范围的说明是列举性的，其第 9 条云：“轻声字除‘的，么，呢，了……’这一类字以外，有许多词类，其中音或末音，因语调的关系而变为轻声者甚多，这是应该另编《词汇》来说明的。本书但略举一二，如‘琵琶’的‘琶’，‘哈喇呢’的‘喇’，‘晌午’的‘午’等，聊以识别而已。”[⑤] 由此可以看到，钱玄同也是从语法上和词类上将轻声分类的。

魏建功先生 1941 年在《中华新韵》里提出“文言无轻声”，强调了

---

① 赵元任：《国语语调》（1935），《赵元任语言学论文集》，商务印书馆 2002 年版，第 430 页。
② 后觉：《国语声调研究》，中华书局 1926 年版，第 11—12 页。
③ 同上书，第 13 页。
④ 同上书，第 15 页。
⑤ 钱玄同：《本书的说明》，《国音常用字汇》，商务印书馆 1932 年版，第 9 页。

轻声字的区别词义作用，精辟地分析了轻声在文体、艺术中的重要作用："文言和语体，歌剧道白和话剧对词，其不同实在于轻声变化的有无。"① 这是民国时期其他轻声研究者不曾关注的。魏先生深刻地指出轻声变调在新诗创作里的意义："近来白话文讲如何符合口语，但都不很在意变调，这是一个缺点。……白话文既求接近口语，那么新诗作者就应该注意这一点，多以变调押韵，以表现我国语言的特色，这样，庶乎可以产生伟大的作品。"② 这是民国时期关于国音轻声研究与新诗创作互动的最好论述。新诗作者大都没注意魏建功的中肯理性的建议，想怎么写就怎么写，结果造成了毛泽东所说的"用白话写诗，几十年来，迄无成功"的局面。

魏建功先生在《国语常用"轻声"字》里详尽地论述了国语轻声字的特点。他指出，在言文一致的条件下，应纠正重视依照单字学习基本读音而忽视按着口语学习变化读音的错误倾向。他详尽地分析了轻声的类别和轻声词范围、轻声字的作用：1. 语法上的轻声。名词、动词、形容词和副词等重叠音（字）的轻声模式及其区分词性的语法功能，助词、构词后缀、表示方位的词或语素和动词、形容词后面表趋向的词的轻声及其意义。2. 词类上的轻声。两字组后一字和三字组的中间一字读轻声。尤其可贵的是魏建功探讨了一些构词后缀轻声字（如"么""们"）的历史音变来源，这是很精辟的。他说："（词尾）另有一种，原在一个文字里包含着，经过时代的变迁或地方的转移，发音习惯和方法的差异把相同性质的成分变成不同的形式。这就是'么''们'的国语词尾的来源。"③ 比如词尾"么"的来源："甚写成什么，原ㄕㄜˇㄇ变成ㄕㄜㄇ̣ㄜ，因为'甚'变成

① 魏建功：《中华新韵》（1941），正中书局1963年版，第144页。

② 魏建功：《关于〈中华新韵〉》，《魏建功文集》第1卷，江苏教育出版社2001年版，第636页。

③ 魏建功：《国语常用"轻声"字》，《魏建功文集》第4卷，江苏教育出版社2001年版，第358页。

ㄕㄣˋ不能符合。”“不能符合”是指“甚”是闭口韵 -m 尾，ㄕㄣˋ是收 -n 尾，古汉语不同。

二　胡适新诗节奏理论与国语语音的轻声

胡适认为“音”就是新诗的声调，声调里的音强构成了新诗的节奏。他说：

> 新诗的声调有两个要件：一是平仄要自然，二是用韵要自然。白话里的平仄，与诗韵里的平仄有许多大不相同的地方。同一个字，单独用来是仄声，若同别的字连用，成为别的字的一部分，就成了很轻的平声了。例如“的”字，“了”字，都是仄声字，在“扫雪的人”和“扫净了东边”里，便不成仄声了。我们简直可以说，白话诗里只有轻重高下，没有严格的平仄。……白话诗的声调不在平仄的调剂得宜，全靠这种自然的轻重高下。①

由于西方现代语言学（尤其是现代语音学）刚刚开始引入我国语言学界，因此，“五四”时期的诗人对现代语音学的理解，大半是凭着感性的经验而不是科学的理论，所以概念含混，概念的内涵不同，胡适也不例外。胡适论述的“音”包括声调和用韵，这是很笼统的不科学的说法（用韵一层放在后面再讨论）。先看看第一层的平仄问题。胡适所说的“平仄要自然”和“白话诗里只有轻重高下，没有严格的平仄”是有一定道理的，其中最关键和最有价值的理论是，他看到了国语白话口语里的轻声词，看到了这些轻声词在构成新诗节奏中的巨大作用，他要求汉语新诗的节奏从旧诗的长短律和高低律向新诗的重轻律转轨。

---

① 胡适：《谈新诗》（1919），《中国新文学大系·建设理论集》，上海良友图书印刷公司 1935 年版，第 305 页。

胡适的“白话里的平仄，与诗韵里的平仄有许多大不相同的地方”，有两层含义，表面上是指“的”“了”等助词在连读里的变调为轻声，其实还有一层隐形的含义，就是20世纪20年代左右汉语声调系统的变化。涉及平仄转化的声调变化就是，仄声（入声）字在北京话里有一部分派入平声（阴平和阳平，胡适称之为“很轻的平声”），胡适虽然表述得有点含混。只有以“京音京调”（北京话声调及其声韵系统）为语音标准的新国音才有胡适所说的文言和白话声调的区别，旧国音是无是分别的。在这一点上他确实比国语运动诸人超前。前文说过，民国二年（1913）读音统一会确定了有平上去入五声的旧国音。民国五年（1916）“国语研究会”成立，在其成员的积极宣传下，民国七年（1918）教育部正式公布注音字母，它仍然是记录旧国音的。民国六年（1917）年底，远在美国的胡适申请加入国内的国语研究会。民国八年（1919），国语统一筹备会成立。民国九年（1920）掀起了国语标准语的纷争。民国十二年（1923），黎锦熙著《京音入声字谱》，主张废除旧国音中的入声，把入声字改成京调，于是国音京调确定。民国十三年（1924），国语统一筹备会决定以漂亮的北京语音为标准音，“风声所播，东南传习国语的，从民国十五年（1926）起，大家渐渐地都改用北京音了”①。但是，这个语音标准，一直迁延至民国二十一年（1932），国民政府教育部才颁布。

由国语语音标准变化的“履历表”和前面所讨论的民国时期轻声研究，我们可以较稳妥地看到，胡适在1919年10月发表的《谈新诗》里提出的古代汉语和国音之间的旧入声的平仄演变确实有一定的前瞻性。国语运动诸人，一直到民国十二年（1923），只有黎锦熙主张废除旧国音中的入声，把入声字改成京调（入声问题很敏感，直到目前的旧诗韵改革，入声的存废仍然是争论的焦点）。现在看来胡适当时的偏激是有道理的：

① 黎锦熙：《国语运动史纲》，商务印书馆1934年版，第173页。

“没有一种国语是教育部的老爷们造成的。没有一种是言语学专门家造成的。没有一种不是文学家造成的。”[①] 胡适的入声看法可能受到近代以来北方俗文学和白话文学的影响。胡适非常看重近代白话小说《水浒传》《西游记》《儒林外史》等，认为学习这些白话小说是国语统一的正途（即“国语的文学”）。入声在北方的元散曲和杂剧中已经派入平上去三声，稔熟白话发展史的胡适不可能不了解这一点。这里不准备多谈这个问题。

下面我们重点讨论胡适所论白话“的”“了”等助词在连读里变调为轻声时所形成的新诗节奏模式与国音轻声的关系。

赵元任强调国音里“一切助词都是轻声……助词在文法上的结构上是一个极重要的关键，助词弄不好是根本不能体会国语的神气的”[②]，这种精辟的见解与十六年前胡适在《谈新诗》里强调的新诗声调的“轻重高下”前后辉映。胡适敏锐地发现，白话里的有些字的平仄与诗韵里不同，如“的”“了”等字，因为在诗韵里，这二字是仄声，在白话里如果“同别的字连用，成为别的字的一部分，就成了很轻的平声了”。胡适列举了周作人《两个扫雪的人》的两行诗来说明这种轻重高下的音节模式。他说：“‘祝福你扫雪的人’上六个字都是仄声，但是读起来自然有个轻重高下，‘不得不谢谢你’六个字又都是仄声，但是读起来也有个轻重高下。又如同一首诗里的‘一面尽扫，一面尽下’八个字都是仄声，但读起来不但不拗口，并且有一种自然的音调。白话诗的声调不在平仄的调剂得宜，全靠这种自然的轻重高下。”[③] 胡适看到，在旧体诗里不常用的叠仄或叠平节奏之所以在新诗里可以大量使用，因为是旧诗的仄声字在新诗中“若同别的字连用，成为别的字的一部分，就成了很轻的平声了”，用现代语言学理论讲，就是

① 胡适：《建设的文学革命论》（1918），《新青年》第4卷第4号，1918年4月。

② 赵元任：《国语语调》（1935），《赵元任语言学论文集》，商务印书馆2002年版，第430页。

③ 胡适：《谈新诗》（1919），《中国新文学大系·建设理论集》，上海良友图书印刷公司1935年版，第305页。

连读变调，是由于受到前一音节的影响引起的。轻声是“很轻的平声”，这实际上是胡适对轻声音值的一种描写，对不大懂语言学的胡适来说，这种描写虽然混淆了调类和调值的区别，不像赵元任那样科学，但他毕竟意识到了当时的白话诗里的确出现了旧诗里所没有的声调的轻重变化，这一变化所模铸的重轻型的音节模式不同于旧诗的平仄抑扬型音节模式。从这一点上看，胡适是在白话诗中发现轻声音节，并用之于白话诗理论批评和创作实践的第一个人，之后才有赵元任、汪怡等国语运动诸人对国音轻声的一系列研究。从某种程度上讲，这也是胡适对他一年前“国语的文学，文学的国语”理论的践行。

赵元任等国语运动诸人对文法上有规则的轻声范围的研究基本上可归纳为赵元任的六类规则［即语助词（阿、罢、的、得、地、着、了、吗等），虚词词尾（这·个，但·是，什·末，后·头，我·们），趋向动词（回·来，弄·掉，走·出·去），表方位的后置词（不特指的时候），作宾语的代词（不特指的时候）和“要不要”式里“不”字跟后面的动词］，加上后觉的两字叠音词轻声规则（“凡叠音词属于名词、动词的，后一音节一定是轻音”）和魏建功的三字和四字叠音词轻声规则（看一看、哭哭啼啼、高高低低），再加上赵元任和魏建功的词类上的轻声条例（赵元任：“好些两三音节的词，往往它们的第二音节，或第二第三两音节必得要念轻音。”魏建功：“因此有一大些词，不管文法作用的条件，而要说成轻声……许多两字组成的词后一字轻声。许多三字组成的词中间一字轻声。”）民国轻声字类别的精华尽在此矣。

赵元任先生20世纪二三十年代主要是从音的轻重（“轻读”“轻念”“读得很轻”）展开讨论的，虽然他也讨论了音的高低和音的长短。这都是很有见地的，基本上符合后来实验语音学对轻声声学性质的研究。赵元任侧重轻声的音强变弱这一特点，他肯定汉语有词重音（他称作“声调重音”），并且以此解释轻声的产生：“声调重音起的作用如此之大，使得非重读音节不但元音趋于模糊，而且失掉了原有的声调，通常剩下一个短平调，其高低由前面的音节来决定。”[①] 民国时期的其他学者后觉、钱玄同、魏建功等人则认为轻声主要也还是音强变弱变轻。汪怡是在讨论词的轻重音时论述轻声的，他说的“轻声只要轻轻一带”显然是音强减弱。后觉所说的“轻音其实就是最弱的弱音”和“发一种语音时用力的轻重之关系”也是倾向于语音强弱。黎锦熙也主张词有轻重音[②]。连魏建功这样精通音韵学的民国学者尚且认为轻声是音强变轻，他以“说话时声音有轻重之别”和“变更其轻重的调子”来描写轻声，强调了轻声是 Stress（音强）变轻。一直到现在，人们一般认为轻声仍然是相对于前字重读而言的轻读，可以说这是从感性经验出发的客观描写。

胡适不是一个研究语言的学者，他对汉语的描写是基于传统人文知识分子对传统小学的基本素养和经验感知，他不可能像同时期稍后的赵元任那样，对轻声还能从音的长短高下综合研究。所以，胡适的轻声无非是如一般人们经验感知的那样，是读音的轻重而已，即他所说的“很轻的平声”。胡适所谓白话诗的节奏“只有轻重高下”意在轻重，所谓“高下”，是他不经意说出，别的任何地方，胡适没有对新诗音节的高下做过说明。如果我们的推论有道理的话，胡适的新诗节奏恐怕仅仅指重轻律而不是长短律和抑扬律。胡适是以此为工具，想突破旧诗的平仄律，建立白话新诗的节奏。在当时来看，这种尝试是有积极意义的，至少可以为汉语新诗在传统的平仄律之外再增添一种现代口语基础上的新节奏模式。这本来是好的观点，但胡适想就此彻底“别过”一千多年来的很成熟的符合汉语实际的旧诗节奏，就出现了问题。

问题的实质在于，胡适所彻底“别过”的旧诗平仄律和他雀跃拥抱的

---

① 赵元任：《汉语的字调跟语调》，《赵元任语言学论文集》，商务印书馆 2002 年版，第 743 页。
② 黎锦熙：《国语词典·序》，商务印书馆 1936 年版，第 22、24—25 页。

新诗重轻律其实是基本一致的。前面讲过，旧诗的平仄节奏是长短律和高低律体系的综合范畴。民国时期一些精于语音分析的学者如赵元任等，不但着力分析了轻声所表现的音的强弱关系，还从音的高低和长短描写了轻声的属性。“根据苏联 T. 扎多延柯的实验，北京话不但轻音本身的音长很短，连它前面的有声调音节也比一般要短；有轻音音节的双音词语在音长上要比一般的双音词语缩短一半左右。”[①] 比如，“东西”的“东”，时长为20，但“东·西”的“东”，时长仅为15；“东·西”这个重轻节奏的时长也只有25。又如“兄·弟”重轻节奏的时长仅有23.5，要比非重轻节奏的“兄弟”中的“兄”字的时长25还要短[②]。20世纪八九十年代以来的实验语音学证明，与轻声关系最密切的是音长和音高，轻声的本质属性不是音强。其中关于轻声与音强关系的结论，纠正了民国时期人们认为音强决定轻声的误解。

下面我们较详细地介绍一下现代实验语音学对北京话轻声声学属性的研究，因为这是我们从科学实证的角度分析胡适以重轻节奏代替平仄节奏的问题的前提。

关于音长，现代声学分析的结论是：轻声音节的时长大约为正常音节的3/5[③]或45%[④]，或为一般音节的一半而听感自然[⑤]。这些研究虽然略有不同，但均可证明，音长缩短也是构成轻声的重要因素。至于音高和音长哪个是首要因素，看法不完全统一。林焘认为，对声调语言而言，音高和音长有明确分工，音高的变化在重音音节中已经起了非常重要的辨义作用，在分辨轻重音时以音长为主[⑥]，音高的升降在轻声听辨中虽然也起作

① 林焘：《现代汉语轻音与句法结构的关系》，《中国语文》1962年7月号。
② ［苏］T. 扎多延柯：《汉语弱读音节和轻声的实验研究》，《中国语文》1958年12月号。
③ 曹剑芬：《普通话轻声音节特性分析》，《应用声学》1986年第4期。
④ 林茂灿、严景助：《北京话轻声的声学性质》，《方言》1980年第2期。
⑤ 杨顺安：《普通话轻声音节的规则合成》，《应用声学》1991年第1期。
⑥ 林焘：《探讨北京话轻音性质的初步实验》，《语言学论丛》第10辑，1983年。

用，但比较小，远没有音长重要，所以，林焘认为音长是轻声的第一特性。曹剑芬认为，音长和音高是构成轻声的两个重要因素，但或许还是音高的作用更大些①。对于音强，他们一致认为轻声音节的音强不一定就比非轻声音节弱，音强并不构成轻声的本质特征。当然，并不是说北京话的轻声跟音强毫无关系，一般来说，轻声的音强变弱。

既然实验语音学证明音强并不是轻声的本质属性，那么，胡适所说的由音强构成的新诗重轻节奏就有些不符合科学的实验结果，胡适的音节“试验”经不起语音实验的检验。那么，胡适所说的重轻节奏事实上就成了以音的长短和高下为主要特征的长短律和高低律，尽管民国时期乃至于现代的一般人还认为是音的强弱轻重在决定轻重音。又因为北京话的轻声跟音强有很大关系（这实际上是表面最显性的直观印象，作为非语言学家的新诗作者最看重的），胡适所说的重轻节奏就有了强弱相间错落的重轻节奏的性质。因此，为了行文简便，以下的节奏分析我们就以重轻节奏概括长短律和高低律。

实验语音学所证明的轻声这种综合范畴的声学性质，为我们考察胡适所彻底否定的旧诗平仄律和他主张的新诗重轻律的统一性提供了强劲的现代语音学支持。由此可见，胡适竭力提倡的新诗重轻节奏和旧体诗的平仄抑扬之间是前后相继的，是同质的，并不是像有些学者所说的那样，胡适的重轻节奏完全是现代汉语的产物，胡适完全以现代汉语的重轻节奏替换了旧诗的平仄节奏。同时我们也要看到，北京话的轻声音强的减弱，使这些原本是仄声的字变得轻而弱，事实上便与前一字除了主要构成长短高下关系外，也构成重轻关系，这种重轻关系人们在朗读时，听起来更明显一些。民国时期国语运动诸人对轻声的研究还处于初始化阶段，以感悟的客观描写为主，所以认为轻声顾名思义，主要是重轻强弱关系，赵元任天才

① 曹剑芬：《普通话轻声音节特性分析》，《应用声学》1986年第4期。

的听辨能力，使他的当时的轻声研究具有科学实证的价值，这是例外。所以，与其说胡适弄错了新诗重轻节奏的声学性质而使他看不到新诗节奏与旧诗平仄之间的内在联系，不如说是当时国语运动诸人的轻声的研究水平使然。这又一次说明，新文学的发展要与国语运动互动，新诗节奏的建立要与国音的研究相结合。

20世纪60年代，林焘先生分析了语音结构和语法结构的统一和矛盾关系，为我们具体划分新诗音节进一步提供了方法。林焘总结了民国时期赵元任、魏建功等学者的轻声类别研究的成果，指出“在语音结构中，结构轻音只和它前面的音节而不和它后面的音节构成一个语音单位”①，他分析了结构轻音出现的几种语法条件：非词素音节之后、词素之后、单词之后、词组合句子之后。

上述民国国音轻声研究里轻声的声学性质和轻声的类别理论，成为我们考察胡适新诗节奏理论的语音学前提。

下面我们据此分析一下周作人《两个扫雪的人》的轻读模式。

阴沉沉（轻）的（轻）/天气，
香粉（轻）一般/白雪，下的（轻）/漫天遍地。
天安（轻）门外/白茫茫（轻）的/马路上（轻），
只有/两个（轻）人/在那里（轻）/扫雪。
一面/（轻）尽扫，一面（轻）/尽下。
扫净了（轻）/东边（轻），又下满了（轻）/西边（轻），
扫开了（轻）/高地，又填平了（轻）/洼地。
全没有（轻）/车辆（轻）/踪影，
粗麻布的（轻）/外套上（轻），已/结积了（轻）/一层雪，

① 林焘：《现代汉语轻音和句法结构的关系》，《中国语文》1962年7月号。

他们两人/还只是（轻）/扫个（轻）不歇。

雪/愈下（轻）/愈大了（轻）；

上下（轻）/左右，都是/滚滚（轻）的（轻）/香粉一般/白雪。

在这中间（轻），仿佛/白浪中（轻）/浮着（轻）/两个（轻）/蚂蚁，

他们（轻）两人/还只是（轻）/扫个（轻）不歇。

祝福你（轻）/扫雪的（轻）/人！

我/从清早（轻）起，在雪地里（轻）/行走，

不得（轻）不/谢谢（轻）你！

这首白话诗的每行诗的每一音步，几乎都含有一个赵元任所说的最常见的文法上的轻声，如胡适所举的助词“的”出现在五行诗中，它把叠平或叠仄的单调的平仄节奏调停成平仄和重轻共见的节奏模式。比如该诗的第一句“阴沉沉的天”，“阴沉沉”和“天”都是连续的四平调，读起来显得平直呆板，缺少抑扬美，中间介入一个助词“的”。叠音词“沉沉”的后一字，根据词类轻声条例当读轻声。“的”字依附于前字“沉”，共同构有等级的成两个轻声音节。这两个轻声音节失去独立性而又依附于第一个音节“沉”，如此形成一个“重—中—轻”梯级轻声结构，使一个四音节节奏的时长大大缩短，与后一个一字节奏“天”在时长上匹配，在音高上抑扬，避免了音节数量过分悬殊而造成的节奏长短高低的失衡。同样的诗句还有“白茫茫（轻）的/马路上（轻）”，“滚滚（轻）的（轻）/香粉一般/白雪”，“不得（轻）不/谢谢（轻）你（轻）”等。朱光潜在《诗论》中指出：“节奏是声音大致相等的时间段落里所生的起伏。”[①] 1954年，何其芳发表《关于现代格律诗》，认为格律应当考虑顿数整齐和押韵的规律化这两个特点，即“按照现代口语写的每行的顿数

① 朱光潜：《诗论》，《朱光潜全集》第3卷，安徽教育出版社1987年版，第155页。

有规律，每顿所占的时间大致相等，而且有规律的押韵”①。所以节奏在所占时长上的等时性匹配可以大大增强诗歌的音乐美。

这首白话诗里用了文法上的助词“扫净了”“下满了”“扫开了”“填平了”“结积了”之动态助词“了”，语法上表示动作行为的完成，语音上与前面的双音词构成了长短高下以及重轻的节奏。“浮着”之动态助词“着”，既表现了动作行为的持续进行状态，又与前字构成一个表示长短高低重轻的节奏。它们均与后面的非轻声节奏匹配，组成一个更大的意义和语音单位。用了表示方位的词或语素“马路上”“外套上”“东边”“西边”“白浪中”“雪地里”之语素“上”“边”“中”既表示动作发生的处所，又与前面的方位名词构成表示长短抑扬重轻的节奏，与后面的动词或动词词组形成节奏匹配。

值得注意的是周作人对叠音词轻声的运用。“谢谢你”之“谢谢”，根据后觉和魏建功的研究，应是后字“谢”为轻声，这样与前字“谢”构成一个重轻节奏，在音长上缩短，与后面的单音节奏形成匹配。“你”字不重读，因为表示强调，特指扫雪人。在“祝福你（轻）/扫雪的（轻）/人!”里轻读，不强调，因为后面专门有“扫雪的人”特指“你”。

《两个扫雪的人》凡 17 句，173 字。文法上的轻声字有 13 个，有 41 处用了轻声字，形成了 32 个重轻节奏，与 34 个非重读节奏匹配。平均不到6 个字便有一个轻声字出现，尽量维持了重读和非重读在节奏数量和音的长短抑扬重轻上的动态平衡。由此可见，现代白话文里轻声字的出现及其较强的组合功能，为新诗的节奏类型平添了不少审美特色，值得重视。

胡适成熟期的白话诗杜绝了对词句的减缩，因而势必把带有轻声词构成的重轻节奏引进文本。例如《“威权”》：

① 何其芳：《关于现代格律诗》，《何其芳选集》第二卷，四川人民出版社1979 年版，第153 页。

威权｜坐在（轻）｜山顶上（轻），

指挥｜一班｜铁索锁着（轻）的（轻）｜奴隶｜替他｜开矿。

他说｜："你们（轻）谁｜敢不｜尽力｜做工，

我｜要｜把你们（轻）｜怎么（轻）样｜就｜怎么（轻）样。"

自《关不住了》起，可以说，胡适每首白话的新诗都有"着""了""的""么""上""们"等轻声词出现，它们势必更加强化这些诗作的语音节奏。又如《周岁——祝〈晨报〉一年纪念》的前两行：

唱大鼓的唱大鼓，

变戏法的变戏法。

从旧诗的平仄看，这两句诗均连用七个仄声字，这是七言古诗的平仄。如梅尧臣的《何君宝画》中"一胜一败又苦似，胜者狠逐败者趋"两句的上句就是叠用七个仄声，被认为是落调，这在古诗中最为罕见。一旦中间介入一个轻声结构助词"的"，便使"的"与前面的动宾短语"唱大鼓"形成一个四音节轻声节奏，其音长大为缩减，并与后面的"唱大鼓"三音节节奏匹配，形成两个较大的语音节奏。而且，由于"的"的音长和音强的短轻和音高在上声字后的攀升（赵元任：上＋轻＝低＋高），形成了一种抑扬顿挫的节奏变化，即：

唱大鼓（低）的（轻、短、高）｜唱大鼓，

变戏法（低）的（轻、短、高）｜变戏法。

"的"在旧诗中读仄声，在白话里念轻声，在上声字后读得高而轻短，便形成了以"的"为支点的抑扬节奏：仄仄仄平仄仄仄，从而避免了由于七仄调形成的持续低沉短轻的呆板僵化节奏，也避免了古诗的落调。

胡适在民国九年（1920）的《〈尝试集〉再版自序》里说：

> 总结一句话，我自己只承认《老鸭》，《老洛伯》，《你莫忘记》，《关不住了》，《希望》，《应该》，《一颗星儿》，《"威权"》，《乐观》，《上山》，《周岁》，《一颗遭劫的星》《许怡荪》，《一笑》，——这十四篇是"白话新诗"。其余的，也还有几首可读的诗，两三首可读的词，但不是真正白话的新诗。①

赵元任先生提倡根据数理统计确定利弊的轻重。他说："比较利弊的轻重须要有定量的统计的比较，只靠估量或纯乎定性的事实，不是根据。"② 我们曾穷尽式地统计过《尝试集》和其中14首胡适自己认为是真正白话的新诗轻声字的使用情况（用G表示）。现在依照民国时期赵元任和魏建功关于文法上的轻声类别的研究，列表如下（数字表示使用字的次数）。

篇　名	轻声类别及使用频数(字次)
1.《老鸭》	1. 语助词:的3　着1 2. 虚词词尾:人·家5　竹竿·头1　一·把1 3. 表方位的后置词(不特指):上1　里2 4. 两字叠音词轻声:哑·哑1 5. 四字叠音词轻声:呢·呢喃·喃1　翁·翁央·央1

① 胡适:《〈尝试集〉再版自序》(1922),《尝试集》，人民文学出版社2000年版，第187—188页。

② 赵元任:《国语罗马字的研究》(1923),《赵元任语言学论文集》，商务印书馆2002年版，第65页。

续　表

篇　名	轻声类别及使用频数(字次)
2.《老洛伯》	1. 语助词:的11　地1　着7　了12　得6　了5　罢1　呵1 2. 虚词词尾:头1　么1　子5　个3 3. 表方位的后置词(不特指):里5 4. 趋向动词:回·来3　去1 5. 两字叠音词轻声:悄·悄1　爹·爹3　妈·妈1　眼·睁睁1 6. 四字叠音词轻声:孤·孤凄·凄1
3.《你莫忘记》	语助词:的2　了8
4.《关不住了》	1. 语助词:的6　了4 2. 虚词词尾:但·是1 3. 表方位的后置词(不特指):上1　里1 4. 趋向动词:来2 5. 两字叠音词轻声:时·时1
5.《希望》	语助词:的1　了1　着1　过1
6.《应该》	1. 语助词:的2　着3　地1 2. 虚词词尾:这·样1 3. 两字叠音词轻声:常·常1　眼泪汪·汪1
7.《一颗星儿》	1. 语助词:的3　了1 2. 虚词词尾:颗1 3. 表方位的后置词(不特指):边1　头1 4. 趋向动词:叫·不出1　来1 5. 两字叠音词轻声:沉·沉1　晶·晶1
8.《"威权"》	1. 语助词:的4　着1　了4 2. 虚词词尾:们2　么样1 3. 表方位的后置词(不特指):上1　底·下1 4. 趋向动词:来1 5. 两字叠音词轻声:活·活1

续 表

篇 名	轻声类别及使用频数(字次)
9.《乐观》	1. 语助词:的9 着3 得5 了10 2. 虚词词尾:但·是1 子2 个1 3. 表方位的后置词(不特指):里2 面2 上3 边1 下1 4. 趋向动词:出1 5. 两字叠音词轻声:笑眯·眯1
10.《上山》	1. 语助词:的13 了11 着2 得1 2. 虚词词尾:但·是1 3. 表方位的后置词(不特指)上4 面1 里1 下1 来1 4. 四字叠音词轻声:昏·昏沉·沉1
11.《一颗遭劫的星》	1. 语助词:的5 了6 着1 2. 虚词词尾:颗4 然1 头1 们1 3. 表方位的后置词(不特指):里1 4. 趋向动词:出·来1 出·去1
12.《周岁》	1. 语助词:的5 了3 2. 虚词词尾:子1 3. 表方位的后置词(不特指):下1 4. 趋向动词:出1
13.《一笑》	1. 语助词:的5 了6 得3 着1 2. 虚词词尾:个2 什·么1 怎样·了 3. 趋向动词:出1 4. 作宾语的代词(不特指):他3 5. 两字叠音词轻声:种·种1
14.《许怡荪》	1. 语助词:的7 得2 了5 2. 虚词词尾:舍·不·得1 忽·然1 3. 表方位的后置词(不特指):里2 4. 趋向动词:出1

续　表

篇　名	轻声类别及使用频数(字次)
G类 合　计 272字次	1. 语助词:178(的74　得15　地2　着20　了71　过1　罢1　呵1),占65% 2. 虚词词尾:29,占11% 3. 表方位的后置词(不特指):32,占12% 4. 趋向动词:15,占6% 5. 两字叠音词轻声:14,占5.7% 6. 四字叠音词轻声:4,占1.5%
第一编B	1. 语助词:得2 2. 虚词词尾:个3　么1 3. 表方位的后置词(不特指):上5　头1　边2　下1
第二编C	1. 语助词:的8　吗2 2. 虚词词尾:子1　个2　头1　么1 3. 表方位的后置词(不特指):里2　上3　头1　边2　下1 4. 趋向动词:下来1 5. 两字叠音词轻声:桩·桩1
第三编D (除G)	1. 语助词:153(的59　得5　地3　着6　过2　了37　呢2) 2. 虚词词尾:们7　个5　子3　么样1　什么1 3. 表方位的后置词(不特指):边1　上3　下1　里2 4. 两字叠音词轻声:渐·渐1　想·想1　时·时1 5. 四字叠音词轻声:呢·呢啰·啰1
《去国集》E	无之
其他 (除G)F (增订四版 所删初版、 再版诗)	1. 语助词:(的58　得2　着9　了12　过1) 2. 虚词词尾:子1个2　子5　头1 3. 表方位的后置词(不特指):边2　上6　下1　面2　里3　前2 4. 趋向动词:起·来2 5. 两字叠音词轻声:堂·堂1 6. 四字叠音词轻声:千·千万·万1

续　表

篇　名	轻声类别及使用频数(字次)
B C D E F 合　计 296 字次	1. 语助词:210(的 125　得 9　地 3　着 15　了 49　过 3　吗 2　呢 2),占 71% 2. 虚词词尾:35,占 12% 3. 表方位的后置词(不特指):41,占 14% 4. 趋向动词:3,占 1% 5. 两字叠音词轻声:5,占 1.7% 6. 四字叠音词轻声:2,占 0.7%

轻声类别及数量 / 各类篇目(首)	语助词　393				虚词词尾	表方位后置词	表趋向的词	叠音词	合　计(字次及比例)
	的	了	着	其他					
A《尝试集》总诗数 91	199	120	35	39	64	73	18	25	573
B 第一编 14	0	0	0	2	4	9	0	0	15/2.6%
C 第二编(除 G)6	8	0	0	2	4	9	1	1	25/4%
D 第三编(除 G)15	59	37	6	12	17	8	0	4	143/25%
E《去国集》15	0	0	0	0	0	0	0	0	0
F 附类(除 G)(增订四版所删初版、再版诗)27	58	12	9	3	9	16	2	2	111/19%

续　表

<table>
<tr><th rowspan="2">轻声类别及数量
各类篇目(首)</th><th colspan="4">语助词　393</th><th rowspan="2">虚词词尾</th><th rowspan="2">表方位后置词</th><th rowspan="2">表趋向的词</th><th rowspan="2">叠音词</th><th rowspan="2">合　计（字次及比例）</th></tr>
<tr><th>的</th><th>了</th><th>着</th><th>其他</th></tr>
<tr><td>G 自认“白话新诗”14</td><td>74</td><td>71</td><td>20</td><td>20</td><td>29</td><td>32</td><td>15</td><td>18</td><td rowspan="5">279/49%</td></tr>
<tr><td rowspan="2">G 占总助词轻声字次比例</td><td>19%</td><td>18%</td><td>5%</td><td rowspan="2">5%</td><td rowspan="2"></td><td rowspan="2"></td><td rowspan="2"></td><td rowspan="2"></td></tr>
<tr><td colspan="3">42%</td></tr>
<tr><td rowspan="2">G 占总轻声字次比例</td><td>35%</td><td>21%</td><td>6%</td><td rowspan="2">7%</td><td rowspan="2">11%</td><td rowspan="2">13%</td><td rowspan="2">3%</td><td rowspan="2">4%</td></tr>
<tr><td colspan="3">62%</td></tr>
</table>

从以上两表可见，《尝试集》四版含诗凡 91 首，赵元任所说的文法上的轻声字有 573 字次，语助词有 393 字次，占总轻声字次的近 69%。助词“的”“着”“了”三字则占总语助词轻声字次的六成多！

胡适在民国十一年（1922）的《〈尝试集〉四版自序》里说：“我现在回头看我这五年来的诗，很像一个缠过脚后来放大了的妇人回头看他一年一年的放脚鞋样，虽然一年放大一点，年年的鞋样上总还带着缠脚时代的血腥气。”① 在民国九年（1920）的《〈尝试集〉再版自序》里具体说明了他的新诗创作的变化过程。胡适说：“我做白话诗，比较的可算最早，但是我的诗变化最迟缓。……从那些狠接近旧诗的诗变到狠自由的诗——这一个过渡时期在我的诗里最容易看得出。第一编的诗……实在不过是一些洗涮过的旧诗。……第二编的诗，虽然打破了五言七言的整齐句法，虽然改成了长短不齐的句子……还都脱不了词曲的气味和声调……故这个时期，

① 胡适：《〈尝试集〉四版自序》（1922），《尝试集》，人民文学出版社 2000 年版，第 3 页。

六年秋天至七年年底，还只是一个自由变化的词调时期。”① 胡适认为，自此以后，他的诗才逐渐做到“新诗”的地位。联系上表的统计，胡适第一编“洗涮过的旧诗”里，白话文特有的轻声字次和轻声节奏还不到轻声字次总数的3%。到了第二编这个“还都脱不了词曲的气味和声调”的“词调时期”，轻声字次和轻声节奏有所增加，达到4%。“自此以后，我的诗方才渐渐做到‘新诗’的地位”，第三编开始，轻声字次和轻声节奏急剧增加，成为第一编和第二编总和的近四倍。由此可见胡适所认为的真正的白话新诗与国音轻声之间的密切关系。

这一时期，仅仅胡适自认的14首真正“白话新诗”只占《尝试集》四版收诗的15%左右，但它的轻声字次和轻声节奏竟达总轻声字次和轻声节奏的71%，这14首诗轻声助词“的”“了”“着”三字的轻声字次则占“的”“了”“着”字次总数的四成多。“的”“了”“着”三个助词使用频率最高，约占这14首诗助词字次的近九成。这一数理统计说明，近代以来白话里所使用的助词在现代白话中被更加广泛地应用了，胡适自觉地高频率使用轻声字，尤其是“的”“了”“着”三个助词轻声字，目的是想以此来构成他的白话新诗的重轻节奏。这实际上是胡适的《谈新诗》主张以轻声音节来建立白话新诗节奏，从而代替旧诗的平仄节奏的又一次自觉尝试。

由这些统计数据我们较有把握地得出，胡适之所以能在民国六年秋天至七年年底以后逐渐冲出旧诗词的重重羁绊，“渐渐做到‘新诗’的地位”，特别是第二编及其以后的14首诗做得“都极自由，极自然”，原因可能较多，但是与胡适惯用和喜用现代白话口语里较为丰富的轻声字，尤其是助词这种最能表现国语的神气的轻声及其重轻节奏有直接的关系。《去国集》几近于旧诗词，所以没有轻声字和轻声节奏。因为它不是真正的白话新诗，它需要以古代汉语的平仄节奏而不需要用现代白话的重轻节

① 胡适：《〈尝试集〉四版自序》（1922），《尝试集》，人民文学出版社2000年版，第181页。

奏来表现诗的音乐美。

胡适在第一编和第二编里有几首诗似乎用了助词轻声构成重轻节奏，但细玩文义，却不然。例如：

第一编

1.《病中得冬秀书》（民国六年一月十六日）四句：

岂不爱自由？此意无人晓。
情愿不自由，也是自由了。

“晓”与“了”互叶，“了”字当是实词（liǎo），非助词。

2.《生查子》（民国六年三月六日）四句：

前度月来时，仔细思量过。
今度月重来，独自临江坐。

“过”与“坐”互叶，“过”非助词。

第二编

《十二月一日奔丧到家》（民国七年）

往日归来，才望见竹竿尖，才望见吾村，
便心头乱跳，遥知前面，老亲望我，含泪相迎。
“来了？好呀！”——更无别话，说尽心头欢喜悲酸无限情。

“了”“呀”是描写亲人问语，自然口语化，全诗另无助词“了”等。

三　胡适改诗——白话新诗重轻节奏的强化

胡适还通过自改诗句的方式，强化白话新诗的重轻节奏，宣传白话轻声字和轻声节奏的审美效果。

在《尝试集》里，胡适先后对一些诗做了删改。所删改的诗句包括：

《尝试篇》删去四句，《例外》删去一章，《鸽子》改了四个字，《你莫忘记》添三个“了”字，《一笑》改了两处。胡适说他这样做“虽然细微得很，但也有很可研究之点”[①]。现在看来，除《尝试篇》和《例外》所删不详外，《鸽子》《你莫忘记》《一笑》的文字的修改，主要还是为了更自觉地表现新诗的自然音节，而从诗意上考虑不多。比如《一笑》的删改：

原句　那个人 | 不知 | 后来怎样了。(325)

改句　那个人 | 后来 | 不知 | 怎样了。(3223)

语序上，无论是古代汉语还是近、现代汉语里，非短语的时间状语“后来”一般要放在谓语中心语之前。“以后”可以单用，也可以作为后置成分，而“后来”只能单用，不能作为后置成分。中古以前单用“后”字。例如：

商鞅欺旧交，擒魏公子卬，后受诛死之祸。(王充《论衡·祸虚》)

近代白话里更多。例如：

不合设谋奸骗，后来又不合谋害这妇人性命。(清平山堂话本《简帖和尚》)

后来子虚只挨凑二百五十两银子，买了紫石街一所房子居住。(《金瓶梅》第一四回)

金荣先是不肯，后来禁不得贾瑞也来逼他赔不是。(《红楼梦》第九回)

现代白话里就普遍了：

① 胡适：《〈尝试集〉四版自序》(1922)，《尝试集》，人民文学出版社2000年版，第5页。

我后来知道，这是有几个清华学生和我同在马粪堆上。（朱自清《执政府大屠杀记》）

但是，胡适之所以采纳蒋百里的意见加以改动，主要还是出于音节上的考虑。原句“后来怎么样”是五音节的长宾语，而这句的前两个节奏都是三音节和两音节，尽管句尾的“了”构成的轻声节奏使宾语时长变短，但前两个节奏均为重音节奏，因此原句的节奏在长短高下层面失衡。改句的宾语由三音节的“怎么样”充当，加上“了”字构成的轻声节奏，基本上与前三个节奏的音长匹配，是白话双音词基础上的二、三音节节奏，节奏匀称而谐和。

《你莫忘记》里“是谁砍掉了你的手指”“是谁把你老子打成了这个样子”和“火就要烧到这里了”三句，胡适说“初版（按，即民国七年六月二十八日，收在第二编）无‘了’字”，后来“添了三个‘了’字”，“哎哟！——火就要烧到这里了”一句原来句末无“了”字，据胡适说：“康白情从三万里外来信，替我加上了一个‘了’字，方才合白话的文法。做白话的人，若不讲究这种似微细而实重要的地方，便不配做白话，更不配做白话诗。”① 看看《你莫忘记》：

我的儿，我二十年教你爱国，——
这国如何爱得！
你莫忘记：
这是我们国家的大兵，
逼死了三姨，逼死了阿馨，
逼死了你妻子，枪毙了高升！……
你莫忘记：

① 胡适：《〈尝试集〉四版自序》（1922），《尝试集》，人民文学出版社2000年版，第5页。

是谁砍掉了你的手指，

是谁把你老子打成了这个样子！

是谁烧了这一村……

哎哟！——火就要烧到这里了，——

你跑罢！莫要同我一起死！……

回来！……

莫忘记：

你老子临死时只指望快快亡国：

亡给“哥萨克”，亡给“普鲁士”，——

都可以，——

人总该不至——如此！……

在文法上，“砍掉了”和“打成了”两组里的“了”是动态助词，用在动词、形容词后边表示动作或性状的实现，即已然的事实。“火烧到这里了”里的“了”是语气词，表示变化已经实现。我们把句中的动态助词称“了1”，句末的语气助词称“了2”。“砍掉了你的手指”和“打成了这个样子”可以写成“动+了1”。这个“了1”是可以省略的。关于动态助词“了1”的自由隐现一直是语法界关注的热点。吕叔湘指出：“在动+了1+宾+了2”和“动/形+了1+数量+了2”的格式中，当“动”表示结束性动词时，后面的完成体标记“了1”常可省略。[①] 李兴亚发现决定动态助词“了1”自由隐现的条件有五个：（1）动词之前具有表过去的时间词语；（2）动词之后有数量短语；（3）有表示连续动作的后续小句；（4）动词之后有表示结果意义的补语；（5）句末有“了2”。[②] 吴福祥认为：“完成体标记‘了’之所以能在上述五种条件下省略，是因为‘了’所标记的完成体

① 参见吕叔湘《现代汉语八百词》（增订本），商务印书馆1999年版，第353—355页。

② 李兴亚：《动态助词“了”自由隐现的条件》，《中国语文》1989年第5期。

与这些条件的作用相同，都能使特定的情状有界化。正是因为功能相同，所以‘了’的不出现是为了避免冗余使用，可见‘了’的隐现在很大程度上是由话语驱动的。”① 所以，他认为：“汉语体标记‘了、着’之所以不能强制性使用，是因为汉语的完成体和进行体不是强制性范畴。……汉语的完成体和进行体是语法化程度较低的语法范畴。”②

“了1”的隐现与动词后面出现的结果补语关系密切。马希文指出：“动结式动词中，在语法和语义方面起主导作用的部分是‘结’而不是‘动’。”③ “因此，V1V2 里的 V1 真不是意义的核心，V1V2 也不应看成以 V1 为中心的向心结构。最适当的办法还是把‘N1V1V2 了’看成是‘N1V2 了’的扩展。我们用箭头表示扩展，把这种关系写成：NlV2 了。→ NlVlV2 了。”④

现在我们首先来分析胡适所添加的三个“了”能否省略或自由隐现。“谁砍掉了你的手指”和“是谁把你老子打成了这个样子”两句属于“词之后有表示结果意义的补语”一类的。动态助词“了1”可以自由隐现。动补结构“砍掉”和“打成”，在语法和语义方面起主导作用的部分是结果“掉”和“成”，而不是动作“砍”和“打”。补语的功能在补充说明行为的结果或状态，亦即动补结构表示在动作行为的作用下，获得或出现某种结果或状态的，这在某种程度上与“了1”表示已然实现的功能相叠，正是因为功能相同，所以，“了”的不出现是为了规避冗余使用。胡适的这两处“了”是可以省略的。“火就要烧到这里了”里的动补短语“烧到这里”，也是属于动词之后有表示结果意义的一类，“了”既是动态助词，又是语气词，同样的原因，“了”字可不出现，不会引起歧义。因此，这三句诗，加

① 吴福祥：《汉语体标记“了、着”为什么不能强制性使用》，《当代语言学》2005 年第 3 期。
② 同上。
③ 马希文：《与动结式动词有关的某些句式》，《中国语文》1991 年第 6 期。
④ 同上。

不加“了”，都符合现代白话的语法，并不是像胡适所说的那样，“加上了一个‘了’字，方才合白话的文法”。

至于这首诗里的其他“了”，有些也可以自由隐现的。比如“逼死了三姨，逼死了阿馨，逼死了你妻子”里的三个“逼死”都是述补结构，语法和语义的核心在补语“死”，“死”是动作“逼”的直接结果，是“逼”这个行为的完成和实现，所以，补语“死”后的动态助词“了”可有自由隐现，省略掉不影响语义表达。“是谁烧了这一村”里，“烧”是单音动词，后面没有补充说明行为的结果的词，所以用本来是表示“终了、完成”的“了”来代替结果补语，它是不能自由隐现的，省略掉有歧义。“枪毙”一词在构词法上是状中式，与动补式的“逼死”“砍掉”“打成”不同，前者表示完成的情态必须得借助完成时态的助词“了”，而后者可用可不用。

胡适的这首诗，“了”字凡八见，只有“枪毙了高升”和“是谁烧了这一村”两句必须得用动态助词“了”，“方才合白话的文法”，才能表现兵匪烧杀的暴行已成事实，其余六处的“了”在文法上没有问题。

由此看来胡适所添加的“了”不是为了语法上的通畅，而是为了节奏上的和谐，避免呆板和紧促。我们把胡适带“了”的诗句的节奏稍做分析，就能看出胡适的这种想法：

逼死了 | 三姨，逼死了 | 阿馨，（32，32）
逼死了 | 你妻子，枪毙了 | 高升！……（33，32）
你 | 莫 | 忘记：（112）
是谁 | 砍掉了 | 你的 | 手指，（2322）
是谁 | 把你老子 | 打成了 | 这个样子！（2434）
是谁 | 烧了 | 这一村……（223）
哎哟！——火 | 就要 | 烧到 | 这里了，（21223）

如果不添加这三个“了”，就会变成下面的节奏：

逼死了｜三姨，逼死了｜阿馨，　　(32，32)

逼死了｜你妻子，枪毙了｜高升！……　　(33，32)

你｜莫｜忘记：　　(112)

是谁｜砍掉｜你的｜手指，　　(2222)

是谁｜把你老子｜打成｜这个｜样子！　　(2422)

是谁｜烧了｜这一村……　　(223)

哎哟！——火｜就要｜烧到｜这里，　　(21222)

“是谁砍掉了你的手指”和“是谁把你老子打成了这个样子”两句都变成了两音节2222式节奏和对称的两音节和四音节2424式节奏，显得两音节的节奏过多：这几句诗凡28个节奏，两音节的节奏就有17个。同时，前面“逼死了”和“枪毙了”都是两音节加上助词“了”构成重轻式的三音节节奏，如果不加“了”，“砍掉”和“打成”都是中重式两音节节奏，与前面的重轻三音节的节奏不协和。

旧诗节奏是以古代汉语的两个单音节形成，它讲究黏对且规避同字，故而尽量避免虚词出现。但在白话新诗里还必须得运用某些虚词，“因为助词在文法上的结构上是一个极重要的关键，助词弄不好是根本不能体会国语的神气的”①。若新诗里都是一连串的白话双音节词，读起来就会显得呆板而短促，感到十分别扭。诗人郭小川曾批评一位新诗作者句末老用双音词的弊端：

不过，在这个问题上，你以后在学习写作时要注意一下（当然还得把最大的注意力放在内容上）。你爱在诗行结尾处用两个词而中间又

① 赵元任：《国语语调》(1935)，《赵元任语言学论文集》，商务印书馆2002年版，第430页。

不用连接词，如《战风雪歌》里的“利箭、快刀”，“火箭、导弹”，“狂卷、叫嚣”，这应当尽量避免，最好精简为一个词，万不得已时也可以加上连接词。此外，你的诗句虽不是很别扭，但也不算十分流畅，不能使人感到有一种强烈而优美的旋律。①

郭小川的意思不是不能连用双音节词，而是不要放在诗行结尾，因为诗歌的音乐性往往表现在诗句末端。而双个双音节词连用，显得呆板而紧促，有损诗歌的音乐性，连近体诗里也规避二字尾。由此可见，胡适在白话双音词的后面加上适当的助词，既可以形成重轻高下的自然节奏，也可以体会出国语的神气，同时还能使人感到有一种强烈而优美的旋律。

胡适14首真正的白话诗，“了”自由隐现的情况怎样呢？我们根据上面的条件做了一个详细的统计，如下表所示。

篇　名	轻声“了”使用频数（字次）	可自由隐现数及其比例
1.《老鸭》	0	0
2.《老洛伯》	12	10/83%
3.《你莫忘记》	8	6/75%
4.《关不住了》	4	3/75%
5.《希望》	1	0
6.《应该》	0	0
7.《一颗星儿》	1	1/100%

① 郭小川：《谈诗书简》（二），《谈诗》，上海文艺出版社1978年版，第30页。

续　表

篇　名	轻声"了"使用频数(字次)	可自由隐现数及其比例
8.《"威权"》	4	3/75%
9.《乐观》	10	7/70%
10.《上山》	11	5/45%
11.《一颗遭劫的星》	6	4/67%
12.《周岁》	3	3/100%
13.《一笑》	6	1/17%
14.《许怡荪》	5	5/100%
合　计	71	48/68%

这14首白话诗，轻声"了"字凡71字次，占整个185字次助词的近四成。其中可以自由隐现的助词"了"（包括动态助词"了1"、句末语气助词"了2"）有48字次，占轻声"了"字次的近七成。以上个统计数据有力地表明，胡适的确是有意识地利用现代白话里最常见的轻声助词"了"，甚至不规避冗余拖沓，以构成白话新诗的重轻节奏，以此来自别于旧诗的平仄音节所形成的抑扬节奏。胡适的白话新诗的"重轻音节"的尝试是艰辛曲折的，对汉语新诗的培育、垂范是有一定的贡献的，他在新诗应当天然地师承旧诗平仄律所形成的长短高下节奏之外（可惜新诗作者没有完全意识到这一点），又为白话新诗增加了一种轻弱重强共具、整齐错杂纷呈的节奏形式。

四　以重轻节奏代替平仄节奏，是胡适白话文学观的必然逻辑

胡适想以重轻节奏来代替旧诗的平仄节奏，是他白话文革命的必然逻辑。轻声字主要发生在近代北方白话口语的连读音变中，而胡适正是以近代北方通俗的白话文学作品为现代白话文的源泉，因此，近代白话里发生而到了现代白话更为惯用的轻声字和轻声节奏自然成为胡适建立白话新诗节奏的利器。

胡适提倡白话文，“有什么话，说什么话；话该怎么说，就怎么说”①，新文学的语言是白话的，主张以白话入诗，以文入诗，“有什么题目，做什么诗；诗该怎样做，就怎样做”②，“写诗如作文”③。胡适执拗地说：

> 《字典》说“这”字该读“鱼彦反”，我们偏读他做“者个”的者字。《字典》说“么”字是“细小”，我们偏把他用作“什么”“那么”的么字。字典说“没”字是“沉也”，“尽也”，我们偏用他做“无有”的“无”字解。《字典》说“的”字有许多意义，我们偏把他用来代文言的“之”字，“者”字，“所”字和“徐徐尔，纵纵尔”的“尔”字。④

胡适列举了古代汉语中截然对立的两套系统，即《字典》里的文言“死语”和近代产生的白话活语。“这”和“者个”的“者”，表示“细小”的“么”和“什么”的“么”，“沉没”的“没”和“没有”的“没”及

① 胡适：《建设的文学革命论》，《中国新文学大系·建设理论集》，上海良友图书印刷公司1935年版，第128页。

② 胡适：《谈新诗》，《中国新文学大系·建设理论集》，上海良友图书印刷公司1935年版，第299页。

③ 胡适：《尝试集自序》，《尝试集》，人民文学出版社2000年版，第138页。

④ 胡适：《建设的文学革命论》，《中国新文学大系·建设理论集》，上海良友图书印刷公司1935年版，第131页。

“的”和“之”等，均是假借关系。近代白话所使用的这些假借词已经与字典上古文所用的本义毫无关系。当然，胡适所说的用“的”代替文言的“者”“所”和词尾“尔”是有问题的（详后），这是胡适用翻译成的白话文来研究古今语法关系的。“翻译不是语法”，这是一条定律。以近乎执拗的态度竭力宣传、推行白话文，白话成了胡适作文的唯一语言形式。

那么，胡适作文写诗的白话语料来源于何处？他说：

> 试问我们今日居然能拿起笔来做几篇白话文章，居然能写得出好几百个白话的字，可是从什么白话教科书上学来的吗？可不是从《水浒传》、《西游记》、《红楼梦》、《儒林外史》……书学来的吗？这些白话文学的势力，比什么字典教科书都还大几百倍。①

胡适在介绍做白话的工具时，尤其强调近代北方流传的白话作品的作用：

> 多读模范的白话文学。例如《水浒传》、《西游记》、《儒林外史》、《红楼梦》；宋儒语录，白话信札；元人戏曲，明清传奇的说白。唐宋的白话诗词，也该选读。②
>
> 我们可尽量采用《水浒传》、《西游记》、《儒林外史》、《红楼梦》的白话。有不合今日的用的，便不用他；有不够用的，便用今日的白话来补助；有不得不用文言的，便用文言来补助。③

正是这些近代的白话小说、剧曲、宋儒语录、传奇说白和白话诗词等成为胡适学习和写作白话文的活水源泉，实际也是产生白话新诗轻声字的

---

① 胡适：《建设的文学革命论》，《中国新文学大系·建设理论集》，上海良友图书印刷公司1935年版，第130—131页。

② 同上书，第134页。

③ 同上书，第131页。

肥肥沃土。正是近代以来的北方白话文学的口语化促使现代白话里轻声字的发生，熟悉白话史的胡适很容易看到这一点。

赵元任先生说："一切助词都是轻声。"[①] 下面谈谈胡适喜闻乐见的"的""着""了"三个助词的来源和音变。

整体上看，轻声多见于北方方言，一般认为是晚出的语言现象。李荣先生认为轻声在《金瓶梅》成书的明代就已形成。他说："'得'字古一等字，官话一般读洪音。'的'字古四等字，官话一般读细音。这两字读轻音就可能同音，如北京话'得的'读 də，因此双立人儿'得'才写成白勺儿'的'。"[②] 黎新第则认为轻声的出现要早一些，与现代北京话中结构助词"的""地""得"相当的三个助词，至迟在宋金时期就已经产生，三者互不相混。但到了元杂剧中，除三者仍然分用的情形外，一大变化是助词"得"大量写作"的"[③]。非央元音韵母舌位向央元音的方向移动，是汉语轻音的一大表现。"这也就是说，早在元代，乃至更早的宋金时期的中原之音中，轻音现象就已经出现。可以说这已经不只是假设或推测，而是元杂剧和金诸宫调中的确凿事实。"[④] 汉语轻声出现于金元以来的北方文献里，与前面的词形成一种重轻型的音节。这是北方汉语口语里的特有的重轻型音节。

结构助词"的"本作"底""地"，是近代汉语中新产生的两个结构助词。吕叔湘先生指出，"底"的功能相当于文言中的"者"和"之"[⑤]。刘坚先生说："从宋代起，由于语音的变化，'底''地'逐渐改写作'的'。

① 赵元任：《国语语调》（1935），《赵元任语言学论文集》，商务印书馆2002年版，第430页。

② 李荣：《旧小说里的轻音字例释》，《中国语文》1987年第6期。

③ 黎新第：《元杂剧助词"得"用"的"字及其他》，《重庆师院学报》（哲学社会科学版）1993年第2期。

④ 同上。

⑤ 吕叔湘：《论底、地之辨及底字的来由》，《汉语语法论文集》（增订本），商务印书馆1984年版，第127页。

‘的’字最终取代‘底’的时间大约是在元代中叶。”① 并且主要在近代白话中使用。所以，字句有定、蕴藉雅正的旧体诗一般不大使用宋元以后产生的结构助词“的”字。

“的”是如何代替“底”和“地”的呢？

王力先生认为“‘地’字是和‘低’字同一来源的”，“一向大家都认为‘底’字是从‘之’字来的。这是可以相信的。‘之’的上古音是 ȶiə，后来在文言中的演变情形是 ȶiə→tɕiə→tɕi→tʂʅ。在白话里的演变情形是 ȶiə→ti”②。吕叔湘先生说得更为详细：

> 虽说语助之词大率依声为字，本可随便写，但底，地，的有上去入之别，何以能混同？的字现在说轻声（并且说 də 不说 di），想来底和地写成的，都是已变轻声之后的事。地字变轻声当在底字变轻声之后，所以《京本通俗小说》等书和元人剧曲里底字几已全作的，而地字仍常见。何以轻声借用的字？大概因为底、地二字的本义都是日常应用的字，仍作上声和去声，需要找一个别的字代替轻声的底和地，以资分别。的字是不常用的字，虽然原是入声，宋元之际入声的韵尾辅音已在脱落中，入声去掉韵尾辅音，只有一个短促而升降不显的音，恰与轻声字相似，所以可以借用。还有一个可能。《中原音韵》把的字列入“入作上”；若当时确是如此，则底用的代就只是用同声调的罕用字来代常用字，更觉自然。但地字写的一定在两字都变为轻声之后。③

王力先生揭示了“的”的历史来源及其音变规律，吕叔湘先生分析了

---

① 梅祖麟：《从语言史看基本元杂剧宾白的写作时代》，《语言学论丛》1984 年 13 辑。

② 王力：《汉语史稿》，中华书局 1980 年新 1 版，第 318 页。

③ 吕叔湘：《论底、地之辨及底字的来由》，《汉语语法论文集》（增订本），商务印书馆 1984 年版，第 130—131 页。

“底”“地”书面统一于“的”轻声化的作用。这是很有道理的。

此外，还有些轻声字，比如语气助词“着”（当时写作“著、者、咱”）在元杂剧里也读轻声①。白话轻声“着”字，表示动作进行态。助词“着”是从“附着”的意义演变而来。表示动作行为正在进行的助词“着”在宋代的朱子语录、京本通俗小说、元曲等白话中出现了，如《宣和遗事元集》：“撞着八个大汉，担着一堆酒桶。”但是这时的“着”与“了”分工不太明确，“着”字有时表示完成时态。“到了明代以后，特别是十七世纪以后，‘了’和‘着’才有了明确的分工。这是汉语语法的一大进步。”②

白话轻声字“了”表示完成时态。《广韵》云：“了，慧也，讫也，卢鸟切。”动态助词“了”是由动词“讫”（了结，完成）虚化成的。作为真正的紧接动词的助词“了”虽在南唐已经出现，但数量较少，如李煜《乌夜啼》：“林花谢了春红，太匆匆！”大约在元代之后，“汉语动词形尾‘了’字有了固定的位置，形成了今天‘了’字的职能”③。王力先生深刻地总结了助词出现的意义：“总之，动词形尾‘了’和‘着’的产生，是近代汉语语法史上划时代的一件大事。”④

早在民国时期，章炳麟在《新方言》里就看到这个问题：“今人言底言的，凡有三义：在语中者，的即之字；在语末者，若有所指，如云冷的，热的，的即者字。”⑤ 唐钺在《国故新探》里也认为“之”和“者”各自变

---

① 黎新第：《元杂剧助词“得”用“的”字及其他》，《重庆师院学报》（哲学社会科学版）1993 年第 2 期。

② 王力：《汉语史稿》，中华书局 1980 年新 1 版，第 309 页。

③ 同上书，第 305 页。

④ 同上书，第 309 页。

⑤ 章炳麟：《新方言》，转引自吕叔湘《论底、地之辨及底字的来由》，《汉语语法论文集》（增订本），商务印书馆 1984 年版，第 127 页。

成“底”[1]。1935年赵元任在《国语语调》说：“凡是‘的’‘了’‘着’‘呢’不读轻声的de，le，je，ne，而读‘地’‘瞭’‘酌’‘泥’，那这是认国字，不是读国语。”[2] 可以说，到了民国时期，助词“的”“着”“了”等轻声字在白话口语里已经读成轻声，这是一种共识。

五　胡适白话新诗重轻节奏构建平议

胡适在《尝试集》里顽强地试验白话新诗重轻节奏，并远祖孔子改诗的传统，以不断地增加一些助词等改诗的方式，加强新诗的重轻律，对汉语新诗节奏的建立有一定的作用，但是具体的问题也较多。一个最突出的问题是以个别涵盖一般，他的“白话诗的声调不在平仄的调剂得宜，全靠这种自然的轻重高下”[3]，过于夸大了轻声构成音节的能力。

现代汉语白话有轻音词，以白话入诗的新诗必然会使用到这些轻声词。哪些字要读轻声，往往因人、因时而不同。同时，白话里的轻声字比例，相对于阴阳上去四声来说是较低的。1922年，赵元任先生的《国语罗马字的研究》一文曾从几千字的各种白话里得出声调的分配如下[4]：

阴平14%　阳平12%　赏20%

去30%　入声14%　轻声10%

赵元任先生虽然是20世纪20年代初做的统计，但也很能说明问题。上表里轻声只有一成的比例，说明胡适所倚重的取代旧诗平仄节奏而建立白话新诗重轻节奏的轻声利器在当时远远不能跟其他旧国音的“五声”抗衡，

① 唐钺：《国故新探》，转引自吕叔湘《论底、地之辨及底字的来由》，《汉语语法论文集》（增订本），商务印书馆1984年版，第129页。

② 赵元任：《国语语调》（1935），《赵元任语言学论文集》，商务印书馆2002年版，第430页。

③ 胡适：《谈新诗》，《中国新文学大系·建设理论集》，上海良友图书印刷公司1935年版，第305页。

④ 赵元任：《国语罗马字的研究》，《赵元任语言学论文集》，商务印书馆2002年版，第65页。

那么，由这些小比例的轻声字构成的重轻节奏也就无法与平上去入五声构成的长短高下节奏竞争，这可能也是汉语新诗得不到长足发展，节奏格律一直得不到妥善解决的原因之一。

从语言类型上看，印欧语系语言是轻重音节类型，而汉藏语的音节是有声调的。现代白话中轻声字的数量比近代要多，但比读非轻声的字要少得多。据资料表明，直至目前，现代汉语词汇仅有5%轻读或可以轻读。一般来说，新词和科学术语里没有轻声音节，口语里的常用词才有读轻声音节的。一些助词和语气词，部分重叠词的后一音节，构词后缀，表示方位的词或语素，趋向动词及常用的双音词的第二个音节及其一些习惯用语念轻声。胡适所指的就是这种类型的轻声。轻声是一种变调，在时间上晚起，在数量和类型上有限。胡适显然忽视了汉语声调的音位意义，以印欧语的轻重音节来给汉语声调的平仄音节划范围，推理上又以偏概全，只见树木不见森林，结果当然与汉语的音节规律不完全符合，胡适就此得出“白话诗里只有轻重高下，没有严格的平仄”的结论就有些武断了。

从轻声的历史上看，轻声早就出现于近体诗流行鼎盛的金元时期，但那时诗歌的节奏却仍然主要是平仄律而不是重轻律，是否仅仅因为近代出现的轻声多数用于白话中而少用于文言的诗歌中的缘故？金元以后也有以当时通俗的白话写诗的，为什么形成不了“轻重高下”的诗歌节奏，而依然是严格的平仄节奏呢？这些都不好做出令人信服的解释。如果胡适能够正视他很熟悉的旧诗的平仄所构成的长短高下的节奏，加上自己的白话轻声节奏，古今互动，以轻声字的重轻节奏与非轻声字所形成的高低升降的平仄节奏共同模铸他的白话新诗的音节模式，就可以使他的白话新诗的节奏理论大大推进一步。惜乎，胡适登堂未入室焉！

胡适过分强调“的”“着”“了”等轻声建构轻重音节的能力，大量以轻声字“了”句末押韵，也引起了后来诗人和史家的批评，这个问题在下文详加论述。但是，值得思考的是，尽管有人批评胡适的自然音节是散文的音节，不是诗的音节，然而似乎无人指责胡适以这些轻声字构成白话新诗的重轻节奏，这可能说明后来的诗人和文学史家默认了胡适利用白话文特有的轻声字构建汉语新诗重轻节奏的创举。

总之，胡适在白话诗创作之初，配合文学革命领域白话文战胜文言文的运动，强调以金元以来产生的、广泛活跃、运用于北方口语里的声调变体——轻声来突破旧体诗的平仄节奏模式，从而使白话诗的音节节奏类型自别于旧体诗，为白话诗写作提供理论指导。胡适的这些诗韵观在当时看是完全必要的，基本的理论方向是正确的，在当时的诗歌革命中起了重要作用。只是他过分夸大了当时北方话存在的轻声的作用，欲以流行于欧美的轻重律代替汉语旧诗的平仄律，与他的“五四”时期的朋友一样，忽视了汉语诗律的古典传统，步骤上显得有点仓促和急躁。

第五章　白话新诗的用韵与民国韵书的通别（上）

——以《尝试集》为例

第一节　胡适的白话诗韵观

无韵谓文，有韵谓诗，押韵是汉语诗歌的传统。胡适是怎样看待这一传统的呢？他在《谈新诗》里说：

> 至于用韵一层，新诗有三种自由：第一，用现代的韵，不拘古韵，更不拘平仄韵。第二，平仄可以互相押韵，这是词曲通用的例，不单是新诗如此。第三，有韵固然好，没有韵也不妨。新诗的声调在骨子里，——在自然的轻重高下，在语气的自然区分——固有无韵脚都不成问题。①

我们从胡适的这段论白话诗韵的文字里极容易得出胡适对新诗用韵

① 胡适：《谈新诗》，《中国新文学大系·建设理论集》，上海良友图书印刷公司1935年版，第306页。

与否无所措意的结论，也是受了这段文字的迷惑，但胡适其实是主张新诗押韵的。

我们先从他对《尝试集》的有关阐释看，再从《谈新诗》内部考察。

胡适所列举的周作人的《小河》固然是无韵诗，但在《谈新诗》里所列举的其他认为好的旧体诗和白话诗都是押韵的。选列六例：

1.《古诗十九首·行行重行行》中的几句：

相去日已远，衣带日已缓。
浮云蔽白日，游子不顾返。

这四句诗中“缓”与“返”互叶押韵的（韵脚字下加标记，下准此），这是一首汉末的古诗，不但押韵，而且很讲究，“缓”是《平水韵》上声十四旱韵，“返”是上声十三阮韵；但“缓”和“返”同属于汉代的元部，并且仄调（上声韵）相押。

2. 傅斯年《深秋永定门晚景》中的一段：

那树边，地边，天边，
如云，如水，如烟，
望不断，——一线。
忽地里扑喇喇一响。
一个野鸭飞去水塘，
仿佛像大车音浪，慢慢的工——东——当。
又有种说不出的声息，若续若不响。

“边”“烟”“线”互叶，“响”“塘”“当”“响”相押。

3. 俞平伯《春水船》中的一段：

对面来个纤人，

拉着个单桅的船徐徐移去。

双橹插在舷唇，

皴面开纹，

活活水流不住。

船头晒着破网。

渔人坐在板上，

把刀劈竹拍拍的响。

船口立个小孩，又憨又蠢，

不知为什么？

笑眯眯痴看那黄波浪。……

其中“去”“住”互叶，“人”“唇”“纹”互叶，“网”“上”“响”“浪”互叶。

4. 胡适自己的《鸽子》：

云淡天高，好一片晚秋天气！

有一群鸽子，在空中游戏。

看他们三三两两，

回环来往，

夷犹如意，

忽地里，翻身映日，白羽衬青天，十分鲜丽！

其中“气”“戏”“意”“丽”互叶，“两”“往”互叶。

5. 胡适认为是“纯粹新诗体”的《送任叔永回四川》第三段：

这回久别再相逢，便又送你归去，未免太匆匆！

多亏得天意多留你两日，使我做得诗成相送。

万一这首诗赶得上远行人，

多替我说声“老任珍重珍重！”

其中“逢”“匆”“送”“人”“重”互叶。

6. 康白情的《送客黄浦》一章：

送客黄浦，
我们都攀着缆，——风吹着我们的衣裳——
站在没遮拦的船楼边上。
看看凉月丽空，
才显出淡妆的世界。
我想世界上只有光。
只有花，
只有爱！
我们都谈着，——
谈到日本二十年来的戏剧，
也谈到“日本的光，的花，的爱”的须磨子。
我们都相互的看着，
只是寿昌有所思，
他不曾看着我，
他不曾看着别的那一个。
这中间充满了别意，
但我们只是初次相见。

其中“裳”“上”“光”互叶，“界”“爱”（旧国音）互叶，“着”“着”“个”（轻声字变调相押）互叶，“剧”“子”“思”“意”（一七辙）互叶。

胡适列举的在他看来是符合白话新诗条件的一些诗，基本上都是押韵的，这说明胡适也是倾向于新诗有韵的。此其一。

胡适在《谈新诗》中谈到用白话写散文已得到认可，进入实际的创作时期："这两年来的成绩，国语的散文是已过了辩论的时期，到了多数人实行的时期了。只有国语的韵文——所谓'新诗'——还脱不了许多人的怀疑。"① "只有国语的韵文——所谓'新诗'"一句，胡适既然表示新诗是"国语的韵文"，新诗怎可不押韵呢？此其二。

综其两端，我们可以初步得出胡适主张白话新诗有韵的结论。这个结论还可以通过对胡适《尝试集》四版里 91 首诗的押韵考察进一步坐实。

第二节 《尝试集》白话诗用韵考察

《尝试集》增订四版用韵考察的重点是原调用韵，其次也尽可能分析一些变调相押（主要是轻声字变调。上升变调因不涉及韵母变化，故不在考察之列）的情况。其目的是想以此说明民国时期国语语音与白话诗歌音韵的相互依赖和相互生成的关系。我们按照下面的步骤来分析胡适《尝试集》四版 62 首新诗（《去国集》等旧诗用韵的考察在余论部分）原调用韵（变调用韵在本章第四节）。

每一编先根据白话新诗的韵式，摘取韵脚（韵脚后注明写作时间），做成一个《尝试集》韵谱。其程序是：以民国官韵《中华新韵》十八韵为准，每一韵分成三节，第一节是某韵韵字，分别排列本韵用作韵脚的字。第二节是某韵韵例，概括说明本韵字与他韵字通韵的情况，不一定每一韵都有。

---

① 胡适：《谈新诗》，《中国新文学大系・建设理论集》，上海良友图书印刷公司 1935 年版，第 294—295 页。

第三节是某韵韵谱，这是主体。韵谱每一条先举篇目，然后写出韵字，用括号注明写作时间。最后以此为基础，考察《尝试集》韵谱与民国韵书各韵间的通别关系，主要以官韵《中华新韵》和《国音新诗韵》为依据，必要时也涉及《佩文新韵》和《北平音系十三辙》等民国时期的其他韵书。胡适《尝试集》白话新诗押韵有时按照旧诗韵、词韵或自己的方音押韵。旧诗韵指《平水韵》，词韵指《词林正韵》，方音韵则根据反映胡适母语的《绩溪方言词典》[1]。

下面依次加以考察。

一　洗刷过的旧诗用韵（第一编）

波韵

1. 波韵韵字——多河么我过坐做可和火

2. 波韵韵例——波歌两韵互押，没有跟他韵通押的例

3. 波韵韵谱

［波歌通韵］

《中秋》多河　（1916. 9. 11）《十二月五日夜》么我　（1916. 12. 5）

《病中得冬秀书》我么（1917. 1. 16）《生查子》过坐我做　（1917. 3. 6）

《文学篇》我可和火　（1917. 6. 1）

支韵

1. 支韵韵字——时师诗死纸此紫痴卮辞

2. 支韵韵例——支韵没有独用的例，均与齐韵、微韵通韵

3. 支韵韵谱

［支齐通韵］

---

① 李荣主编，赵日升编纂：《绩溪方言词典——现代汉语方言大词典·分卷》，江苏教育出版社 2003 年版。

《赠朱经农》时师诗，死已体　　　　　（1916. 8. 13）

《病中得冬秀书》纸喜，里此　　　　　（1917. 1. 16）

《“赫贞旦”答叔永》你时起西比底紫　　（1917. 2. 19）

［支齐微通韵］

《文学篇》痴为宜微，悲归期时湄卮诗词（1917. 6. 1）（按：《中华新韵》支齐微合韵，平水韵“痴为宜”为上平声四支，“微”为上平声五微；皆为《词林正韵》第三部。悲归期时湄卮诗词于《中华新韵》支齐微合韵，但于平水韵皆为四支）《文学篇》里子，子里鬼你（1917. 6. 1）

［齐微通韵］

《景不徙篇》水徙（1917. 3. 6）（《中华新韵》齐微合韵；平水韵皆为上声四纸）

齐韵

1. 齐韵韵字——宜期
2. 齐韵韵例——齐韵没有独用的例，均与齐韵、微韵通韵
3. 齐韵韵谱——见支韵

微韵

1. 微韵韵字——为微悲归湄鬼睡媚水杯回堆
2. 微韵韵例——微韵独用的例少，主要与齐韵、支韵和开韵通韵
3. 微韵韵谱

［微韵独用］《十二月五日夜》睡媚（1916. 12. 5）

［微齐通韵］　见支韵

［微开通韵］《沁园春·二十五岁生日自寿》来杯哀栽开回堆才猜（1916. 12. 17）（上平声十灰；《中华新韵》开微同韵）

开韵

1. 开韵韵字——来哀栽开才猜改在
2. 开韵韵例——开韵有独用的例，但也与微韵通韵

3. 开韵韵谱

［开韵独用］《景不徙篇》改在（1917. 3. 6）

［微开通韵］见微韵

模韵

1. 模韵韵字——涂书菰书苏如负住怒处数露

2. 模韵韵例——模韵主要独用，但也与鱼韵通韵

3. 模韵韵谱

［模韵独用］《赠朱经农》涂书菰（1916. 8. 13）

《黄克强先生哀辞》书苏如（1916. 11. 9）

［模鱼通韵］《百字令》负住怒去处数露许（1917. 7. 30）(《中华新韵》模鱼通韵，词韵第四部)

鱼韵

1. 鱼韵韵字——去许

2. 鱼韵韵例——鱼韵无独用的例，都与模韵通韵

3. 鱼韵韵谱

［模鱼通韵］见模韵

侯韵

1. 侯韵韵字——绉旧首友厚有丑手偶酒久擞某九纠后走朽否

2. 侯韵韵例——侯韵主要独用，都与模韵通押仅 1 次

3. 侯韵韵谱

［侯韵独用］《景不徙篇》绉旧（1917. 3. 6）

《文学篇》首友厚有（1917. 6. 1）

［侯模通韵］　《朋友篇》丑手厚偶酒久擞负某九纠有友后走朽否（1917. 6. 1）（《中华新韵》模侯合韵；平水韵则皆为上声二十五有韵）

豪韵

1. 豪韵韵字——消朝晓了好娇

2. 豪韵韵例——豪韵独用

3. 豪韵韵谱

[豪韵独用]

《十二月五日夜》消朝（1916. 12. 5）《病中得冬秀书》晓了（1917. 1. 16）《“赫贞旦”答叔永》了好娇（1917. 2. 19）

寒韵

1. 寒韵韵字——天还怜单见边年全袁怜筵鲜钱仙闲难散岸饭半旦

2. 寒韵韵例——寒韵独用

3. 寒韵韵谱

[寒韵独用]

《蝴蝶》天还怜单（1916. 8. 23）

《赠朱经农》见边年，全袁年边怜筵鲜钱仙天（1916. 8. 31）

《“赫贞旦”答叔永》闲难还散岸饭半旦（1917. 2. 19）

痕韵

1. 痕韵韵字——进亲人问

2. 痕韵韵例——痕韵独用少，主要与庚韵和东韵押韵

3. 痕韵韵谱

[痕韵独用]《病中得冬秀书》亲人（1917. 1. 16）

[痕庚通韵]《赠朱经农》进命醒病（1916. 8. 13）

《文学篇》政定应问（1917. 6. 1）

庚韵

1. 庚韵韵字——命醒病横生轻政定应

2. 庚韵韵例——庚韵独用少，主要与痕韵押韵，但不跟东韵互叶

3. 庚韵韵谱

[庚韵独用]《赠朱经农》横生轻（1916. 8. 13）

[庚痕通韵] 见痕韵

东韵

1. 东韵韵字——种用送梦

2. 东韵韵例——东韵独用，不跟和韵庚韵互叶

3. 东韵韵谱

［东韵独用］《文学篇》种用送梦（1917.6.1）

二　改编的旧调用韵（第二编）

麻韵

1. 麻韵韵字——家下他么妈纱妈罢大霞

2. 麻韵韵例——麻韵独用，与皆韵通押仅仅1次

3. 麻韵韵谱

［麻韵独用］《老洛伯》妈家他，纱家妈罢，纱他（1918.3.1）

《一颗遭劫的星》大霞下　（1919.12.7）

［麻皆通韵］《老洛伯》家夜下他么（1918.3.1）（词韵第十部）

波韵

1. 波韵韵字——活我波过婆破躲错做说

2. 波韵韵例——波、歌韵独用和通韵大致一样多，与皆韵仅通押1次

3. 波韵韵谱

［波韵独用］《老洛伯》活我，我过，过婆我（1918.3.1）

《应该》我错做　（1919.3.20）

［波歌通韵］《老洛伯》我波了个　（1918.3.1）

《如梦令》破个躲我　（1918.8）

《希望·译诗》我破和过　（1919.2.28）

［波皆通韵］《乐观》说叶（1919.9.20）（于新韵波皆合韵，于词韵第十八部）

歌韵

1. 歌韵韵字——了个和

2. 歌韵韵例——歌韵无独用，主要和波韵通韵

3. 歌韵韵谱

［歌波通韵］见波韵

皆韵

1. 皆韵韵字——叶雪

2. 皆韵韵例——皆韵独用，也和波韵通韵 1 次

3. 皆韵韵谱

［皆韵独用］《乐观》叶雪（1919. 9. 20）

［波皆通韵］见波韵

支韵

1. 支韵韵字——指子死士此字

2. 支韵韵例——支韵没有独用的例，均与齐韵、儿韵通韵

3. 支韵韵谱

［支齐通韵］《三溪路上大雪里一个红叶》你喜里理起（1917. 12. 22）《你莫忘记》指子死士以此（1918. 8. 23）《关不住了》起死（1919. 2. 26）《“威权”》力底死（1919. 6. 11）《乐观》子里意（1919. 9. 20）

［支<u>儿</u>齐通韵］《一颗星儿》<u>儿</u>字你气地（1919. 4. 25）

儿韵

1. 儿韵韵字——儿

2. 支韵韵例——儿韵没有独用的例，均与齐韵、支韵通韵

3. 儿韵韵谱

［支<u>儿</u>齐通韵］见支韵

齐韵

1. 齐韵韵字——气戏意丽起啼利喜栖饥米你里理以地力底

2. 齐韵韵例——支韵没有独用的例，均与齐韵、儿韵通韵

3. 齐韵韵谱

［齐韵独用］《鸽子》气戏意丽（1917）

《三溪路上大雪里一个红叶》你喜里理起（1917.12.22）

［支齐通韵］见支韵

［支儿齐通韵］见支韵

［齐微通韵］《老鸭》起啼利喜栖饥飞米（1917）

微韵

1. 微韵韵字——醉碎

2. 微韵韵例——微韵独用，偶与齐韵通韵

3. 微韵韵谱

［微韵独用］《关不住了》醉碎（1919.2.26）

［微齐通韵］　见齐韵

开韵

1. 开韵韵字——开来揩

2. 开韵韵例——开韵独用，但也与微韵偶通

3. 开韵韵谱

［开韵独用］《乐观》开来（1919.9.20）

［开微通韵］《上山》回（灰韵）揩（皆韵）

模韵

1. 模韵韵字——路哭恶树住

2. 模韵韵例——模韵无独用，主要与鱼韵通韵

3. 模韵韵谱

［模鱼通韵］

《老洛伯》路哭语去（词韵第四部。或交韵“语去”互叶，“路哭”互叶。1918.3.1）

《乐观》恶路去，树去（1919.9.20）（词韵第四部）

《上山》路树去（词韵第四部），路树（1919.9.28）

《一颗遭劫的星》住去（1919.12.7）

鱼韵

1. 鱼韵韵字——去语

2. 鱼韵韵例——鱼韵无独用的例，都与模韵通韵

3. 鱼韵韵谱

［模鱼通韵］见模韵

侯韵

1. 侯韵韵字——袖手

2. 侯韵韵例——侯韵独用

3. 侯韵韵谱

［侯韵独用］《上山》袖手（1919.9.28）

豪韵

1. 豪韵韵字——朝桥跳报销了消跑倒觉到躁

2. 豪韵韵例——豪韵独用

3. 豪韵韵谱

［豪韵独用］

《十二月一日奔丧到家》朝桥跳报销了（1918.12.1）

《乐观》消跑（1919.9.20）《上山》倒觉（1919.9.28）

《一颗遭劫的星》到躁（1919.12.7）

寒韵

1. 寒韵韵字——掩见怨遣关难断反完安倦遍软

2. 寒韵韵例——寒韵独用。

3. 寒韵韵谱

［寒韵独用］《如梦令》掩见怨遣（1917.8）

《关不住了》关难（1919.2.26）《“威权”》

断反（1919.6.11）《乐观》完安（1919.9.20）

《上山》倦遍软（1919.9.28）

痕韵

1. 痕韵韵字——馨村人

2. 痕韵韵例——痕韵无独用，主要与庚韵押韵，但不与东韵通韵

3. 痕韵韵谱

［痕庚通韵］《你莫忘记》兵馨升

《十二月一日奔丧到家》村迎情人

唐韵

1. 唐韵韵字——像往相想样上矿强凉唱光

2. 唐韵韵例——唐韵独用

3. 唐韵韵谱

［唐韵独用］《如梦令》像往相想样（1917.8）

《权威》上矿强样（1919.6.11）《乐观》凉唱（1919.9.20）

《一颗遭劫的星》光凉（1919.12.7）

庚韵

1. 庚韵韵字——兵升风省明峰景

2. 庚韵韵例——庚韵独用，也与痕韵、东韵通韵

3. 庚韵韵谱

［庚韵独用］《上山》省明峰景（1919.9.28）

［庚痕通韵］　见痕韵

［庚东通韵］《关不住了》风中（1919.2.26）

《一颗遭劫的星》风动（1919.12.7）

东韵

1. 东韵韵字——中动

2. 东韵韵例——东、庚两韵通韵

3. 东韵韵谱

［庚东通韵］见庚韵

三　真正的白话诗用韵（第三编）

麻韵

1. 麻韵韵字——家花

2. 麻韵韵例——麻韵独用

3. 麻韵韵谱

［麻韵独用］《希望》家花（1921. 10. 4）

波韵

1. 波韵韵字——坐过着多说

2. 波韵韵例——波、歌韵同韵，与皆韵仅通押 1 次

3. 波韵韵谱

［波歌通韵］《晨星篇》夜坐个（1921. 12. 8）

《湖上》火着过个（1920. 8. 24）《希望》过个（1921. 10. 4）

《晨星篇》色多过（1921. 12. 8）

［波皆通韵］《晨星篇》别说（1921. 12. 8）

歌韵

1. 歌韵韵字——个色

2. 歌韵韵例——歌韵无独用，主要和波韵通韵

3. 歌韵韵谱

［歌波通韵］见波韵

皆韵

1. 皆韵韵字——别歇叶绝

2. 皆韵韵例——皆韵独用，也和波韵通韵 1 次

3. 皆韵韵谱

［皆韵独用］《我们三个朋友》歇别叶绝（1920. 8. 22）

［波皆通韵］见波韵

支韵

1. 支韵韵字——此诗撕死耻

2. 支韵韵例——支韵没有独用的例，均与齐韵、儿韵通韵

3. 支韵韵谱

［支韵独用］《我们的双生日》诗撕（1920. 12. 17）（胡适注云：“国音，诗音尸，撕音ㄙ，故可互韵。——原注”。胡适很在意押韵的精确性，而且是以当时的老国音为准）《死者》死耻（1921. 6. 17）

［支齐通韵］《许怡荪》此喜（1919. 7. 5）

《晨星篇》诗迟里（1921. 12. 8）

齐韵

1. 齐韵韵字——地喜戏急意

2. 齐韵韵例——齐韵独用，也与支韵通韵

3. 齐韵韵谱

［齐韵独用］《一笑》地喜（1920. 8. 12）《艺术》戏急（1920. 9. 22）

《晨星篇》地意（1921. 12. 8）

［支齐通韵］见支韵

微韵

1. 微韵韵字——睡醉

2. 微韵韵例——微韵独用

3. 微韵韵谱

［微韵独用］《醉和爱》睡醉（1921. 1. 27）

开韵

1. 开韵韵字——在爱

2. 开韵韵例——开韵独用

3. 开韵韵谱

[开韵独用]《一笑》在爱（1920. 8. 12）

模韵

1. 模韵韵字——树菰住

2. 模韵韵例——模韵无独用，大都与鱼韵通韵

3. 模韵韵谱

[模鱼通韵]《我们三个朋友》树语（1920. 8. 22）

《例外》菰去（1920. 10. 6）

《十一月二十四夜》住去（1920. 11. 25）

鱼韵

1. 鱼韵韵字——语句去

2. 鱼韵韵例——鱼韵独用，大都与模韵通韵

3. 鱼韵韵谱

[鱼韵独用]《梦与诗》语句（1920. 10. 10）

[模鱼通韵] 见模韵

侯韵

1. 侯韵韵字——走手旧友有

2. 侯韵韵例——侯韵独用

3. 侯韵韵谱

[侯韵独用]《许怡荪》走手（1919. 7. 5）

《我们三个朋友》旧友，友有（1920. 8. 22）

豪韵

1. 豪韵韵字——好笑消到号啸恼跑帽老

2. 豪韵韵例——豪韵独用

3. 豪韵韵谱

［豪韵独用］

《一笑》笑好（1920. 8. 12）《我们三个朋友》消到号啸（1920. 8. 22）

《艺术》好恼（1920. 9. 22）《礼》笑跑帽老（1920. 11. 25）

《我们的双生日》好吵（1920. 12. 17）《希望》草好（1921. 10. 4）

寒韵

1. 寒韵韵字——年圆山川汗饭汉弹干胆翻叹完澜

2. 寒韵韵例——寒韵独用，寒庚两韵偶通 1 次

3. 寒韵韵谱

［寒韵独用］《我们三个朋友》年圆（1920. 8. 22）

《我们三个朋友》山川，山城（1920. 8. 22）

［寒庚偶通］《平民学校校歌》汗饭（1921. 4. 12）

《四烈士冢上的没字碑歌》汉弹干，胆翻弹干，叹弹干（1921. 5. 1）

《死者》完澜（1921. 6. 17）

唐韵

1. 唐韵韵字——奖样，想样双忘妨磅像晃响

2. 唐韵韵例——唐韵独用

3. 唐韵韵谱

［唐韵独用］

《许怡荪》奖样，想样（1919. 7. 5）

《我们三个朋友》双忘（1920. 8. 22）《例外》妨磅（1920. 10. 6）

《梦与诗》像样（1920. 10. 10）《十一月二十四夜》晃响（1920. 11. 25）

《醉和爱》像样（1921. 1. 27）

庚韵

1. 庚韵韵字——生兴梦命病星明

2. 庚韵韵例——庚韵大部分独用，也与东韵通韵

3. 庚韵韵谱

[庚韵独用]《例外》生兴（1920. 10. 6）

《晨星篇》星明兴（1921. 12. 8）

《我们的双生日》命病（1920. 12. 17）

[庚东通韵]《梦与诗》重梦（1920. 10. 10）

东韵

1. 东韵韵字——工动松同重

2. 东韵韵例——东韵独用，也与庚韵通韵

3. 东韵韵谱

[东韵独用]《许怡荪》松同（1919. 7. 5）

《平民学校校歌》工动（1921. 4. 12）

[庚东通韵] 见庚韵

四　附类白话诗用韵

麻韵

1. 麻韵韵字——法煞

2. 麻韵韵例——麻韵独用

3. 麻韵韵谱

[麻韵独用]《周岁——祝〈晨报〉一年纪念》法煞（1919. 11. 27）

波韵

1. 波韵韵字——果我说过火

2. 波韵韵例——波韵独用，与皆韵仅通押 1 次

3. 波韵韵谱

[波韵独用]《我的儿子》果我（1919. 7. 70）

《外交》过火（1920. 8. 7）

[波皆通韵]《纪梦》别说（1920. 6. 10）

皆韵

1. 皆韵韵字——结别缺月切节

2. 皆韵韵例——皆韵独用，仅和波韵通韵 1 次

3. 皆韵韵谱

［皆韵独用］《新婚杂诗》结别缺月切节（1918. 1）

［波皆通用］见波韵

支韵

1. 支韵韵字——之至时思子字

2. 支韵韵例——支韵几乎没有独用的例，大都与齐韵、微韵通用

3. 支韵韵谱

［支韵独用］《我的儿子》时子（1919. 7. 30）

［支齐通韵］《我的儿子》你子（1919. 7. 30）

《纪梦》气字（1920. 6. 10）

［支微齐通韵］《孔丘》之至废（1916. 7. 29）（词韵第三部）

《人力车夫》飞（微）悲（脂）时（之）疑（之）凄（齐）意（志）饥（脂）皮（支）谁（脂）（1917. 11. 9）（词韵第三部）

《四月二十五夜》地睡起已思意你（1918. 4. 25）

齐韵

1. 齐韵韵字——已起你谊底气疑凄意饥皮地

2. 齐韵韵例——齐韵独用，大都与支韵、微韵通韵

3. 齐韵韵谱

［齐韵独用］《我的儿子》已起，你谊（1919. 7. 30）

《周岁——祝〈晨报〉一年纪念》底你（1919. 11. 27）

［支齐通韵］见支韵

［支微齐通韵］见支韵

微韵

1. 微韵韵字——岁会废飞悲谁睡

2. 微韵韵例——微韵独用，大都与支韵、微韵通韵

3. 微韵韵谱

［微韵独用］《周岁——祝〈晨报〉一年纪念》岁会（1919. 11. 27）

［支微齐通韵］见支韵

开韵

1. 开韵韵字——爱害对待

2. 开韵韵例——开韵独用

3. 开韵韵谱

［开韵独用］《他》爱（代）害（泰）对（队）待（海）（1916. 9. 6）（胡适押方音韵，绩溪话爱［ŋa］，害［xa］，对［ta］，待［t‘a］）

模韵

1. 模韵韵字——鼓暮母楚书无

2. 模韵韵例——模韵独用，主要与鱼韵通韵

3. 模韵韵谱

［模韵独用］《纪梦》书无（1920. 6. 10）

［模鱼通韵］《新婚杂诗》雨鼓婿许暮母楚语（1918. 1）

《示威》楚去（1920. 1）

鱼韵

1. 鱼韵韵字——雨婿许语去

2. 鱼韵韵例——鱼韵无独用，大都与模韵通韵

3. 鱼韵韵谱

［模鱼通韵］见模韵

侯韵

1. 侯韵韵字——寿斗口走

2. 侯韵韵例——侯韵独用

3. 侯韵韵谱

[侯韵独用]《周岁——祝〈晨报〉一年纪念》寿斗（1919. 11. 27）

《示威》口走（1920. 1）

豪韵

1. 豪韵韵字——好鸟笑啸貌倒到

2. 豪韵韵例——豪韵独用

3. 豪韵韵谱

[豪韵独用]《送叔永回四川》好鸟笑啸（1919. 4. 18）

《示威》貌倒，笑到（1920. 1）

寒韵

1. 寒韵韵字——年全犯看欢难旋圆线念尖边转

2. 寒韵韵例——寒韵独用，寒庚两韵偶通

3. 寒韵韵谱

[寒韵独用]《周岁——祝〈晨报〉一年纪念》年全（1919. 11. 27）

《示威》犯看（1920. 1）　《纪梦》欢难（1920. 6. 10）

《一念》旋圆线念尖边转

唐韵

1. 唐韵韵字——嶂向乡想浪，妆房郎王亡样双响乡光匠墙象

2. 唐韵韵例——唐韵独用

3. 唐韵韵谱

[唐韵独用]《新婚杂诗》嶂向乡想浪，妆房郎王亡样双响（1918. 1）

《送叔永回四川》乡光样（1919. 4. 18）《外交》：匠墙象（1920. 8. 7）

庚韵

1. 庚韵韵字——逢风

2. 庚韵韵例——庚韵无独用，与东韵通韵，与痕韵偶通 1 次。痕韵通

过庚韵和东韵偶通，但没有直接跟东韵通押的例

3. 庚韵韵谱

[庚痕东通韵]《送叔永回四川》：逢匆送人重（1919. 4. 18）

[庚痕偶通]《外交》钟风，笼工（1920. 8. 7）

东韵

1. 东韵韵字——匆送重钟笼工

2. 东韵韵例——东韵独用，主要与庚韵通韵

3. 东韵韵谱

[东韵独用]《外交》笼工（1920. 8. 7）

[庚痕东通韵] 见庚韵

第三节 《尝试集》用韵标准与国音韵书的通别

以上我们穷尽式地考察了胡适《尝试集》增订四版的62首非旧体诗的用韵情况，我们发现，这62首诗的押韵基本上依照民国时期的国语语音标准。民国的国语语音有旧国音和新国音的不同，其差异主要表现在声母和声调系统上。汉语诗歌的押韵主要与韵母（主元音和韵尾要相同）和声调有关，与声母基本上没有牵连。赵元任在《国音新诗韵》里说：

> 押韵就是诗行末尾重读的字音里声调相同，主要的元音和随附的元音或辅音相同，但那音的声母或介母不同的关系。①

赵先生主张：1. 异调不相押（但他认为阴平和阳平可以相通，无调

① 赵元任：《国音新诗韵》，商务印书馆1923年版，第7页。

韵“五声全通”）；2. 押韵字都要是重音字，轻声字不能押单字韵；3. 押韵字读音不能完全相同；4. －n 与－.˙尾不能相押，－u.˙与－i.˙不押韵，5. －ao 与－ou 不押韵[①]。很显然，赵先生的押韵标准有些高难。当时押韵的新诗人对此基本上认可，但赵先生同调相押的规定并不完全符合当时的白话新诗押韵实际。比如郭沫若的《天上的街市》：

远远的街灯明了，
好像是闪着无数的明星。
天上的明星现了，
好像是点着无数的街灯。
我想那缥缈的空中，
定然有美丽的街市。
街市上陈列的一些物品，
定然是世上没有的珍奇。
你看，那浅浅的天河，
定然是不甚宽广。
那隔着河的牛郎织女，
定能够骑着牛儿来往。
我想他们此刻，
定然在天街闲游。
不信，请看那朵流星，
是他们提着灯笼在走。

这是郭沫若 1921 年创作的一首现代白话新诗。韵式是 abcb 式。按赵元任先生的押韵标准，这首诗基本上符合赵元任在《国音新诗韵》里的规定：

① 赵元任：《国音新诗韵》，商务印书馆 1923 年版，第 6—7 页。

“星”与“灯”是同调不同音的；“鹰”“鞥”相通；“市”与“奇”是“日”叶“衣”；“广”与“往”是同调不同音的同韵相押；“游”与“走”是同韵不同调的同韵相押。这些韵字都是重读字，没有轻声相押的。但是，“市”与“奇”，“日”与“衣”，“游”与“走”两两不同调，这是不符合赵先生同调相押的规定的。赵先生过于拘守于近体诗同调相押的标准，其实在旧体诗词中就有平仄互叶的。

正因为赵先生的白话新诗的国音新诗韵标准有点苛细（主要是同声调押韵和重音字押而轻声字不能入韵），所以到了1932年，新的国音标准确立后，国语运动诸人纷纷探索，编写了符合新国音标准的白话诗韵，1934年《佩文新韵》草创于前，1941年《中华新韵》专精于后，提出了崭新的韵文押韵例，明确主张“四声可通押，变调可用”，把汉语韵书推到一个巅峰。下面以赵元任的《国音新诗韵》和官韵《中华新韵》的通别原则为标准[①]，分别探讨《尝试集》62首白话诗押韵实际跟这两部老、新国音韵书的关系。根据上面的实证考察，我们分析白话诗用韵与国音韵书的通别。

一　白话新诗用韵与国音韵书的通别

（一）洗刷过的旧诗用韵与国音韵书（第一编）

1. 合乎《国音新诗韵》规定的通别（我们以“通韵”赅“叶韵”，韵目仍按照官韵《中华新韵》，下准此）

通韵（40字次）：波歌通韵，齐微同韵，支齐通韵，模鱼通韵。即（只列韵字，下准此）：

多河；时师诗，死己体；纸喜，里此；痴为宜微，悲归期时湄卮

① 这些民国韵书的通别规则参见第二章和第三章相关部分。为统计方便，赵元任先生《国音新诗韵》所规定的同调相押，我们在系联韵脚时暂按无调韵，即四声通押处理。这样《国音新诗韵》的通别规则里势必增加了一些本不该计入的韵字。专此说明，下仿此。

诗辞；里子，子里鬼你；水徙；负住怒去处数露许。

独用（36 字次）：睡媚；涂书菰；绉旧；首友厚有；消朝；天还怜单；全袁年边怜筵鲜钱仙天；亲人；横生轻；种用送梦。

2. 合乎官韵《中华新韵》规定的通韵

通韵（55 字次）：波歌通韵，齐微通韵，支齐通韵，支齐微通韵，模鱼通韵，痕庚通韵。即（仅列韵字）：

多河；时师诗，死已体；纸喜，里此；你时起西比底紫；痴为宜微，悲归期时湄厄诗辞；里子，子里鬼你；水徙；负住怒去处数露许；进命醒病；政定应问。

独用（54 字次）：睡媚；改在；涂书菰；绉旧；首友厚有；消朝；晓了；了好娇；天还怜单；见边年，全袁年边怜筵鲜钱仙天；闲难还散岸饭半旦；亲人；横生轻；种用送梦。

很明显，单就第一编，《中华新韵》的通别范围多了支齐微通韵、痕庚通韵两个，这是有道理的。因为《中华新韵》规定“四声可通押，变调可用”，所以可用做押韵的字多出了 33 字次，占第一编所收韵字的三成多。在《国音新诗韵》里则因为声调不同，这 33 字次的韵字将不能互押。

（二）改编的旧调用韵与国音韵书（第二编）

1. 合乎《国音新诗韵》规定的通别

通韵（51 字次）：麻皆通用，波歌通韵，波皆通韵，支齐通韵，齐微通韵，模鱼通韵。即：

家夜下他；我波个；破个躲我；我破过；说叶；指子死士以此；起死；底死；子里意；起啼利喜栖饥飞米；路哭语去；恶路去，树去；路去树；住去。

独用（39 字次）：

妈家他，纱家妈，纱他；叶雪；气戏意丽；你喜理起；醉碎；开来；朝桥报销；倒觉；到躁；关难；倦遍；上矿样；省明峰景。

2. 合乎官韵《中华新韵》规定的通韵

通韵（80 字次）：麻皆通韵，波歌通韵，波皆通韵，支齐通韵，支儿齐通韵，齐微通韵，开微通韵，模鱼通韵，痕庚通韵，庚东通韵。即：

家夜下他么；我波了个；破个躲我；我破和过；说叶；你喜里理起；指子死士以此；起死；力底死；子里意；儿字你气地；起啼利喜栖饥飞米；回揩；路哭语去；恶路去，树去；路树去路树；住去；兵馨升；村迎情人；风中；风动。

独用（77 字次）：

妈家他，纱家妈罢，纱他；活我，我过，过婆我；我错做；叶雪；气戏意丽；你喜里理起；醉碎；开来；袖手；朝桥跳报销了；消跑；倒觉；到躁；掩见怨遣；关难；断反；完安；倦遍软；像往相想样；上矿强样；凉唱；光凉；省明峰景。

单就第二编，《中华新韵》的通别范围多了支儿齐通韵、开微通韵、痕庚通韵和庚东通韵四个，除了微开通韵外，其他通韵都是合理的。因为《中华新韵》规定“四声可通押，变调可用”，所以可用做押韵的字多出了 65 字次，占第二编所有韵字的近四成多。

（三）真正的白话诗用韵与国音韵书（第三编）

1. 合乎《国音新诗韵》规定的通别

通韵（16 字次）：波歌通韵，波皆通韵，支齐通韵，模鱼通韵。即：

夜坐个；过个；色多过；别说；此喜；诗迟；住去。

独用（61 字次）：

家花；歇别叶绝；诗撕；死耻；地意；睡醉；在爱；走手；友有；消到号啸；好恼；好吵；草好；年圆；山川，山城（寒庚偶通）；汗饭；汉弹干，叹弹干；完澜；像样；像样；生兴；星明兴；命病；松同；工动。

2. 合乎官韵《中华新韵》规定的通韵

通韵（27 字次）：波歌通韵，波皆通韵，支齐通韵，模鱼通韵，庚东通韵。即：

夜坐个；火着过个；过个；色多过；别说；此喜；诗迟里；树语；菰去；住去；重梦。

独用（94 字次）：

家花；歇别叶绝；诗撕；死耻；地喜；戏急；地意；睡醉；在爱；语句；走手；旧友，友有；笑好；消到号啸；好恼；笑跑帽老；好吵；草好；年圆；山川，山城（寒庚偶通）；汗饭；汉弹干，胆翻弹干，叹弹干；完澜；奖样，想样；双忘；妨磅；像样；晃响；像样；生兴；星明兴；命病；松同；工动。

单就第三编，《中华新韵》的通别范围多了庚东通韵，这是合理的。因为《中华新韵》规定“四声可通押，变调可用”，所以可用做押韵的字多出了 40 字次，占第二编所有韵字的三成强。

（四）附类白话诗用韵与国音韵书

1. 合乎《国音新诗韵》规定的通别

通韵（38 字次）：波歌通韵，波皆通韵，支齐通韵，齐微通韵，模鱼通韵。即：

别说；你子；气字；之至废；飞悲时疑凄饥皮谁；地睡起已思意你；雨鼓许母楚；逢匆送人重；钟风，笼工。

独用（58 字次）：

法煞；结别缺月切节；已起，你谊；底你；岁会；爱（代）害（泰）对（队）待（海）（胡适押方音韵，绩溪话爱［ŋa］，害［xa］，对［ta］，待［t‘a］）；书无；口走；好鸟笑啸；貌倒，笑到；欢难；旋圆线念尖边转；嶂向乡想浪，妆房郎王亡样双响；乡光；笼工。

2. 合乎官韵《中华新韵》规定的通韵

通韵（44 字次）：波皆通韵，支齐通韵，支微齐通韵；模鱼通韵，庚东通韵。即：

别说；你子；气字；之至废；飞悲时疑凄意饥皮谁；地睡起已思意你；雨鼓婿许暮母楚语；楚去；逢匆送人重；钟风，笼工。

独用（62 字次）：

法煞；结别缺月切节；时子；已起，你谊；底你；岁会；爱（代）害（泰）对（队）待（海）（胡适押方音韵，绩溪话爱［ŋa］，害［xa］，对［ta］，待［t‘a］）；书无；寿斗；口走；好鸟笑啸；貌倒，笑到；年全犯看；欢难；旋圆线念尖边转；嶂向乡想浪，妆房郎王亡样双响；乡光样；匠墙象；笼工。

单就第三编，《中华新韵》的通别范围多了庚东通韵，这是合理的。因为《中华新韵》规定“四声可通押，变调可用”，所以可用作押韵的字多出了10字次，占附类白话诗用韵所有韵字的一成左右。

从繁荣新诗的创作角度看，官韵《中华新韵》规定的“四声可通押，变调可用”，解放了诗人的创作禁锢，使新诗作者“用现代的韵”，“平仄可以互相押韵”，大胆写作，这算是对近体诗只押平声韵的解放。韵字充裕，蕴藻丰赡，便给新诗作者提供了较为广阔的选择余地，极便于诗作者的临文取韵，繁荣创作。否则，韵险字寡，取韵落套，韵字单调雷同，则会大大妨碍诗人的艺术发挥。在这一点上，作为最早写白话新诗的胡适，要比研究国语语音的语言学家解放得多。胡适等现代白话诗作者的创作用韵证明了胡适提倡的“平仄可以互相押韵”和《中华新韵》规定的“四声可通押，变调可用”是合理的。所以，《中华新韵》是对20世纪20年代以来汉语白话新诗创作用韵经验的理论总结，是对胡适以来白话新诗创作理论的辩证扬弃，显示了白话新诗的音韵实践对国语语音和民国韵书的反作用。可以说，胡适在《谈新诗》里所倡导的有关国语语音的两大主题——重轻音节和押现代国音韵及平仄互押——都被官韵《中华新韵》接受下来，并加以发扬光大。国语运动最大成果——以北京话为国语语音标准——被官韵《中华新韵》定为分韵的语音标准。“变调相押”实际上是把民国时期国语语音轻声研究的成果进一步应用到白话新诗的创作，在传统的重音节字押韵之外，又为白话新诗押韵找到了一个符合白话诗特征的押韵模式。《中华新韵》的著者魏建功先生1941年在《中华新韵》里指出“文言无轻声”，精辟地分析了轻声在文学艺术中的重要作用：“文言和语体，歌剧道白和话剧对词，其不同实在于轻声变化的有无。”① 魏先生深刻地指出轻声变调在白话新诗创作里的意义：“近来白话文讲如何符合口语，但都不很在意变

① 魏建功：《中华新韵》（1941），正中书局1963年版，第144页。

调，这是一个缺点。……白话文既求接近口语，那么新诗作者就应该注意这一点，多以变调押韵，以表现我国语言的特色，这样，庶乎可以产生伟大的作品。”[①] 这是民国时期关于国音轻声研究与新诗创作互动的最好的阐述。

赵元任先生研究白话口语里的轻声卓有成效，但他反对以轻声押韵。《国音新诗韵》带有由旧诗押韵规范向白话新诗用韵的过渡色彩，但它是“五四”以后的第一部新韵书，为同时期前后的白话新诗创作提供了充分的理论指导，它所表现出的一些不适合新诗创作的问题，为后来官韵《中华新韵》的编写提供了十分宝贵的经验教训，其筚路蓝缕以启山林之功不可废。

二 《尝试集》的入声韵与旧国音的“第五声”

《尝试集》有一些白话新诗押旧入声韵，这与当时的国音声调有关。民国时期北京话和北方汉语里早没有入声了，但是当时的国音是南北杂糅的旧国音，读音统一会把南方方言里的入声硬是带到国音里面。所以，旧国音里的入声算是与阴阳上去四声并存的“第五声”。赵元任先生的《国音新诗韵》的有调韵就是“阴阳赏去入”五声。一直到了1932年的《国音常用字汇》，旧国音里的入声才正式废除，并到其他四声中。《尝试集》时代的声调仍然是有入声的五声。这是胡适押入声韵的语音背景。

《尝试集》以入声韵相押，这也反映了当时的旧国音特点。现在列举讨论如下。括号里是《广韵》和旧诗韵、词韵类。

1.《江上》出日。“出”《广韵》术韵，《国音新诗韵》入声叔韵。“日”为《广韵》质韵，《国音新诗韵》为入声日韵。绩溪方音不同韵。同

① 魏建功：《关于〈中华新韵〉》（1942），《魏建功文集》第1卷，江苏教育出版社2001年版，第636页。

为平水韵四质。

2.《黄克强先生哀辞》贼国得。三字同为《广韵》德韵和平水韵十三职。《国音新诗韵》“贼得”属入声瑟韵，“国”属入声曷韵。绩溪话“贼德”读［tɤʔ］，“国”读［kuɤʔ］，也可以押韵。

3.《文学篇》敌集（词韵第十七部）；歇绝（词韵第十八部）。此节似抱韵，据《词林正韵》，敌集互押，歇绝互押，据老国音标准也是这样。但此诗凡七节，1、2、3、4、6、7 节皆为 abcb 韵式，独第 5 节为抱韵，似乎与全诗韵式不合。或者是词韵第 17、18 两部入声通叶吧。

4.《新婚杂诗》结说月。《国音新诗韵》“说”为入声曷韵，“结月”为入声屑韵。绩溪方音“说月”同韵［yaʔ］，“结”韵［iaʔ］，这是方音韵。词韵也同为第十八。

5.《上山》黑得灭。“黑得”同为《广韵》德韵，词韵十七部，“灭”为《广韵》薛韵，词韵十八部。《国音新诗韵》“黑得”为入声瑟韵，“灭”为入声薛韵。绩溪方言里，“得德”读［tɤʔ］，“灭”读［miaʔ］，不在一韵。可能是词韵的十七部和十八部通押。

6.《艺术》得滴。《国音新诗韵》“得滴”和绩溪方音不同韵，但同属于词韵第十七部。

从第二编开始（不计《去国集》和附类里的旧体诗），有些白话诗胡适按照新国音阴入相押，计有：《老洛伯》活我，路哭语去；《湖上》火着过个；《晨星篇》色多过；《艺术》戏急等，但从统计的角度看，这种例子只有 5 个入声字。而从上面的 62 首白话诗用韵考察看，按照旧国音标准押韵的入声字很多，计有 11 字：《乐观》说叶，叶雪；《晨星篇》别说；《我们三个朋友》歇别叶绝；《纪梦》别说；《新婚杂诗》结别缺月切节。特别是《我们三个朋友》和《新婚杂诗》分别用了 4 个和 6 个入声韵字，不杂一字舒声韵字。

从上面例子可见，押韵的入声字总计有“日出敌集歇绝结说月黑得灭滴活哭着色急叶雪别结缺切节”24 字，主要按照旧国音入声标准押韵的有 16

字，占67%；其次是按照词韵或旧诗韵标准押韵，计有“出日”“贼国得”“敌集歇绝“结说月”“黑得灭”“得滴”，去掉两个重复字“得”，有15韵字，占63%；其次是按照绩溪方音押韵，计有“德贼国”和“说月”5字，占两成。与舒声韵相押的只有“活哭着色急”5字，仅占两成。

胡适身处晚清民国之际，在新的国音标准尚未确立的20年代前，他的白话新诗入声字押韵就能按照新的北京话标准，虽然只有5字，但意义甚大。它说明民国时期北方话和北京话的入派四声的实际语音对胡适的旧诗韵观点有所渗透和矫正，这也至少说明胡适用国音入声押韵的思想也有趋新的一面。但是，在传统积习颇重的胡适那里，入声字的独立性很强，这也是传统诗词对于入声韵的态度。

第四节　《尝试集》的变调相押与国语语音的轻声

民国学者的轻声研究表明，轻声不是阴阳上去外的第五声，所以所谓变调相押，就不是轻声和阴阳上去四声调类上的通押，而是指轻声音变所形成的韵母跟别的字的韵母相押的情况。一个字在不读轻声的时候与别的字可能不押韵，但是当这个字读轻声时，就可能押韵，变调相押主要涉及轻声字韵母的音变。

国语运动诸君的轻声研究，为白话新诗里的变调相押提供了具体的判定标准。

1929年，在《北平语调的研究》里，赵元任先生将国音轻声分作有规则的和没有规则的两类，前者有六类：即语助词（阿、罢、的、得、地、着、了、吗等），虚词词尾（这·个，但·是，什·末，后·头，我·们），趋向动词（回·来，弄·掉，走·出·去），表方位的后置词（不特指的时候），做宾语的代词（不特指的时候）和“要不要”式里“不”字跟后面的动词[①]。对于轻声变韵的规律，民国学者也做了深入的研究。1924年汪怡在著《国语发音学》，发现轻声不但失去了本调，而且也变及韵母和声母：“再轻音国语用的很多，除不必拘泥他们原有的声调以外，还有变及韵母或声母的发音的。”[②] 1926年，后觉在《国语声调研究》分析了轻声造成的韵母变化，“它们底变韵，都是由开口的程度高的变到低的”和失韵[③]。1929年，赵元任先生在《北平语调的研究》中列出四条轻声元音音变规则：ia变为ie，ua变为uo，ai变为ei和语气助词“了”的韵母iao变为e[④]。这是较为详细的关于轻声字韵母音变的说明。

1946年，魏建功在赵元任先生的基础上，详尽地分析了轻声变调所引起的轻声字韵母变化，兹转录于下，以资后面考察《尝试集》的变调押韵之用[⑤]：

ㄗ/ㄚ→ㄜ[⑥]	ㄧㄚ→ㄧㄝ	ㄨㄚ→ㄨㄛ
ㄞ→ㄝ	ㄧㄤ→ㄧㄥ	ㄨㄛ→ㄨㄜ
ㄟ→ㄝ		ㄨㄞ→ㄨㄝ
ㄠ→ㄡ		
ㄡ→ㄛ		
ㄥ→ㄤ		

① 赵元任：《北平语调的研究》（1932），《赵元任语言学论文集》，商务印书馆2002年版，第258页。

② 汪怡：《国语发音学》，商务印书馆1924年版，第252页。

③ 后觉：《国语声调研究》，中华书局1926年版，第17页。

④ 赵元任：《北平语调的研究》（1932），《赵元任语言学论文集》，商务印书馆2002年版，第257页。

⑤ 魏建功：《国语常用“轻声”字》（1946），《魏建功文集》第四卷，江苏教育出版社2001年版，第358页。

⑥ 民国学者所读轻声的ㄜ，相当于今央中元音［ə］，而不是后半高元音［ɤ］，行文均以注音字母ㄜ代音标［ə］。下准此。

除了“ㄧㄤ→ㄧㄥ，ㄥ→ㄤ”等几个外（ㄗ→ㄜ是笔者增补的），轻声使主元音的音色变得含混、单化或央化，基本上是符合轻声变韵的语言事实的，这比赵元任先生的轻声元音音变更为周详。

对于白话轻声字在新诗里的押韵，民国国语运动诸人也做了积极的研究。

1923 年，赵元任在《国音新诗韵》里首次详尽地阐述了国音轻声在白话新诗押韵里的作用。他认为轻声字不能押单字韵，但可以与前一重读字构成多字韵来押韵。

赵元任之后，1941 年，魏建功先生在《中华新韵》里指出“文言无轻声”，首次深刻地指出轻声变调在新诗创作里的意义：“近来白话文讲如何符合口语，但都不很在意变调，这是一个缺点。……白话文既求接近口语，那么新诗作者就应该注意这一点，多以变调押韵，以表现我国语言的特色，这样，庶乎可以产生伟大的作品。”① 因为“至于变调，可说是口头说话的一个特色。……中国语言可说是世界上最优美的语言，不但每个字读起来有声调之美，而且还有一种变化的调子，就是说话时声音有轻重之别”②。这是民国时期关于国音轻声研究与新诗创作互动的最好论述。魏建功先生的轻声研究，尤其是轻声和汉语白话文的关系的见解，今天看来仍然熠熠生辉。

下面我们以胡适《尝试集》里的白话新诗为语料，根据赵元任和魏建功等民国学者对轻声类别、轻声变韵及其押韵方式等的研究，考察《尝试集》中白话新诗变调押韵的情况。

《尝试集》轻声押韵分为以下两种情况：

---

① 魏建功：《关于〈中华新韵〉》，《魏建功文集》第一卷，江苏教育出版社 2001 年版，第 636 页。

② 同上书，第 635—636 页。

一　用轻声字构成阴韵（多字韵）

《尝试集》白话诗轻声变韵在句末大都与前一字形成重轻型的阴韵（赵元任先生称之为“多字韵”）。根据赵元任《国音新诗韵》的看法，多字韵（阴韵）的条件就是“两句句尾最后的重音字成单字韵，其后随附的字音又要完全同音的”，或者，其后的轻声字可以允许原调或字形不同，只要轻声的读音相同就行[①]。

我们对《尝试集》白话诗的多字韵（阴韵）考察如下：

1.《我们的双生日赠冬秀》［民国九年（1920）十二月十七日］：

他干涉我病里看书，
常说，“你又不要命了！”
我也恼他干涉我，
常说：“你闹，我更要病了！”
我们常常这样吵嘴——
每回吵过也就好了。
今天是我们的双生日，
我们订约，今天不许吵了！
我可忍不住要做一首生日诗，
他喊道：“哼！又做什么诗了！”
要不是我抢得快，
这首诗早被他撕了。

“了”是轻声字，在文言诗里是不用的，白话诗常常改变倒数第二音节的声母，形成不同的字音。“命了”和“病了”中轻声“了”字同音，但

① 赵元任：《国音新诗韵》，商务印书馆1923年版，第22—23页。

之前的“命”和“病”押韵但声母不同。“好了”和“吵了”，“诗了”和“撕了”与此相似，也都是阴韵，胡适对此也加以注释：“国音，诗音尸，撕音厶，故可互韵。——原注。”①

2.《醉与爱》[民国十年（1921）一月二十七]：

你醉里何尝知酒力？
你只和衣倒下就睡了。
你醒来自己笑道，
“昨晚当真醉了！”
爱里也只是爱——
和酒醉很相象的。
直到你后来追想，
“哦！爱情原来是这么样的！”

“了”与之前的“睡”和“醉”分别构成“睡了”和“醉了”，“了”字同音，“睡”与“醉”不同声母，构成阴韵。同样的道理，“象的”与“样的”也是阴韵。

3.《死者》[民国十年（1920）六月十七] 前三节：

他身上受了七处刀伤，
他微微的一笑，
什么都完了！
他那曾经沸过的少年血，
再也不会起波澜了！
我们脱下帽子，

① 参见胡适《尝试集》，人民文学出版社2000年版，第72页。

恭敬这第一个死的。——

但我们不要忘记：

请愿而死，究竟是可耻的！

我们后死的人，

尽可以革命而死！

尽可以力战而死！

但我们希望将来

永没有第二人请愿而死

这首诗的押韵很独特，“完了”和“澜了”之“了”同音，“死的”和“可耻的”之“的”同音，都是轻声，变韵为ㄜ，阴韵相叶。“死的”之“的”与“帽子”之“子”轻声单字变韵相押。赵元任在《国音新诗韵》里对胡适的“力战而死”和“请愿而死”阴韵相押给予很高的评价：“‘死’，‘死’两个同音的重音字虽然不能押韵，但是‘愿’，‘战’两字的声音应该比‘死’字更重，所以比较起来，‘而死’两字都可以作轻音字看待，和上字连起来成很好的五字韵（民按，‘五’当为‘四’之误）。”①

4.《自题〈藏晖室札记〉十五册汇编》［民国八年（1919）七月三十］：

从前有怡荪爱你们，

把你们殷勤收起，深深藏好。

于今怡荪死了，谁还这样看待你们？

我怕你们拆散了，故叫订书的把你们装好。

你们不是我一个人做的。

因为怡荪爱看你们，夸奖你们，

故你们是我为怡荪做的，——

① 赵元任：《国音新诗韵》，商务印书馆1923年版，第22页。

是我和怡荪两个人做的。

怡荪死了，你们也停止了。

可怜我的怡荪死了！

其中前四句是抱韵 abab 式。“你们”是非特指的宾语，轻读，之前的“爱”“待”不同声母，故可构成多字韵（阴韵）。“藏好”和“装好”也是同样的道理，成为多字韵（阴韵）。三个“做的”同音，是轻声。“停止了”“死了”之“了”同音，是轻声，轻声“的”字变韵为ㄜ。“做的”前面有重音字“人”“荪”；“了”的前面有重音字“止”“死”，且两两声母不同，符合阴韵的要求，形成多字韵。

5.《我的儿子》［民国八年（1919）七月三十日］第一节：

我实在不要儿子，

儿子自己来了。

“无后主义”的招牌，

于今挂不起来了！

同时两个“来了”同音，是轻声。“子”“了”是轻声，变韵为ㄜ。故而互叶。两个“来了”前面的“已”与“起”不同声母，符合阴韵的要求，形成多字韵。

6.《我的儿子》［民国八年（1919）七月三十日］第四节：

将来你长大时，

莫忘了我怎样教训儿子：

我要你做一个堂堂的人，

不要做我的孝顺儿子。

这一节的押韵受到赵元任先生的批评。赵先生认为这四字韵就不大好，

"毛病在'儿'字比'教''孝'两字都重，'儿'字已经把住两句的'最后重音字'的门口了，所以听者只能听见'儿子''儿子'重复的声音，而领略不到'教''孝'两字的隔靴搔痒的韵味"①。赵先生说如果改换了句法，使动宾短语变成偏正短语，让重音前移，效果就好得多：

受过教训的儿子，
未必是孝顺的儿子。

"教"和"孝"都比"儿"字重，所以能改成前重后轻得多字韵（阴韵）。

多字韵在《尝试集》里数量很多，除上面列举的六个例子外，还有52个多字韵（为省笔墨，只举篇目和韵字），大抵是两字阴韵：

《关不住了》关了｜难了；吹来｜飞来；醉了｜碎了。《乐观》倒了｜好了；完了｜安了；开了｜来了；树了｜去了。《上山》倦了｜遍了｜软了；黑了｜得了｜灭了。《一颗遭劫的星》到了｜躁了；光了｜凉了。《许怡荪》松了｜同了。《我们三个朋友》消了｜到了；歇了｜别了；年了｜圆了｜；年了｜川了。《礼》消了｜跑了；帽子｜老子（民按，指父亲）。《十一月二十四日夜》住了｜去了。《晨星篇》多了｜过了；星呢｜明呢；别了｜说了。《他》爱他｜害他｜对他｜待他。《外交》钟了｜风了。

二　用轻声字单做韵脚

如上所述，《尝试集》白话诗轻声变韵在句末大都与前一字形成重轻型的阴韵，此外，还有以轻声字单独作为韵脚，与别的轻声字或非轻声字互叶。

---

① 赵元任：《国音新诗韵》，商务印书馆1923年版，第22页。

我们根据民国学者赵元任和魏建功等的轻声类别和轻声变韵的研究，考察了《尝试集》白话新诗，发现轻声字与轻声字互押的情况虽然数量不多，但意义很大。今列举如下：

1.《十二月五日夜》（第一编）：

> 我但玩明月，更不想什么。
> 月可使人愁，定不能愁我。

其中“么”与“我”押韵，“么”本韵ㄚ，在“什么”里韵母音变为ㄜ，“我”作非特指的宾语，轻声变韵为ㄨㄛ→ㄨㄜ。故“么”与“我”互叶。

2.《病中得冬秀书》［民国六年（1917）一月十六日］：

> 我不认得她，她不认得我。
> 我总想念她，这是为什么？

“我”与“么”互叶，理由同上。但是在同一首诗里，胡适有不用变韵相押的情况，如：

> 岂不爱自由？此意无人晓。
> 情愿不自由，也是自由了。

“晓”与“了”互叶，“了”字原韵ㄠ。又如《“赫贞旦”答永叔》［民国六年（1917）二月十九日］里的“朝霞渐散了，剩有晴天好”，“了”与“好”互叶，“了”字原韵ㄠ。

3.《老洛伯》（译诗）［第二编·民国七年（1918）三月］第二节：

> 我的吉梅他爱我，要我嫁他，
> 他那时只有一块银元，别无什么；
> 他为我渡海去做活，

要把银子变成金，好回来娶我。

“他”做非特指的宾语，读轻声，韵变为ㄚ→ㄜ，故可与文法上的轻声字“么”互叶。又如第三节：

他去了没半月，便跌坏了我的爹爹，病倒了我的妈妈；
剩了一头牛，又被人偷去了。

“妈妈”是重叠音，后一“妈”字变韵为ㄚ→ㄜ，文法上的轻声字“了”变韵为ㄜ，故可互叶。再看第五节：

我那时回绝了他，我只望吉梅回来讨我。
又谁知海里起了大风波，——
人都说我的吉梅他翻船死了！
只抛下我这苦命的人儿一个！

“了”字轻声变韵为ㄜ，“我”做非特指的宾语，轻声变韵为ㄨㄛ→ㄨㄜ，故可与“个”“波”互叶。

4.《湖上》[第三编·民国九年（1920）八月二十四]：

水上一个萤火
水里一个萤火
平排着，
轻轻地，
打我们的船边飞过，
他们俩儿越飞越近，
渐渐地并作了一个。

助词“着”“地”和量词“个”轻声韵变为ㄜ，故可与“火”“过”互叶。

5.《论诗杂记》其三［民国六年（1917）一月］：

“学杜真可乱楮叶”，便令如此又怎么？

可怜“终岁秃千毫”，学像他人忘却我！

其中“怎么”之“么”轻声变韵为ㄚ→ㄜ，“我”是非特指的代词宾语，轻声变韵为ㄨㄛ→ㄨㄜ，故可互叶。

6.《许怡荪》［民国九年（1920）七月］第一节：

怡荪！

我想象你此时还在此！

你跑出门来接我，我知道你心里欢喜。

其中“欢喜”的“喜”是赵元任和魏建功所讲的词类上的轻声，与重读字“此”互叶。又如《一笑》第三节：

我借他做了许多情诗，

我替他想出种种境地：

有的人读了伤心，

有的人读了欢喜。

其中“欢喜”的“喜”是词类上的轻声，与重读字“诗”“地”互叶。

轻声字不但可以构成重轻节奏，还可以用来押韵，构成单字韵或多字韵（阴韵），这是白话新诗押韵与传统旧诗截然不同的地方，它是“五四”白话文运动和国语统一运动，尤其是与国语语音统一的联合互动所带来新的变化。这种新的押韵模式，作为白话新诗鼻祖的胡适，在他的《尝试集》的白话诗创作中已经能够比较成熟地应用了。但是，作为深浸于传统旧诗词的胡适来说，有时脱不了旧诗押韵的规范，把本是白话新诗里的规则的轻声字仍然当作旧诗里的原调字而跟别的原调字互叶。与胡适《尝试集》

的创作一样，白话文里特有的轻声字变调相押表现出了较为浓厚的过渡色彩。下面联系具体的新诗作品谈谈这个问题。

胡适在民国七年（1918）五月反驳他的朋友梅觐庄反对白话文写诗时，写了一首白话打油诗，其中多以轻声变韵相押。兹录第二段和第五段如下：

文字没有雅俗，却有死可活道。
古人叫做欲，今人叫做要；
古人叫做至，今人叫做到；
古人叫做溺，今人叫做尿；
本来同是一字，声音少许变了。
并无雅俗可言，何必纷纷胡闹。
至于古人叫字，今人叫号；古人悬梁，今人上吊；
古名虽未必不佳，今名又何尝不妙？
至于古人乘舆，今人坐轿；古人加冠束帻，今人但知带帽；
若必叫帽作巾，叫轿作舆，岂非张冠李戴，认虎作豹？
……

第五段说：

今我苦口哓舌，算来却是为何？
正要求今日的文学大家，
把那些活泼泼的白话，拿来锻炼，拿来琢磨；
拿来作文
演说作曲作歌：——
出几个白话的嚣俄，和几个白话的东坡。
那不是“活文学”是什么？
那不是“活文学”是什么？

其中“变了”的“了”本应读轻声字，是表示已然的动态助词，轻声变韵为ㄜ，不可与“道要到尿闹号轿吊妙帽豹”等相押。但胡适却按照原调韵ㄠ，以足相押。说明胡适对轻声变韵的押韵方式的认识很模糊。但第五段末尾两句的“什么”之“么”与“何磨歌俄坡”相押，显然又是认识到“么”作为轻声变韵押韵的特点了。又如《十二月一日奔丧到家》[民国六年（1917）]：

何消说十年来的家庭梦想，都一一云散烟消，——

只今日到家时，更何处能寻他那一声“好呀，来了！”

其中“了”字按原调韵ㄠ，才与“消”互押。

《艺术》[民国九年（1920）九月二十二]：

台下的人看见了，

不住的拍手叫好。

其中“了”按原调韵ㄠ，故可与“好”押。

胡适这种两可的做法，与民国时期人们对轻声变韵后能否押韵的不同认识有关。

赵元任先生是不主张以轻声字押单字韵的：“押韵的字都要是重音字，轻音字不能押单字韵。”[①] 赵元任认为“这里”和“道喜”不能押，因为“里”轻“喜”重；“这里”和“欢喜”也不能押，因为“里”“喜”都是轻声字，所以不能押单字韵。但赵先生主张以轻声字构成多字韵（阴韵）。他说若果要用多字韵（阴韵），“条件是句尾最后的重音字有单字押韵的关系，其后的轻音字是两句尾同音的”[②]，或者，其后的轻声字可以允许原调

① 赵元任：《国音新诗韵》，商务印书馆 1923 年版，第 6 页。

② 同上书，第 7 页。

或字形不同，只要轻声的读音相同就行。所以“天已黑了，路怕行不得罢”不能构成多字韵（阴韵），因为“了”与“罢”虽都是轻读但不是同音字（声韵母不同）；但“不知把人气死，他倒还好意思”可以构成阴韵（多字韵），因为“死”和“思”都是轻声字，可看成同音字。“他不愿意，谁去劝她”里“意”“她”本不同声调，因为是轻声字，所以同音①。魏建功先生主张“变调可用”，“多以变调押韵，以表现我国语言的特色”②，但轻声字是押单字韵，还是与它前面的重音字构成阴韵（多字韵）相押，他没有具体说明。

朱湘也反对轻声押韵。他批评胡适和闻一多的诗轻声押韵，尤其是用“了”等。朱湘认为胡适的《尝试集》轻声字“了”押韵用得太多是很不好的：

> 有一种特异的现象引起我们的注意，便是胡君“了”字的“韵尾”用得那么多。这十七首诗里面，竟用了三十三个“了”字的韵尾。（有一处是三个“了”字成一联）不用说“了”字与另一个字合成的组同一个同样的组协韵时是多么刺耳，就是退一步说，不刺耳，甚至再退一步说，好；但是同数用的这么多，也未免令人发生一种作者艺术力的薄弱的感觉了。③

“‘了’字与另一个字合成的组同一个同样的组协韵时是多么刺耳”，就是赵元任先生所说的多字韵，很显然，朱湘也是反对的。朱湘同样反对闻一多诗的轻声押韵，认为闻一多“韵用得不妥的便是那种拿‘了’、‘的’等虚字来协韵的所在”④。

---

① 赵元任：《国音新诗韵》，商务印书馆1923年版，第23—24页。
② 魏建功：《中华新韵》，正中书局1963年版，第23页。
③ 朱湘：《尝试集》，姜德铭主编《中书集》，中国戏剧出版社2001年版，第364页。
④ 朱湘：《评闻君一多的诗》，姜德铭主编《中书集》，中国戏剧出版社2001年版，第331页。

梁启超作为晚晴诗界革命的主将，也是反对轻声押韵的。他说：“语助词愈少用愈好，多用必致伤气，徒令文字冗长惹厌。”①

朱湘的批评是不公允的，是站在传统诗律的角度，对白话新诗的轻声押韵的不理解和误解，由于历史的语音演变和共时的连读音变，一些旧诗里分部别居的字在白话新诗里却出门合辙，这是音变使然。作为年轻诗人的朱湘当然是不能理解这层演化的，所以才有前面对胡、闻诗歌轻声入韵的指摘。联系到胡适想用白话口语的轻声字打破旧诗的平仄律，建立白话新诗的重轻节奏来思考，《尝试集》和后来闻一多等诗人的以轻声字押韵正是胡适重轻节奏的拓展和实践，不能说是“江郎才尽”的表现。

胡适何去何从呢？从上面的讨论可见，胡适是主张轻声字入韵的。首先这是与他的重轻型节奏理论相关联的。

据我们统计，胡适自认的14首真正的“白话新诗”只占《尝试集》四版收诗的15%左右，但它的轻声字次和轻声节奏竟达总轻声字次和轻声节奏的71%，这14首诗轻声助词“的”“了”“着”三字的轻声字次则占“的”“了”“着”字次总数的四成多。“的”“了”“着”三个助词使用频率最高，占这14首诗助词字次的近九成。这说明，胡适所认为的真正的白话新诗与国音轻声之间有密切关系。胡适自觉地高频率使用“的”“了”“着”等轻声字，以此构成他的白话新诗的重轻节奏，从而代替旧诗的平仄节奏。其次，《尝试集》里白话新诗是轻声单字韵和重轻阴韵（多字韵）兼行的，说明胡适对轻声变韵及其押韵功能的认识不像国语运动诸人那样显得专业和自觉，但以变韵的轻声字来与别的非轻声字互叶，却在旧诗的重重型押韵之外，增添了重轻型押韵的模式。这种押韵模式，同他尝试的重轻节奏一样，客观上拓展了白话新诗的押韵空间，值得肯定。当然，我们

① 梁启超：《〈晚清两大家诗钞〉题辞》，《梁启超全集》第十七卷，北京出版社1999年版，第4931页。

也应该看到，《尝试集》时代，白话新诗的用韵标准处于一个过渡状态：旧诗韵已经破坏，而国音新诗韵的标准尚未确立。胡适的押韵标准基本上是按照当时的旧国音标准，并且符合国音韵书的通别规定的。少数诗作以方言或古韵押韵，是时代的局限。胡适的《尝试集》的押韵思想给后代白话诗的影响是积极的：注重押韵，并且注重以民国时期的国语语音（包括轻声变韵）或者国音韵书来押韵。这种押韵思想为后来的白话新诗作者自觉地以国音诗韵或普通话诗韵押韵树立了良好的榜样，它使现代白话新诗很快地走出无韵涣散的创作困境，基本上能够与汉语诗歌的押韵传统对接（仅指押韵而言），显示了对汉语诗韵传统的尊重与继承。

第五节　《尝试集》的押韵对现代白话诗用韵的影响

《尝试集》押韵标准，首先以当时的现实语音——国语语音为标准，但仍然杂有旧的诗词韵，有时不免以方音押韵[①]。这些押韵思想，与《尝试集》的思想一样，给中国现代白话新诗带来了较大的影响。这种影响，从积极的方面讲，就是“五四”以后的汉语白话新诗，注重押韵，并且注重以民国时期的国语语音或者国音标准的韵书来押韵，白话的有韵诗比较成功地摆脱了沿用700多年的强势的旧诗韵，再一次开始了诗歌创作以实际口

① 这一点从胡适的《谈新诗》里所列举的双声叠韵的诗句也可以看出。胡适说陆游的“我生不逢柏梁建章之宫殿，安得峨冠侍游宴”里的“逢宫叠韵，梁章叠韵，不柏双声，建宫双声”。“逢”属旧诗韵冬韵，“宫”属东韵，不能相押，但于旧词韵同属第一部。“梁”“章”同属旧诗韵阳韵。民国韵书里“逢”与“宫”“梁”与“章”皆可通押。至于声母，“不”“柏”古今都是双声，但“建”和“宫”为古双声，同属三十六字母的见母，但于新旧国音皆非双声。总之，“不柏”“章梁”的双声叠韵是国音标准，而“建”和“宫”的双声则是中古音标准。可见胡适判断叠韵的标准首先是根据国音标准。

语上的话语为用韵标准的新时代。从消极的方面看，胡适对旧诗韵旧词韵的留恋，使后来一些现代新诗作者过多地依赖旧诗韵，尤其是使用方言韵对后来的白话诗人起了个坏头。闻一多和徐志摩就因多用方音土白押韵，受到诗人朱湘的批评。朱湘指出了闻一多用韵不对的三种表现[①]。

第一种是音按照土音而错了的，比如《李白之死》：

> 这时候他通身的知觉都已死去，
> 那被酒催迫了的呼吸几乎也要停驻。

朱湘认为“去”和“驻”二字“按官音来说是不能协韵的”。按方音押韵，其实是按照古韵相押，因为有些方音是对古韵的保存。《中华新韵》和《国音新诗韵》的通别都许“模旧通鱼”，所以闻一多实际上是按照旧韵押韵。

第二种是因盲从古韵而错了的。比如《伯夷》：

> 像极了妈妈临终的那一夜，
> 父亲说我们兄弟里你最像妈妈。

朱湘说“夜”和“妈”“按照近日的官话说来也是不能协韵的”。但是《中华新韵》和《国音新诗韵》通别均许“麻旧通歌乙及皆甲”，也就是“夜”（皆甲）与“妈”（麻韵）旧韵同属一韵。

第三种是用错了韵完全是作者自己的过失，完全没有辩解可言的。比如《晴朝》里的“内”“哀”二字：

> 但是在我的心内……
> 那是一种和平的悲哀。

---

① 朱湘：《评闻君一多的诗》，姜德铭主编《中书集》，中国戏剧出版社2001年版，第329—331页。

“内”属于《广韵》去声队韵，诗韵去声十一队，“哀”属于《广韵》平声咍韵，诗韵上平声十灰。“内”“哀”二字古韵同一个韵系，主元音相同；白话新诗四声可通押，所以闻一多就让“内”“哀”二字按照新旧杂糅的标准互叶了。其实这也是胡适《尝试集》里经常出现的押韵（详参第五章）。

朱湘的批评有些苛刻，所以，刘大白在论及闻一多诗歌的押韵问题时，反驳了朱湘的看法，强调对方音韵的重视：“咱们要反对在纸面上已经死去了的死诗韵，咱们要用那活在口头上的活诗韵。在这个条件之下，自然最好用国音的韵。但是各处方音的韵，只消现在活在口头上的，也不能一律禁止。咱们如果搜集起民歌来，他们所用的韵，差不多大多数是方音的。咱们不承认民歌是现代的活诗篇便罢；要是承认的话，那么，用韵的条件便不能太严。所以咱们押韵的条件，只是要用现代的活诗韵，便是最好国音韵，其次方音韵。”[①] 在国语语音尚未统一的20世纪20年代，要求每个诗人严格按照国音押韵似乎是有很大难度的，加上当时的很多诗人是从乡土和旧诗韵里走出来的，难免会带上一些土音或古音。这个问题直到当代的诗歌押韵里仍然存在，这是人所尽知的事实。

轻声字是现代白话的直接产物，轻声字能否押韵，民国学人有不同的看法（详参前面）。《尝试集》大量地以轻声字押韵，对后来的白话新诗也产生了很大影响。新月派诗人大量地用轻声字押韵，同样受到朱湘的严厉指责。朱湘认为闻一多“韵用得不妥的便是那种拿‘了’、‘的’等虚字来协韵的所在”[②]。他所举的例子里有的不是虚字相押，有的则是轻声变韵互叶：《叫卖歌》里的“了”与“敲”是原调相押。《孤雁》里的“义”和“的”，《春之末章》里的“者”与“罢”是轻声变韵互叶。《谢罪以后》里的“磨”与“么”又是轻声变韵与原调互叶[③]。闻一多早年的长诗《李白

① 刘大白：《读〈评闻君一多的诗〉》，《黎明》1926年第37期。

② 朱湘：《评闻君一多的诗》，姜德铭主编《中书集》，中国戏剧出版社2001年版，第331页。

③ 同上书，第329—331页。

之死》里轻声字的押韵很多，计：

1. 原调相押者有（14 字次）：条了 | 了条 | 力的 | 表了 | 笑了 | 了抱 | 笑了

2. 轻声变韵与原调互叶者有（6 字次）：们尘 | 脚着 | 望上

3. 轻声变韵互叶者有（36 字次）：下鸦 | 着么 | 止子 | 脚着 | 哪罢 | 的呢 | 头透 | 黄上 | 朵着 | 着我 | 呢疵 | 话吗 | 子诗 | 呢的 | 没了 | 着火 | 波着 | 着了

《李白之死》凡180行，90个韵段（换韵为一个韵段），轻声变韵用来押韵的有21个韵段，占全部韵段的23%强。比胡适《尝试集》轻声变韵押韵多得多了。朱湘认为胡适的《尝试集》轻声字“了”押韵用得太多，给人一种刺耳或“令人发生一种作者艺术力的薄弱的感觉了”①，固然有些道理，但是联系到胡适想用白话口语的轻声字打破旧诗的平仄律，建立白话新诗的重轻节奏来思考，《尝试集》和后来闻一多等诗人的以轻声字押韵正是胡适重轻节奏的拓展和实践，不能说是“江郎才尽”的表现。

胡适的《尝试集》时代，白话新诗的用韵标准处于一个过渡状态：旧诗韵已经破坏，而国音新诗韵的标准尚未确立。如前所说，胡适的押韵标准基本上是按照当时的国音标准，并且符合国音韵书的通别规定的。少数诗作以方言或古韵押韵，是时代的局限。胡适的《尝试集》的押韵思想给后代白话诗的影响是积极的：注重押韵，并且注重以民国时期的国语语音或者国音韵书来押韵的思想是主要的，这一点无论如何都应该肯定。这种押韵思想对后来的白话新诗作者自觉地以国音诗韵或普通话诗韵押韵树立了良好的榜样，它使现代白话新诗很快地走出无韵涣散的创作困境，基本上能够与汉语诗歌的押韵传统对接（仅指押韵而言），显示了对汉语诗韵传

① 朱湘：《尝试集》，姜德铭主编《中书集》，中国戏剧出版社2001年版，第364页。

统的尊重与继承。

很多诗人，初期理论主张上废韵，但同时或后来的创作却大量用韵，并且自觉地以国语语音和国音韵书为押韵的准的。

郭沫若的“裸体”说，戴望舒“表里如一地摈弃了诗歌的韵律”以及艾青的“索性将韵律斥之为‘封建羁绊’”，但是，即便是郭沫若早年的创作实践，也不是绝对废韵的。从他早期的代表作《维纳斯》《炉中煤》《天上的街市》《瓶》到翻译名品《鲁拜集》再到晚年名作《骆驼》，都是有意识地用国音韵（当然也有个别西南官话的方音韵和旧诗韵）而且非常成功的作品。他由极端自由向遵从一定格律的转变是很早的①。如前所述，戴望舒反对诗歌的音乐性，一言以蔽之曰：“诗不能借重音乐，它应该去了音乐的成分。”② 并且其创作随即经历了由用韵到废韵的转变。但是，到了后期他的创作却自觉押韵合辙。1948 年 2 月，上海星群出版社出版了戴望舒的最后一本诗集《灾难的岁月》，凡二十五首，押韵的竟达二十二首，主要按国音韵及其韵书作为押韵标准，并且韵式丰富，充分表现了诗人用韵的高度自觉性和精湛技巧。艾青并不一概地反对诗歌的用韵，而是主张诗歌“在一定的规律里自由或者奔放”③。20 世纪 50 年代，艾青发表了《诗的形式问题》，他明确指出：“自由诗有押韵的，有不押韵的”，但是“格律诗要押韵”④。艾青晚年在诗坛复出之后，短诗押韵居多。

国语语音及其韵书和现代白话新诗音韵的关系是双向互动的。单就国语语音及其韵书对现代白话新诗音韵的影响来看，主要表现在新诗用韵的语音标准的转型上，即前者使现代白话新诗押韵摆脱旧诗韵，转向国音标准，虽然有些白话新诗仍以旧诗韵或方音土白入韵，但不是主流。闻一多

---

① 骆寒超：《二十世纪新诗综论》，学林出版社 2001 年版，第 632 页。
② 戴望舒：《望舒诗论》，《现代》1932 年 11 月第 2 卷第 1 期。
③ 艾青：《诗论》，杨匡汉、刘福春主编《中国现代诗论》，花城出版社 1985 年版，第 339 页。
④ 艾青：《诗的形式问题》，《人民文学》1954 年 3 月号。

写于1925年的《死水》，“沦羹｜花霞｜沫破｜明声｜在界”互叶。“花霞”“沫破”“明声”相押都是按国音韵和《国音新诗韵》，若以旧诗韵，则“破”与“沫”不通韵。“沦羹”和“在界”互叶则是按湖北话押韵（“在界”互叶也是词韵）。1932年臧克家写的《老马》，韵式是交韵abab：“够扣｜话下，命影｜咽面。”若以旧诗韵，则“话”“下”不通韵，“命”“影”不通韵（声调不同）。臧克家30岁之前基本上生活在山东，山东话无疑是他的母语。操山东话的臧克家是以国音韵和国音韵书押韵的：“够”“扣”同属《国音新诗韵》的欧韵和官韵《中华新韵》的侯韵，“话”“下”同属《国音新诗韵》的阿韵和官韵《中华新韵》的麻韵，“命”“影”同属《国音新诗韵》的鹰韵和官韵《中华新韵》的庚韵，“咽”“面”同属《国音新诗韵》的烟韵和官韵《中华新韵》的寒韵。

只要考察一下李季1946年的《王贵与李香香》（详见后面）和阮章竞1949年的《漳河水》的用韵，也可以大致看出20世纪40年代民国国音韵书对白话新诗音韵的影响。《王贵与李香香》第一部第五节《两块洋钱》：“黑呢子马褂缎子鞋，洼洼里来了崔二爷。”其中“鞋”与“爷”互叶就以国音韵，同属于官韵《中华新韵》的皆韵，如果按旧诗韵或方音，都不能相叶。又如第三部第一节《崔二爷又回来了》：“大红晴天下猛雨，鸡毛信传来了坏消息。”其中“雨”与“息”互叶也是国音韵，同属于十三辙儿的一七辙儿，按旧诗韵不能相叶。阮章竞的母语是南方的粤方言，与国语语音相去甚远，而且20多岁后才北来。但他的叙事长诗《漳河水》基本上以国语语音及其国音韵书为标准，在通别上，大体遵依官韵《中华新韵》《十三辙》等韵书。例如：

《漳河水》第二部《解放·苓苓》：

> 不偿命，也不成，
> 没有老婆要打光棍。

花钱再娶犯法令，
自由谁敢上我家门？
不准打，也不敢骂，
动她根汗毛也犯法！

其中“成棍令们｜骂法”互叶。“成棍令们”属于官韵《中华新韵》痕与庚甲齐齿、开口“变例可通”。“骂”与“法”同属于官韵《中华新韵》的麻韵，诗人若以旧诗韵或母语粤方言，“骂”为阴声韵，与入声韵“法”绝不通韵。

上面的讨论仅仅是举例性质的，后面将以《死水》和《王贵与李香香》为个案，对20世纪20—40年代现代新诗用韵做一穷尽式的历时考察，试图较为全面地论证民国韵书对现代白话新诗音韵的影响和规范。从理论上讲，20世纪20年代的胡适的白话新诗创作已经以国语语音为押韵标准，到了三四十年代，白话诗人反而逆历史潮流，不按照国音及其韵书押韵，除非是有意复古，否则这种反常现象在汉语诗歌史和汉语语音史上是没有的。一般情况下新诗用韵不会明码注明韵采何处，更不会标示所用之韵是国音韵、旧韵或方音韵。所以，要研究、考察国音及其韵书和白话新诗音韵的关系，就必须从新诗押韵的具体实践出发，穷尽式定量分析各韵类间的通别关系，衡定国音及其韵书对白话新诗音韵的显性或潜在的影响、规范作用，而不能简单化处理。

李怡对中华人民共和国成立前的几本包括了大部分新诗流派的重要选集做了统计，很能说明一些问题。李怡发现“有章可循”的押韵影响到了整个中国现代诗坛，其押韵比例将近百分之五十①。这就比较有把握地证明，1949年前，新诗用韵与不用韵在数量上大抵相当。十七年时期，押韵

① 李怡：《中国现代新诗与古典诗歌传统》，西南师范大学出版社1994年版，第141页。

的新诗便占据了绝对优势。这主要与当时继承古典诗歌传统，向民歌学习以及实现诗歌民族化、大众化的时代导向有关。十七年时期，流传下来的不用韵新诗并不多，翻翻《新中国五十年诗选》就可以明显发现这一点。20 世纪 80 年代前期有两大主要诗人方阵：“归来者”与“朦胧派”诗人群。前者承续“十七年”诗风，后者思想上虽具有叛逆色彩，但诗风也是深受十七年诗歌影响的，所以他们的作品以押韵者居多。直到 20 世纪 80 年代中期，大部分新诗仍然是押韵的，尽管押韵的比例在不同流派、不同时段里有所区别。鉴于篇幅，这里就不再详细考察了。

胡适之后汉语白话新诗创作以押韵为主流，在语音标准上以押国语语音为主流。这说明作为白话新诗之祖的《尝试集》，其自觉的用韵思想和较为严格的国音诗韵标准，对汉语现当代新诗创作的自觉用韵起了良好的示范作用。但是，胡适是第一个做白话新诗的人，他以方言或古韵押韵，除了给后来的新诗人留下效颦的借口外，也在某种程度上迟滞或影响了国语语音统一的历史进程。20 世纪 30 年代初就已经由国民政府确立了语音标准，但民国时期的国语统一的实际推行困难重重。中华人民共和国成立后，普通话以宪法的形式确立，但是有些诗人仍然以方音押韵（比如贫韵 en 与 eng、ing 的通押），这个问题原因很复杂（比如推广普通话力度不够，模仿别人混押，母语里前后鼻音不别等），但我们不能不说这与胡适这位以方音押韵的始作俑者毫无关涉。

第六章　白话新诗的用韵与民国韵书的通别（下）

第一节　新格律诗用韵标准与民国韵书的通别

——以《死水》为例

我们在第五章里穷尽式地考察了胡适《尝试集》四版里 91 首诗的押韵，可以比较有把握地得出胡适主张白话新诗主张有韵的结论。如果对胡适白话新诗用韵的考察反映的是初期白话新诗押韵的倾向，那么到了 20 世纪 20 年代的新月派诗人那里，更加明确地提倡白话新诗格律化、包括用韵的理论。闻一多先生在《诗镌》上发表了《诗的格律》，明确提出自己的新诗观点。这是新月派格律诗的代表。闻一多强调了格律对新诗的必要性："越是有魄力的作家，越是要戴着脚镣跳舞才能跳得痛快，跳得好。……对于不会做的，格律是表现的障碍物；对于一个作家，格律便成了表现的利器。"[①] 闻一多认为诗的格律体现在视觉和听觉两个方面，而听觉方面，就

① 闻一多:《诗的格律》，杨匡汉等编《中国现代诗论》，花城出版社 1985 年版，第 123 页。

是节奏和押韵。节奏问题容另文再论。如果1923年闻一多的第一部诗集《红烛》呈现一种从自由体向现代格律诗的过渡状态，那么，到了1928年的第二部诗集《死水》，几近于整严的现代格律诗了。28首《死水》中的诗某种程度上成了现代格律诗建设的最高成果。

下面主要讨论闻一多格律诗的用韵问题，重点考察闻一多格律诗的代表诗集28首《死水》中的诗的用韵①，其目的是想以此说明20世纪二三十年代，在"五四"初期白话新诗之后，民国时期国语语音、国音韵书与白话新诗音韵之间的密切关系。我们仿照前面的说法，先根据前述白话诗的韵式，摘取韵脚，做成一个《死水》韵谱。以此为基础，考察《死水》用韵与民国韵书各韵间的通别关系，主要以官韵《中华新韵》和《国音新诗韵》为据，必要时也涉及《佩文新韵》和《北平音系十三辙》等民国时期的其他韵书。闻一多《死水》格律诗押韵有时按照旧诗韵、词韵或自己的方音押韵。旧诗韵指《平水韵》，词韵指《词林正韵》，方音韵则根据反映闻一多母语的《湖北方言调查报告》②。

下面依次加以考察。

一 《死水》用韵考察

麻韵

1. 麻韵韵字——怕爬花茶那话卦押她霞塌下假崖罢吗扎
2. 麻韵韵例——麻韵大都独用，麻开通韵只有1例，属浠水方音韵
3. 麻韵韵谱

[麻韵独用]《口供》怕爬花茶

《收回》那话

---

① 闻一多：《死水》，人民文学出版社1980年版。

② 赵元任、丁声树、杨时逢等：《湖北方言调查报告》，商务印书馆1948年版。

《你指着太阳起誓》卦押《狼狈》话她《死水》花霞《心跳》塌下（阴入相叶，依国音韵）《一个观念》假花

《祈祷》大哗，大哗

《罪过》罢话《天安门》怕话，吗扎

［麻开通韵］见开韵

波韵

1. 波韵韵字——河过我么过着落火了么过锁祸魔漠多朵沫破默祸破默国说嗦

2. 波韵韵例——波、歌韵通韵，与皆韵仅通押 1 次

3. 波韵韵谱

［波韵独用］《死水》沫破《发现》我火《祈祷》默我《一句话》祸火破默魔国《罪过》嗦过，过我《天安门》我嗦

［波歌通韵］《什么梦?》河过我

《你莫怨我》我么过我，我着落我，我火了着我，我么过我，我锁祸我

《泪雨》多歌，和朵《一个观念》火么，歌我

［波<u>歌</u>皆通韵］《你看》雀<u>歌</u>魔漠《一句话》说可着默脚国（“脚”是入声字，浠水方言读［io］，故与国音韵“说可着默过”相叶）

［波皆通韵］《春光》雀过

歌韵

1. 歌韵韵字——歌和可着

2. 歌韵韵例——歌韵无独用，主要和波韵通韵

3. 歌韵韵谱

［歌皆通韵］见皆韵

［波<u>歌</u>皆通韵］见波韵

皆韵

1. 皆韵韵字——杰雀界血孽谐别歇

2. 皆韵韵例——皆韵独用，也偶与波、开通韵

3. 皆韵韵谱

［皆韵独用］《祈祷》血孽 《飞毛腿》别歇

［歌皆通韵］《大鼓师》杰歌

［波歌皆通韵］见波韵

［皆开同韵］见开韵

支韵

1. 支韵韵字——子诗适事吃尸时

2. 支韵韵例——支韵主要独用，也与齐韵通韵

3. 支韵韵谱

［支韵独用］《心跳》诗适 《天安门》事吃 《飞毛腿》尸时

［支齐通韵］《大鼓师》子你

齐韵

1. 齐韵韵字——逼里义夷你睨溪漪意旗起壁密息泥戚丽喜奇礼西的洗衣理

2. 齐韵韵例——齐韵主要独用，也与支韵通韵

3. 齐韵韵谱

［齐韵独用］《你指着太阳起誓》你异 《什么梦？》逼里义，里夷你 《狼狈》睨你 《你看》溪漪意旗 《忘掉她》你起 《我要回来》迷熄你（“熄”为入声字，阴入相押，依国音韵），你鸡泥 《心跳》壁密，里息，泥戚 《一个观念》你丽 《发现》喜你，你里 《祈祷》奇礼 《天安门》西的（“的”字入声韵，阴入相叶，疑是浠水方音韵）《洗衣歌》衣西洗，洗理洗，衣西洗

［支齐通韵］见支韵

微韵

1. 微韵韵字——堆扉累睡飞眉水美泪悲梅沛贿内对谁鬼霉沸背嘴腿灰

回狈位内

2. 微韵韵例——微韵独用

3. 微韵韵谱

[微韵独用]《大鼓师》堆扉　《也许——葬歌》累睡飞，眉睡，水美，睡飞　《泪雨》泪悲，梅沛　《心跳》贿内　《发现》泪对　《祈祷》泪悲　《天安门》谁鬼，霉鬼　《闻一多先生的书桌》沸背，嘴腿，灰回狈，位内

开韵

1. 开韵韵字——快爱彩快来哀柴在籁太白耐

2. 开韵韵例——开韵独用，皆开同韵的例较多，皆开通韵和麻开通韵是浠水方言韵

3. 开韵韵谱

[开韵独用]《收回》快爱　《大鼓师》快来，来哀　《末日》来柴　《春光》籁太　《心跳》来白（阴入想叶，依国音韵）

[皆开通韵]《大鼓师》界彩　《死水》在界

《祈祷》耐谐（这是浠水方音韵）

[麻开通韵]《发现》崖爱（这是浠水方音韵）

模韵

1. 模韵韵字——夫图坞宿主瑚竹赂

2. 模韵韵例——模韵与侯韵通韵，这是浠水方音韵。“夫”“图”通押是国音韵，“图”“走”通押是浠水方音韵，“夫”不能直接与“走”押，借助“图”与“走”相叶。可见浠水话里，“图”与“走”音近，而“夫”与“走”则远一些

3. 模韵韵谱

[模侯通韵]《你指着太阳起誓》夫图走

《心跳》咒赂（这是浠水方音韵）

[模韵独用]《大鼓师》坞宿　《春光》瑚竹

［模鱼通韵］见鱼韵

鱼韵

1. 鱼韵韵字——去

2. 鱼韵韵例——鱼、模通韵

3. 鱼韵韵谱

［模鱼通韵］《狼狈》去主

侯韵

1. 侯韵韵字——走手丢流扭流喉口咒奏授

2. 侯韵韵例——侯韵独用，也多与模韵相叶

3. 侯韵韵谱

［侯韵独用］《收回》走手 《大鼓师》丢流，扭手，流喉《末日》口走《祈祷》奏授

［模侯通韵］见模韵

豪韵

1. 豪韵韵字——笑跳抱操好高老嚣哮脚跤桃瞧早着了跑勺道倒叫道

2. 豪韵韵例——豪韵独用

3. 豪韵韵谱

［豪韵独用］《收回》笑跳 《你指着太阳起誓》抱操 《忘掉她》好高，好老 《心跳》嚣跳，哮跳 《祈祷》好笑 《罪过》跤桃，瞧桃，早着，了桃 《天安门》了跑，勺道（“勺”是入声韵，这里依国音韵）《闻一多先生的书桌》倒叫，道好

寒韵

1. 寒韵韵字——山展雁烂办干前箭圈仙莲牵惨伞圆汗愿钻般看颤搀暖脸瞒管胆三汉件烟饭天完舰

2. 寒韵韵例——寒韵独用

3. 寒韵韵谱

［寒韵独用］《口供》山展　《你指着太阳起誓》雁烂　《大鼓师》办干　《春光》前箭　《黄昏》山圈，仙山　《荒存》莲牵惨烂伞圆汗愿钻山般看颤搀暖脸瞒管胆三汉仙件惨烟　《罪过》办饭　《飞毛腿》干天，完脸　《洗衣歌》舰汗干

痕韵

1. 痕韵韵字——人贞心金份春村们问沦羹明声巡噤痕身吟紧狠城魂门混神准信

2. 痕韵韵例——痕韵独用，痕庚通韵的也很多，这是押浠水方音韵

3. 痕韵韵谱

［痕韵独用］《口供》人贞　《收回》心金　《你指着太阳起誓》份春　《你看》春人们心　《忘掉她》问人　《死水》明声　《祈祷》人紧，人心，人紧　《天安门》人们，魂门　《飞毛腿》混问，神准

［痕庚通韵］《大鼓师》村兴　《死水》沦羹　《春光》声巡　《夜歌》噤人影明，人痕蚓绳，人春狞身，心噤声人　《心跳》吟影　《罪过》狠城　《飞毛腿》灯人　《洗衣歌》灯平人，成身信

唐韵

1. 唐韵韵字——阳膀上光堂唱慌亮唱想样芒旁藏赏嶂乡香窗房放桨铛谎王

2. 唐韵韵例——唐韵独用

3. 唐韵韵谱

［唐韵独用］《口供》阳膀　《收回》上光堂　《大鼓师》唱慌，亮唱　《狼狈》膀想　《你看》样芒上旁，藏赏嶂乡　《忘掉她》上香　《末日》窗房　《我要回来》放样光，桨窗铛　《一个观念》谎光　《天安门》王想　《飞毛腿》亮样

庚韵

1. 庚韵韵字——风梦兴影明声狞平境青兵灯净成

2. 庚韵韵例——庚韵大部分独用，也与痕韵、东韵通韵

3. 庚韵韵谱

[庚韵独用]《心跳》平声，平境 《天安门》青兵 《洗衣歌》净平，净平

[庚痕通韵] 见痕韵

[庚东通韵]《收回》洞风 《什么梦?》梦容钟 《忘掉她》梦鈡，梦鈡《发现》风胸

东韵

1. 东韵韵字——容钟用雄洞虫虹动胸

2. 东韵韵例——东韵独用，也多与痕、庚韵通韵

3. 东韵韵谱

[东韵独用]《大鼓师》用雄 《心跳》洞虫 《一个观念》虹动

[庚东通韵] 见庚韵

二 《死水》用韵标准与国音韵书的通别

以上我们穷尽式地考察了闻一多先生《死水》28 首现代格律诗的用韵情况，从中可以看到，这 28 首诗都是押韵的，押韵的语音标准基本上根据国语国音标准。其少量诗里的个别韵段以湖北浠水方音相叶，但是数量比《死水》之前的《红烛》等 20 年代初期的诗作明显要少得多。如前所述，胡适《尝试集》里叶旧诗韵或词韵的韵段比较多，但到了《死水》里，押旧诗韵的韵段就少得多了。具体情况下面还要谈到。由此我们也可以看到国音的推广和国语韵书的纂制等国语语音统一运动对现代白话新诗音韵的影响历程。

民国时期的国语语音分为旧国音和新国音，其差异主要表现在声母和声调系统上。汉语诗歌的押韵主要与韵母和声调有关，与声母无关。赵先生主张异调不相押（但他认为阴平和阳平可以相通，无调韵“五

声全通”），重音字押，轻声字不能押单字韵；押韵字读音不能完全相同，[-n] 与 [-.˙] 尾，[-u.˙] 与 [-i.˙] 尾不押韵，[-ao] 与 [-ou] 不押韵。从前面的讨论可见，当时押韵的新诗人对此基本上认可，但赵先生同调相押的规定并不完全符合当时的白话新诗押韵实际。赵先生执行的是严式押韵标准，带有旧体诗押韵的若干痕迹，这在那个时代是可理解的。

下面我们仿照前面的方法，以《国音新诗韵》和官韵《中华新韵》的通别原则为标准，探讨《死水》28 首白话格律诗的押韵跟这两部老、新国音韵书的关系。

1. 合乎《国音新诗韵》规定的通别（我们以“通韵”赅“叶韵”，韵目仍按照官韵《中华新韵》，下准此）

通韵（28 字次）：波歌通韵，波歌皆通韵，支齐通韵，模鱼通韵。即（只列韵字，下准此）：

河过我么着落火了锁祸多歌和朵；雀歌魔漠说可着默脚国（“脚”是入声字，浠水方言读 [io]，故与国音韵“说可着默国”相叶）；子你；去主

独用（175 字次）：

爬花茶；那话；花霞；塌下（阴入相叶，依国音韵）；罢话；怕话；吗扎；沫破；我火；祸破默；我嗦；血孽；别歇；尸时；里你；溪漪旗；你起；迷熄（“熄”为入声字，阴入相押，依国音韵）；鸡泥；壁密；泥戚；喜你；你里；衣西；洗理洗；衣西；堆扉；累飞；水美；贿内；泪对；沸背，嘴腿；灰回；位内；快爱；来哀；来柴；籁太；来白（阴入想叶，依国音韵）；瑚竹；走手；丢流；扭手；流喉；口走；奏授；笑跳；好老；哮跳；跤桃；瞧桃；了跑；倒叫；雁烂；办

干；山圈；仙山；莲牵惨圆钻山般搀瞒三仙惨烟；办饭；舰汗干；人贞心金；春人们心；明声；人心；人们；魂门；混问；光堂；亮唱；膀想；窗房；放样；窗铛；王想；亮样；平声；青兵

2. 合乎官韵《中华新韵》规定的通别

通韵（82字次）：波歌通韵，支齐通韵，模鱼通韵，痕庚通韵，庚东通韵。即：

河过我；我么过我；我着落我；我火了着我；我么过我；我锁祸我；多歌；和朵；火么，歌我；子你；去主；村兴；沦羹；声巡；噤人影明；人痕蚓绳；人春狞身；心噤声人；吟影；狠城；灯灯人；灯平人；成身信；洞风；梦容钟；梦钟；梦钟；风胸

独用（322字次）：

怕爬花茶；那话；卦押；话她；花霞；塌下（阴入相叶，依国音韵）；假花；大哗；大哗；罢话；怕话；吗扎；沫破；我火；默我；祸火破默魔国；嗦过；过我；我嗦；血孽；别歇；诗适；事吃；尸时；你异；逼里义；里夷你；睨你；溪漪意旗；你起；迷熄你（“熄”为入声字，阴入相押，依国音韵）你鸡泥；壁密；里息；泥戚；你丽；喜你；你里；奇礼西的（“的”字入声韵，阴入相叶，疑是浠水方音韵）；衣西洗；洗理洗；衣西洗；堆扉；累睡飞；眉睡；水美；睡飞；泪悲；梅沛；贿内；泪对；泪悲；谁鬼；霉鬼；沸背；嘴腿；灰回狈；位内；快爱；快来；来哀；来柴；籁太；来白（阴入相叶，依国音韵）；坞宿；瑚竹；走手；丢流；扭手；流喉；口走；奏授；笑跳；抱操；好高；好老；嚣跳；哮跳；好笑；跤桃；瞧桃；早着；了桃；了跑；勺道（“勺”是入声韵，这里依国音韵）；倒叫；道好；山展；雁烂；办干；前箭；山圈；仙山；莲牵惨烂伞圆汗愿钻山般看颤搀暖脸瞒管胆

三汉仙件惨烟；办饭；干天；完脸；舰汗干；人贞；心金；份春；春人们心；问人；明声；人紧；人心；人紧；人们；魂门混问；神准；阳膀；上光堂；唱慌；亮唱；膀想；样芒上旁；藏赏嶂乡；上香；窗房；放样光；桨窗铛；谎光；王想；亮样；平声；平境；青兵；净平；净平；用雄；洞虫；虹动

从上面的比较可以看出，《中华新韵》的通别范围多了痕庚通韵和庚东通韵两个。由于《中华新韵》规定"四声可通押，变调可用"，所以可用作押韵的字多出了 201 字次，占《死水》28 首诗总押韵字次的近一半。依《国音新诗韵》的通别规则，这近一半的字次不能互押。

《死水》里不符合《中华新韵》通别原则的有 15 字次，即：[波皆通韵]《春光》雀过；[皆开通韵]《大鼓师》界彩，《死水》在界；《祈祷》耐谐；[麻开通韵]《发现》崖爱；[模侯通韵]《你指着太阳起誓》夫图走；《心跳》咒赂。

这些基本上都是叶浠水方音韵。据 20 世纪 40 年代赵元任、杨时逢等的调查，浠水方音里"界""崖""谐"韵 [ai]，模韵端组与鱼虞两韵庄组字都读 [ou]，与流摄字相混，即《中华新韵》的模韵和侯韵部分混并，"夫图赂"跟"走咒"同韵。《死水》里不符合《中华新韵》通别原则的只有 15 字次，仅占 28 首格律诗总韵字 419 字次的 3.6%。从第五章第二节所制的《尝试集》韵谱可以看到，20 世纪 20 年代前，胡适《尝试集》里有许多地方依然押旧诗韵或词韵，比如《文学篇》痴为宜微，悲归期时湄卮诗词，《中华新韵》支齐微合韵，平水韵"痴为宜"为上平声四支，"微"为上平声五微；皆为《词林正韵》第三部。悲归期时湄卮诗词，《中华新韵》支齐微合韵，平水韵皆为四支；《景不徙篇》水徙，《中华新韵》齐微合韵，平水韵皆为上声四纸；《沁园春·二十五岁生日自寿》来杯哀栽开回堆才猜，属平水韵上平声十灰；《朋友篇》丑手厚偶酒久擞负某九纠有友后走朽否，《中华新韵》模侯合韵，平水韵则皆为上声二十五有韵；《乐观》说叶，新韵波皆合韵，于词韵第十八部；《上山》路树去，属于词韵第四部。但是到了20世纪20年代以后的《死水》，以旧诗韵相押的情况就非常罕见了。诗人朱湘批评闻一多用韵不对的三种表现，他所举的诗例，比如《李白之死》《晴朝》《春之末章》《谢罪以后》等，都是《死水》前即20世纪20年代初（1923）的诗集《红烛》里的；只有《大鼓师》是后来《死水》里的一首；《叫卖歌》写于1925年，未收入诗专集。从上面所制的《死水》韵谱可以观察到，朱湘曾批评的闻一多《红烛》等诗集里的诗盲从古韵的现象，在《死水》里已经绝无仅有，倒是浠水方音韵尚存。这在某种程度上说明了国语语音标准的推行和民国韵书的纂制等，对消解旧诗韵和缩减方音韵的有力影响。

最后我们讨论一下闻一多28首《死水》中的诗里轻声字押韵的情况。

如前所论，胡适大力提倡轻声字的押韵，并在《尝试集》里进行了较好的试验。《尝试集》里用轻声字构成阴韵（多字韵）的有78个，轻声单做韵脚的有29个，两者合计占107个轻声字次，即91首白话新诗里，每一至二首就有一个轻声字次出现。闻一多的28首《死水》，继承《尝试集》轻声字入韵的良法，也自觉利用现代白话里特有的轻声字，构成韵脚，合辙押韵，比较成功地表现了28首《死水》格律诗的音乐美。

《死水》28首格律诗，有21个轻声字构成阴韵（多字韵），计有：

> 《大鼓师》丢了 | 流了。《狼狈》去了 | 住了（“去”“住”浠水话同韵）。《你莫怨我》什么 | 我。《天安门》干吗的 | 枪扎的。《飞毛腿》别扭 | 歇着；干儿 | 天儿；混呢 | 问你；神儿 | 准儿；灯罢 | 人马；完啦 | 脸啦；亮的 | 样的；尸首 | 时候。《闻一多先生的书桌》倒了 | 叫了。

轻声单做韵脚的有 4 个，计有：《一个观念》火丨么；《一句话》着丨可。

28 首《死水》轻声韵字两者合计占 25 字次，即 28 首白话新诗的几乎每一首就有一个轻声字次出现。特别值得注意的是，《飞毛腿》一诗，凡 16 句，韵式是随韵 aabb，两句一转韵，不杂一个非轻声单字韵；句式整饬，合乎新月派诗人所追求的建筑美。更重要的是，《飞毛腿》一诗里由轻声字所构成的多字韵甚是符合赵元任《国音新诗韵》所规定的轻声多字韵的押韵规则；其轻声的类别和范围也很合乎民国时期及后来轻声研究的规则。单就《飞毛腿》一诗来看，文法上的轻声有“的、着、罢、啦、呢”，都是使用频率很高的助词和语气词，也是民国时期研究轻声类别和范围的重点。词类上的轻声有“别·扭，人·马，尸·首，时·候，问·你”，也符合民国时期国音轻声在词类上的范围和规则。因此，这首诗的用韵艺术，不是闻一多随意安排的，而是将民国学者轻声类别和轻声词范围研究成果（即文法上的轻声和词类上的轻声）自觉运用于格律诗创作的实践的典范，因此取得了音乐美的良好效果。

第二节　延安诗歌用韵标准与民国韵书的通别
——以《王贵与李香香》为例

20 世纪 20 年代之前胡适《尝试集》里 91 首初期白话诗，20 年代以后至 30 年代之前闻一多《死水》里 28 首现代格律诗，前面我们对它们做了穷尽式的考察，从中看到那个时代国音及其国音韵书与现代新诗音韵之间的胶着关系。前面说过，新的国音标准的推广实践是地不分南北、不别国统区和解放区的，延安边区政府和南京国民政府的播音员都操用新国音标准的“漂亮的北京话”。时间进入三四十年代，地域切换到解放区，诗歌创作群体为延安诗派[①]，我们所讨论的国音及其韵书与新诗音韵的关系又将何如呢？只要考察一下李季的1946年的民歌体叙事长诗《王贵与李香香》的用韵[②]，就可以大致看出20世纪40年代民国国音及其韵书对解放区延安诗歌音韵的影响。

《王贵与李香香》属于延安诗坛上的“土改诗”，诗人运用陕北民歌信天游的形式和传统的比兴手法，反映了在土改斗争中翻身解放的农民，赞颂了伟大英明的共产党，表现了诗人强烈的爱憎感情，几十年来，是新诗民歌化、大众化的典型代表。

下面主要讨论李季的民歌体叙事长诗《王贵与李香香》的用韵问题，其目的是想以此说明20世纪三四十年代，解放区诗歌创作所表现的国语语音及其国音韵书与白话新诗音韵之间的关系。我们仿照第五章第二节的旧法，先根据前述白话诗的韵式，摘取韵脚，做成一个《王贵与李香香》韵谱。然后以此为基础，考察《王贵与李香香》韵谱与民国韵书各韵间的通别关系，主要以官韵《中华新韵》和《国音新诗韵》为据，必要时也涉及《佩文新韵》和《北平音系十三辙》等民国时期的其他韵书。李季的《王贵与李香香》押韵有时按照旧诗韵、词韵或方音押韵。旧诗韵指《平水韵》，词韵指《词林正韵》，方音韵则根据的是《陕北方言词典》和《神木方言研究》[③]。下面依次加以考察：

---

① 延安诗派，是一个诗歌流派而不是地域性的诗歌群体。它以延安为中心，包括当时的抗日根据地及解放区的诗人。这个诗人群体是中国共产党领导并密切结合工农兵的。它有自己的诗刊、诗社和诗会。代表诗人有艾青、柯仲平、何其芳、萧三、公木、贺敬之、郭小川、李季、闻捷、田间、高鲁、阮章竞等。延安诗歌即延安诗派所创作的各种形式的诗歌。

② 李季：《王贵与李香香》，人民文学出版社2001年版。

③ 刘育林、安宇柱编著：《陕北方言词典》，陕西人民出版社1991年版。邢向东：《神木方言研究》，中华书局2002年版。

一　《王贵与李香香》用韵考察

麻韵

1. 麻韵韵字——沙话他娃马大下八家下拉牙么家怕花吗牙扎她喳麻滑爬啦把抓疤芽打妈芽打骂法吗杀塌瓜咱假

2. 麻韵韵例——麻韵大都独用，麻开、麻豪通韵各只有 1 例，疑为属方音韵

3. 麻韵韵谱

[麻韵独用]《崔二爷收租》沙家；沙家；话他；娃塌；芽马　《王贵揽工》大花；大下　《李香香》八花（阴入叶，方音韵）；下打；大家　《掏苦菜》牙话；麻话；下拉（阴入叶，方音韵）《五块洋钱》牙把；花么《太阳会从西边出来吗》家怕；花吗；话家；下牙；沙扎；麻她；麻娃《红旗插到死羊湾》花家　《自由结婚》喳麻；话她；滑爬；（阴入叶，国音韵）；家啦　《崔二爷又回来了》怕话；大把；抓疤　《羊肚子手巾》芽家；打话；妈他　《团圆》骂妈；家法（阴入叶，国音韵）；话吗；杀啦（阴入叶，国音韵）；塌瓜（阴入叶，国音韵）；话咱；假她

[麻豪偶通]《李香香》庙家（疑为方音韵）

[麻开偶通]《羊肚子手巾》鞋妈（疑为方音韵）

波韵

1. 波韵韵字——过活锅我馍哥多坡窝火

2. 波韵韵例——波韵独用，波、歌韵也通韵

3. 波韵韵谱

[波韵独用]《崔二爷收租》过活；窝过　《王贵揽工》锅窝　《红旗插到死羊湾》活我（阴入叶，国音韵）；我脱（阴入叶，国音韵）　《崔二爷又回来了》我活（阴入叶，国音韵）《羊肚子手巾》坡窝；我活

[波歌通韵]《五块洋钱》铬我　《红旗插到死羊湾》馍喝（阴入叶，

国音韵)；过哥 《自由结婚》多个；和我；哥哥我 《羊肚子手巾》窠活《团圆》火我

歌韵

1. 歌韵韵字——铬个和哥

2. 歌韵韵例——歌韵无独用，主要和波韵通韵，陕北延安话里，果摄开口一等“哥个可饿河”等与果摄合口的“波坡棵和朵坐”等通韵［uo］，波歌同韵实际也是押方音韵

3. 歌韵韵谱

［波歌通韵］见波韵

皆韵

1. 皆韵韵字——鞋爷

2. 皆韵韵例——皆韵独用，也偶与波、开通韵

3. 皆韵韵谱

［皆韵独用］《五块洋钱》鞋爷（国音韵）

支韵

1. 支韵韵字——气尸食事事屎死刺丝

2. 支韵韵例——支韵主要独用，也与齐韵通韵

3. 支韵韵谱

［支韵独用］《崔二爷收租》气尸 《崔二爷又回来了》刺丝

［支齐通韵］《自由结婚》地事 《崔二爷又回来了》屎死里

齐韵

1. 齐韵韵字——米逼衣皮踢你哩皮里地息逼记击低急喜

2. 齐韵韵例——齐韵主要独用，也与鱼韵通韵。齐模偶通 1 次，可能是方音韵

3. 齐韵韵谱

［齐韵独用］《崔二爷收租》米逼（国音韵，若押陕北方音韵，“逼”

为入声，不与“米”叶）《王贵揽工》衣皮　《掏苦菜》踢你　《五块洋钱》提哩　《太阳会从西边出来吗》你哩　《羊肚子手巾》低里；你里　《团圆》席一；你里；喜哩；急里（阴入叶，国音韵）；急里（阴入叶，国音韵）

［齐鱼通韵］《五块洋钱》矩哩（方音韵）《太阳会从西边出来吗》举哩《自由结婚》去里　《崔二爷又回来了》雨息（阴入叶，此处押北方曲艺的一七辙儿。若按延安话，“雨”“息”不能押，后准此）；逼去（阴入叶，国音韵）；记去（阴入叶，国音韵）；去击

［齐模同韵］《太阳会从西边出来吗》你畜

微韵

1. 微韵韵字——贵岁水瑞睡妹灰罪腿会队被鬼嘴谁崔围

2. 微韵韵例——微韵主要独用，微开偶通1次，是旧诗韵。微痕偶通，不知何据

3. 微韵韵谱

［微韵独用］《王贵揽工》贵岁　《李香香》水瑞　《掏苦菜》睡妹　《五块洋钱》灰罪　《太阳会从西边出来吗》睡水；腿水；会队　《崔二爷又回来了》鬼嘴；嘴鬼；谁崔　《团圆》围谁

［齐微通韵］《太阳会从西边出来吗》被皮（叶陕北方音韵）

［微开通韵］《羊肚子手巾》队开（押古韵）

［微痕通韵］《羊肚子手巾》泪淋（疑为非韵）

开韵

1. 开韵韵字——材埋开栽来菜坏白财塞

2. 开韵韵例——开韵主要独用

3. 开韵韵谱

［开韵独用］《崔二爷收租》材埋　《掏苦菜》开栽；来菜；开来　《太阳会从西边出来吗》来坏；白来（阴入叶，押国音韵）《崔二爷又回来了》

来财 《羊肚子手巾》坏来 《团圆》来塞

模韵

1. 模韵韵字——骨珠数虎苦畜堵涂五哭树粗谷补

2. 模韵韵例——模韵独用。也与侯韵通韵，这是陕北方音韵，比如遇摄合口一等“奴炉租苏”等字韵［ou］

3. 模韵韵谱

［模韵独用］《崔二爷收租》珠数；虎苦 《崔二爷又回来了》堵涂《羊肚子手巾》五哭；树粗（阴入叶，国音韵）；谷哭（阴入叶，国音韵）《团圆》哭补（阴入叶，国音韵）

［模侯通韵］《崔二爷收租》骨救（这是陕北方音韵）《李香香》手苦（方音韵）《团圆》酒苦（方音韵）

鱼韵

1. 鱼韵韵字——矩举去雨

2. 鱼韵韵例——鱼、模通韵

3. 鱼韵韵谱

［模鱼通韵］《团圆》妇绿（方音韵，西安话“绿”韵［u］）

侯韵

1. 侯韵韵字——头愁有口羞走够手耧有肉狗酒就救

2. 侯韵韵例——侯韵独用，也多与模韵相叶

3. 侯韵韵谱

［侯韵独用］《崔二爷收租》头愁 《掏苦菜》有口 《五块洋钱》羞走；走够；头手 《闹革命》耧有 《红旗插到死羊湾》头手 《自由结婚》手口 《团圆》酒狗；就手；手口

［模侯通韵］见模韵

豪韵

1. 豪韵韵字——宝少烤梢苗叫道料饱烤老条庙娇好哨了草包腰恼交躁

烧跑高瞧跳挑觉罩焦笑窖闹摇桥捎报哨

2. 豪韵韵例——豪韵主要独用。侯豪偶通 1 次，可能是方音韵

3. 豪韵韵谱

[豪韵独用]

《崔二爷收租》宝少；少烤；梢苗；挑上（疑为方音韵）《王贵揽工》叫道；料饱；烤了；好苗；老报 《李香香》条饱 《掏苦菜》娇好；哨了；草好；包了；腰了 《五块洋钱》恼交；躁了；饱了；好了《闹革命》烧了；叫跑；好高 《太阳会从西边出来吗》道瞧；草了；跳条；挑道；好道 《红旗插到死羊湾》觉跳；罩焦好；烧了 《自由结婚》叫了；笑好 《崔二爷又回来了》跑了；窖了；高了；笑了；跑叫；闹跑 《羊肚子手巾》摇桥；捎了；了报 《团圆》哨了；跳了；笑了

[侯豪通韵]《太阳会从西边出来吗》狗高（疑为方音韵）

寒韵

1. 寒韵韵字——年边难杆面遍完天饭还转眼鞭肝看算唤镰慢瓣蛋湾鲜软艳畔短喘线钱便拣丹换仙干盘唤穿甜断衫脸汉翻山串然反罕前遍劝变南砖乱散圆怜烂颜愿浅见烟贱

2. 寒韵韵例——寒韵主要独用

3. 寒韵韵谱

[寒韵独用]

《崔二爷收租》年边；难年；杆面；遍完；天天；饭还；转完；眼鞭；眼肝；换看 《王贵揽工》算唤；镰慢；瓣年 《李香香》蛋湾；天穿；鲜软 《掏苦菜》遍汉；断怜；汉钱 《五块洋钱》艳畔；短喘；蛋线；便拣；边钱；蛋钱 《闹革命》闪天；汉盘；天眼；年钱；见湾；烂三；乱三 《太阳会从西边出来吗》换仙；干钱；面年；眼鞭；盘难 《红旗插到死羊湾》干天；唤湾 《自由结婚》天穿湾；变甜；断衫 《崔二爷又回来了》脸钱；汉翻山；边湾；串然；反罕；前脸 《羊肚子手巾》面转遍；劝变；

转软；南完；砖难；乱散；圆怜；饭烂；变颜；眼眼 《团圆》钱天；愿浅；见烟；贱汉

[寒豪通韵]《闹革命》少算（疑为非韵）

[寒唐通韵] 《闹革命》丹上（疑为晋语：神木话“丹”韵[ɛ]，“上”读[ã]，音近）

[寒东通韵]《闹革命》凶蛋（疑为非韵）

[寒庚通韵]《闹革命》算兵（疑为非韵）

[寒皆通韵]《闹革命》爷湾（陕北晋语“爷”“湾”同韵[ɛ]）

痕韵

1. 痕韵韵字——紧狠根心分人劲人神琴混亲蓁棍喷跟恩瘾劲棍身婚村问军信

2. 痕韵韵例——痕韵主要独用，痕庚通韵的也很多，这是押陕北方音韵，延安话身、臻与曾梗、通五摄舒声混并，读 eng、ing、ong、iong。痕模偶通 1 次，不知何据

3. 痕韵韵谱

[痕韵独用]《崔二爷收租》紧狠；根心 《李香香》分人 《掏苦菜》劲人；神琴 《闹革命》军人；混军；亲人 《太阳会从西边出来吗》棍喷；人狠；紧跟 《红旗插到死羊湾》瘾劲；根心棍 《自由结婚》身婚人 《崔二爷又回来了》信村；问军 《羊肚子手巾》信人；心人 《团圆》人心

[痕庚通韵]《掏苦菜》蓁生；生恩 《红旗插到死羊湾》成人

唐韵

1. 唐韵韵字——响粮抗娘梆香肠汪淌汤洋裳箱羊党光访绑上场亮光想忙糖长洋张扛殃枪房样慌旁狼香抢壮钢仗爽炕忘

2. 唐韵韵例——唐韵主要独用

3. 唐韵韵谱

[唐韵独用] 《崔二爷收租》响长；粮抗；淌娘 《王贵揽工》羊裳；

淌梆　《李香香》香娘；糖肠　《掏苦菜》汪淌；亮上　《五块洋钱》汤上；洋裳；箱上　《闹革命》羊党　《太阳会从西边出来吗》访党；绑上；上场；亮光；亮张；想上　《红旗插到死羊湾》响忙；上枪枪；糖上；长响；炕房洋，样张；亮上　《自由结婚》亮光；糖香样；扛殃；上钢香　《崔二爷又回来了》枪香；羊房；样亮光长　《羊肚子手巾》光慌；长旁；肠上；绑光　《团圆》狼香；忙长；抢上；枪壮；钢仗枪长上；爽炕；长忘

［唐庚通韵］《闹革命》羊命（非韵，或方音韵：陕北晋语“羊”韵［iã］，“命”韵［iɤ↘］均鼻化，音近）

庚韵

1. 庚韵韵字——成命零兵哼风缨星影精灯生情刑令梦绳景清明棱病迎

2. 庚韵韵例——庚韵独用，也与痕韵、东韵通韵，这是陕北延安话的特点。庚侯通韵，因为陕北晋语神木话里，庚韵读［ɤ↘］，侯韵读［ou］。［ou］在实际发音中韵尾变成［ɯ］，［ɤ↘］与［ɯ］音较近

3. 庚韵韵谱

［庚韵独用］《闹革命》风缨　《太阳会从西边出来吗》命星；影精；风灯　《自由结婚》明灯　《羊肚子手巾》灯明；棱病　《团圆》生成；明迎

［庚东通韵］《李香香》重零　《掏苦菜》明穷　《太阳会从西边出来吗》凶声；送命　《红旗插到死羊湾》刑令送；梦中；绳红　《自由结婚》红景；红命；洞清　《崔二爷又回来了》踪生；明从

［庚侯通韵］《崔二爷收租》成头（疑为陕北方音韵）《闹革命》肉哼（疑为方音韵）《太阳会从西边出来吗》肉情（疑为陕北方音韵）

［庚模通韵］《崔二爷收租》命畜（疑为方音韵）

东韵

1. 东韵韵字——重凶送中红踪从红龙通洞

2. 东韵韵例——东韵独用的例子很少。大都与痕、庚韵通韵，这是陕

北延安话的特点

3. 东韵韵谱

[东韵独用]《太阳会从西边出来吗》龙通

[庚东通韵] 见庚韵

[东模通韵] 工畜（疑为方音韵）

二 《王贵与李香香》用韵标准与国音韵书的通别

以上我们穷尽式地考察了李季《王贵与李香香》的用韵情况，从中可以看到，这部民体的叙事长诗基本上是押韵的，其韵式是 aabbcc 式的随韵，即两句一节一换韵，节内相叶。有个别的诗句是交韵，有几处则无韵，这些情况我们在上面的韵谱里做了详细的说明，兹不赘述。

为了更进一步讨论《王贵与李香香》用韵标准与国音韵书的通别，我们仍以赵元任《国音新诗韵》和魏建功《中华新韵》所规定的通别规则为标准，仿照前面的成例，探讨《王贵与李香香》的押韵跟这两部老、新国音韵书的关系。

1. 合乎《国音新诗韵》规定的通别（我们以“通韵”赅“叶韵”，韵目仍按照官韵《中华新韵》，下准此）

通韵（17 字次）：波歌通韵，支齐通韵，齐鱼通韵，齐微通韵，模鱼通韵（只列韵字，下准此）：

> 馍喝（阴入叶，国音韵）；窠活；火我。地事；屎死里。矩哩（押一七辙，下准此）；举哩；记去；被皮（叶陕北方音韵）；妇绿（方音韵，西安话“绿”读 lu）。

独用（253 字次）：

> 沙家；沙家；花么；花吗；沙扎；麻她；麻娃；花家；喳麻；滑

爬（阴入叶，国音韵）；家啦；怕话；抓疤；芽家；妈他；杀啦（阴入叶，国音韵）；塌瓜（阴入叶，国音韵）；锅窝；坡窝；鞋爷（国音韵）。衣皮；你哩；你里；席一（入入叶，国音韵）；你里；喜哩。贵岁；睡妹；腿水；会队；鬼嘴；嘴鬼；谁崔；围谁。材埋；开栽；开来；白来（阴入叶，押国音韵）；来财。虎苦。头愁；有口；走够；头手；头手；手口；酒狗；手口。宝少；少烤；梢苗；叫道；烤了；草好；饱了；好了；草了；觉跳；跑了；摇桥。年边；难年；天天；换看；算唤；天穿；遍汉；短喘；蛋线；边钱；年钱；干钱；盘难；干天；天穿湾；翻山；边湾；反罕；面转遍；劝变；转软；南完；砖难；乱散；圆怜；饭烂；眼眼钱天；贱汉。紧狠；根心；分人；神琴；军人；混军；亲人；根心；身婚人；心人；人心。响长；羊裳；香娘；糖肠；亮上；洋裳；访党；枪枪；长响；房洋，糖香；扛殃；钢香；枪香；羊房；光慌；长旁；狼香；忙长；风缨；风灯；明灯；灯明；生成；明迎；龙通。

2. 合乎官韵《中华新韵》规定的通别

通韵（55 字次）：波歌通韵，支齐通韵，齐微通韵，痕庚通韵，庚东通韵：

铬我；馍喝（阴入叶，国音韵）；过哥；多个；和我；哥哥我；窠活；火我。地事；屎死里。被皮（叶陕北方音韵）。蓁生；生恩；成人。重零；明穷；凶声；送命；刑令送；梦中；绳红；红景；红命；洞清；踪生；明从。

独用（573 字次）：

沙家；沙家；话他；娃塌（阴入叶，国音韵）；芽马大花；大下；下打；大家；牙话；麻话；下拉（阴入叶，国音韵）；牙把；花么；家怕；花吗；话家；下牙；沙扎；麻她；麻娃；花家；喳麻；话她；滑爬（阴入叶，国音韵）；家啦；怕话；大把；抓疤；芽家；打话；妈他；骂妈；家法（阴入叶，国音韵）；话吗；杀啦（阴入叶，国音韵）；塌瓜（阴入叶，国音韵）；话咱；假她。过活；窝过；锅窝；活我（阴入叶，国音韵）；我脱（阴入叶，国音韵）；我活（阴入叶，国音韵）；坡窝；我活。鞋爷（国音韵）。气尸；刺丝。米逼（国音韵，若押陕北方音韵，“逼”为入声，不与“米”叶）；衣皮；踢你；提哩；你哩；低里；你里；席一（入入叶，国音韵）；你里；喜哩；急里（阴入叶，国音韵）；急里（阴入叶，国音韵）。贵岁；水瑞；睡妹；灰罪；睡水；腿水；会队；鬼嘴；嘴鬼；谁崔；围谁。材埋；开栽；来菜；开来；来坏；白来（阴入叶，押国音韵）；来财；坏来；来塞。珠数；虎苦；堵凃；五哭；树粗（阴入叶，国音韵）；谷哭（阴入叶，国音韵）；哭补（阴入叶，国音韵）。头愁；有口；羞走；走够；头手；耧有；头手；手口；酒狗；就手；手口。宝少；少烤；梢苗；叫道；料饱；烤了；好苗；老报；条饱；娇好；哨了；草好；包了；腰了；恼交；躁了；饱了；好了；烧了；叫跑；好高；道瞧；草了；跳条；挑道；好道；觉跳；罩焦好；烧了；叫了；笑好；跑了；窖了；高了；笑了；跑叫；闹跑；摇桥；捎了；了报；哨了；跳了；笑了。年边；难年；杆面；遍完；天天；饭还；转完；眼鞭；眼肝；换看；算唤；镰慢；瓣年；蛋湾；天穿；鲜软；遍汉；断怜；汉钱；艳畔；短喘；蛋线；便拣；边钱；蛋钱；闪天；汉盘；天眼；年钱；见湾；烂三；乱三；换仙；干钱；面年；眼鞭；盘难；干天；唤湾；天穿湾；变甜；断衫；脸钱；汉翻山；边湾；串然；反罕；前脸；面转遍；劝变；转软；南完；砖难；乱散；圆怜；饭烂；变颜；眼眼钱天；愿浅；见烟；贱汉。紧狠；根心；分人；劲人；神琴；军人；混军；亲人；棍喷；人狠；紧跟；瘾劲；根心棍；身婚人；信村；问军；信人；心人；人心。响长；粮抗；淌娘；羊裳；淌梆；香娘；糖肠；汪淌；亮上；汤上；洋裳；箱上；羊党；访党；绑上；上场；亮光；亮张；想上；响忙；上枪枪；糖上；长响；炕房洋，样张；亮上；亮光；糖香样；扛殃；上钢香；枪香；羊房；样亮光长；光慌；长旁；肠上；绑光；狼香；忙长；抢上；枪壮；钢仗枪长上；爽炕；长忘。风缨；命星；影精；风灯；明灯；灯明；棱病；生成；明迎；龙通。

从上面的统计可以看出，《中华新韵》的通别范围多了痕庚通韵和庚东通韵两个，少了鱼模通韵和齐鱼通韵，两者通别的数量相等。由于《中华新韵》规定“四声可通押”，所以可用作押韵的字竟然多出了358字次，占《王贵与李香香》总押韵字次的一半多。依据《国音新诗韵》通别规则，这一半多的字次不能互押。

《王贵与李香香》里不符合《中华新韵》通别原则的有50字次，即：［齐鱼同韵］《五块洋钱》矩哩（方音韵）《太阳会从西边出来吗》举哩；《自由结婚》去里，它们叶北方曲艺十三辙儿的一七辙儿。《崔二爷又回来了》雨息；逼去；记去；去击。它们是阴入叶，也押北方曲艺的十三辙儿的一七辙儿，若按延安话，“雨”“息”不能押。［微开同韵］《羊肚子手巾》队开，则是押旧诗韵，这首长诗押旧诗韵的仅此一例。［模侯通韵］《崔二爷收租》骨救；《李香香》手苦；《团圆》酒苦。它们可能是陕北方音韵，详参韵谱说明。《闹革命》丹上；爷湾；羊命等疑为是陕北晋语。神木话：“丹”韵［∟↘］，“上”韵［ã］，音近。陕北晋语神木话“爷”“湾”通韵［∟↘］。陕北晋语神木话“羊”韵［iã］，“命”韵［iɤ］均鼻化，音近。至于［庚侯通韵］《崔二爷收租》成头；《闹革命》肉哼；《太阳会从西边出来吗》肉情；［庚模通韵］《崔二爷收租》命畜；［麻豪偶通］《李香香》庙家；［麻开偶通］《羊肚子手巾》鞋妈；［齐模通韵］《太阳会从西边出来吗》你畜；《太阳会从西边出来吗》狗高；《闹革命》少算；凶蛋；算兵等，不知所据，疑为方音韵或非韵，需进一步考证。

《王贵与李香香》押韵的语音标准基本上根据国语国音标准。由于阶级斗争和民族解放战争等因素，国统区和解放区、抗日根据地形成政治上和文化上的对立；解放区、抗日根据地的诗人为了配合当地军民的革命斗争，在文艺民族化大众化的方向下，有时有意使用当地的方言写作，以方音押韵。但是，尽管如此，国统区和中国共产党领导下的解放区、抗日根据地的有声舆论宣传（如广播播音）都是操用新国音。与《尝试集》《死水》等30年代之前的诗作比较，《王贵与李香香》有少量诗里的个别韵段难免以陕北方音相叶，但是比例明显要少得多。从这部带有浓厚陕北方言色彩的长诗里，我们所发现的方音韵反倒比前30年的《尝试集》和《死水》要少得多，而且其方音韵基本上限于《中华新韵》所规定的变例通押！这是一个值得深思的现象。由此也可以看出国语国音的推广和国语韵书的纂制等国语语音统一运动对现代白话新诗音韵的深广的影响力。

《王贵与李香香》中不合《中华新韵》通别原则的只有50字次，仅占总韵字656字次的7.6%。从《尝试集》韵谱可以看到，20世纪20年代前，胡适《尝试集》里有许多地方依然押旧诗韵或词韵，到了20年代以后的《死水》，以旧诗韵相押的情况就非常罕见了。40年代，656个韵字的长诗里只有一个韵段是押古韵。可见，国音新韵到了这个时候基本上取代了传统旧诗韵的地位，在现代白话新诗的音韵实践里取得了绝对的优势。诗人朱湘批评闻一多盲从古韵的现象在40年代的《王贵与李香香》里基本上不存在了，基本上实现了“五四”学人“用现代的韵”的夙愿，这是一个优良的诗韵传统。诗人李季的这首民族化大众化的杰作，无疑践行和推进了国语语音的新标准，印证了国语韵书对韵文创作的规范作用，同时也为中华人民共和国成立后50年代现代汉语规范化和民族共同语的制定做了应有的准备，意义是深远的。

最后简单谈谈这首长诗里的轻声字押韵问题。

《王贵与李香香》里虽然有轻声字，比如“了”“哩”“么”“吗”，但都读原调，与非轻声字叶。这和《尝试集》《死水》以轻声变韵相押的情况相比，不能不说是一种遗憾，因为轻声字是现代白话的特点，是现代汉语里客观存在的语音事实，漠视或忽视它显然是不妥的，明明是句末变韵的轻声字，诗人为了跟非轻声字相押，却硬要读成原调。例如：

玉米开花半中腰，王贵早把香香看中了。（《掏苦菜》）
崔二爷你守规矩，毛手毛脚干啥哩？　　（《两块洋钱》）
五黄六月飘雪花，太阳会从西边出来吗？（《太阳会从西边出来吗》）
过门三天安了家，游击队上报名啦。　　（《自由结婚》）

这几句诗末尾的“了”“哩”“么”“吗”是现代白话里典型的轻声助词，从赵元任以来，大家是公认的。诗人李季操“满口浓重的河南乡音”，喜欢方言。来到陕北延安后，他很注重学习陕北方言，收集当地民歌，还能编唱陕北民歌，并且用陕北话作诗。诗人读成原调，可能是受到陕北方言的影响，他显然没有看到国音里它们的轻声变韵规律。这些问题应引起创作白话新诗的诗人们的注意。

20 世纪 40 年代初，官韵《中华新韵》在国统区的重庆由国民政府颁行。由于阶级矛盾尤其是民族矛盾的加剧，再加上共产党领导的解放区文艺提倡方言创作以鼓舞抗战军民的士气，虽然延安边区政府和重庆国民政府的广播电台都用新国音播音，但是解放区的诗歌创作怎能引入这部由林森、蒋介石和陈立夫签署公布的官方韵书并为解放区的韵文作者所遵依呢？中华人民共和国成立后，封建式的“仿前朝成例”颁布韵书这样的事，人民政府根本不需要，况且新政府成立后，以前反动政府公布的法令应当一律废止、无效。中华人民共和国成立后的诗人创作用韵怎么能够明晃晃地表示自己遵依国民政府颁布的韵书呢？这有政治的原因。

语言是没有阶级性的，国音韵书无论出自谁手，只要是忠实、科学地反映了那个时代的实际语音，就能够对那个时代韵文的音韵产生一定的影响、规范甚至指导作用。因为时代的变化，科举的废除，20世纪40年代初的这部官韵实际上不像《礼部韵略》或《佩文诗韵》那样具有强制性，但是因为它的全新的语音标准和精湛的编纂水平，使这部韵书的影响很大，它潜在地、久远地影响了同时代和后来韵书的编制。韵书是为韵文创作押韵服务的，是古人所谓“广文路”的，所以，官韵《中华新韵》也潜在地、久远地影响了同时代和后来现代白话新诗的音韵。

我们不能单从形式上论其影响力，如同眼下所谓的“影响因子”。一部韵书对韵文音韵的影响、规范往往是潜在的，需要要从韵文创作的音韵实际中考察，一般要对一定时段里大量的有代表性的韵文用韵实际加以穷尽式数理统计，最后分析出韵文用韵与该韵书韵部之间的通别关系。通别关系近，说明韵文作者受到该韵书的影响较大较多；反之，则表明韵文作者受到该韵书的影响较小或较少。如果对胡适《尝试集》用韵考察能说明统一的国语语音对初期的白话新诗音韵的影响和规范的话，那么，对20—40年代白话新诗音韵的历时考察就更能说明国语语音，尤其是《国音新诗韵》《中华新韵》等民国韵书对新诗创作音韵的潜移默化的影响作用。理论上讲，国音韵书是按照国语的语音标准编制的，是国音与新诗音韵联系的纽带。如果统一的国语语音影响、规范了白话新诗的音韵，那么，国音韵书则逻辑上也必然影响之、规范之。国音及其韵书对新诗音韵的影响和规范是统一的。

余论　国语语音、民国韵书与现代旧体诗音韵

我们的论题——“国语语音与现代白话新诗音韵”互动关系的讨论，至此应该是画上句号了。但是有一个事实是回避不了的。现代旧体诗词作者群体数量庞大，社会身份各种各样，职业背景差别也非常大，既包括旧式文人、书画艺术家、政治家、学者，还有为数不少的新文学家。旧式文人，如陈三立、柳亚子、周瘦鹃等；学者型旧体诗人，如陈寅恪、吴宓、马一浮、王力等；政治家革命家型旧体诗人，如于右任、毛泽东、朱德、陈毅、叶剑英等；艺术家旧体诗人，如潘天寿、张大千、齐白石、丰子恺、黄宾虹、启功等；自然科学家旧体诗人，如华罗庚、苏步青等；其他社会名流贤达，如赵朴初、胡厥文、翁文灏等；新文学家旧体诗人，如胡适、鲁迅、郭沫若、郁达夫等。在各旧体诗写作群体中，与现代文学史关系最为密切的无疑当属“勒马回缰写旧诗”的新文学家的旧体诗词写作，而在新旧文学家两个群体中，新文学家旧体诗作者明显多于纯粹的旧式文人，他们在文学史上的影响力也远非旧式文人所可及。因此，新文学家的旧体诗在整个20世纪中国的诗歌史和文学史上就显得非常独特，很有研究的价值。一方面，新文学家写作旧体诗，正表明了20世纪中国文学刚好处在一个新旧交替的过渡时期；另一方面，新文学家的旧体诗与20世纪的新文学

的关系错综复杂，既有矛盾和对抗，也有互动与和解[①]。

那么，新文学家写作的旧体诗的用韵究竟是遵依旧诗韵呢，还是改用国音韵呢？国语语音、民国韵书除了与现代白话新诗音韵有深广的互动共生关系外，对新文学家的旧体诗音韵有没有渗透和影响呢？如果有，其表现形式又是如何呢？要回答这些问题不能够通过理论推演或逻辑论证，而要以新文学家写作的旧体诗的用韵进行语言学的实证研究。下面我们选取新文学家胡适和鲁迅的旧体诗为个案，略考其用韵，探寻其用韵的语音标准，以便与国语语音和民国韵书的语音标准及通别原则做比较。毛泽东是杰出的诗人，登高必赋，终生只写了一首白话诗，其他均为旧体诗词。我们也拿来做一用韵考察，看看这位打破旧世界建立新世界的领袖是用康熙书斋官刻的《佩文诗韵》呢，还是用国音韵或他的湖南方音韵呢。

下面分两个方面加以讨论。

一　胡适《去国集》等旧体诗词用韵与国音韵书

《去国集》是胡适自民国初至民国六年七月（1917）六年来所作的文言诗词，是他认为的“死文学之一种耳”，只是“欲稍存文字进退及思想变迁之迹焉尔”[②]。鲁迅先生对《去国集》评价甚好。鲁迅说：“他（民按，即指周作人）对我说，‘《去国集》是旧式的诗，也可以不要了。’但我细看，以为内中确有许多好的，所以附着也好。”[③] 现在，我们从形式上考察《去国集》的用韵，即欲略考晚清民国之际的旧体诗词用韵，在多大程度上摆脱了旧诗韵和词韵的束缚，又在多大程度上依从了国音韵书的新标准，以此坐实民国语音对旧体诗词音韵的影响。

《去国集》增订四版凡收 16 首；另“附类”诗歌收有旧体诗词 12 首，

① 李仲凡：《古典诗艺在当代的新声》，博士学位论文，兰州大学，2009 年，第 1 页。
② 胡适：《尝试集·去国集序》，《尝试集》，人民文学出版社 2000 年版，第 89 页。
③ 陈平原：《经典是怎样形成的》，《鲁迅研究月刊》2001 年第 5 期。

两类合计有28首旧体诗词，韵字约487字次。现大略仿照上述白话诗用韵分析的方法，对这些旧体诗词用韵的通别情况加以考察（只录韵字，略去韵例和韵谱）。

1. 合乎《国音新诗韵》规定的通别

通韵（150字次）：麻皆通韵，波歌通韵，支齐通韵，齐微通韵，模鱼通韵。即

哗斜花遮鸦他；谢下；歌何，托度；歌诃；么我；始里，思低，诗之，时离，似此；慈依。女舞语汝缕午古睹敉虎予酺羖数俯祜主；许股舞，苏图书；如馀，土语，主古，扈与鼓舞，舞许，书奴，五语；语苦；胡奴徒乎欤殊如；女苦；都呼虚颅徒书输胡欤；数暮许雨舞；暑许侣午数雨语睹处贾坞女窭庾主取辅腐础举酹舞鼓；九吼酒久岫；难欢，岩巅，间残，坚全；声鸣，盈城。言然掀（胡适云："《耕柱篇》语，'掀'，本作'欣'，依毕沅说改。"）；颂用诵；听应。神人；娟前栾鬟圆看天烟。

独用（47字次）：

杯回；开哉来；休由；摇号涛；高号，刀豪慓狡；倒了；湲喧；僵狂当；阳伤，忘堂，浪昌邦伤；望尚抗丧酿妄谅怆；长妨；行烹轻生嵘英。

2. 合乎官韵《中华新韵》规定的通别

通韵（347字次）：歌皆通韵，波歌通韵，支齐通韵，齐微通韵，支齐儿通韵，模鱼通韵，痕庚通韵。即

哗斜花遮鸦他（"哗斜花遮鸦"属词韵十八部，"他"是歌韵，属于词韵第九部。显然，胡适按照旧国音押韵）；谢（祃）下（祃）；可

跛堕；歌何，托度；歌诃；么我；支微迷（词韵第三部）；始里，追之（上平声四支）；起尔，思低，美已子婢；死矢；诗之，死耳士子耻此蚁俟已；思枝卑，起止视，归奇之，事媚致；衣啼飞归涯斯思堤；伟此梅士比史美诡喜氏褫是已鄙馁起止矣视子鬼纪菲儗鄙（词韵第三部）；耳子，时离，似此；诗悲之为疑儿奇谁驰（词韵第三部）；是试味（未）次事弃计费（未）字志试；之至废（词韵第三部）；时（之）归（微）（词韵第三部）；离湄辞归衣为；慈（之）依（微）。飞肥（微）诗（之）（词韵第三部）；飞（微）知（支）；炬女舞语汝缕午古睹怒枚虎予醐羖数俯祜主（于词韵第四部，于平水韵上声六语七麌和去声六御七遇）；许股舞，苏图书（词韵第四部，于平水韵平生六鱼七虞和上声六语七麌）；如馀，土语，主古，扈与鼓舞，舞许，书奴，五语；语苦；胡奴徒乎欤殊儒如（词韵第四部）；女苦；都呼虚颅徒书输胡欤（词韵第四部）；数暮许住妒雨舞去；暑（语）许（语）侣（语）午（麌）数（麌）雨（麌）语睹（麌）处（语）贾（麌）坞（麌）女（语）窭（麌）巨（语）庾（麌）户（麌）主（麌）取（麌）辅（麌）腐（麌）础（语）举（语）醑（语）舞（麌）鼓（麌）部（麌）（词韵第四部）；开来；滨兵，纷存（痕与庚合韵），阍魂存（魂韵）关（删韵）（疑是方言韵），声鸣，盈城；言然掀（胡适云：“《耕柱篇》语，‘掀’，本作‘欣’，依毕沅说改。”“言掀”属于元韵，“然”是仙韵，同属词韵第七部。“欣”属于第六部。以下四句押真文韵。）纷人根症贫顿文孙殷裈军仑藩翻（“症”字偶叶）；颂用诵；听应；神（真）人（真）；娟（仙）前（先）栾（桓）鬟（删）圆（仙）看（寒）天（先）烟（先）（词韵第七部）。

独用（62 字次）：

杯回；开哉来（词韵第四部，于平水韵上平声十灰，于词韵第三部）；休由；摇号涛；高号，刀豪慓狡；倒了；湲喧；僵狂当；阳伤，忘堂，浪昌邦伤；望尚抗丧酿妄谅怆；长妨；行烹轻生嵘英。

单就《去国集》及其附类旧体诗词，《中华新韵》的通别范围多了麻波歌皆通韵，支齐儿通韵。可用做押韵的字多出了212字次，约占《去国集》及其附类旧诗词用韵所有韵字的44%。《国语新诗韵》的通韵率仅占其韵字的三成多，而《中华新韵》的通韵率则占七成多！这个比例比第一编、第二编、第三编及附类白话诗用韵的相关比例都高。这说明《中华新韵》比《国音新诗韵》更适合旧体诗词创作的用韵。《国音新诗韵》支齐儿不能通韵，麻波歌皆不通韵，割断了两两之间历史上的音韵联系，在旧体诗词创作方面，反倒不如官韵《中华新韵》来得方便。

《去国集》及其附类旧体诗词用韵也有不符合《国语新诗韵》或《中华新韵》通韵规则的。比如支齐微与开、寒与痕、侯与模，这在《国音新诗韵》和官韵《中华新韵》里都不通韵。支与微，支齐微与儿在《国音新诗韵》不通韵。但是在《去国集》及附类旧诗词押韵中每每互叶，这是值得注意的语音变化。兹列举并考察如下：

支齐微开通韵（18字次）：

《去国集·秋声》：至坠地致四态（代）翠赖（泰）饲细弃谊励（祭）废（废）岁（祭韵）悴（至）思志："态赖"是词韵第五部，余则第三部。

支齐微儿通韵（20字次）：

"起尔""死耳子耻此蚁已""耳子""诗悲之为疑儿奇谁驰"四个韵段，词韵皆属第三部。

微开通韵（8字次）：

《去国集·哀希腊歌》：在（海韵）磊（贿韵）洒（马韵）。词韵"在"（海韵）在第五部，"磊"（贿韵）在第三部；旧诗韵均为上声十贿。绩溪话"在""磊"韵母均为［ɑ］，也是押韵的。"洒"字《广韵》砂下切，又所蟹切，所寄切。绩溪话与“在磊”同一韵。《去国集·哀希腊歌》：杯（灰）怀（皆）崖（佳），词韵不在同一部，“杯”在第三部，“怀崖”在第五部；旧诗韵“杯”在上平声十灰，“怀崖”在九佳。绩溪方音，杯音[ba]，怀音[fɔ]，崖音[xɔ]，不通韵。其实这是平水韵九佳和十灰的通韵[1]。《秋柳》回来：平水韵十灰，绩溪话“回”音[ma]，“来”音[na]，也可通韵。

模侯通韵（12字次）：

《翠楼吟》：九吼后酒久岫，负（有）茂（候）首旧有袖。词韵第十二部。

寒痕通韵（20字次）：

《去国集·哀希腊歌》：难（寒）欢（桓），岩（衔）巅（先），然（仙）言（元）尊（魂），冤（元）尊泯（轸）神（真）人（真）君君（文）人，间（山）残（寒），坚（先）全（仙）。词韵十四部的衔韵“岩”字是闭口韵，并入收[-n]尾的第七部，这是国音的标准；《国音新诗韵》“岩”字在阳平十五咸，“巅”字在阴平十五轩，国音同韵。《中华新韵》“岩”字在十四寒阳平乙类（即收[-m]尾），“巅”字在阴平甲类（即收[-n]尾），其通别规则为“甲乙旧别”，新国音则通韵。“然（仙）”“言（元）”“尊（魂）”旧诗韵和词韵都不在一部，当属于旧体诗邻韵通韵[2]。《去国集》：原（元）痕蹲（魂）门（魂）魂年（先）的押韵情况与“然言尊”相同。《游影飞儿瀑泉山作》：园（元）山端（桓）扪（魂）芬（文）人（真）滩（寒）攀（删）间（山）喧（元）前（先）颠（先）帘（盐）翻（元）环（删）鬟（删）观（桓）餐（寒）肝（寒）源（元）跟（痕）峦（桓）宽（桓）烟（先）根（痕）曛（文）存（魂）看

① 王力：《汉语诗律学》，上海教育出版社1979年版，第332页。
② 同上书，第333页。

（寒）悭（山）妍（先）论（慁）娟（仙）。胡适此诗属于古体诗，不但旧诗韵的真文元寒山先可通，就是收［-m］尾的盐韵“帘”字也可押入，比词韵还宽缓。可见，胡适并不是严格按照唐宋以来的古体诗邻韵相通原则的[①]，甚至不按词韵押韵，词韵收［-m］尾的韵部与收［-n］尾的韵部绝不互叶。其实盐韵的［-m］尾“帘”偶叶［-n］尾韵字，透露出一个重要的语音信息：那就是胡适在以唐宋以来古体诗（不是近体诗）的通韵标准押韵的同时，潜意识地以民国国音的标准相押；在民国官韵《中华新韵》里，“帘”字属于寒韵阳平乙类（收［-m］尾），与其他寒韵字同韵。《十三辙》里，“帘”与其他寒韵字同属言前辙儿。在《国音新诗韵》里，“帘”字属十五咸韵阳平，虽不与开合口的十四干韵系同属一部，但可通韵。这首诗最能表现胡适《去国集》押韵从旧诗词韵向国音分韵标准的过渡色彩。

总之，胡适的《去国集》及附类旧体诗词的押韵，主要是按照旧诗韵或词韵的标准，或者是参照唐宋古风的通韵标准。但是，由于《中华新韵》规定的“新旧皆通”原则是对旧各体韵文创作用韵的成功总结，因此，《去国集》及附类旧体诗词中的487个韵字，符合民国官韵《中华新韵》通韵原则的韵字竟高达71%强，符合《国音新诗韵》通韵规定的反倒只有三成多。可见，民国韵书，尤其是官韵《中华新韵》的通别原则与《去国集》及附类旧体诗词的用韵有极高的亲善度，说明胡适旧体诗词用韵，也能以当时的旧国音标准押韵（当然也掺入了一些绩溪方音韵），这种旧中图新的押韵思想，为他后来的白话诗创作“用现代的韵，不拘古韵”，自觉以国音押韵做了很有意义的前期尝试。

---

① 详参王力《汉语诗律学》，上海教育出版社1979年版，第331—334页。

二　鲁迅、毛泽东旧体诗词用韵与国音韵书

胡适《去国集》同时或以后，很多白话新诗作者在尽力创作白话新诗、为“五四”文学革命呐喊助阵外，还根据自己的特长和兴趣，创作了很多脍炙人口的旧体诗词。无产阶级革命家、革命领袖戎马倥偬，然登高必赋，“战地黄花分外香”，用旧诗词抒发革命豪情。

下面我们选取鲁迅先生和毛泽东的旧体诗词，仅对其用韵进行考察。

（一）鲁迅旧体诗用韵与民国韵书的通别

在现代文学史上的旧体诗人里，鲁迅先生的旧体诗是写得最好的。虽然他一再申明：“旧诗并非所长，不得已而作。”“其实我于旧诗素未研究，胡说八道而已。”[①] 取材广博，形式多样，构思奇绝，意境深宏，形象鲜明，语言凝练，音韵和谐。对当代社会发生的重大事件关注和洞察表里。主张选材要严，开掘要深。题材多样，不拘一格，有自由体、民歌体，也有骚体和旧体诗。他不墨守成规，程式上基本符合传统要求，表现新的生活内容，抒发革命激情。具有使用口语，解放诗韵，采用典故等特色。

鲁迅先生有独特的诗韵主张。在《致窦隐夫》中他深刻地指出：

> 我有一个私见，以为剧本虽有放在书桌上的和演在舞台上的两种，但究以后一种为好；诗歌虽有眼看的和嘴唱的两种，也究以后一种为好；可惜中国的新诗大概是前一种。没有节调，没有韵，它唱不来；唱不来，就记不住，记不住，就不能在人们的脑子里将旧诗挤出，占了它的地位。……我以为内容且不说，新诗先要有节调，押大致相近的韵，给大家容易记，又顺口，唱得出来。但白话要押韵而又自然，

① 鲁迅：《致杨霁云》（1934 年 12 月 19—20 日），《鲁迅书信集》，人民文学出版社 1976 年版，第 698—699 页。

是颇不容易的[1]。

诗须有形式，要易记、易懂、易唱、动听，但格式不要太严。要有韵，但不必依旧诗韵，只要顺口就好[2]。

鲁迅先生主张“嘴唱”的和“演在舞台上”诗歌，因为这种诗歌“易记、易懂、易唱、动听”，和音乐有关；押韵上他主张“押大致相近的韵”，“不必依旧诗韵”（民按，即指平水韵），则与国语国音有关。这种诗韵主张虽然没有明确说明有什么用韵标准，但不用旧诗韵去押韵写诗（包括新诗和旧体诗）是肯定的。

鲁迅在《集外集·序言》中称：“只因为那时诗坛寂寞，所以打打边鼓，凑些热闹；待到称为诗人的一出现，就洗手不作了。”[3] 1926 年周作人撰《扬鞭集·序》，也有类似的说法：“我对于中国新诗曾摇旗呐喊过，不过自己一无成就，近年早已歇业，不再动笔了。”[4]

下面具体分析一下鲁迅先生的旧体诗的用韵。

鲁迅先生的旧体诗用韵基本上根据平水韵，较严格。例如：

自　嘲[5]

运交华盖欲何求，未敢翻身已碰头。
破帽遮颜过闹市，漏船载雨泛中流。
横眉冷对千夫指，俯首甘为孺子牛。
躲进小楼成一统，管他冬夏与春秋。

---

① 鲁迅：《致窦隐夫》（1934 年 11 月 1 日），《鲁迅书信集》，人民文学出版社 1976 年版，第 655 页。

② 鲁迅：《致蔡斐君》（1935 年 9 月 20 日），《鲁迅书信集》，人民文学出版社 1976 年版，第 883 页。

③ 鲁迅：《鲁迅文集·集外集·序言》，《鲁迅文集》，吉林文史出版社 2006 年版，第 2—3 页。

④ 周作人：《扬鞭集·序》，杨匡汉等编《中国现代诗论》，花城出版社 1985 年版，第 130 页。

⑤ 周振甫：《鲁迅诗歌注》（修订本），浙江人民出版社 1980 年版，第 121 页。

（下平声·十一尤）

又如《自题小像》叶“园辕”属于上平声十三元；《吊大学生》叶“城清生惊”，属于下平声八庚；题《呐喊》叶“情声”，属于下平声八庚。

鲁迅先生有时也不拘拘于旧诗韵，表现了他的诗韵革新精神。例如：

赠邬其山①

廿年居上海，每日见中华。
有病不求药，无聊才读书。
一阔脸就变，所砍头渐多。
忽而又下野，南无阿弥陀。
（下平五歌、六麻和上平声六鱼）

韵脚字“华书多陀”跨越了平水韵下平五歌、六麻和上平声六鱼三个韵，词韵里也没有这么宽缓的韵，甚至《诗经》里也没有，属于鱼部（华书）和歌部（多陀），但可通转。鲁迅先生可能是据吴方言押韵。吴方言“华”韵［o］，“书”韵［ɥ］，“多陀”韵［əu］，圆唇相近，盖可通叶。

哀范君三章（选二章）②

其一

风雨飘摇日，余怀范爱农。
华颠萎寥落，白眼看鸡虫。
世味秋荼苦，人间直道穷。
奈何三月别，竟尔失畸躬。
（上平声一东二冬）

① 周振甫：《鲁迅诗歌注》（修订本），浙江人民出版社1980年版，第69页。
② 同上书，第42—43页。

其三

把酒论当世，先生小酒人。

大阑犹茗艼，微醉自沉沦。

此别成终古，从兹绝绪言。

故人云散尽，我亦等轻尘。

（上平声十一真十三元）

平水韵上平声十一真十三元押韵，算是出韵。

由此可见，鲁迅先生的旧体诗一方面继承唐宋以来的诗韵传统，同时积极倡导国音韵，有时不免以方音押韵，或用词韵合辙，显示出了“五四”学人“破坏旧韵，重造新韵”的精神和国语语音对他的旧体诗押韵的影响。

除了旧体诗，鲁迅先生还创作了一些新诗及歌谣体，尤其是歌谣体（有人称之为打油诗体），亦庄亦谐，庄从谐出，不拘格式；文白参用，语含讽刺，继承了传统打油诗的风格而又有所创新。押韵上则自然和谐，不拘旧韵。例如：

公民科歌[①]

（1931 年）

何键将军捏刀管教育，

说道学校里边应该添什么。

首先叫作“公民科”，不知这科教得是什么。

但愿诸公莫性急，让我来编教科书。

做个公民实在不容易，大家切莫邪邪乎。

第一着，要能受，蛮如猪罗力如牛，

① 本诗发表于 1931 年 12 月 11 日《十字街头》第一期。又载《鲁迅文集·集外集拾遗》，《鲁迅文集》，吉林文史出版社 2006 年版，第 218 页。

杀了能吃活就做，瘟死还好熬熬油。
第二着，要磕头，先拜何大人，再拜孔阿丘。
拜得不好就砍头，砍头之际莫讨命，要命便是反革命。
大人有刀你有头，这点天职应该尽。
第三着，莫讲爱，自由结婚放洋屁，最好是做第十第廿姨太太。
如果爹娘要钱花，几百几千可以卖。
正了风化又赚钱，这样好事还有吗？
第四着，要听话，大人怎讲你怎做。
公民义务多得很，只有大人心理自己懂。
但愿诸公切勿死守我的教科书，
免得大人一不高兴就说阿拉是反动。

其中的韵脚字是：么么｜书乎｜牛油丘｜命尽｜爱太卖｜吗做｜很懂动。很明显鲁迅先生用现代汉语夹杂着吴方言的词语“猪罗”“阿丘”“阿拉”，韵脚字按国音押韵，与1941年的官韵《中华新韵》十八韵基本相同，值得注意的是“命”与“尽”押韵，“很”与“懂动”相押是江淮方言的普遍特点，也属于《中华新韵》通别原则中的变例可通，甚至官韵的庚东也通押，押韵还是比较宽缓的，符合他所说的“新诗……押大致相近的韵”的诗韵观。引起注意的是，鲁迅以国音轻声字押韵的有两个韵段“么么”和“吗做”。“吗”作为轻声字，主元音［a］央化为［ɐ］，故而跟“做”互叶。这说明鲁迅先生跟胡适一样，都以国音轻声字押韵，也表明国语语音对鲁迅白话新诗的影响。

《言词争执歌》最初发表于1932年1月5日《十字街头》第三期[①]。其中的韵脚字是：碌蛊局｜壮嚷上｜嗤兹死｜追回来｜冷等梗｜全甜堪｜巡

① 最初发表于1932年1月5日《十字街头》第三期，又载周振甫著《鲁迅诗歌注》（修订本），浙江人民出版社1980年版，第252页。

心灵 | 叫到 | 并病成警 | 好脑了 | 易里理。鲁迅先生新诗用韵基本按照《中华新韵》新国音标准，但"碌蛊"与"局"相通，是官韵《中华新韵》模、鱼旧通，这也是吴方言模、鱼同韵的特点。"追回"与"来"相押，只能是据苏杭等吴方言押韵，因为吴方言"追回来"三字韵都是［ɛ］。"巡心"与"灵"的情况与"命尽"和"很懂动"一样，属于《中华新韵》通别原则中的变例可通。《南京童谣》里，"陵经钟经"押韵，也是国音的语音标准，且属于官韵《中华新韵》庚、东通押。总之，鲁迅歌谣体的押韵主要按照当时的国音及其韵书标准，有时用吴方音押韵，与胡适的白话新诗押韵标准基本一致。

（二）毛泽东诗词用韵与民国韵书的通别

刘益涛在《十年纪事：1937—1947 年毛泽东在延安》里记载，1939 年 12 月，诗人刘御给毛泽东写信，说："您在六届六次会上所倡导的'为中国老百姓所喜闻乐见的中国作风和中国气派'，虽然是针对马列主义的学习与宣传而提出的，但我觉得，在文艺创作上也完全适用。我正是基于这样的理解而在诗歌创作中进行尝试的，不知道我这样的看法和做法是否得当。"① 为了便于毛泽东了解情况，刘御还把他当时写的诗寄给毛泽东看。毛泽东很快写来回信说："优秀的民族，大抵是千百年来群众的集体创作。……诗歌以押韵为宜，无韵的诗歌，难于行运。"② 毛泽东主张诗歌要押韵，这与鲁迅等国语运动诸君的诗韵观基本一致。毛泽东一生热爱并精通旧体诗，他对旧体诗曾有过多次评述。1965 年夏，他在武昌与梅白谈诗时，就曾说道："旧体诗有许多讲究，音韵、格律很不易学，又容易束缚人们的思想，不如新诗那样'自由'。"③ 但另外，"旧体诗词源远流长，不仅像我们这样

① 刘益涛：《十年纪事：1937—1947 年毛泽东在延安》，中共党史出版社 2007 年版，第 115 页。
② 同上书，第 116 页。
③ 毛泽东：《致臧克家》（1957 年 1 月 12 日），《毛泽东书信选集》，中央文献出版社 2003 年版，第 48 页。

的老年人喜欢，而且像你们这样的中年人也喜欢。我冒叫一声，旧体诗要发展、要改造，一万年也打不倒。因为这种东西最能反映中华民族和中国人民的特性和风尚，可以兴观群怨嘛！哀而不伤，温柔敦厚嘛！”① 那么，怎么发展、怎么改造呢？同年 7 月，他在《致陈毅》一信中谈到旧体诗的“为诗之不易”和“用白话写诗，几十年来，迄无成功”后②，就曾这样明确指出：“将来趋势，很可能从民歌中吸收养料和形式，发展成为一套吸引广大读者的新体诗歌。”③

在旧体诗和新诗的两难抉择困境中，毛泽东不顾自己对旧体诗的偏爱和擅长，立足于改善和提高新诗，以脱出困境。他密切关注新诗的命运和前途，多次献计策、提建议。他指出“新诗太散漫，记不住”，“应该精炼，大体整齐，押大致相同的韵。可以搞一本‘新诗韵’——专为写新诗用的韵较宽的韵书”④。值得注意的是，他对于新诗的诊断和处方，与鲁迅先生是一致的。

毛泽东诗词在格律方面，遵循格律而不受其束缚，体现了继承和创新。在平仄上，有不以词害意而不拘平仄的：“七百里驱十五日”；有因人名、地名、物名、数据不拘平仄的：“成吉思汗”“橘子洲头”“坐地日行八万里”；有因用民谣成语不拘平仄的：“离天三尺三”“子在川上曰”等。在押韵上，不拘于古韵，或今韵相押，或旧韵邻韵通押，有时以方音押韵。例如：

---

① 刘汉民编著，《毛泽东与梅白谈诗》，《毛泽东说文谈艺实录》，长江文艺出版社 1992 年版，第 117 页。

② 毛泽东：《致陈毅》（1965 年 7 月 21 日），《毛泽东书信选集》，中央文献出版社 2003 年版，第 571 页。

③ 同上。

④ 臧克家：《伟大的教导，深沉的怀念》，《怀念毛泽东同志》，人民文学出版社 1980 年版，第 224 页。

七律·长征①

（1936 年）

红军不怕远征难，万水千山只等闲。
五岭逶迤腾细浪，乌蒙磅礴走泥丸。
金沙水拍云崖暖，大渡桥横铁索寒。
更喜岷山千里雪，三军过后尽开颜。

这首诗韵脚为“难”（上平十四寒）、“闲”（上平十五删）、“丸”（上平十四寒）、“寒”（上平十四寒）、“颜”（上平十五删），不合乎平水韵押韵的规则，显然按照国音标准押韵，韵字同属于民国官韵《中华新韵》的寒韵。

七律·忆重庆谈判②

（1942 年秋）

有田有地皆吾主，无法无天是尔民。
重庆有官皆墨吏，延安无土不黄金。
炸桥挖路为团结，夺地争城是斗争。
遍地哀鸿遍地血，无非一念救苍生。

此诗韵脚为“民”（上平十一真）、“金”（下平十二侵）、“争生”（下平八庚），显然出了平水韵，也出了词韵，但与国音韵书《中华新韵》的变例可通一致，同时也与诗人的方音相合（湘方言“民金争生”主元音和韵尾相同，均读［𝕃�］）。

① 这首诗写于 1935 年 10 月。又载臧克家主编《毛泽东诗词鉴赏》（增订二版），河南文艺出版社 2005 年版，第 93 页。

② 付建舟编：《毛泽东诗词全集详注》，陕西高校联合出版社 1996 年版，第 211 页。

七律·人民解放军占领南京[①]

（1949年4月）

钟山风雨起苍黄，百万雄师过大江。
虎踞龙盘今胜昔，天翻地覆慨而慷。
宜将胜勇追穷寇，不可沽名学霸王。
天若有情天亦老，人间正道是沧桑。

此诗韵脚为“黄王桑”（下平七阳）、“江”（上平三江）、“慷”（上声二十二养）。“慷”旧读上声，但中华人民共和国成立后1959年7月普通话审音委员会审定为阴平。之前这首诗是平声和上声通押，很不合近体诗格律。七言律诗首句入韵，往往借用邻韵。但江阳通叶也是词韵的做法。然而这首诗也很合乎《中华新韵》的通别规则，其韵字均属于《中华新韵》的唐韵。其他如《七律·和柳亚子先生》（1949年4月）叶“忘黄章量江”，前四字为下平七阳，“江”字属于上平三江，显然又是《中华新韵》的唐韵和《词林正韵》的第二部了。这种情况，柳诗中亦如是。柳诗的韵脚为“健难谖丹滩”，其中“谖”为上平十三元，其余的为上平十四寒，也是邻韵相押，不合诗律，但属于《中华新韵》的寒韵和《词林正韵》的第七部。

中华人民共和国成立后，国语语音进入一个更加规范化的时期，即普通话时期。国语语音被普通话语音代替，但语音的标准基本上与1932年民国政府颁行的新国音语音标准一致。中华人民共和国成立后，毛泽东也写了大量的旧体诗词，其用韵的语音标准怎样呢？下面我们略做考察。

《七律·答友人》[②]（1961年）韵脚字为“飞微衣诗晖”，其中，“诗”

---

① 这首诗写于1949年4月。又载臧克家主编《毛泽东诗词鉴赏》，河南文艺出版社2005年版，第141页。

② 这首诗写于1961年。又载臧克家主编《毛泽东诗词鉴赏》，河南文艺出版社2005年版，第236页。

属于上平四支部，其余皆为上平五微部，也不合平水韵，但符合《中华新韵》“五支旧通八微”的原则，属于《词林正韵》的第三部了。《七律·冬云》[①]（1962年12月26日）押韵情况与这首诗完全相同，也是不合平水韵而与词韵和民国官韵《中华新韵》的通别原则若合符节。《七律·吊罗荣桓同志》[②]（1963年）韵脚字“飞违”属上平五微部，“题”属上平八齐部，“谁”属上平四支部，跨了三个韵部，不合平水韵了，但属于《词林正韵》第三部，与《中华新韵》“五支通儿及齐，旧又通微”的通别原则一致。

1963年4月25日，国防部批准授予上海警备区三营八连以“南京路上好八连”的光荣称号。当年八一建军节，70岁高龄的毛泽东为“南京路上好八连”写下了热情洋溢、击节赞赏的《八连颂》：

好八连，天下传。为什么？意志坚。
为人民，几十年。拒腐蚀，永不沾。
因此叫，好八连。解放军，要学习。
全军民，要自立。不怕压，不怕迫。
不怕刀，不怕戟。不怕鬼，不怕魅。
不怕帝，不怕贼。奇儿女，如松柏。
上冬天，傲霜雪。纪律好，如坚壁。
军事好，如霹雳。政治好，称第一。
思想好，能分析。分析好，大有益。
益在哪？团结力。军民团结如一人，

① 这首诗写于1962年12月26日。又载臧克家主编《毛泽东诗词鉴赏》，河南文艺出版社2005年版，第263页。

② 这首诗写于1963年12月。又载臧克家主编《毛泽东诗词鉴赏》，河南文艺出版社2005年版，第278页。

试看天下谁能<u>敌</u>。[1]

有人认为这是一首杂言诗，但从用词和句法上看更近于白话诗，与毛泽东代其他旧体诗词还是大不一样的[2]。从用韵上看，全诗 40 句中有 38 句诗是三言，两句是相连的七言。本诗的韵式是首句入韵然后是隔句押韵，即 aaba 式，这是汉语旧体诗和白话新诗里最常见的韵式。全诗共 21 个韵脚。前 6 个是阴声韵，“连传坚年”为旧诗韵下平声一先，收［－n］尾；“沾”属下平声十四盐，收［－m］尾，属于闭口韵，旧诗韵绝不相押。但按民国官韵《中华新韵》则同属于十四寒部。后 15 个韵字里，“习立”属缉韵，“迫戟柏益”属陌韵，“壁雳析敌”属锡韵，“力贼”属职韵，“益”属昔韵，“ ”属质韵。这 14 个字于旧诗韵不能通押，但于词韵可互叶，它们同属词韵第十七部。“魅”与旧诗韵属去声寘韵，于诗韵和词韵均不可与前面 14 个入声字相押。毛主席 15 个字既然押韵了，说明他主要是按照词韵的标准。其次，“习立戟壁力益一析敌”9 个字在国音和普通话里是同一韵部，当然可押。“魅”与“迫贼柏”的押韵可能是按照湖南方音韵押。湖南话里“魅”音［mei］，“贼”音［··⌒］，“迫”音［p´⌒］，“柏”音［p⌒］。所以，应该是“魅”与“贼”国音相押，然后是“迫贼柏”方音相押。这首新诗的押韵很具有启发意义：在 20 世纪 60 年代的白话新诗里，我们仍然可以看到胡适式的押韵，即旧词韵、国音韵（即普通话）和方音韵的混合互渗。毛泽东这次新诗的形式试验是相当成功的，真正做到了他所期望的“精炼，大体整齐，押大致相同的韵”。语句精练、音节整齐、音韵和谐。由于句式简短，平均每 6 个字就设置了 1 个韵脚，大量使用了短促收尾的入声韵，给人一种急鼓繁弦、紧锣密鼓的感觉，恰到好处地传达出

---

① 这首诗最早写于 1963 年 8 月 1 日，发表在 1982 年 12 月 26 日《解放日报》。又载臧克家主编《毛泽东诗词鉴赏》，河南文艺出版社 2005 年版，第 273 页。

② 吴慧颖：《毛泽东的一次新诗试验》，《理论与创作》1993 年第 4 期。

击节而歌、连声称颂的情态。

即便是一些应用性的白话文体里，毛泽东也尽量坚持用“新诗韵”的语音标准。中国国家博物馆里，收藏有一张红军第四军当年自井冈山向赣南、闽西进军途中发布的名为《红军第四军司令部布告》的布告，这是1929年1月，由毛泽东、朱德签发的，于20世纪70年代在福建漳平发现的。这张布告产生于新旧国音的交替时期，采用了四字句的白话韵文。诗歌要照顾押韵传统，在语音上往往滞后；应用文重在现实中的实用效果，却往往能与实际语音相契合。所以，这篇白话布告比诗词更能看出毛泽东撰写韵文的语音标准。全文共押46个韵，一韵到底，国音的痕韵、庚韵和东韵通押，痕韵有“震进禁甚镇愤困恨运任称分顺问寸论峻认尽棍奋近劲”等23字，庚韵有“命令证并硬梦病正订净并境兴庆定政”等16字，东韵有“痛重动种送用众”等7字，这属于等立通韵。痕庚东三韵通押，旧诗韵是不允许的，词韵一般是分得清楚的，宋词里这三韵偶有通押的现象，那是押方音韵。长沙话和四川话痕、庚两韵收音都是［－n］，可以通押；长沙话和四川话东韵收音［－.·˙］，与痕、庚韵不混。“震进禁甚镇愤困恨运任称分顺问寸论峻认尽棍奋近劲”等23字里，包括旧诗韵的［－m］、［－n］收尾的韵类。比如“禁甚任”是旧诗韵侵韵，收［－m］尾，其余是收［－n］尾的。现在“禁甚任”与“震进镇愤困恨运称分顺问寸论峻认尽棍奋近劲”等20字押韵，说明［－m］尾并入［－n］尾。如此看来，毛泽东这张布告押韵的语音标准是国音韵与方言韵兼用：［－m］尾韵与［－n］尾韵押韵是国音的语音标准，痕、庚韵通押是按照湖南话和国音规定的变例，痕、庚与东韵互叶则是按照其他地方的汉语方言，比如江淮方音和西北方言等。

从以上举例式的简略讨论里，我们可以发现，统一的国语语音标准不但模铸了现代白话新诗的音韵，使以《尝试集》为代表的白话新诗基本上摆脱了旧诗韵一统天下的局面，转向以国音韵为主，参以适量方音韵或少量古韵，700 多年来首次实现了汉语诗歌创作用韵与实际语音的统一。更重要的是，如同白话语言一样，国语语音的金标准日益深入人心，成为人们说话和为文押韵的自觉追求，即使是以押旧诗韵为天职的旧体诗，其用韵也部分地摆脱了平水韵的羁绊，有意识地参用了国音（普通话）的金标准。事实上，在现代旧体诗创作实践中，很少有人完全按照宋元以来一直使用的平水韵或合并旧诗韵的词韵去押韵。科举的时代，近代诗韵是金科玉律，只能不打折扣地尊奉，出韵是一个硬伤，一票否决。清帝逊位，科举结束，新社会的“科考”不再要求试帖诗，平水韵渐渐不为人们所重视、所熟悉了。连郁达夫那样的工于旧体诗的诗人，如果随身忘带诗韵，也只好模仿自己背熟的诗，袭用其韵脚了①。现今作旧体诗，出韵与否已与自身的功令无涉，但押错了韵总是件不光彩的事。当前的很多旧体诗韵改革家，力主废除平水韵，改用普通话或十三辙儿押韵来创作旧体诗。《中华诗词》学会提出“倡今知古，双轨并行”和“今不妨古，宽不碍严”的押韵主张，主张只要不在同一首诗词里使用双重语音标准，今韵普通话或十三辙儿和旧诗韵可以并行不悖，最终过渡到完全以普通话押韵。这实际上是对民国韵书《国音新诗韵》《中华新韵》和《十三辙》等优秀国音韵书及其所规定的通别原则的继承与发展。但是，由于历史、文化、心理及旧体诗自身格律限制等种种原因，这是不可能一步到位的，总需要一个“软着陆”的过渡押韵标准（白话新诗绝对不需要这样一个过渡性的语音标准），事实上，当代旧体诗写作者有很多就是以放宽了旧词韵，参以国音（普通话）或方音来押韵的。在这一点上，胡适、鲁迅和毛泽东旧体诗押韵的语音标准和成功的写作实践，也给当代旧体诗诗韵改革提供了有益的借鉴意义，而且，20 世纪赵元任、魏建功编纂的民国诗

① 参见鲁国尧《“庾信平生最萧瑟，暮年诗赋动江关”——序秋枫、潘慎〈诗韵词律〉》，秋枫主编《中华实用诗韵》，吉林人民出版社 2004 年版，第 1—2 页。

韵，在当代旧体诗诗韵改革中也定会再次引起人们的重视。

三　小结

1. 本书重点是以国语语音和民国韵书为视角，论述它们对现代白话新诗音韵的变革、规范等影响，及其对现代旧体诗音韵实践的逐渐渗透。但事实上，大量的白话新诗和现代旧体诗创作的音韵实践又反过来为改造旧诗韵，推行国语语音、缩减方音韵，并为撰制民国韵书提供了不可多得的鲜活语料。这是双向的作用，只因为学术侧重点的略异和行文的便利，本书的讨论以国语语音的统一和民国韵书为切入点，但丝毫不否认韵文创作的音韵实践的反作用，这是必须首先说明的。1923 年，赵元任的《国音新诗韵》早已付梓，但因编纂时间上过早，白话诗创作的音韵实践仍处在早期阶段，百废待兴，白话新诗的音韵规则尚未建立，可资赵先生新诗韵编制的新诗资源并不多，所以《国音新诗韵》里的一些通别规则，跟当时和后来的白话新诗音韵并不完全符合。1941 年，现代白话新诗已经发展了 20 多年了，创作实践大大丰富，新诗理论的探索也较为成熟。面对这样一个较有利的语境，魏建功等较全面深入地总结了 20 多年来汉语白话新诗创作的音韵实践，以及国语语音研究所取得的成果，故而《中华新韵》的通别规则就比赵元任的《国音新诗韵》更符合新诗的音韵实际。这些互补的关系，我们在具体的研究里做了实证性的分析，没有必要面面俱到，单列出来而分散研究重心。

2. “就历史渊源关系而言，国语运动却是从切音字运动，即汉语拼音运动中引发出来的。”① 从清末切音运动到国语统一运动，人们关注的焦点就是以怎样的语音标准统一国语，以怎样的方式来记录这个国音。“国音生国语”，国语统一问题实际上仅仅是国音标准的统一问题。中古以来，尤其

① 王理嘉：《汉语拼音运动与汉民族标准语》，语文出版社 2003 年版，第 1 页。

是明清以来，汉语言研究的重心转移到语音的研究，晚清至民国现代语文运动势必以国语语音标准的确立为核心，国音统一被历史地推到了现代语文运动的最前台。从语言学史看，任何一种语言变革都是有所前承的，共时的突变实际是历时上量的渐变之积累。国语运动由无标准的旧国音变为以北京话为标准的新国音，在语言内部看，实际是1000多年来汉语言研究音本位转向的必然结果，也是明清以来官话正音实践的必然结果。国语语音标准的确立为“五四”文学书面语言的形成奠定了物质基础，为汉语白话诗的创作提供了丰赡的音韵营养。历史上韵书编纂“赏知音”和“广文路”的两大终极目的，使民国时期的语音研究必然和白话文学里的韵文音韵实践转相推毂、辘轳交往、彼此促进、联合互补。

3. 民国韵书是联系国语语音和现代白话新诗音韵的津梁。民国韵书以国语统一运动所确立的北京话为语音标准，巩固、推广了国语统一运动所取得的新国音标准之成果，为之后的现代白话新诗创作提供了语音养料。赵元任的《国音新诗韵》是“五四”运动后的第一部国音诗韵，《中华新韵》是民国时期的第一部也是汉语韵书史上的最后一部官方颁行的新国音韵书。胡适的《尝试集》是现代新诗史上的第一部白话新诗，闻一多的《死水》是新格律诗的经典，李季的《王贵与李香香》是延安诗歌民族化大众化的代表。这些经典韵书和代表新诗之间的音韵关系，必将为汉语韵书、国语语音和现代白话新诗音韵的“三聚头”穿针引线、搭桥设路，必将为后来汉语语音、韵书纂制自觉服务于汉语白话韵文创作的音韵诉求遗典垂范。

4. 语言、语音跟文学、韵文的写作永远是“音声相和，前后相随”的。一个民族在一定时期的文学创作，是与该民族在该时期的语言研究的成果、语言在该民族人民中的普及度息息相关的，如《诗经》之于周秦汉语，唐诗之于中古汉语，明清小说之于近代白话。而韵文创制与该民族在该时期的语音面貌“过从甚密”。比如四六文之于沈约平上去入的《四声谱》，唐宋诗词之于《广韵》《礼部韵略》，元代剧曲之于《中原音韵》，白话新诗之于国语语音。胡适之所以能提出较有价值的白话新诗的理论，是跟民国时期国语运动诸君对国语语音，尤其是国音里新出现的轻声的广泛而深入的研究分不开的。

（1）节奏建构。胡适以重轻节奏来代替旧诗的平仄节奏，是他白话文学革命的必然逻辑。他看到了国语白话口语里的轻声词，看到了这些轻声词在构成新诗节奏中的巨大作用，他要求汉语新诗的节奏从旧诗的长短律和高低律向新诗的重轻律转轨。胡适是在白话诗中发现轻声音节，并用之于白话诗理论批评和创作实践的第一人，是对他的“国语的文学，文学的国语”理论的践行。在当时来看，这种尝试是有积极意义的，至少可以为汉语新诗在传统的平仄律之外再增添一种现代口语基础上的新型节奏模式。但胡适想就此彻底别过很成熟的旧诗节奏，以时间上晚起、在数量和类型上有限的轻声音节替代汉语诗歌固有的平仄节奏，显然忽视了汉语声调的音位意义，以印欧语的重轻音节来范围汉语声调的平仄音节，推理上又以偏概全，结果与汉语的音节规律不完全符合。其实，问题在于旧诗平仄律和新诗重轻律其实是基本一致的：实验语音学证明，胡适所谓的重轻节奏事实上是以音的长短和高下为主要特征的长短律和高低律，而旧诗的平仄节奏也是长短律和高低律体系的综合范畴。但是，民国时期乃至于现代的一般人还认为是音的强弱轻重在决定轻重音。又因为北京话的轻声跟音强有很大关系，这种表面显性的直观印象，是新诗作者最容易看重的。所以，与其说胡适弄错了新诗重轻节奏的声学性质而使他看不到新诗节奏与旧诗平仄之间的有机联系，不如说是当时国语运动诸君的轻声研究水平使然。这又一次说明，新文学的发展要与国语运动互动，新诗节奏的建立要与国音的研究相成。

（2）押韵标准及其影响。民国时期，主张以押韵来增加新诗的声律美，提高白话新诗的审美价值，这是占主流的思想。尤其是在押韵标准上，白话新诗的作者自觉地以统一的国语语音作为主要标准，显示出国语语音与现代白话新诗音韵的积极而自觉的互动关系，这是一个非常优秀的传统，它具有文学史和语言学史的双重价值。当然也有主张以方音入韵的，特别是白话新诗的作者在具体的创作实践中多有以方音土白押韵的，甚至也有押旧诗韵的，但这不是新诗押韵的主流。如果在初期白话诗《尝试集》和20世纪20年代的新格律诗《死水》里还不免多以旧诗韵或词韵入诗，那么，到了40年代，新月派诗人朱湘批评闻一多盲从古韵的现象在民族化大众化的《王贵与李香香》里基本上不存在了，656个韵字的长诗里古韵只杂一个韵段，基本上实现了国语运动诸君“用现代的韵，不拘古韵”“照新韵分类，四声可通押，变调可用”的夙愿，这是一个优良的诗韵传统，诗人李季的这首民族化大众化的杰作，无疑实践和推进了国语语音的新标准，印证了国语韵书对韵文创作的规范作用，同时也为中华人民共和国成立后50年代现代汉语规范化和民族共同语的制定做了应有的准备，意义是深远的。这些押韵标准，给中国现代白话新诗带来了较为深远的影响。积极的方面讲，使“五四”以后的汉语白话新诗，注重押韵，并且注重与民国实际语音的结合，使白话有韵诗比较成功地摆脱强势的旧诗韵，又一次开始了诗歌创作以实际口语用韵标准的新时代。消极的方面看，胡适对旧诗韵旧词韵的留恋，使后来一些现代新诗作者过多地依赖旧诗韵，尤其是使用方言韵对后来的白话诗人起了个坏头，至今改不了。轻声字不但可以构成重轻节奏，还可以用来押韵，构成单字韵或多字韵，这是白话新诗押韵与传统旧诗截然不同的地方，它是“五四”白话文运动和国语统一运动，尤其是与国语语音统一的联合互动所带来新的变化。这种新的押韵模式，作为白话新诗鼻祖的胡适，在他的《尝试集》的白话诗创作中已经能够比较成熟地应用了。尽管它表现出了较为浓厚的过渡色彩，但是，在旧诗的重重型押韵之外，增添了重轻型和轻轻型押韵的模式，客观上起了拓展白话新诗的押韵空间的作用，值得肯定。然而，延安诗人李季的《王贵与李香香》囿于方音，忽视了现代白话里的轻声变韵规律和轻声变调相押的优良传统。这些问题应引起新诗作者的注意。

（3）国音语音对旧体诗音韵的渗透。国语语音、民国韵书除了与现代白话新诗音韵方面的深刻互动共生关系外，对新文学家的旧体诗音韵同样具有较深的渗透和影响。胡适的《去国集》及附类旧体诗词押韵主要是按照旧诗韵或词韵的标准，或者是参照唐宋古风的通韵标准。当然也参入一些绩溪方音韵。但是最重要的是，诗人善于以当时的国音标准押韵。《中华新韵》等民国韵书所规定的“新旧皆通”原则是对旧各体韵文创作用韵的成功理论总结，《去国集》及附类旧体诗词押韵，基本上是符合民国韵书通别原则的，二者有极高的亲善度。鲁迅、毛泽东的旧体诗与胡适的旧体诗词押韵标准大致相同，继承了唐宋以来的旧诗词韵传统，同时鲁迅先生积极倡导国音韵，有时以方音押韵，显示出了“五四”学人“破坏旧韵，重造新韵”的精神和国音对旧体诗押韵的渗透和影响。

统一的国语语音标准模铸了现代白话新诗的音韵，使《尝试集》《死水》，尤其是民族化大众化的延安诗歌《王贵与李香香》为代表的白话新诗基本上摆脱了旧诗韵一统天下的局面，转向以国音韵为主，参以适量方音韵，700 多年以来，首次实现了汉语诗歌创作用韵与实际语音的统一。更重要的是，如同白话语言一样，国语语音的金标准日益深入人心，成为人们说话和为文押韵的自觉追求。统一的国语语音标准及其国音韵书，也渗透到现代旧体诗的音韵。以押旧诗韵为天职的旧体诗，其用韵也部分地摆脱了平水韵的羁绊，有意识地参用了国音（普通话）的金标准。事实上，在现代旧体诗创作实践中，很少有人完全按照宋元以来一直使用的平水韵或合并旧诗韵的词韵去押韵。胡适、鲁迅和毛泽东旧体诗押韵的语音标准和成功的写作实践也给当代旧体诗诗韵改革提供了有益的镜鉴意义；20 世纪赵元任、魏建功编纂的民国诗韵，在当代旧体诗诗韵改革中也定会再次引起人们的重视。

总之，统一的国语语音和编纂精善的民国韵书尽可能地变革、规范了《尝试集》以来现代白话新诗的音韵，也渗透到现代旧体诗的音韵实践；而大量统一了语音标准的白话新诗，以及渗透了国语国音的现代旧体诗音韵的实践，会在南北各方言区普遍流传，广为阅读，这反过来又大大有利于改造旧诗韵，推行国语语音、缩减方音韵和撰制科学的民国韵书。正如胡适所说的那样，“有了国语的文学，然后有些学者起来研究这种国语文法，发音法，等等；然后有字典，词典，文典，言语学，等等出来：这才是国语标准的成立”①。二者在这一点上表现出某种程度上的互存相补关系。

5. 从历史上汉语韵文创作的规律看，哪个时期语音所铸就的韵文的音韵越缜密规范，哪个时期韵文的创作就越繁荣。汉语诗歌的繁荣与诗歌音韵的发达程度是同步的，诗歌音韵越发达、越缜密，甚至越严格，诗歌越繁盛，表明诗歌音韵对汉语诗歌有着非常积极的推动和贡献。从《诗经》《楚辞》至《尝试集》《死水》《王贵与李香香》，三千多年来从来没有一个时期，在无韵或韵律水平极低的情况下，汉语诗歌获得过引人注目的繁盛，也没有一首无韵诗成为经典诗篇。由于诗歌音韵是诗歌外在形式的核心，因此，诗歌音韵是诗歌繁荣的必要条件，虽然诗歌繁荣还与时代环境、内涵等要素密切相关。一个时期的语音面貌甚至语音的研究水平，人们对他自己所处时代的语音的关注程度，都会对诗歌音韵产生决定性的影响。因为所谓诗歌音韵无非就是平仄、押韵、节奏等要素，语言，尤其是语音特性的变化，会对一个时期韵文创作的文体格局、创作队伍以及文学研究的视角都有影响。语言是一种工具，是诗文创作的形式，但同时语言也可以成为诗文撰制的本体内容。六朝骈体文和唐宋诗词、元代戏曲盛则盛矣，若果抽调其中的语音要素，其艺术魅力就会大打折扣甚至会荡然无存。现当代文学除了新诗外，还有大量的诗人写作旧体诗，而且比写新诗好得多，

① 胡适：《〈国语讲习所同学录〉序》，《胡适文存》卷一，黄山书社 1996 年版，第 172 页。

这种局面在新时期再次出现，仅旧体诗的创作队伍就达百万，如果没有一个相对规范的押韵标准，旧韵、新韵或方音韵仍然各随所好，会对诗歌创作和评论带来许多不便。因此，为了繁荣新时期诗歌创作，我们对国语语音、民国韵书和现代白话新诗音韵之间互相依存的关系做一个较为细致的讨论，对现当代韵文创作或许有积极意义。现当代文学对这个问题的研究一直停留在笼统的或者说较为宏观把握的层面，从国语语音统一和韵书编纂入手，讨论它们和现代白话新诗音韵之间转相推毂、交互渗透和联合互补的关系，以科学实证的语言学方法，钩隐索沉，论从史出：这种交叉综合的研究一直较少引起现当代文学界的重视，甚至被视为形而下的“技”而予以轻视乃至捐弃，这是今后需要引起研究者注意的。

本书的撰写还有很多不足，今后关于国语语音、民国韵书与现代白话新诗音韵关系的穷尽式的历时考察，民国韵书与中国当代韵书之间的传承关系，民国韵书与当代旧体诗诗韵改革的关系，以及当代诗韵和当代诗歌创作的音韵诉求之间的关系，等等，还有较多的空间，尚需进一步的研究。

参考文献

古籍与专著

（汉）刘熙：《释名》，中华书局 1985 年影印本。

（梁）顾野王：《宋本玉篇》，北京市中国书店影印本 1983 年版。

（梁）萧子显撰，陈苏镇等标点：《南齐书·陆厥传》，吉林人民出版社 1995 年版。

（唐）封演：《封氏闻见记》，中华书局 1985 年版。

（唐）姚思廉撰，陈苏镇等标点：《梁书·庾肩吾传》，吉林人民出版社 1995 年版。

（唐）陆德明：《经典释文·序》，《经典释文》，中华书局影印本 1983 年版。

（清）段玉裁：《与刘端临书》，《经韵楼集》，上海古籍出版社 2008 年版。

（清）张廷玉等：《明史·乐韶凤传》，《明史》卷一百三十六，中华书局 1974 年点校本。

（清）阮元著，郑经元点校：《研经室集·与郝兰皋户部论尔雅书》，《揅经室集》第 1 集卷 5，中华书局 1993 年版。

（清）孙诒让：《与王子壮论假借书》，《籀顾述林》，巴蜀书社 2002 年版。

（清）戴震：《戴东原集》（下），商务印书馆 1939 年版。

（清）段玉裁：《说文解字注》，中华书局 1981 年版。

（清）洪亮吉：《北江诗话》，中华书局 1985 年版。

（清）黄遵宪：《杂感五首》，钟贤培等选注《黄遵宪诗选》，广东人民出版社 1994 年版。

（清）钱大昕：《潜研堂文集》，台湾商务印书馆 1978 年版。

（清）王念孙：《广雅疏证》，中华书局 1983 年版。

（清）徐珂编撰：《清稗类钞》第二册，中华书局 1986 年版。

（清）张玉书编：《佩文韵府》上海古籍书店 1983 年版。

（清）谭嗣同：《仁学》，中华书局 1958 年版。

外国书籍与专著

[德] 海德格尔：《在通向语言的途中》，孙周兴译，商务印书馆 1997 年版。

[德] 黑格尔：《历史哲学》，王造时译，上海书店出版社 2001 年版。

[德] 洪堡特：《论人类语言结构的差异及其对人类精神发展的影响》，姚小平译，商务印书馆 1997 年版。

[美] 霍凯特：《现代语言学教程》，索振羽、叶蜚声译，北京大学出版社 2002 年版。

[美] 萨丕尔：《语言论》，陆卓元译，商务印书馆 1964 年版。

[日] 泽田总清：《中国韵文史》，王鹤仪编译，上海书店 1984 年影印本。

[瑞士] 费尔迪南·德·索绪尔：《普通语言学教程》，高名凯译，商务印书馆 1980 年。

[苏] B. 维诺格拉陀夫等：《斯大林论语言学的著作与苏联文艺学问题》，张猛恢等译，时代出版社 1952 年版。

[意] 利玛窦、[比] 金尼阁:《利玛窦中国札记》，何高济等译，中华书局1983年版。

[意大利] 马志尼:《现代汉语词汇的形成——十九世纪汉语外来词研究》，黄河清译，汉语大词典出版社1997年版。

国内现当代书籍

教育部国语统一筹备委员会编:《国音常用字汇》，商务印书馆1932年版。

《清议报全编》第三集，中华书局1991年影印本。

《诗韵新编》，上海古籍出版社1965年版。

艾青:《诗的散文美》(1939)，人民出版社1980年版。

艾伟:《国语问题》，中华书局1948年版。

安旗:《新诗民族化群众化问题初探》，四川人民出版社1963年版。

鲍晶编:《刘半农研究资料》，天津人民出版社1985年版。

北京师范学院中文系汉语教研组编:《"五四"以来汉语书面语的变迁和发展》，商务印书馆1959年版。

卞之琳:《人与诗:依旧说新》，生活·读书·新知三联书店1984年版。

曹尔云:《白话文体与现代性》，上海三联书店2006年版。

陈虬:《新字瓯文七音铎》，胡珠生辑《陈虬集》，浙江人民出版社1992年版。

陈本益:《汉语诗歌的节奏》，台湾文津出版社1994年版。

陈独秀:《独秀文存》，安徽人民出版社1987年版。

陈望道:《关于大众语文学的建设》，《陈望道语言学论文集》，商务印书馆2009年版。

陈望道:《这一次文言和白话的论战》，《陈望道语言学论文集》，商务印书馆 2009 年版。

程晓峰：《国语运动与文学革命》，中央编译出版社 2008 年版。

范文澜：《文心雕龙注》，《范文澜全集》第 5 卷，河北教育出版社 2002 年版。

方祖：《国语运动简史》，台北文史哲出版社 1995 年版。

方师铎：《五十年来中国国语运动史》，台北国语日报出版社 1965 年版。

冯胜利：《汉语的韵律、词法和句法》，北京大学出版社 2009 年第 2 版。

付建舟编：《毛泽东诗词全集详注》，陕西高校联合出版社 1996 年版。

高玉：《现代汉语与中国现代文学》，中国社会出版社 2003 年版。

耿振生：《明清等韵学通论》，语文出版社 1992 年版。

郭沫若：《郭沫若全集》第 17 卷，人民文学出版社 1989 年版。

郭沫若：《沫若文集》第 10 卷，人民文学出版社 1957 年版。

韩立群：《中国语文革命——现代语文观及其发展》，中央编译出版社 2003 年版。

何九盈：《中国现代语言学史》，广东教育出版社 2000 年第 2 版。

后觉：《国语声调研究》，中华书局 1926 年版。

胡峰：《诗界革命：中国现代新诗的发生》，博士学位论文，山东师范大学，2010 年。

胡适：《胡适全集》，安徽教育出版社 2003 年版。

胡适：《胡适文存》卷一，黄山书社 1996 年版。

胡适：《胡适口述自传》，唐德刚译，华文出版社 1992 年第 2 版。

胡以鲁：《国语学草创》，商务印书馆 1923 年版。

胡裕树主编：《现代汉语参考资料》（上），上海教育出版社 1980 年版。

黄侃：《黄侃论学杂著》，中华书局 1964 年版。

黄侃：《训诂述略》，《文字声韵训诂笔记》，上海古籍出版社 1983 年版。

姜德铭主编：《中书集》，中国戏剧出版社 2001 年版。

柯文溥：《中国新诗流派史》，海峡文艺出版社 1993 年版。

乐嗣炳：《国语概论》，上海中华书局 1923 年版。

乐嗣炳：《国语学大纲》，大众书局 1935 年版。

黎锦熙、白涤洲：《国音分韵常用字表》，商务印书馆 1934 年版。

黎锦熙：《国语新文字论》，北平师大 1949 年版。

黎锦熙：《国语学讲义》，上海商务印书馆 1919 年版。

黎锦熙：《国语运动史纲》，商务印书馆 1934 年版。

黎锦熙：《黎锦熙语言学论文集》，商务印书馆 2004 年版。

黎锦熙：《新部首索引国音字典》，商务印书馆 1949 年版。

黎锦熙：《增订注解国音常用字汇》，商务印书馆 1949 年版。

黎锦熙：《增订注解中华新韵》，商务印书馆 1950 年版。

李怡：《中国现代新诗与古典诗歌传统》，西南师范大学出版社 1994 年版。

李怡：《中国现代诗歌欣赏》，高等教育出版社 2004 年版。

李季：《王贵与李香香》，人民文学出版社 2001 年版。

李荣主编，赵日升编纂：《现代汉语方言大词典——绩溪方言词典》，江苏教育出版社 2003 年版。

李汝伦：《旧瓶·新酒·辩护词》，广东人民出版社 1992 年版。

李新魁、麦耘：《韵学古籍述要》，陕西人民出版社 1993 年版。

李仲凡：《古典诗艺在当代的新声》，博士学位论文，兰州大学，2009 年。

连淑能：《英汉对比研究》，高等教育出版社 2006 年版。

林伟民编：《胡适思想小品》，上海社会科学院出版社 1997 年版。

刘复、魏建功、罗常培编著:《十韵汇编》，国家图书馆出版社 2009 年版。

刘复:《四声实验录》，上海群益书社 1924 年版。

刘汉民编著:《毛泽东说文谈艺实录》，长江文艺出版社 1992 年版。

刘进才:《国语运动与中国现代文学》，中华书局 2007 年版。

刘麟生:《中国骈文史》，东方出版社 1996 年版。

刘益涛:《十年纪事：1937——1947 年毛泽东在延安》，中共党史出版社 2007 年版。

刘又辛、李茂康:《训诂学新论》，巴蜀书社 1989 年版。

刘育林、安宇柱编著:《陕北方言词典》，陕西人民出版社 1991 年版。

龙泉明:《中国新诗流变论》，人民文学出版社 1999 年版。

卢戆章:《北京切音教科书》，文字改革出版社 1957 年版。

鲁迅:《鲁迅全集》，人民文学出版社 2005 年版。

鲁允中:《韵辙常识》，人民出版社 1978 年版。

陆德明:《经典释文》，中华书局 1983 年版。

陆志韦:《汉语的构词法》，科学出版社 1957 年版。

陆志韦:《燕园集》，燕京大学燕园集出版委员会 1940 年版。

麓山子:《毛泽东诗词全集赏读》，太白文艺出版社 2011 年版。

罗常培、王均:《普通语音学纲要》，科学出版社 1957 年版。

罗常培:《汉语拼音字母演进史》，文字改革出版社 1959 年版。

罗常培:《汉语音韵学导论》，中华书局 1956 年版。

罗常培:《罗常培语言学论文集》，商务印书馆 2004 年版。

罗念生:《朱湘书信集》（1936 年），天津人生与文学出版，上海书店 1983 年影印本。

骆寒超:《20 世纪新诗综论》，学林出版社 2001 年版。

骆寒超:《中国现代诗歌论》，江苏人民出版社 1984 年版。

吕进：《中国现代诗学》，重庆出版社 1991 年版。

吕叔湘：《现代汉语八百词》（增订本），商务印书馆 1999 年版。

马嘶：《一代宗师魏建功》，文化艺术出版社 2007 年版。

麻莉：《对卢梭语言观的哲学反思》，硕士学位论文，黑龙江大学，2004 年。

马学良等著：《藏缅语新论》，中央民族学院出版社 1984 年版。

麦耘：《音韵学概论》，江苏教育出版社 2009 年版。

莫友芝：《韵学源流》，罗常培校点，中华书局 1962 年版。

倪海曙：《中国拼音文字运动史简编》，时代出版社 1950 年版。

倪海曙：《清末汉语拼音运动编年史》，上海人民出版社 1959 年版。

宁忌浮：《汉语韵书史》（明代卷），上海人民出版社 2009 年版。

彭放编：《郭沫若谈创作》，黑龙江人民出版社 1982 年版。

启功：《汉语现象论丛》，中华书局 1997 年版。

钱理群、袁本良：《二十世纪诗词注评》，广西师范大学出版社 2005 年版。

钱玄同：《钱玄同文集》，中国人民大学出版社 1999 年版。

秦似：《现代诗韵》，广西人民出版社 1975 年版。

瞿秋白：《瞿秋白文集》第 3 卷，人民文学出版社 1989 年版。

沈步洲：《言语学概论》，商务印书馆 1931 年版。

宋恩荣、章咸：《中华民国教育法规选编》（1912—1949），江苏教育出版社 1990 年版。

唐德刚：《胡适口述自传》，华东师范大学出版社 1993 年版。

唐德刚：《胡适杂忆》，华东师范大学出版社 1996 年版。

汪怡：《新著国音发音学》，商务印书馆 1924 年版。

王瑶：《卢梭与晚清中国思想世界》（1882—1911），博士学位论文，华东师范大学，2014 年。

王炬：《国语运动的理论与实际》，台湾省国语推行委员会 1951 年版。

王均主编：《当代中国的文字改革》，当代中国出版社 1995 年版。

王力：《汉语语音史》，中国社会科学出版社 1985 年版。

王力：《汉语诗律学》，上海教育出版社 1979 年版。

王力：《汉语史稿》，中华书局 1980 年 6 月新 1 版。

王力：《汉语音韵学》，中华书局 1956 年版。

王力：《汉语语法史》，商务印书馆 1989 年版。

王力：《龙虫并雕斋文集》第一册，中华书局 1980 年版。

王力：《中国语言学史》，山西人民出版社 1981 年版。

王瑶：《中国现代文学史论集》，北京大学出版社 1998 年版。

王照：《官话合声字母》，文字改革出版社 1957 年版。

王古鲁：《言语学通论》，世界书局 1930 年版。

王国维：《观堂集林》卷五，中华书局 1959 年版。

王理嘉：《汉语拼音运动与汉民族标准语》，语文出版社 2003 年版。

魏建功：《古音系研究》，中华书局 1996 年版。

王一川：《汉语形象与现代性情节》，首都师范大学出版社 2001 年版。

魏建功：《魏建功文集》，江苏教育出版社 2001 年版。

魏建功：《中华新韵》，台湾正中书局 1963 年版。

吴奔星、徐放鸣选编：《沫若诗话》，四川人民出版社 1984 年版。

吴嘉编：《克家论诗》，文化艺术出版社 1985 年版。

吴晓峰：《国语运动与文学革命》，中央编译出版社 2008 年版。

武汉大学闻一多研究室：《闻一多论新诗》，武汉大学出版社 1985 年版。

武占坤、马国凡主编，王勤校订：《汉字改革史》，湖南人民出版社 1988 年版。

夏晓虹、王风著：《文学语言与文章体式——从晚清到“五四”》，安徽教育出版社 2006 年版。

谢冕编:《中国百年诗歌选》,山东文艺出版社 1997 年版。

谢冕、杨匡汉主编:《中国新诗萃》,人民文学出版社 1988 年版。

邢向东:《神木方言研究》,中华书局 2002 年版。

徐通锵:《语言论——语义性语言的结构原理和研究方法》,东北师范大学出版社 1998 年版。

许高渝:《20 世纪汉外语言对比研究》,高等教育出版社 2006 年版。

许霆、鲁德俊:《新诗格律研究》,宁夏人民出版社 1991 年版。

许霆:《新诗理论发展史》(1917—1927),甘肃文化出版社 1994 年版。

许霆:《旋转飞升的陀螺——百年中国现代诗体流变史论》,人民文学出版社 2006 年版。

颜同林:《方言与中国现代新诗》,博士学位论文,四川大学,2007 年。

杨景龙:《古典诗词曲与现当代新诗》,河南文艺出版社 2004 年版。

杨匡汉等主编:《中国现代诗论》,花城出版社 1985 年版。

叶蜚声、徐通锵:《语言学纲要》,北京大学出版社 1997 年版。

于根元:《二十世纪的中国语言应用研究》,书海出版社 1996 年版。

于锦恩:《民国注音字母政策史论》,中华书局 2007 年版。

袁进:《中国文学的近代变革》,广西师范大学出版社 2006 年版。

臧克家编:《中国新诗选》,中国青年出版社 1956 年版。

臧克家主编:《毛泽东诗词鉴赏》,河南文艺出版社 2005 年版。

张博宇:《台湾地区国语运动史料》,台湾商务印书馆 1974 年版。

张世禄:《张世禄语言学论文集》,学林出版社 1984 年版。

张世禄:《中国音韵学史》,商务印书馆 1998 年版。

张卫中:《汉语与汉语文学》,文化艺术出版社 2006 年版。

张隆溪:《道与逻各斯:东西方文学阐释学比较·对书写文字的贬谪》,江苏教育出版社 2006 年版。

张洵如：《北京音系十三辙》，中国大辞典编纂处1937年版。

张允和：《诗歌新韵》，上海教育出版社1959年版。

张育泉：《语文现代化概论》，首都师范大学出版社1995年版。

赵诚：《中国古代韵书》，中华书局2003年版。

赵家璧主编：《中国新文学大系·建设理论集》，上海良友图书印刷公司1935年版。

赵家璧主编：《中国新文学大系·文学论争集》，上海良友图书印刷公司1935年版。

赵元任：《赵元任语言学论文集》，商务印书馆2002年版。

赵元任：《国音新诗韵》，商务印书馆1923年版。

郑敏：《结构——解构视角：语言·文化·评论》，清华大学出版社1998年版。

郑林曦：《怎样合辙押韵》，北京出版社1965年版。

中央文献研究室编：《毛泽东书信选集》，中央文献出版社2003年修订本。

周韬：《南京国民政府文化建设研究（1927—1949）》，博士学位论文，湖南师范大学，2008年。

周有光：《汉字改革概论》，文字改革出版社1961年版。

周振甫：《鲁迅诗歌注》（修订本），浙江人民出版社1980年版。

周振甫：《毛泽东诗词欣赏》，中华书局2010年版。

朱光潜：《朱光潜美学文集》（第2卷），上海文艺出版社1982年版。

朱光潜：《朱光潜全集》，安徽教育出版社1987年版。

朱自清：《新诗杂话》，广西师范大学出版社2004年版。

朱自清选编：《中国新闻学大系·诗集》，上海良友图书公司1935年版。

庄振华：《黑格尔的历史观》，博士学位论文，复旦大学，2010年。

邹降编:《现代格律诗选》,重庆出版社 1985 年版。

祝宽:《“五四”新诗史》,陕西师范大学出版社 1987 年版。

析出文献

扎多延柯:《汉语弱读音节和轻声的实验研究》,《中国语文》1958 年 12 月号。

艾青:《诗的形式问题》,《人民文学》1954 年 3 月号。

白兮:《文言,白话,大众语》,《申报·谈言》1934 年 6 月 30 日。

白艳霞:《在中国人的语言观念中有语音中心主义吗?》,《外国文学评论》1996 年第 3 期。

鲍明炜:《论现代诗韵》,《南京大学学报》(哲学社会科学版)1978 年第 4 期。

鲍明炜:《略论汉族共同语的形成和发展》,《中国语文》1955 年 6 月号。

步大唐:《论胡适诗派》,《四川大学学报》1996 年第 4 期。

步大唐:《评胡适的〈尝试后集〉》,《西南师范大学学报》1998 年第 3 期。

蔡元培:《国文之将来》(1919 年 11 月 17 日),《北京大学日刊》第 490 号,1919 年 11 月 19 日。

曹剑芬:《普通话轻声音节特性分析》,《应用声学》第 5 卷 1986 年第 4 期。

曾枝盛:《卢梭及其在马克思主义中的地位》,《马克思主义与现实》2012 年第 3 期。

车锡轮:《新诗韵的韵辙划分问题》,《内蒙古大学学报》(人文社会科学版)1977 年第 5 期。

陈本益：《〈死水〉的格律句式试析》，《昆明师范学院学报》（哲学社会科学版）1983 年第 3 期。

陈本益：《汉语诗歌节奏的形成》，《西南师范大学学报》（人文社会科学版）2000 年第 5 期。

陈本益：《汉语诗歌节奏的特点——兼与英语诗歌节奏的特点比较》，《湘潭大学学报》（哲学社会科学版）2000 年第 1 期。

陈本益：《谈胡适的“自然音节”论》，《涪陵师专学报》2001 年第 3 期。

陈澜、方长安：《闻一多〈红烛〉〈死水〉批评接受史综论》，《贵州社会科学》2014 年第 2 期。

陈平原：《当代中国的文言与白话》，《中山大学学报》2001 年第 3 期。

陈平原：《经典是怎样形成的》，《鲁迅研究月刊》2001 年第 5 期。

陈启天：《国家主义与国语运动》，《申报》1926 年 1 月 3 日。

陈孝全：《“五四”诗苑第一枝花——论胡适的〈尝试集〉》，《华东师范大学学报》1989 年第 1 期。

褚孝泉：《卢梭的语言理论及其当代解读》，《复旦大学学报》（社会科学版）2012 年第 6 期。

戴望舒：《望舒诗论》，《现代》1932 年第 2 卷第 1 期。

董炳月：《中间物：胡适新诗理论的历史特征》，《中国现代文学研究丛刊》1990 年第 2 期。

范钦林：《如何评价“五四”白话文运动》，《文学评论》1994 年第 2 期。

傅东华：《中国今后的韵文》，《文学周报》1921 年第 115 期。

傅斯年：《文言合一草议》，《中国新文学大系·建设理论集》，上海良友图书印刷公司 1935 年版。

高兰：《诗的朗读与朗诵的诗》，《时与潮文艺》1945 年 2 月 15 日第 4

卷第6期。

高逾：《胡适〈谈新诗〉论析——新诗的自然音节是什么》，《福建论坛》1989年第4期。

高明强：《简论新诗常用韵法》，《丽水师范专科学校学报》2000年第4期。

高旭东：《对“五四”语言革命的再认识》，《齐鲁学刊》2002年第4期。

郜元宝：《为什么粗糙——中国现代知识分子语言观念与现当代文学》，《文艺争鸣》2004年第2期。

郜元宝：《音本位与字本位——在汉语中理解汉语》，《当代作家评论》2002年第2期。

葛南楠：《八十年代以来闻一多诗歌创作研究述评》，《文教资料》2008年第28期。

龚济民：《评胡适的〈尝试集〉》，《辽宁大学学报》1979年第3期。

顾建光、许霆：《中国新诗节奏体系研究》，《上海交通大学学报》（社会科学版）1995年第1期。

郭沫若：《关于诗的问题》，《杂文》1935年第3期。

郭沫若：《洪水时代》，《学艺》1922年第3卷第8号。

郭沫若：《论节奏》，《创造月刊》1926年第1卷1期。

郭沫若：《论诗三札》，《郭沫若全集》（第15卷），人民文学出版社1990年版。

郭沫若：《诗歌底制作》，《郭沫若全集》（第19卷），人民文学出版社1990年版。

郭沫若：《时事新报·学灯》，1919年11月24日。

郭小川：《谈诗书简》（二），《谈诗》，上海文艺出版社1978年版。

何其芳：《关于诗歌形式问题的论争》，《何其芳选集》第六卷，四川人民出版社 1979 年版。

何其芳：《关于现代格律诗》，《何其芳选集》第二卷，四川人民出版社 1979 年版。

洪成玉：《汉字在发展中形符起着主导作用》，《语文建设》1992 年第 8 期。

胡适：《〈国语讲习所同学录〉序》，《胡适文存》卷一，黄山书社 1996 年版。

胡适：《〈蕙的风〉序》，《努力周报》1922 年 9 月 24 日。

胡适：《〈尝试集〉四版自序》（民国十一年），《尝试集》人民文学出版社 2000 年版。

胡适：《〈谈新诗〉——八年来一件大事》（1919. 10），《中国新文学大系·建设理论集》，上海良友图书印刷公司 1935 年版。

胡适：《尝试集自序》（1919. 8. 1），《胡适学术文集·新文学运动卷》，中华书局 1993 年版。

胡适：《答钱玄同》，《新文学大系·建设理论集》，上海文艺出版社 1980 年版。

胡适：《国语运动与文学》（1921. 12. 31），《胡适学术文集·语言文字研究》，中华书局 1993 年版。

胡适：《建设的文学革命论》（1918. 3—4），《胡适学术文集·文学运动》，中华书局 1993 年版。

胡适：《新文学·新诗·新文字》（1956. 6. 2），《胡适学术文集·新文学运动卷》，中华书局 1993 年版。

胡晓：《胡适早期新诗理论述评》，《徽州师专学报》1991 年第 2 期。

胡明：《胡适整理文学遗产的成绩与偏失》，《古典文学纵论》，辽海出版社 2003 年版。

胡适：《致独秀》，《新青年》1917 年 4 月第 3 卷第 2 号。

胡适:《中国新文学大系导言·新文学的建设理论》(1935.9.3),《胡适学术文集·新文学运动卷》,中华书局1993年版。

胡适:《致胡近仁》,《胡适学术文集·语言文字研究》,中华书局1993年版。

胡先骕:《评尝试集》,赵家璧主编《中国新文学大系·文学论争集》,上海文艺出版社1981年版。

黄钢:《胡适与中国新诗艺术》,《新疆大学学报》1995年第1期。

黄修己:《现代旧体诗词应入文学史说》,《粤海风》2001年第3期。

黄叶飞:《新诗应向格律诗方向发展》,《人文杂志》1982年第3期。

黄志辉;《诗韵改革漫议》,《韶关大学学报》(社会科学版)1993年第1期。

惠声:《读〈女神〉和〈草儿〉》,《时事新报》1922年3月15日。

江锡铨:《建国前闻一多研究述评》,《中国现代文学研究丛刊》1983年第4期。

江锡铨:《闻一多:诗画歌吟——闻一多与新诗绘画美关系述略》,《江苏教育学院学报》(社会科学版)2006年第5期。

焦树安:《关于西方哲学传入与出版的历史回顾》,《中国出版》1991年第4期。

康林:《〈尝试集〉的艺术史价值》,《文学评论》1990年第4期。

康白情:《新诗底我见》,转引自《康白情新诗全编》,花城出版社1990年版。

赖海雄:《论对当代诗词文学地位的肯定》,《武汉水利电力大学学报》(社会科学版)2000年第5期。

蓝棣之:《论新诗对于古典诗歌的传承》《文学遗产》2001年第3期。

蓝棣之:《中国新诗的开步——重评胡适》,《四川师范学院学报》1979年第3期。

冷遇春:《中华诗词何以具有顽强的生命力》,《十堰职业技术学院学报》(社会科学版) 1998 年第 2 期。

黎锦熙:《〈国语辞典〉原序》,《国语辞典》,商务印书馆 1936 年版。

黎锦熙:《增注中华新韵·序》,《增注中华新韵》,商务印书馆 1950 年版。

黎锦熙:《佩文新韵序》,《世界日报》1943 年第 1 期。

黎锦熙:《诗歌新韵辙的"通押"总说》,《徐州师范学院学报》(哲学社会科学版) 1984 年第 4 期。

黎锦熙:《诗歌新韵辙的调查研究小结》,《中国语文》1966 年第 2 期。

黎湘萍:《语言革命与现代性——关于 20 世纪初中国文学革命的反思》,《广西右江民族师范高等专科学校学报》1999 年第 3 期。

黎新第:《元杂剧助词"得"用"的"字及其他》,《重庆师院学报》(哲学社会科学版) 1993 年第 2 期。

李丹:《"新时期"胡适诗作诗论研究》,《上海师范大学学报》(哲学社会科学版) 2005 年第 6 期。

李荣:《旧小说里的轻音字例释》,《中国语文》1987 年第 6 期。

李怡:《中国现代新诗的进程》,《文学评论》1990 年第 1 期。

李丹:《感性形式与理性形式的交融——论闻一多〈死水〉的形式美》,《陕西师范大学学报》(哲学社会科学版) 2002 年第 2 期。

李广田:《论新诗的内容和形式》,《诗的艺术》,开明书店 1943 年版。

李乐平:《闻一多与中国新诗同人诗家比较研究》,《社会科学辑刊》2013 年第 4 期。

李慎行:《诗韵的发展与改革》,《宝鸡文理学院学报》(人文社会科学版) 1996 年第 1 期。

李兴亚:《动态助词"了"自由隐现的条件》,《中国语文》1989 年第 5 期。

李衍柱：《说不尽争不休的柏拉图——柏拉图诗学与美学思想研究述评》，《江西社会科学》2005 年第 2 期。

李怡：《传统心理结构的自我拆解——论闻一多与中国传统诗歌文化》，《贵州社会科学》1995 年第 2 期。

李宇明：《切音字的内涵与外延》，《福建师范大学学报》（哲学社会科学版）2005 年第 3 期。

李宇明：《清末文字改革家论语言统一》，《语言教学与研究》2003 年第 2 期。

梁启超：《〈晚清两大家诗钞〉题辞》，《梁启超全集》第十七卷，北京出版社 1999 年版。

梁实秋：《新诗的格调及其他》，《诗刊》创刊号 1931 年 1 月 20 日。

廖四平：《论胡适的诗论》，《河北学刊》2001 年第 1 期。

廖珣英：《关汉卿戏曲的用韵》，《中国语文》1963 年第 4 期。

林焘：《探讨北京话轻声性质的初步实验》，《语言学论丛》（第 10 辑），商务印书馆 1983 年版。

林焘：《现代汉语轻音和句法结构的关系》，《中国语文》1962 年 7 月号。

林茂灿、严景助：《北京话轻声的声学性质》，《方言》1980 第 2 期。

林语堂：《新韵建议》，《国学月刊》1936 年第 1 卷第 1—12 期。

林植汉：《论闻一多诗歌的动态美》，《孝感师专学报》，1986 年第 1 期。

刘复：《〈四声实验录〉序缀》（1922 年夏，巴黎），转引自《半农杂文》，河北教育出版社 1995 年版。

刘复：《我之文学改良观》，《新青年》1917 年 5 月第 3 卷 3 号。

刘纳：《旧形式的诱惑》，《中国现代文学研究》1991 年第 3 期。

刘大白：《读〈评闻君一多的诗〉》，《黎明》1926 年第 37 期。

刘殿祥：《〈女神〉与〈死水〉两诗集艺术精神结构比较论》，《中国现代文学研究丛刊》2010年第5期。

刘杨烈：《重评胡适的〈尝试集〉》，《广西民族学院学报》1980年第4期。

刘又辛：《从汉字演变的历史看文字改革》，《中国语文》1957年5月。

刘元树：《论〈尝试集〉的思想倾向和历史地位》，《安徽大学学报》1980年第3期。

龙清涛：《新诗格律探索的历史进程及其遗产》，《中国现代文学研究丛刊》2004年第1期。

卢戆章：《一目了然初阶·原序》，《一目了然初阶》，文字改革出版社1956年版。

卢甲文：《现代韵书评论》，《语文研究》1980年第1期。

鲁迅：《关于新文字》，《鲁迅全集》卷六，人民文学出版社1981年版。

鲁迅：《致蔡斐君》，《鲁迅书信集》，人民文学出版社1976年版。

鲁迅：《致窦隐夫》，《鲁迅书信集》，人民文学出版社1976年版。

鲁迅：《致杨霁云》，《鲁迅全集》第12卷，人民文学出版社1981年版。

陆弘石等：《胡适"五四"时期的新诗活动当论》，《郑州大学学报》1989年第2期。

陆志韦：《渡河·我的诗的壳躯》，《渡河》上海亚东图书馆1923年版。

罗常培：《京剧中的几个音韵问题》，《罗常培语言学论文集》，商务印书馆2004年版。

吕家乡：《建国前中国新诗（1917—1949）研究综述》，《东岳论丛》1996年第1期。

吕叔湘：《论底、地之辨及底字的来由》，《汉语语法论文集》（增订本），商务印书馆1984年版。

吕叔湘：《文言和白话》，《国文杂志》1944 年第 3 卷第 1 期。

吕叔湘：《语言和语言学》，《语文学习》1958 年 2 月号、3 月号。

马希文：《与动结式动词有关的某些句式》，《中国语文》1991 年第 6 期。

马银翔：《评胡适的〈尝试集〉》，《西北大学学报》（哲学社会科学版）1993 年第 4 期。

毛元晶：《论汉语诗韵的历史和现状及其发展方向》，《南昌大学学报》（人文社会科学版）2006 年第 6 期。

毛泽东：《给陈毅同志谈诗的一封信》，《毛泽东诗词选》，人民文学出版社 1986 年版。

毛泽东：《关于诗的一封信》，《毛泽东诗词选》，人民文学出版社 1986 年版。

梅祖麟：《从语言史看基本元杂剧宾白的写作时代》，《语言学论丛》13 辑，商务印书馆 1984 年版。

穆木天：《谭诗》，《创造月刊》1 卷 1 期 1926 年 3 月。

倪海曙：《推广普通话的历史发展》，《倪海曙语文论集》上海教育出版社 1991 年版。

潘慎：《从李白诗歌中的押韵看现代诗韵的发展》，《长白山诗词》2005 年第 1 期。

潘慎：《关于整理诗韵问题》，《太原师范专科学校学报》2001 年第 1 期。

彭玉平：《民国时期的词体观念》，《文学遗产》2007 年第 5 期。

蒲风：《“五四”到现在的中国诗坛鸟瞰》，《诗歌季刊》1934 年 12 月 15 日—1935 年 3 月 25 日第 1 卷第 1—2 期。

启功：《汉语诗歌的构成及发展》，《文学遗产》2000 年第 1 期。

钱理群：《论现代新诗与现代旧体诗的关系》，《诗探索》1999 年第 2 期。

钱玄同：《〈尝试集〉序》（1918 年 1 月 10 日），《中国新文学大系·建设理论集》，上海良友图书印刷公司1935年版。

钱玄同：《本书的说明》，《国音常用字汇》，商务印书馆1932年版。

钱玄同：《陈独秀的信》，《钱玄同文集》第一卷，中国人民大学出版社1999年版。

钱玄同：《发刊辞》，《国语周刊》1925年6月14日第1期。

钱玄同：《国语罗马字》，《语丝》1925年12月28日第59期。

钱玄同：《简省现行汉字的笔画案》，《国语月刊》1923年第一卷。

钱玄同：《刘复〈四声实验录〉的附记》，《晨报副刊》1922年4月27日。

钱玄同：《论注音字母》，《钱玄同文集》第一卷，中国人民大学出版社1999年版。

钱玄同：《为什么要倡导“国语罗马字”》，《新生》1926年12月24日第1卷第2期。

钱玄同：《新文学与今韵问题》，《中国新文学大系大系·建设理论集》，上海良友图书印刷公司1935年版。

秦家琪：《重评胡适〈尝试集〉》，《南京师范学院学报》1979年第3期。

瞿秋白：《鬼门关以外的战争》，倪海曙编《中国语文的新生》，时代书报出版社1949年版。

饶孟侃：《新诗的音节》，饶孟侃著，王锦厚、陈丽莉编，《饶孟侃诗文集》，四川大学出版社1997年版。

商金林：《闻一多研究述评》，天津教育出版社1990年版。

邵冠华：《论闻一多的〈死水〉》，《现代文学评论》1931年5月10日第1卷第2期。

申小龙：《评20世纪的索绪尔研究》，《汉字文化》2007年第2期。

申小龙：《文化断层与中国现代语言学之变迁》，《中国语言的结构与人文精神》，光明日报出版社1988年版。

沈从文：《论闻一多的〈死水〉》，《新月》1930 年 4 月第 3 卷第 2 期。

沈兼士：《国语问题之历史研究》，葛信益、启功整理《沈兼士学术论文集》，中华书局 1986 年版。

沈兼士：《声训论》，《沈兼士学术论文集》，中华书局 1986 年版。

苏雪林：《论闻一多的诗》，《现代》1934 年 1 月第 4 卷第 3 期。

孙宝成：《对胡适情诗的再审视》，《海南大学学报》1993 年第 4 期。

孙大雨：《诗歌底格律》（续），《复旦大学学报》（人文科学版）1957 年第 1 期。

孙伏园：《一部新诗韵的说明——〈佩文新韵〉序》，《文化与教育》1943 年第 1 期。

孙伏园：《中华新韵》，《文风杂志》，1943 年第 1 卷第 1 期。

孙玉石：《论闻一多对新诗神秘美的构建》，《荆州师范学院学报》（社会科学版）1999 年第 6 期。

孙玉石：《也说林庚诗的“晚唐的美丽”》，《北京大学学报》（哲学社会科学版）2007 年第 4 期。

谭旭东、卢力刚：《“五四”后新文学作家古诗词创作语境及现象分析》，《北方工业大学学报》2007 年第 2 期。

唐弢：《关于旧体诗》，《诗刊》1983 年第 9 期。

唐作藩：《明清等韵学通论・序》，耿振生《明清等韵学通论》，语文出版社 1992 年版。

田廷俊：《数目代字诀・序》，《数目代字诀》，文字改革出版社 1957 年版。

王风：《文学革命与国语运动之关系》，《中国现代文学研究丛刊》2001 年第 3 期。

王力：《略论语言形式美》，王力《龙虫并雕斋文集》第一册，中华书局 1980 年版。

王力：《推广普通话的三个问题》，王力《龙虫并雕斋文集》第三册，中华书局 1982 年版。

王力：《中国格律诗的传统和现代格律诗的问题》，《文学评论》1959 年第 3 期。

王瑶：《论现代文学与中国古典文学的历史联系》，转引自《中国现代文学史论集》，北京大学出版社 1998 年版。

王瑶：《现代文学的民族风格问题》，《中国现代文学史论集》，北京大学出版社 1998 年版。

王东杰：《声入心通：清末切音字运动和“国语统一”思潮的纠结》，《近代史研究》2010 年第 5 期。

王富仁：《矛盾中蕴含的一种情绪——闻一多与二十年代新诗》，《闻一多作品鉴赏辞典》，和平出版社 1993 年版。

王国维：《尔雅草木虫鱼鸟兽释例》，《观堂集林》卷五，中华书局 1959 年版。

王吉鹏：《胡适的〈你莫忘记〉是一首坏诗——兼谈〈尝试集〉的评价问题》，《北方论丛》1989 年第 4 期。

王建平：《文学史不该缺漏的一章——论 20 世纪旧体诗词创作的历史地位》，《广西大学学报》（哲学社会科学版）1997 年第 3 期。

王邵军：《论现代诗与古典诗的美学分野》，《社会科学战线》1989 年第 3 期。

王同书：《“五四”“诗解放”的冲击波与“当代诗词”大潮》，《学海》1999 年第 3 期。

王文金、李小为编：《李季研究资料》，陕西人民出版社 1986 年版。

王文金：《闻一多诗歌的含蓄美》，《闻一多研究四十年》，清华大学出版社 1988 年版。

王文娟：《论闻一多〈死水〉的审美价值》《西安建筑科技大学学报》

（社会科学版）2001年第1期。

王一川：《近五十年文学语言研究札记》，《文学评论》1999年第4期。

王一军：《汉语诗歌韵部的演变及今人韵律观的思考》，《荆门职业技术学院学报》1999年第5期。

王泽龙、王雪松：《中国现代诗歌节奏内涵论析》，《文学评论》2011年第2期。

王泽龙、王雪松：《中国现代诗歌节奏研究的历程与困惑》，《武汉大学学报》2011年第2期。

王照：《官话合声字母·原序》，《官话合声字母》，文字改革出版社1957年版。

韦学贤：《胡适早期的新诗理论和实践》，《广西民族学院学报》1983年第3期。

魏建功：《关于〈中华新韵〉》，《魏建功文集》第一卷，江苏教育出版社2001年版。

魏建功：《国语常用"轻声"字》，《魏建功文集》第四卷，江苏教育出版社2001年版。

温颖：《论十三辙》，《语文研究》1982年第2期。

温颖：《试论"波""歌"不宜分为两韵》，《杭州师范学院学报》（社会科学版）1981年第2期。

温颖：《试论现代汉语诗歌韵目》，《语文研究》1981年第1期。

文万茎：《中国现代文学史上第一部新诗集辩白》，《四川师院学报》1984年第1期。

文振庭：《胡适〈尝试集〉重议》，《江汉论坛》1979年第3期。

闻一多：《律诗的研究》，《闻一多全集》，湖北人民出版社1993年版。

闻一多：《诗的格律》，《晨报副刊·诗镌》7号1926年5月19日。

吴奔星：《〈尝试集〉新论》，《社会科学战线》1985年第3期。

吴福祥：《汉语体标记“了、着”为什么不能强制性使用》，《当代语言学》2005 年第 3 期。

吴欢章：《论胡适的〈尝试集〉》，《艺谭》1981 年第 1 期。

吴慧颖：《毛泽东的一次新诗试验》，《理论与创作》1993 年第 4 期。

吴秀明：《论当代中国文学语言意识与语言革命》，《浙江学刊》2005 年第 2 期。

五微：《十三辙》，《剧学月刊》1934 年第 3 卷第 7 期。

伍明春：《“新”与“旧”的纠缠——早期新诗合法性再认识》，《集美大学学报》（哲学社会科学版）2006 年第 4 期。

夏冠洲：《格律与自由之间——中国新诗诗体形式发展的一个轨迹》，《新疆师范大学学报》（哲学社会科学版）1989 年第 3 期。

夏爵蓉：《论胡适诗歌主张与诗作》，《贵州师范大学学报》2001 年第 2 期。

小全：《长诗〈王贵与李香香〉的艺术特色》，《广西师范学院学报》1982 年第 1 期。

谢昭新：《胡适〈尝试集〉对新诗的贡献》，《安徽师大学报》1996 年第 1 期。

熊月之：《清末哲学译介热述论》，《国际汉学》2013 年第 1 期。

徐迟：《新诗与旧诗》，《诗刊》1978 年 12 月号。

徐时仪：《百年汉语拼音化和汉字改革的探索和反思》，《南阳师范学院学报》（社会科学版）2003 年第 2 期。

徐悦虹：《起源 · 增补 · 衰败——试论卢梭的语言观》，《法国研究》2013 年第 1 期。

许明：《文化激进主义历史维度》，《文学评论》1994 年第 4 期。

许霆：《关于新诗格律的几个问题》，《江苏大学学报》（社会科学版）2007 年第 3 期。

许霆：《胡适“诗体解放”论的文学史意义》，《文艺理论研究》1996年第3期。

许霆：《闻一多、胡适诗论的艺术思维比较——新诗发展第一、二阶段的基本特征论》，《南京师大学报》1989年第3期。

许明：《文化激进主义历史维度》，《文学评论》1994年第4期。

许霆：《形神音——对闻一多新诗建筑美的分析》，《江苏社会科学》1991年第3期。

严展：《关于诗歌大众化》，《解放日报》1942年11月2日。

阎焕东：《新诗的基石与丰碑——〈尝试集〉与〈女神〉比较研究》，《北京社会科学》1987年第2期。

颜同林：《〈王贵与李香香〉版本校释与普通话写作》，《晋阳学刊》2014年第5期。

颜同林：《方言与中国现代新诗》，博士学位论文，四川大学，2007年。

颜同林：《陕北方言和〈王贵与李香香〉》，《文艺理论与批评》2008年第3期。

颜同林：《土音入韵与现代白话新诗》，《首都师范大学学报》（社会科学版）2009年第2期。

杨琛：《略论新诗的节奏与格律》，《鸡西大学学报》2011年第8期。

杨景祥：《当代汉语诗歌必须讲究平仄、音步、节奏、押韵》，《石家庄大学学报》1999年第1期。

杨顺安：《普通话轻声音节的规则合成》，《应用声学》1991年第10卷第1期。

杨文娟、徐学毅：《旧体诗词的改革论析》，《延边大学学报》（社会科学版）2009年第4期。

姚丽：《自古成功在尝试——从胡适〈尝试集〉说开去》，《西部学坛：昌吉师专、昌吉教育学院》1992年第1期。

叶宝奎：《民初国音的回顾与反思》，《厦门大学学报》（哲学社会科学版）2007 年第 5 期。

叶日升：《诗歌节奏构成谈》，《上饶师专学报》1997 年 10 月第 5 期。

叶日升：《诗韵革新之我见》，《上饶师专学报》1996 年第 1 期。

易竹贤：《胡适其人及胡适研究述评》，《江汉论坛》2005 年第 3 期。

于根元：《30 年代大众语讨论再认识》，《绍兴师专学报》（哲学社会科学版）1996 年第 1 期。

于锦恩：《清末民初国语运动的国际动力——兼与赵慧峰先生商榷》，《中州学刊》2004 年第 2 期。

俞平伯：《白话诗的三大条件》（1918 年 10 月），《中国新文学大系·文学论争集》，上海良友图书印刷公司 1935 年版。

俞平伯：《社会上对于新诗的各种心理观》，《中国新文学大系·建设理论集》，上海良友图书印刷公司 1935 年版。

袁进：《试论中国近代文学语言的变革》，《上海社会科学院学术季刊》1997 年第 4 期。

袁先欣：《语音、国语与民族主义：从“五四”时期的国语统一论争谈起》，《文学评论》2009 年第 4 期。

臧克家：《伟大的教导，深沉的怀念》，《怀念毛泽东同志》，人民文学出版社 1980 年版。

臧克家：《我的祝愿》，《桂林诗词》第 11 集，桂林诗词学会 1992 年 5 月。

臧克家：《新诗旧诗我都爱》（1962 年 4 月 5 日），《学诗断想》，四川人民出版社 1979 年版。

张目：《“前空千古，下开百世”的“尝试”——胡适的诗学及其艺术实验》，《社会科学战线》1994 年第 6 期。

张德明：《一项难以实现的诗学规划——闻一多“三美”主张新论》，

《湛江师范学院学报》2006 年第 4 期。

张建民：《论汉字构形的对称和汉语语法的偶意》，《兰州大学学报》（社会科学版）2010 年第 1 期。

张明廉：《论胡适新诗理论及〈尝试集〉》，《西北师大学报》（社会科学版）1995 年第 2 期。

张清常：《汉语诗歌要求押韵》，《语言教学与研究》1998 年第 4 期。

张全之：《平行与互补：中国新诗的两大源头——重评〈女神〉与〈尝试集〉在文学史上的地位》，《郭沫若学刊》1997 年第 1 期。

张同吾：《诗的现状与未来》，《文艺争鸣》1987 年第 1 期。

张颐武：《二十世纪汉语文学的语言问题》，《文艺争鸣》1990 年第 4—6 期。

张永东、汪洁：《论延安文艺代表作品的经典化历程——以〈王贵与李香香〉为例》，《延安大学学报》（社会科学版）2012 年第 6 期。

张中宇：《传统诗词样式对现代新诗的“比照”效应及其意义》，《重师范大学学报》（哲学社会科学版）2005 年第 2 期。

张中宇：《传统诗词样式对现代新诗的双重影响》，《文学评论》2006 年第 1 期。

张中宇：《韵律与中国诗歌繁荣的相关度分析》，《重庆大学学报》（社会科学版）2003 年第 1 期。

张仲民：《黑格尔哲学在清末中国的译介》，《学术月刊》2013 年 5 期。

章太炎：《国学概论·答曹聚仁论白诗》，《章太炎国学讲演录》，上海古籍出版社 1997 年版。

赵慧：《谈英诗的韵》，《辽宁师专学报》（社会科学版）2002 年第 2 期。

赵慧峰：《简析民国时期的国语运动》，《民国档案》2001 年第 4 期。

赵京战：《适应新的时代推进诗韵改革（续）——关于〈中华新韵（十四韵）〉的几个具体问题》，《中华诗词》2004 年第 10 期。

赵京战：《喜看新蕾绽纷芳——新韵创作现状的思考》，《中华诗词》2006 年第 10 期。

赵景深：《平水诗韵的分析》，《文艺大路》1935 年第 1 卷第 1 期。

赵元任：《什么是真正的汉语?》，《赵元任语言学论文选》，商务印书馆 2002 年版。

赵元任：《国语语调》，《赵元任语言学论文集》，商务印书馆 2007 年版。

赵元任：《汉语的字调跟语调》，《赵元任语言学论文集》，商务印书馆 2007 年版。

赵元任：《中国言语字调的实验研究》，《科学》1922 年第 7 卷第 9 期。

郑敏：《世纪末回顾：汉语语言变革与中国新诗创作》，《文学评论》1993 年第 3 期。

郑敏：《20 世纪围绕语言之争：结构与解构》，《汉字文化》1997 年第 2 期。

郑敏：《关于〈如何评价“五四”白话文运动〉商榷之商榷》，《文学评论》1994 年第 2 期。

郑敏：《语言观念必须革新——重新认识汉语的审美与诗意价值》，《汉字文化》1997 年第 4 期。

郑伯农：《关于格律诗的回顾与前瞻》，《中华诗词》2005 年第 12 期。

郑守江：《论闻一多新诗的绘画美》，《闻一多研究四十年》，清华大学出版社 1988 年版。

郑振铎：《〈雪朝〉短序》，陈绍伟编《中国新诗集序跋选（1918—1949)》，湖南文艺出版社 1986 年版。

郑振铎：《新文学之建设与国故之新研究》，《郑振铎古典文学论文集》，上海古籍出版社 1984 年版。

中华民国国语研究会：《国语月刊》1922 年第 1 卷第 1 期。

重愚：《诗·诗魂·中华新韵》，《国讯》1943 年第 338 期。

周详：《浅析现代律诗的押韵》，《中州学刊》1988年第5期。

周恩来：《当前文字改革的任务》，《人民日报》1958年1月1日。

周韬、谭献民：《1927—1937年南京国民政府的语言文字改革述论》，《湘潭师范学院学报》（社会科学版）2007年第1期。

周晓风：《早期白话诗与“胡适之体”》，《重庆师院学报》1997年第4期。

周寅兵：《论诗韵》，《湖南师范大学社会科学学报》1980年第2期。

周有光：《中国语文的时代演进》，《徐州帅范大学学报》（哲学社会科学版）2007年第2期。

周作人：《做旧诗》，《周作人诗全编笺注》，王仲三笺注，学林出版社1995年版。

朱湘：《评闻君一多的诗》，转引自姜德铭主编《中书集》，中国戏剧出版社2001年版。

朱湘：《评徐君〈志摩的诗〉诗》，转引自姜德铭主编《中书集》，中国戏剧出版社2001年版。

朱光潜：《答高一凌君谈新诗》，《朱光潜全集》第八卷，安徽教育出版社1993年版。

朱光潜：《论中国诗的韵》，《新诗》月刊第二期，1936年11月。

朱光潜：《中国诗中四声的分析》，《文学》1943年第3期。

朱恒、何锡章：《“五四”白话文运动的语言学考辨》，《文学评论》2008年第2期。

朱晓进：《从语言角度谈新诗的评价问题》，《文学评论》1992年第3期。

朱自清：《〈中国新闻学大系·诗集〉导言》，《中国新闻学大系·诗集》，上海良友图书印刷公司1935年版。

庄善忠：《〈死水〉的三重象征意义》，《名作欣赏》1985年第1期。

后　记

这本书是对我的博士学位论文初稿进行修订而成的。考取赵小刚教授博士研究生以后，在同赵先生商谈学位论文选题时，我提出研究国语语音与现代白话新诗音韵之间的关系，得到先生首肯。初稿写出后，从中选取一部分作为博士论文通过了答辩。近年来又对原稿做了修订，成为现在这样子。原稿为学位论文而写，需要控制篇幅以免拉得太长，所以其中有些地方没有充分展开分析或评述。其中定有疏漏错谬之处，海内不乏此道专家，倘辱嘉言，刊谬补缺，永宝至感。

我的硕士导师张文轩先生以他的方正渊博，引我进入语言学研究和旧体诗音韵研究的领域。在写作过程中，我还得到了兰州大学文学院程金城教授、张进教授等的关照和指导。民国时期的资料很难搜罗，这也是写这本书的一个费力之处。除了我个人跑图书馆，上网搜寻之外，得到鲁国尧先生、李仲凡教授的鼎力相助。特别是鲁先生，对该文的写作思路提供了很多的建议和指导，同学仲凡教授慷慨提供许多资料，这些也是顺利成稿的重要条件。最后，本书能顺利出版，还得到兰州大学“双一流”建设资金人文社科类图书出版经费的资助。谨借此书出版之机一并致谢。

作　者

2017 年 10 月于兰州大学